한국 현대시와 정신사의 흐름

한국 현대시와 정신사의 흐름

초판 1쇄 인쇄 · 2025년 12월 27일
초판 1쇄 발행 · 2025년 12월 31일

지은이 · 김윤정
펴낸이 · 한봉숙
펴낸곳 · 푸른사상사

주간 · 맹문재 | 편집 · 지순이 | 교정 · 김수란 | 마케팅 · 김두천
등록 · 1999년 7월 8일 제2-2876호
주소 · 경기도 파주시 회동길 337-16(서패동 470-6)
대표전화 · 031) 955-9111(2) | 팩시밀리 · 031) 955-9114
이메일 · prun21c@hanmail.net/prunsasang@naver.com
홈페이지 · http://www.prun21c.com

ISBN 979-11-308-2353-9 93800
값 34,000원

학술총서 68

한국 현대시와 정신사의 흐름

The flow of modern Korean poetry
and intellectual history

김윤정

푸른사상
PRUNSASANG

책머리에

시인의 정신적 풍경을 탐색하는 내용들로 학회지에 발표했던 논문들을 엮는다. 본 저서는 이상화, 이육사, 심연수 등 일제강점기의 시인들과 해방 공간에서 활동한 김기림, 이용악, 설정식, 그리고 분단 이후 시대와 함께했던 박인환과 박두진, 황동규의 시세계를 살펴보고 있다. 김동명은 이들 세 시기를 모두 거치고 있는 시인으로서 이번에 수록된 연구는 그의 각 시기별 시적 특성에 따른 뇌파 탐색이라는 과학적 접근을 시도하고 있다. 김동명에 관한 다소 이색적인 연구 외의 각 시인들에 대한 탐구는 대부분의 작가론이 그러하듯 작품에서 출발하여 그것이 기원하는 시인들의 정신사적 배경을 고찰하는 데 할애되고 있다. 당연히 시인의 시적 지향이 그의 실존과 분리되어 발생하지 않기 때문에 연구는 시와 생애와 그가 놓인 시대와, 그리고 그 사이에서 종횡으로 분투했을 시인의 깊은 내면의 정신을 드러내는 데 주력하였다.

언어의 장식이나 감정의 표출을 넘어 시대의 무게를 고스란히 짊어지게 되었던 문학 활동은 시인들에게 과연 어떤 의미로 다가왔을까? 단순한 미학적 소산이라기보다 정신적 고투였을 문학은 역사적 혼란의 소용돌이 속에서 그들을 민족과 역사, 인간과 존재라는 끝없는 물음 앞에 서게 했을 것이다. 지나가는 시간과 흩어지는 순간들을 철필로 새기듯 기록하는 행위 앞에서 그들은 진정성을 위한 책임으로부터 벗어날 수 없었을 것이다. 문학이라는 실천은 시인들로 하여금 자신 앞에 펼쳐진 숱한 미정의 가능성들 가운데 가장 뜨겁고 유일하게 올바른 삶의 길을 걸어가도록 강제하는 무서운 초자아의 시선과 같았을 것이다. 혼란한 시대는 자신의 정신의 총량을 기투하지 않는 경우라면 희미함조차도 보이지 않을 것이기에 시인들은 밤을 새워 공동체의 길을 찾기 위한 번민을 거듭했을 것이라는 점이다. 항상 있었을 부정(不正)의 샛길로 언제든지 빠져들 수 있는 유혹은 기본적인 상수가 아니었을까? 후대는 그저 무심하게 평가하고 말면 그뿐이겠으나 우리의 혹독했던 역사는 그 어느 시인도 가벼운 삶을 살도록 허락하지 않았음을 우리는 그들의 문학세계를 통해 확인하는 것이다.

예컨대 이상화가 일관되게 보여주었던 이상주의라든가 이육사가 점차적으로 더 가까이 다가갔던 민중에의 지향은 실천을 더해갈수록 보다 뚜렷해졌을 그들의 선택을 떠올리게 한다. 역사의 격변 속에서 우리 민족의 가장 합당한 길을 찾고자 했던 김기림의 진지했던 행보는 그의 비극적인 생애만큼이나 우리를 숙연하게 한다. 해방기 강대국 중심의 국제 정세 속에서 약소국으로서의 우리 민족의 정체성을 찾기 위해 사투를 벌였던 설정식의 시는 지금 우리에게 짙은 슬픔으로 남는다. 전쟁 이후 폐허가 된 세계 속에서 마치 홀로인 듯 시대를 떠안으려 했던 박인환에 대한 연민이라든가 어두운 시대에 항상 밝고 웅혼한 에너지를 전하려 했던 박두진에게 느껴지는 깊은 책임감은 우리 역사를 더욱 든든하게 지탱하는 정신들이다. 문학과 정치 모두의 중요성을 인지하고 있던 김동명이나 인생의 무게를 실감으로 말해주는 황동규, 어떤 조건에서든 삶의 토대로서의 생활을 중시하는 법을 깨닫게 하는 이용악 또한 문학세계를 풍요롭고 아름답게 하는 시인들이다.

이들에 대한 호명은 우리의 오늘이 과거 이들의 정신에 빚지고 있음을 깨닫게 한다. 시대의 자취와 그 속에 놓였을 주체들의 정신이야말로 우리의 역사를 구동시켰던 힘이었음을 우리는 주시해야 한다. 그 중 문학은 역사를 살아내었던 주체들의 정신이 가장 집약적으로 새겨져 있는 매체에 해당할 것이다. 문학은 인간의 실존이 가장 온전하게 담기게 되는 그릇이자 얼굴이기 때문이다. 문학의 오랜 기록성은 주체들에게 우직하리만치 강건하게 정신적 가치를 추구하도록 요구한다. 또한 그것이야말로 문학을 문학이게 하는 본질적 요소가 아닐까. 전자매체가 문화의 중심을 차지하고 인공지능이 인간을 웃돌며 성장해가고 있는 오늘날 문학의 의의에 대해 생각하는 일은 한참 뒤떨어진 일처럼 여겨질 법도 하나 이러한 때일수록 문학을 지켜가야 하는 이유에 대해 돌이켜보아야 하지 않을까. 모두가 쉽고 빠르며 쾌락으로 치닫는 오늘의 상황에서 문학의 가치를 보존하는 일에 기꺼이 지면을 허락하고 노고를 아끼지 않는 푸른사상 출판사에 깊이 감사드리며 글을 맺는다.

2025년 12월
김윤정

차례

제2부 전환기의 민족의식과 정치성

4장 해방기 김기림의 행보와 민족주의 의식

5장 이용악의 '생활' 체험과 의식 현상학

6장 설정식의 '미학의 정치화'와 주체 정립 양상

제3부 공동체의 윤리와 치유의 미학

7장 박인환 모더니즘의 '필름 느와르'와의 상관성

8장 박인환의 미국 체험과 정동(情動)의 양상

9장 격동의 시기 박두진의 공동체 의식

제1부

근대적 주체와 민족의 담론

1장

이상화의 낭만주의와 자아완성에의 의지

1. 민족운동가 이상화

1901년 경북 대구의 명문가에서 태어난 이상화는 민족 운동에 앞장섰던 그의 조부 이동진과 만주로 망명하여 독립 운동에 헌신한 형 이상정과 함께 민족의식이 투철했던 인물로 평가받는다. 3 · 1운동 당시 19세였던 이상화는 대구에 거주하면서 3 · 1운동을 모의하는 데 주동자로 참여하여 일경의 추적을 피해 서울로 피신해야 했고, 1927년에는 의열단 장진홍 열사의 대구 조선은행 폭파 사건에 연루되어 피검되었으며 1928년에는 대구 지역 신간회 간부로 있으면서 비밀결사체인 'ㄱ당' 결성에 관여하였다는 이유로 구속되어 고초를 겪었다. 또한 1937년엔 형 이상정을 만나고 귀국한 후 4개월간 옥고를 치르기도 하였다.[1] 문예 활동의 측면에서 볼 때에도 이상화는 1925년 이후 무산계급 문예운동 단체였던 파스큘라 및 카프의 발기인으로 참여하면서 저항적이고 투쟁적인 면모를 드러내었다. 이러한 이상화의 이력을 볼 때 그는 일제강점기 우리나라를 대표하는 민족 시인이자 저항 시인으로 규정되기에 부족함이 없다.

그런데 주지하듯 그의 시적 이력에는 이와 같이 외적 측면에서 보이듯 긍정

1 이상화의 전기적 사실에 관하여는 윤장근, 「민족시인 이상화 평전」, 대구문인협회, 『이상화 전집』, 그루, 1998, 266~276쪽; 이명재, 「식민지 시대를 불 밝힌 민족시인」, 위의 책, 284~288쪽 참조.

적으로 평가되는 부분만 있는 것이 아니다. 그것은 이상화의 초기 시작(詩作)이 퇴폐적이고 감상적인 성격으로 이루어졌던 점과 관련된다. 「말세의 희탄」, 「나의 침실로」, 「單調」 등에서 볼 수 있듯, 1920년대 초반 유행하던 허무주의적 풍조를 그대로 담아내며 우울과 비탄의 어조로 세기말적 분위기를 표현한 이상화의 초기 시편들은 시대는 물론 자기 자신에 의해서도 극복되어야 할 요소로서 여겨졌다. 초기 시적 특질은 이상화를 부정적 낭만주의를 대표하는 인물로 규정하게 한 요인이 되었던 것이다.

물론 당시의 패배적 낭만주의는 3 · 1운동의 실패에 기인한다는 관점이 강하고, 그것이 시대성을 띠는 만큼 이들의 허무주의적 태도에는 민족의 부흥을 열망하는 의식이 깔려 있다는 해석이 지배적이지만 이 시기 낭만주의 경향이 극복되어야 할 부정적 요소로 간주된 점은 부인할 수 없다. 1920년대 이후 1930년대 이르기까지의 우리 시사(詩史)는 데카당스적 낭만주의 경향을 넘어서기 위한 분투로 이루어졌다고 해도 과언이 아닐 정도로 이 시기 낭만주의는 당대의 우리 민족이 가장 경계해야 할 사조로서 여겨졌던 것이다.

당시의 낭만주의 시를 둘러싼 이와 같은 사정들은 현재까지도 낭만주의에 대해 부정적 인식을 심어주는 계기로 작용한 것이 사실이다. 그러나 당시의 우리시가 보여주었던 낭만주의는 실제 낭만주의의 편향적인 전개였을 뿐 낭만주의 철학의 본질로부터 상당 부분 비껴난 것이었다. 슬픔과 허무의 정서를 절제 없이 노출하면서 감정 과잉 상태를 드러내었던 당시 우리의 낭만주의는 서구에서 낭만주의가 발생했을 당시의 동기와 함의가 사상된 일면적이고 특수한 낭만주의였던 것이다.[2]

이상화를 논하는 자리에서 낭만주의의 본래적 의의를 언급하는 까닭은 이상화의 내면과 외적 활동을 종합적으로 고려할 때 이상화가 본질적 의미에서의

---

2 이상화를 논하는 자리에서 주영중은 한국문학에서 낭만성에 대한 연구가 제대로 이루어지지 못했다고 성찰하고 있다. 주영중, 「이상화와 임화 시의 낭만성 연구」, 『어문논집』 55집, 중앙어문학회, 2007, 406쪽.

낭만주의 철학에 부합하는 인물이라는 판단 때문이다. 또한 낭만주의를 제대로 이해할 때 낭만주의는 이상화의 초기시의 경향에만 국한되는 것이 아니라 흔히 초기시와의 단절로 이해되는 후기시와도 관련된다는 것을 알 수 있다.[3] 물론 이상화가 초기시에서 후기시로 나아가는 과정에서 카프에 가입하고 사회주의적 성향을 드러냈지만 이상화에게 있어서 낭만주의적 정체성은 이러한 사회주의적 활동과 의식마저 포괄하는 지점에 놓여있다고 할 수 있다.

이러한 관점을 논증하기 위해 본고에서는 이상화의 내적 세계에 천착하여 그의 전, 후기 사이의 연관성과 이상화의 정신 현상의 전체적 추이를 살펴볼 것이다. 이를 통해 이상화가 초기에 보여주었던 퇴폐적 낭만주의는 그의 개성적이고 완전한 자아를 구축하기 위한 일 과정에 해당되었으며 그는 이를 기반으로 점차적으로 시대와 사회 속에서 보다 완성되고 확장된 자아를 실현해나가고자 하였음을 확인하고자 한다. 이상화가 보여주는 이러한 궤적은 낭만주의 철학에서 목표로 삼는 전인적 자아실현으로 나아가는 과정에 속하는 것으로, 이상화가 이를 구현할 수 있었던 데에는 감정을 다루고 현실을 대하는 그의 고유한 방식에 기인한다는 것을 알 수 있다.

2. 평문(評文)에서의 이상화의 낭만주의

18세기 후반 19세기 초 유럽에서 등장하며, 흔히 문학에서 전개된 사조로 알려져 있지만 독일을 중심으로 인식론, 형이상학, 윤리학 등 철학적 체계로 발전해나갔던 낭만주의는 기존의 과학적 계몽주의가 창조적이지 못하고 편협하

3 일반적으로 이상화에 대한 연구는 초기의 감상적 퇴폐시와 후기의 경향시, 초기의 낭만주의와 후기의 현실주의로 구분하고 이 두 시기 사이의 분리와 단절을 조명하는 방식으로 이루어졌으며, 이러한 이해의 틀은 현재까지도 크게 달라지지 않았다. 유신지는 이러한 이분법적 틀이 이상화의 초기 시편들을 모두 퇴폐적 낭만성으로 규정해버리는 데서 비롯된다고 비판적으로 보고 있다. 유신지, 「이상화 문학의 사상적 기반 연구」, 경북대학교 석사학위논문, 2019, 4쪽.

며 자연에 대해 파괴적이라고 비판하면서 근대의 파편성과 분열성을 고대의 통일성과 전체성에 기대어 극복하고자 하였다. 낭만주의자들은 세계를 낭만화해야 한다는 야심찬 기획을 가지고 신을 복원하고 자연의 신비를 회복하고자 하였으며 인간의 이성과 함께 계몽주의에 의해 억압된 감각, 느낌, 욕망 등의 감성적 영역을 교육하고 복권시켜야 한다고 강조했다. 낭만주의자들에게 인간과 자연, 그리고 우주와 신은 각기 분열되고 분리되어 있는 것이 아니라 부분과 전체의 짜임으로 유기적으로 조직된 생명체에 해당하였다.[4]

낭만주의자들은 인간의 육체와 의식은 이원론적으로 분리되어 있는 것이 아닌 일원적인 생명이 물질과 정신으로 표현되는 것으로 보았으며 정신은 무의식과 의식, 감성과 이성의 조화와 통일로 이루어진다고 여겼다. 특히 낭만주의자들에게 이성은 계몽주의에서 말하는 것처럼 오성이나 지성이 아닌 직관과 영감에 해당하는 것으로서, 이는 플라톤적 이성과 유사한 것임을 알 수 있다. 즉 낭만주의자들의 이성은 물질 생산에 기여하는 도구적 성격으로부터 탈피하는 것을 의미하며, 자연 역시 도구적 이성의 대상으로서의 물질에 국한된 것이 아니라 거대한 생명력을 지닌 채 생명의 정도에 따라 각 부분들의 위계로 형성된 성격을 지닌다. 자연은 살아 있는 전체로서의 우주적 규모로 확장되며 절대적이고 무한한 것으로 이상화된다.

낭만주의자들에게는 자연 및 인간이 조화로운 통일체로 여겨졌던 만큼 사회도 예외가 아니었다. 이들이 추구했던 정치적 이상은 공동체였다. 이는 계몽주의자들이 말했던 계약 관계로서의 사회가 아닌 고대의 폴리스처럼 자신과 타인, 그리고 자연이 조화를 이루는 이상적인 공동체를 의미하는 것이었다. 낭만주의자들은 개인을 타인과 구별되는 자기 삶의 주관자로 보았지만 그것이 개인과 타인의 분리를 뜻하는 것은 아니었다. 낭만주의자들은 근대 시민 사회의

4 이하 낭만주의에 대한 설명은 프레데릭 바이저, 『낭만주의의 명령, 세계를 낭만화하라』, 김주휘 역, 그린비, 2011 참조.

개인주의적 분열상을 정치를 통해 회복하고자 하였다. 그들에게 정치와 국가는 개인의 이성과 자유, 그리고 진보를 실현하는 장으로 인식되었다.[5]

이러한 개인과 사회, 국가와 자연에 대한 낭만주의자들의 관심은 1925년 이상화가 「문단측면관(文壇側面觀)」에서 보여주었던 이상적인 시에 대한 관점을 떠올리게 하여 주목된다.

> 현재 문단(文壇)이란 모임 속에는 관찰성(觀察性)이라든 관찰안(觀察眼)이라든 관찰력(觀察力)이라든 관찰이 없다 할 만큼 결핍하다고 않을 수 없다. …… 개성에 대한 관찰성, 사회에 대한 관찰안, 시대에 대한 관찰력－이 세 가지 가운데의 아무것에서 하나도 못 가졌다 하기보담은 거의 가질 마음이 없었다 하여도 폭언이 아니겠다. …… 오늘껏 나온 그 작품들을 자세히 본 이면 짐작도 하려니와 거의 다－사특한 장난에 지나지 않았다. 이것은 작자 자신들이 그 때의 창작욕을 반성해 보아도 알 것이고, 또 오늘 문단이 얼마쯤 수사(修辭)와 기교를 수확한 것 말고는 아무것 내놓을 것이 없음을 보아도 알 것이다.
>
> …… 개성과 사회와 시대－말하자면 이 세상과 접류(接流)가 없이 살아 보려는 마음이 있으면 그는 하루 일찍 하늘로나 물밑에나 사람 없는 곳으로 가야 할 것이다.[6]

당시의 문단 상황을 진단하며 올바른 문학의 방향에 대해 피력한 위의 글에서 확인할 수 있는 것은 이상화가 강조하고 있는 것이 시의 일 측면이 아니라 종합적이고 총체적인 면들에 관여한다는 점이다. 이상화는 기존의 문단이 "수사(修辭)와 기교"를 획득한 것 이상의 진전을 이루지 못하고 있다고 비판하면서 "개성과 사회와 시대"의 총체적 면들에 대해 "관찰안"을 지닐 것을 촉구하고 있다. "개성과 사회와 시대"는 세상사의 전체에 해당하는 반면 "수사와 기교"는 무가치한 "속없는 장난"[7]에 다름 아니라는 것이다. "개성과 사회와 시대"는

---

5 위의 책, 61쪽.

6 이상화, 「文壇側面觀」, 정진규 편저, 『이상화』, 문학세계사, 1993, 103~104쪽.

7 위의 글, 104쪽.

세상과의 "접류"에 의해서만 획득될 수 있는 삶의 핵심 인자이자 생활의 구체적인 실상을 가리킨다.

위 글에서 보여주고 있는 이상화의 문학에 대한 관점은 삶과 밀착되어 있는 생생한 것을 추구하는 것과 관련된다. 그는 미사여구에 치중하여 삶의 구체성을 담아내지 못하는 문학을 무의미하고 하등한 것으로 보았다. 문학에 있어서 중요한 것은 언어적 표현이나 기교가 아니라 인생의 실상이다. 같은 글에서 이상화는 그것을 "생명"이라 일컬었다.[8] 이상화에게 "개성과 사회와 시대"의 실상은 "생명다운 생명"이었고 창조된 "나의 세상"에 해당되었다.[9] 이는 이상화가 문학에 대해 피상적으로 접근하는 것을 거부하고 살아 있는 생명체이자 유기적인 조직체로 여기고 있다는 것을 말해준다. 그리고 그러한 유기체는 내면에서 외면으로, 자아 본위에서 타인과의 관계로 확장되어 그 범위와 규모를 성장시켜 나가는 것임을 알 수 있다.

한편 이와 같은 문학의 성장과 확장을 이끌어나가는 데 있어 필수적으로 요구되는 것으로 이상화는 "관찰안"을 제시하고 있는데, 이러한 관찰안이 "개성"과 "사회", "시대"의 각 층위에서 작동하고 있다는 점이 주목된다. 위 인용글에 따르면 "개성과 사회와 시대"는 "이 세상과의 접류(接流)"를 전제하는 것이자 이들 각각에 대한 "관찰안"에 의해 획득되는 것이다. 즉 "개성과 사회와 시대"는 그 자체로 "세상"이면서 멀리 분리되어 있는 것이 아니라 주체에 의해 경험

---

8 "조선의 문단이 가진 **시대와 사회의 개성 — 곧 세상에서는 생명** 그것을 어쩌면 빼앗기지나 않을까 하는 그 기절(期節)을 밟고 있다. 아니다, **생명다운 생명** — 내 몸이 사는 맛을 못 보던 그 자리서 잃어버렸던 내 생명을 내 몸으로 찾아오려는 그 때이다. 다시 말하면 남의 세상을 모방한 양적 존재를 읊조리기보담 **나의 세상을 창조한 질적 생명**을 부르짖을 때다." 이상화, 「文壇側面觀」, 위의 책, 107쪽(강조–인용자)

9 유병관은 이상화의 시에서 가장 주요한 초점이 바로 '생명'이라고 보면서, '생명'에 대한 해명이야말로 이상화의 시적 지향과 배경을 드러낼 계기가 된다고 강조한 바 있다. 또한 그는 이상화의 '생명' 의식을 당시 일본 대정기(1912~1926)에 수용되었던 베르그송의 생명철학의 영향으로 보았다. 유병관, 「이상화의 시에서 '생명'」, 『한국문학과 예술』 30집, 2019, 289~317쪽.

되고 교류되는 것이며, 또 그럼으로써 성립하는 상호작용의 대상이 된다. 이때 "관찰안"은 "개성에 대한" 것이자 "사회에 대한", "시대에 대한" 것이라는 점에서 주체와 세상을 매개해주는 요소다. 말하자면 주체와 객체는 각기 따로 존재하는 것이 아니라 "관찰안"에 의해 매개되어 상호 교류하고 주체의 경험을 형성하며 나아가 주객이 융합하는 유기체적 생명의 상태로 나아가게 된다. 그런 점에서 이때의 "관찰안"은 주체의 객체에 대한 인식에 부과되는 것이며, 특히 그것이 "생명다운 생명"을 보장한다는 점에서 낭만주의자들이 대상 내부의 생명적 본성을 인식할 때 추구했던 지적 관조에 해당하는 것이라 할 수 있다.

독일의 초기 낭만주의자 가운데 피히테는 지적 관조를 통해 주체와 객체를 관계지우는 인식론을 정립시켰으며 지적 관조가 자기 자신조차 인식할 수 있는 인식의 근원이라 하였다. 즉 지적 관조는 자신의 행위를 스스로 관조할 수 있는 자아의 능력을 의미하는바, 피히테는 이러한 지적 관조 속에 삶의 원천이 있다고 보았다.[10] 피히테의 지적 관조는 셸링에게 계승되었는데, 지적 관조를 지적 직관이라고도 불렀던 셸링은 지적 직관에 의해 자아는 자신조차 객체로 만들어 이를 인식하고 스스로 산출한 객체를 주체와 다르지 않은 포괄적인 것, 동일한 것, 즉 나(self)로 인식함으로써 자아와 비아(非我)의 대립을 궁극적으로 통일시킬 수 있다고 주장하였다.[11] 예컨대 자아의 충동과 본능, 무의식 등의 비아의 경우 그것들은 단순히 억압되어야 할 요소가 아니라 관조되는 대상이 되어 자아의 한 부분으로서 인식되고 포괄되는 과정을 밟게 될 것이다. 이러한 능력을 발휘하는 조건이 지적 직관이라는 것이다.[12] 이러한 자아의 지적 직관

10 최문규, 「독일 초기 낭만주의와 주체의 해체」, 『독일언어문학』 14집, 2000, 259쪽.

11 손창선, 「셸링의 동일성 철학과 융 분석 심리학의 유사성 및 셸링 철학의 임상적 적용 가능성」, 『철학 · 사상 · 문화』 17집, 동국대학교 동서사상연구소, 2014, 61쪽.

12 융과 셸링의 유사성을 논하면서 손창선은 프로이트가 무의식을 의식과 대립시키고 무의식을 의식에 의해 억압되는 것, 의식과 도덕적으로 양립될 수 없는 것이라고 본 반면 융은 무의식과 의식이 이미 전체성을 지니는 것이며 정신 치료의 궁극적 목표가 이 전체성을 추구하는 '정신 종합'이라고 보았다. 이는 의식과 무의식을 전체 정신 속에 포괄하고

에 의해 인식되는 대상은 외적이고 피상적으로 관찰되는 것이 아니라 언제나 생성되고 생동하는 것으로 관찰된다. 이는 지적 직관에 의한 인식이 객체 자체에 대한 객관적 인식이나 주관적 의식에 따르는 것이 아니라 경험하는 행위에 의한 인식, 주체와 객체와의 상호작용 속에서 이루어지는 동일성의 인식을 뜻한다.

셸링의 지적 직관에 따르면 이상화의 "관찰안"이 어떠한 의미를 지니고 있는지 짐작된다. 이상화가 언급하였듯 "개성에 대한 관찰성", "사회에 대한 관찰안", "시대에 대한 관찰력"이 "생명다운 생명"일 수 있기 위해서는 대상을 인식하는 데 있어서의 특수한 태도가 요구되거니와, 이때 매개가 되는 조건이 지적 직관인 것이다. 지적 직관은 세계에 내재하는 대립과 충돌을 인식의 요소로 끌어내고 이들의 필연성을 이해하게 됨에 따라 세계의 생명성을 보장한다. 무의식과 의식의 공존이 가능하게 하고 자아와 타인, 개인과 사회, 문명과 자연, 물질과 정신, 유한과 무한을 통일적으로 인식하는 지적 직관은 "개성"과 "사회"와 "시대" 속에서 필연적으로 생명성을 보게 된다. "개성과 사회와 시대" 각각은 그 자체로 운동하고 생기하는 생명체이며, 각각의 대상은 생명성의 정도를 달리하면서 전체 우주의 유기적 일부가 되어 상호 공존하고 작용하게 된다.

> 오늘의 시인은 한편으로는 사상의 비판자이어야 하고 또 한편으로는 생활의 선구자이어야 한다. 그러나 결코 이 비판과 이 선구는 남을 말미암아 하는 것이 아니고 모두 나라는 의식과 생명을 순전히 추구함에서 나와야 할 것이다. 그 뒤에야 비로소 그 주위 생활의 동력을 나의 마음에 추향(趨向)케 하며 나의 의식을 그 생활 위에다 활동시킬 수 있을 터이다.
>
> 그때에 시인에게는 생활이란 것이 다만 그 자신의 생활만이 아닐 것이다. 우주 속에서 인생 가운데서의 한 생활일 것이다. 모든 생활을 이 근본 정신으로써

자 한 것을 의미한다. 융은 인간 본성에 있는 대극성을 체험하지 않고는 전체성을 경험할 수 없으며 이 대극성이 합일되고 포괄될 때 자기(self)를 구현할 수 있다고 보았다. 위의 글, 58~59쪽.

> 통솔할 만하여야 한다. …… 시인은 이 여러 생활에 대한 모든 방향을 지시할 만한 생명 의식을 파악함에서 시인이란 생명을 가진다 할 수 있을 것이다. 다만 시인은 그의 시상을 시 위에서 행위할 뿐이다. 하나 여기서 시라고 한 것은 문자의 시만이 아니라 사실의 시－보담도 시의 사실을 의미한 것이다. 생명의 본질을 말한 것이다. 그러고 보면 현실에서 나올 시, 곧 현재할 시는 반드시 자연과의 종합성을 깨친 것이라야 할 것이다. 나는 사람이면서 자연의 한 성분인 것－말하자면 나라는 한 개체가 모든 개체들과 관련 있는 전부로도 된 것이라야 할 것이다.
>
> …… 어떠한 생활인지 그 생활에 대한 검찰도 없이 부질없게 그 생활을 아름답게 한다고 자신도 살지 못한 타협적 생활로 그 주위에까지 염색을 하려 하면서 그리도 못 하고 다만 그 주위로 하여금 막연한 속에서 상양(徜徉)만 하게 하는 그 시인보담은 너나 할것없이다 가진 생활에서 각기 품고 있는 새 생명을 찾자 할 그 시인이 얼마나 더 미덥고 얼마나 더 힘다울 것이냐.[13]

'관념 表白에서 意識 실현으로'의 부제가 붙어 있는 이상화의 위의 글에서 낭만주의 철학의 의미가 매우 선명하게 드러난다. 인용글의 첫째 단락에서의 "생활의 동력을 나의 마음에 추향케 하며 나의 의식을 그 생활 위에다 활동시"킨다는 대목은 특히 셸링의 지적 관조에 의한 주객의 동일성, 즉 단순히 대상을 수동적으로 인식하는 '관념 표백'이 아니라 객체의 실재성과 주체의 관념성을 공존시키고 상호작용시키는 '의식 실현'의 개념을 나타낸다. 주체와 객체의 관계는 관념이 우위에 있어 객체를 그에 종속시키는 것이 아니라, 생활에 내재하는 "동력"의 실재성을 인식하고 직관함으로써 주객의 상호공존이 이루어지는 성격이라 할 수 있다. 여기에는 의식의 능동성이 요구되는바, 의식은 객체 내의 "동력"인 대립자를 상상력을 통해 인식할 수 있어야 하고 그러한 객체의 실재성이 자연의 필연성에 따른 자유와 생명의 실체임을 이해할 수 있어야 한다. 이상화가 객체에 해당하는 "생활"을 "우주 속에서 인생 가운데서의 한 생활"이라 한 까닭도 여기에 있다.

---

13 이상화, 「시의 생활화」, 앞의 책, 205~206쪽.

낭만주의자들에게 대상은 하나의 차원에 고립된 채 존재하는 것이 아니고 전체적인 유기체 의 일부에 해당하며 각각의 부분들은 자신들의 생명력의 함량에 따라 생명의 궁극적인 상태를 지향하게 된다. 이러한 원리 속에서 생명의 최상위의 상태가 되는 것은 자연이자 우주이며 절대자이기도 하다. 인용글에서 "생활을 통솔"하는 "근본 정신"이란 곧 부분과 전체 사이의 원리, 객체의 필연적 실재성과 자연의 자유를 향하는 주체의 관념성을 종합하는 태도[14]를 가리킨다. "여러 생활에 대한 모든 방향을 지시할 만한 생명 의식"이 곧 이를 가리키며 이러한 객체의 실재성을 인식하는 주체의 능동적 행위를 하는 시인일 경우라야 "생명"을 가지는 "시인"이라고 할 수 있다. 이러한 주객의 관계를 담아낸 것이야말로 이상화가 본 진정한 시가 될 텐데, 이때의 시는 "문자의 시"도 "사실의 시"도 아닌 "시의 사실"이라 할 만하다. 즉 "생활의 동력"과 그것을 관통하는 "근본 정신"이 종합된 것으로서의 "시의 사실"은 "자연과의 종합성을 깨친" "현실에서 나온 시"를 가리키는 것이다.

흔히 낭만주의 철학에서 자연이 우주의 최종심급이라 하는 까닭은 유기체적 관점에서 볼 때 자연이 지닌 본연성과 완전성에 기인하며 그 때문에 자연은 신적인 것과 동일시[15]된다. 최고의 생명력을 지니며 그 안에 거대한 부분들의 위계를 내포하는 자연은 유한함과 동시에 무한함으로 열려 있는 지평이라 할 수 있다. 자연의 영원성은 이 점에서 비롯한다. 이때 자연의 생명성은 외부에 원인이 있는 것이 아니라 자연 스스로 지닌 유기적 조직성, 내부에 지니는 이질성과 차이성들의 혼재와 그로 인한 생동성과 생기력에 기인한다. 자연은 그 자

14 객관적 실재성과 주관적 관념성의 합일은 셸링이 말하는 동일성의 원리에 해당한다. 셸링은 절대자 역시 이러한 원리에 따른 개념이라고 보았다. 셸링이 제시한 동일성의 원리는 실재적인 것을 무시하고 인식이 주체의 주관에 따른 것이라고 여겼던 피히테 및 칸트의 관점과 차이가 나는 것이다.

15 프레데릭 바이저, 앞의 책, 255쪽. 자연을 범신론적 성격으로 보는 낭만주의 철학자로는 스피노자를 들 수 있으며 스피노자의 이러한 자연 철학은 이후 셸링, 슐레겔, 헤겔 등에게 계승된다.

체로 역동적인 힘의 정점에 놓이는 것이므로 모든 자아와 예술의 목적이 된다고 할 만하다. 이를 이상화는 잘 이해하고 있었으며 이상화는 그러한 인식을 "나는 사람이면서 자연의 한 성분인 것"으로 표현하고 있다.

위의 글에서 이상화는 "생활에 대한 검찰", 즉 지적 직관으로서의 "관찰"을 다시 한 번 강조하고 있거니와, 생활 내부의 생명을 인식하지 않은 채 이루어지는 예술적 태도는 "경박한 관념적 유희"[16]이자 "부질없게" 미화된 것이자 "막연한 속에서 상양만 하"는 것이라 하며 부정적으로 보고 있다. 반면에 "찰나에도 침체가 없이 유전하여 가는 자연의 변화를 인식한 데서 얻은 영원한 현실감을 갖게 될"[17] 경우를 가리켜 이상화는 곧 "생명의 진면"이요 "진실한 개성"이자 "민중의 의식"이라 할 것이라 한다. 이는 이상화가 추구했던 시의 본질이 예술지상주의라거나 현실과 분리된 소위 감상주의가 아니라 본래적 개념에서 파악된 철학적 낭만주의에 입각해 있음을 보여준다. 보다 정확히 말해 이상화는 대상 내부의 대립자를 직관하고 그 속에서 생명의 동력을 찾고자 했던 셸링적 낭만주의 철학을 구현하고 있다고 할 수 있다. 셸링은 객체가 지닌 이질적인 것들을 억압하거나 외면하지 않고 포괄하며 이러한 생명의 원리를 바탕으로 우주의 최종심급을 향해 나아가는 자아를 절대적 자아라 명명했던바, 그러한 자아는 이상화가 말한 "천품(天稟)의 향수자"로서의 "거장(巨壯)한 의식"[18]을 지닌 자에 해당할 것이다.

3. 감정에의 몰입과 개성적 자아

이상화 시의 시기 구분은 크게 두 시기로 구분하는 경우와 세 시기로 구분하는 경우로 나뉜다. 전자가 1925년을 기점으로 하여 전·후로 구분하고 전기를

16 이상화, 「시의 생활화」, 206쪽.

17 위의 글, 206쪽.

18 위의 글, 206쪽.

퇴폐적 낭만시, 후기를 민족적 저항시[19]로 보는 가장 일반적인 시기 구분이라고 한다면, 『백조』 동인으로 활동했던 관능적이고 낭만적인 시를 썼던 1922,3년 시기를 1기, 경향파적 시를 썼던 1925,6년 시기를 2기, 민족 혹은 향토적 자연을 중심으로 시를 썼던 그 이후의 시기를 3기로 구분하는 경우[20]가 후자에 해당한다. 이러한 차이는 이상화의 창작활동이 1922년부터 1941년에 걸쳐 이루어지지만 사실상 1922부터 1928년까지의 6년여에 걸쳐 집중적으로 이루어지게 됨에 따라 2,3기 사이의 구분이 뚜렷하지 않다는 점에 기인한다. 이에 따라 2,3기를 묶어 1기의 낭만적인 시와 구별되는 현실주의 시기로 구분하곤 하였던 것이다.

분명한 것은 초기의 시가 철저히 내향적 성격을 띠며 내면의 울분과 슬픔 등의 감정을 다루는 데 치중하는 반면 2기 이후로 이로부터 탈피하여 점차적으로 외부 현실에 관심을 두게 되며, 이중 이웃하는 민중의 삶에 관심을 기울이는 구체적 생활의 시들과 조선이라는 민족적 단위의 발견을 보이는 추상적 시들이 사실상 공존하고 있다는 사실이다. 이는 이상화가 대상으로 삼았던 소재에서의 변화를 보여주는 것이기도 하며, 자기의 내부와 외부로, 자신의 주변과 그 이상의 관념으로 나아가는 과정이라 해도 틀리지 않다. 또한 이러한 과정은 직선적으로 이루어지는 것이 아니라 자아를 정립하고, 그것을 바탕으로 이웃과 관계하며, 나아가 자아와 이웃을 공동으로 하여 민족의 이상을 전개해나가는 순환적 방식으로 이루어지는 것이라 할 수 있다. 이는 이상화의 낭만성이 흔히 언급되듯 초기에만 국한된 것이 아니라 전체적인 낭만주의의 기획 속에서 지속적이고도 연속적으로 이어지고 있음을 말해준다.

---

19 박철희, 「이상화 시의 정체」, 김학동 편, 『이상화』, 서강대학교 출판부, 1996, 16쪽; 김재홍, 「저항시 · 민중시의 활화산」, 위의 책, 51쪽; 정진규, 「이상화 평전, 빼앗긴 들에 서서 기다리는 봄」, 정진규 편저, 『이상화』, 문학세계사, 1993, 241쪽.

20 김학동, 「이상화의 문학사적 위상」, 김학동 편, 위의 책, 8쪽; 윤장근, 앞의 글, 273쪽; 이명재, 앞의 글, 285쪽.

이러한 관점에서 보면 초기에 해당하는 퇴폐적이고 관능적이며 낭만적인 시기의 시는 이후의 현실주의적인 시로 이행하기 위해 극복되어야 하는 부정적이고 한계를 지닌 것으로만 볼 수 없다는 것을 알게 된다. 감정의 과잉된 유출로 폄하되곤 하였던 이 시기의 시들은 유난히 내면에 몰입되어 있다는 점을 발견하게 되거니와 낭만주의 철학에서 볼 때 이는 자아를 정립하기 위한 필연적인 계기에 해당하는 것이다. 이러한 특징은 이후 보다 확장되고 강인한 자아를 형성하기 위한 전제이자 필요조건이 된다.

저녁의 피무든 洞窟속으로
아ㅡ밋업는, 그洞窟속으로
굿도모르고
굿도모르고
나는 거구러지련다
나는 파뭇치이련다.

가을의 병든 微風의품에다
아 쑴우는 微風의품에다
낫도모르고
밤도모르고
나는 술취한집을 세우련다
나는 속압흔우슴을 비즈련다.

—「말세의 희탄(末世의 欷嘆)」 전문[21]

허무와 퇴폐의 감정에 노출된 채 절망의 나락으로 떨어져가는 자아의 상태를 나타내고 있는 위의 시는 『백조』의 전형적 형태라 하여 부정 평가되곤 하였다. 그것이 당시 3 · 1운동의 실패로 인한 좌절을 어둡고 우울한 어조로 묘사한

21 이상화, 「末世의 欷嘆」, 정진규 편저, 앞의 책, 11쪽. 이후 시 인용은 정진규 편저의 이상화 전집인 『이상화』(문학세계사, 1993)에 의한다.

것으로 이해되었으며 세기말적 풍조를 대변하는 상징주의의 수용과 관련되어 해석되었다는 점도 주지의 사실이다. 이로써 이상화는 1920년대 퇴폐적 감상주의의 대표적 인물로 규정되었으며 이후 현실주의적 시를 쓰기 전까지 문단의 병폐를 가장 깊게 드러내는 경우라 알려졌다.

그러나 감정이 의식을 향해 털어놓는 무의식의 이야기[22]라는 점에 주목한다면, 그리고 자아 정립이 인간의 무의식적 능력과 의식적 능력의 종합에 의해 이루어진다[23]는 사실을 상기한다면 이 시기 이상화가 보여주는 감정의 표현은 부정적으로 이해될 성질의 것이 아니다. 합리주의나 계몽주의와 같은 근대 이성주의에 의해 억압되는 감정이 무의식의 지대를 형성하며 자아를 교란시키는 어두운 에너지로 작용하는 데 비해 이에 대한 반작용으로 등장한 낭만주의에서 감정은 무의식이 발현되는 통로가 되고 의식과 상호작용함으로써 자아의 개성을 구축하는 근거로 인식된다. 그런 점에서 그것이 어떤 내용과 형태를 지니든 이상화가 감정에 주의를 기울이고 이를 솔직하게 드러내고 있다는 점은 건강한 자아를 정립하기 위한 일 과정에 해당된다는 것을 알 수 있다. 이상화가 "개성"이라고 일컬은 것도 바로 이것인바, 이상화는 자신의 "개성"을 구축하기 위해 매우 적극적으로 내면에 몰입하여 의식의 수면 아래에서 어둡고 혼란스럽게 드리워져 있는 감정들을 대면하고 명명하였다.

특히 이상화는 "개성"이 곧 "생명다운 생명"[24]이 될 수 있다고 하였는데, 여기엔 무의식 혹은 본능이 생명의 근원적 에너지를 형성한다는 관점과 함께, "개성에 대한 관찰성"이 곧 무의식에 대한 의식의 관조이며, 이 지점에서 이루어지는 무의식과 의식의 상호작용이야말로 생명의 역동성을 발휘하는 힘이라는 관점이 놓여 있다고 이해할 수 있다. 요컨대 감정을 드러낼 때 이상화는 자신의 깊고 어두운 지대에 도사리고 있는 무의식을 응시함으로써 이를 의식화시

22 이영기, 「'낭만적' 무의식과 인간학」, 『뷔히너와 현대문학』 46호, 2016, 41쪽 주.

23 위의 글, 39쪽.

24 각주 8 참조.

키고, 또한 그 두 정신 사이의 공존과 뒤섞임으로 말미암아 생명의 힘을 이끌어내는 과정이 이어지게 된다는 것이다. 실제로 위 시에서 시적 자아가 "동굴속으로", "밋업는 그동굴속으로" "걱구러지"고 "파뭇치려"는 행위는 끝을 알 수 없는 무의식의 지대로 하강하는 행위를 가리키며, 이후 그 속에서의 경험들이 "병든 微風"이 "숨쉬는 微風"이 된다거나 "술취한집"이나마 "집을 세우려"는 행위, "속압흐"나마 "우슴을 비즈려"는 행위로 이어진다는 점은 무의식의 관조가 의식 위로 상승하면서 새로운 국면으로의 전환을 일으키고 있는 양상을 나타낸다.

무의식을 응시하는 작업은 감정의 성격을 포착하려는 시도나 꿈이나 환상의 이미지를 환기하려는 의지를 통해 이루어지며 이러한 작업이 반복되고 축적될 때 자아의 근원은 더욱 풍부해진다. 과잉될 정도의 감정을 드러내는 이상화의 초기시들이 이에 할애되고 있으며 그의 또 다른 초기 대표작이라 할 수 있을 「나의 침실로」 역시 그것이 꿈과 환상의 이미지를 통해 개체의 근원이라 할 수 있을 여성에의 지향을 드러낸다는 점, "마리아"와의 뒤엉킴을 통해 어둠에서 "부활"로 이르고자 한다[25]는 점에서 이상화의 "개성" 구현의 관점에서 이해될 수 있다.

4. 사회와 시대를 향한 확장된 자아

독일의 초기 낭만주의자 가운데 한 사람인 하인리히는 자아 형성의 첫걸음은 내부를 향해 응시하는 일이되 이에 머무른 자는 절반만 성공한 것으로 외부세계를 향한 자발적이고 신중한 관찰을 행할 때 두 번째 걸음이 이루어진다고

---

25 오세영은 「나의 침실로」의 '마돈나'가 죽음과 자기초월의 상징을 띠며 '침실' 역시 죽음과 재생을 뜻한다고 분석하면서 이것이 신화적 구조를 형상화하고 있는 것으로 보았다. 오세영, 「어두운 빛의 미학」, 신동욱 편, 『이상화의 서정시와 그 아름다움』, 새문사, 1981, 12~13쪽.

말한 바 있다.[26] 이러한 지적은 이상화가 말한 "개성과 사회, 시대"의 국면들과 초기시에서 후기시에로 이르는 이상화의 시적 궤적을 떠올리게 한다. 이상화가 언급했던 생활 속에서 구현해야 할 "생명다운 생명"은 "개성"의 국면에서 완성되는 것이 아니라 "사회, 시대"의 국면에까지 이를 때 충족되는 것이라 할 수 있다. 또한 이들 국면들은 우연히 나열된 것이 아니고 낭만주의 세계관에서 제시하는 자아 형성 과정의 필연적 계기들에 해당한다. 이상화에게 있어서 초기시로부터 그 이후 시기의 시적 궤적은 곧 이와 같은 낭만주의 세계관의 자아 실현 기획과 관련되는 것이라 할 수 있다.

그런데 "개성"의 국면에서 "사회"의 국면으로의 전환이 이루어질 때 이는 직선적이고 단절적인 방식으로써가 아니고 순환적이고 연속적인 방식으로 가능해진다. "사회"의 국면에 처하는 주체에게 객체는 "사회"이지만 주체는 이전 단계의 "개성"적 자아를 포회한 상태라는 점에서 그러하다. "개성"을 통해 "생명"을 획득한 이는 바로 그 힘을 바탕으로 "사회"에서의 객체와 대면하고 그를 응시할 수 있게 된다. 이는 나선형의 발전의 궤도라 할 수 있거니와 이러한 과정이 거듭되면서 자아는 더욱 확장되어 포용적이고 강한 자아를 향해 나아갈 수 있게 된다.

> 오랜 오랜녯적부터
> 아 몃百년 몃千년녯적부터
> 호미와가래에게 등심살을빗기이고
> 감자와기장에게 속기름을 빼앗기인
> 山村의쌔만남은 짱바닥우에서
> 아즉도사람은 收獲을 바라고잇다.
>
> 게으름을 비저내는 이느진봄날
> 「나는 이러케도 시달렷노라……」

26 이영기, 앞의 글, 46쪽.

돍멩이를 내보이는논과밧——
거게서 조으는 듯 호미질하는
농샤짓는사람의 목숨을나는본다.

마음도입도업는 흙인줄알면서
얼마라도 더달나고 정성숫뒤지는
그들의가슴엔 저주를바들
宿命이주는 自足이 아즉도잇다
自足이식힌 屈從이 아즉도잇다.

한울에도 게으른 힌구름이돌고
쌍에서도 고달픈 沈默이까라진
오－이런날 이런때에는
이 쌍과내마음의 憂鬱을뿌술
東海에서 暴風雨나 소다저라－빈다.

—「暴風雨를 기다리는 마음」 전문[27]

1925년 3월 『개벽』지에 발표된 위의 시는 1922,3년에 썼던 초기시의 경향과 매우 다르다. 위의 시는 초기시에서 보여주었듯 자신의 내면에 깊이 몰입하는 태도가 나타나 있지 않다. 표현 방식에 있어서도 환상적인 이미지가 아닌 눈에 보이는 사물을 대상으로 한 현실적 이미지가 주를 이룬다. 이때 시적 자아가 묘사하는 대상은 농토와 농민이다. 오랜 세월에 걸쳐 생산을 다한 "논과밧"과 그곳에서 고달프게 살아가는 "농사짓는사람"이 위 시의 중심 소재이다. 위 시 외에도 1925년을 전후로 이상화가 주로 다룬 소재는 민중들의 이야기이다. "間島移民을 보고"라는 부제가 달린 「가장 悲痛한 祈慾」이라든가 「貧村의 밤」, 「구루마꾼」, 「엿장사」, 「거러지」는 모두 민중의 삶을 토대로 1925년에 쓰인 시들이다.

이상화가 민중들의 생활상을 시적 묘사의 대상으로 삼는 일은 기존의 시 형

27 이상화, 앞의 책, 35~36쪽.

태에 비추어 매우 이질적이다. 초기시가 개인적이고 내면적이며 몽환적인 점에 비추어 이 시기의 시들이 민중적이고 외향적이며 현실적이라는 사실은 1925년 기점으로 한 전후 시기가 뚜렷이 차별된다는 것을 말해준다. 이는 물론 『백조』와 파스큘라의 간격을 나타내며 이상화의 경향파 및 사회주의로의 전환에 따른 것이다. 그러나 이상화는 사회주의라는 이념적 의미망으로써만 포섭되지 않는 정신적 영역을 보여주고 있는 것이 사실이다.[28] 이 시기의 이상화의 변모는 외적으로 사회주의 사상과의 만남에 의해 해명될 수 있지만 내면적으로는 자아 성장의 관점에서 이해될 수 있다는 것이다. 즉 이때의 시적 경향은 자아실현 과정이라는 이상화의 내적 본질이 사회주의라는 사상을 통해 외화된 것이라 볼 수 있다. 초기에 보여주었던 이상화의 내면적 태도는 소멸한 것이 아니라 지속되면서 타자를 향한 외부 지향적 태도와 결합하고 보다 확장된 자아를 형성하기에 이른다.[29] 결국 이 시기 이상화가 노정했던 사회주의로의 변모는 초기와의 단절을 의미하기보다 낭만주의 세계관 아래에서의 자아의 확대 과정을 가리키는 것이다.

실제로 내면에 몰입하며 개성을 추구해왔던 이상화에게 민중은 그야말로 타자에 속하는 대상이었다. 농민이나 '구루마꾼', '엿장사', '거러지' 등은 부유하고 귀족적인 가정 환경에서 자란 이상화에게 타자에 속하였다고 볼 수 있다. 그럼에도 이상화가 민중을 소재로 한 시를 집중적으로 썼던 데에는 "사회에의 관찰안"이 작용한 것이다. 즉 "사회" 속 생활상을 면밀히 "관찰"함에 따라 이상

28 파스큘라 조직 당시 김기진은 이상화가 이성, 건강, 사상 문제에 고민을 하고 있었으며, 사회주의 사상에 대하여는 경미한 태도였다고 증언하였다. 조두섭, 「이상화의 주체 형태」, 『인문과학예술문화연구』 15집, 1997, 18쪽.

29 이상호는 이상화의 자아의식에 관해 고찰하면서 여기엔 외면화와 내면화라는 두 개의 큰 축이 있으며 내면화는 현실에서의 갈등으로 인한 자아의식의 위축으로, 외면화는 현실과의 대결로 인한 자아의식의 강화로 이루어진다고 보고, 이러한 과정이 융(Jung)의 의미에서의 자기(self)의 구축 과정에 해당한다고 하였다. 이상호, 『한국현대시에 나타난 자아의식에 관한 연구』, 한국학술정보, 2006, 21~91쪽.

화는 "사회" 내의 대립자들을 발견하게 되고 이것이 위 시와 같은 민중지향적 시들을 쓰게 된 계기가 되었던 것이다. 또한 이때의 민중들은 이상화의 지적 직관 속에서 발견된 "사회"라는 생명체의 "동력"이자 "나의 마음에 추향(趨向)케 하며 나의 의식을 그 생활 위에다 활동시킬"[30] 계기에 해당된다는 것을 짐작할 수 있다. 이런 상황에서 위 시의 자아가 "이 쌍과내마음의 憂鬱을뿌술 폭풍우"를 바라는 것은 의미심장하다.

지적 직관에 의해 인식될 때 대상은 기계적인 것으로서가 아니라 생동하는 것으로 관찰되는 까닭에 그것은 인식하는 주체를 경험하는 주체이자 역시 생동하는 주체로 변화시킨다. 위 시에서 내면과 외부의 결합을 암시하는 "이 쌍과내마음"이 언급되면서 양측면의 "憂鬱을뿌수"길 바라는 심정이 표현되는 것은 사회에 내재한 대립자를 직관함에 따라 이상화가 겪을 수 있었던 변화의 양상을 나타낸다. "憂鬱을뿌수"길 바라는 마음은 과거 우울과 비탄의 감정을 토로했던 시기에 비해 보다 나은 상태의 자아의 모습을 나타내기 때문이다.

한편 세계를 유기체로 간주하는 낭만주의 철학에서 만물은 상호간 치밀하게 조직되고 관계 맺고 있으며 성장하고 발전한다. 마찬가지로 인간 역시 생리적 정신적으로 성장하고 상승하는 존재로 이해된다. 이때 생명의 정점에 자연이 있으며, 인간은 가장 이상적 통일체인 자연을 향해 나아가는 여행길에 놓이게 된다. 자아는 유한자이자 무한자로서의 자연과 동일한 자신의 본성을 인식함으로써 최고선에 도달할 수 있는바, 그러한 과정을 따르는 인식의 주체가 곧 정신(Geist)이라 할 수 있다. 낭만주의자들, 특히 스피노자와 그를 계승한 셸링 등에게 자연은 생명력의 무한 실체이며[31] 무한을 향한 인간 정신의 활동에 의해 자연은 또한 신적 속성을 지니게 된다.[32]

---

30 이상화, 「시의 생활화」, 앞의 책, 205~206쪽, 각주 13 참조.

31 프레데릭 바이저, 앞의 책, 324쪽.

32 셸링에게 신은 생명적 존재이자 생명의 절대적 종합에 해당한다. 셸링의 관점에서 신은 전통 신학에서처럼 만물의 원인으로서 객체적으로 존재하는 것이 아니라, 따라서 칸트

자연을 이상적 목적으로 간주할 때 자연의 완전성을 닮아가려 하는 존재는 개인에 국한되는 것이 아니라 인간과 인간이 어우러져 살아가는 공동체로서의 사회에도 해당한다. 사회는 특수자의 권력을 보장하는 대신 민중들의 권리에 의해 구축될 때 공공선을 실현한 이상적 공동체가 될 수 있다. 사회와 국가의 국면에서 추구되는 이러한 낭만주의의 기획은 1925년 이후 이상화가 보인 민중에 대한 관심의 이유를 이해할 수 있게 한다. 자신의 개인적 자아로부터 외부 세계로 이행한 이상화에게 식민지 시기 민중들의 삶은 "사회"의 이상에 비추어 "관찰"되어야 하는 대상, 그들을 직관함으로써 사회의 "동력"을 발견하고 보다 완전하고 이상적인 공동체를 구현해갈 수 있는 계기들에 해당되었다. 이들을 직관하고 수용함으로써 이상화는 더욱 성장하고 상승하는 사회를 만들고자 하였던 것이다. 이 점에서 이 시기 민중들에 대한 관찰은 자연이라는 완전성을 향해 최고선을 추구해갔던 가이스트(Geist)적 주체로서의 이상화의 면모를 보여주는 대목이라 할 수 있다. 이 시점에 이상화에게 "신령"이라는 존재가 환기되고 그것이 "자연"과 결합되어 등장한 것도 우연이 아니다. 낭만주의적 자아로서의 이상화는 공동체의 이상을 "신령"의 힘을 내포한 자연의 완전성에 비추어 이룩하고자 하였음을 알 수 있다.[33]

의 경우처럼 인간 이성의 한계로 인해 인식 불가능한 대상이 아니라, 자신에게 속한 힘에 따라 계시하는 생동적 본질로서 규정된다. 즉 셸링은 신을, 주체와 객체의 대립이 의식을 가능케 하듯이, 이질적이고 비동종적인 것을 분리함으로써 상위의 것을 얻는 역동적 활동에 의해 창조를 이어가는 존재라고 본다. 힘들의 비분리와 혼합 상태로부터 분리와 변화와 발전을 이룩하는 신의 활동은 곧 생명의 원리이자 개체가 자유를 획득하는 과정이다. 셸링에게 신적 절대자는 정적인 상태로 머물러 있는 동일자가 아니라 창조적으로 활동하는 가운데 계시하는 생명적 존재인 것이다. 이와 마찬가지로 인간 역시 무의식적인 것과 의식적인 것, 객관적인 것과 주관적인 것, 실재적인 것과 관념적인 것 사이의 대립 속에서 형성해가는 자기의식의 능동적 활동 속에서 정신(Geist)이 현상함을 확인할 수 있으며, 이때의 주체는 신적 생명성을 지니는 절대적 자아에 해당한다. 박영선, 「셸링 철학의 원리와 신의 개념」, 『대동철학』 63호, 대동철학회, 2013, 230~243쪽.

33 나의 신령!/憂鬱을헷칠그날이왓다!/나의 목숨아!/發惡을해볼그때가왓다.//사천년이란 오랜동안에/오늘의이압흔倦怠말고도바든것이잇다면그게무엇이랴,/猜忌에서난分裂과

5. 절대적 자아로서의 이상화

1925, 6년은 이상화의 1922년에서 1928년까지의 6년여 간의 본격적인 창작 기간 가운데에서도 가장 집중적인 시 창작이 이루어졌던 시기이다.[34] 이 시기에 "사회"의 범주에서 언급될 수 있는 민중 중심의 시들이 다수 쓰이는가 하면 민족의식을 환기하거나 자연을 소재로 하는 시들이 혼재되어 있음으로써 국면 및 시기 구분이 모호한 상태를 보이고 있다. 이는 이상화의 시세계의 변화가 사회주의 사상이라는 외적 요소로서 해석되기보다 낭만주의 세계관의 관점에서 고구되는 것이 보다 합리적이라는 사실을 말해준다. 그리고 이러한 관점에서 보았을 때 이상화의 자아는 보다 웅혼하고 완전한 이상적인 지평을 향해 열려 있었다는 점을 확인하게 된다. 그가 자신의 내면에서 외부의 이웃으로, 그리고 자신과 민중들을 포괄하는 민족의 국면으로 나아가는 과정도 이에서 비롯된 것이며 민족의식의 구현을 자연에 견주어 이루고자 하였던 점도 이와 관련된다.

> 金剛! 너는보고있도다-너의 淨偉롭은목숨이 업대여있는가슴 — 衆香城품속에서생각의용소슴에끄을려 懺悔하는벙어리처럼 沈默의禮拜만하는나를!
>
> 金剛! 아, 朝鮮이란이름과얼마나融和된네이름이냐. 이表現의背景意識은 오직 마음의 눈으로만읽을수있도다. 모-든 것이 어둠에窒息되었다가 웃으며놀라깨는曙色의 榮華와 麗日의新粹를 描寫함에서-계서비로소 情熱과美의 源泉인靑春 — 光明과智慧의慈母인自由 — 生命과永遠의故鄕인黙動을 볼수있느니 朝鮮이란 指奧義가여기숨었고 金剛이란너는이奧義의集中統覺에서 象徵化한存在이여라.

계서어든恥辱이나情熱을죽엿고/새로사러날힘조차쓰더먹으려는 —/(중략)//쉴사이업시올머가는自然의變化가 내눈에내눈에보이고/『죽지도살지도안는 너는生命이아니다』란 내맘의비웃음까지들린다들린다. 이상화, 「오늘의 노래」, 앞의 책, 49쪽.

34 1925,6년의 2년간 이상화는 전체 63편의 시 가운데 34여 편을 발표한다. 이상호, 앞의 책, 65쪽.

金剛! 나는꿈속에서몇번이나보았노라 自然가운데의 한聖殿인너를−나는눈으로도몇번이나보았노라 詩人의노래에서 또는그림에서너를−하나, 오늘에야 나의 눈앞에솟아있는 것은 朝鮮의精靈이 空間으론宇宙마음에觸覺이되고 時間으론無限의마음에映像이되어 驚異의創造로顯現된너의實體이여라.

—「금강송가(金剛頌歌)」 부분[35]

이상화에게 민중 중심의 시가 쓰인 시기와 동일한 시점에 "자연"[36]을 소재로 한 시가 쓰였다는 사실은 어떻게 이해될 수 있을까? 경향파 시를 썼던 사회성 위주의 시기에 그것이 비록 민족 이념을 형상화한 것이라 하더라도 자연 중심의 시를 썼다는 점은 맥락상 부조화한 면이 있다. 설령 이들 시가 이상화의 친구 백기만의 주장대로 제작연대가 이상화가 청소년기 강원도 일대를 방랑한 즈음인 1918년이 된다[37] 할지라도 이상화의 전체 시세계에서 자연을 통해 민족 이념을 형상화한 점은 해명을 요한다.

위 시에서 "金剛"으로서의 자연은 절대적으로 이상화되어 있다. 그것은 맑고 아름다운 외양으로 묘사되고 있을 뿐만 아니라 "熱情과 美의 源泉"이자 "光明과 智慧"이며 "자유"이자 "생명과 영원의 고향"으로서 관념화되어 있다. 또한 그것은 "聖殿"이라고까지 미화되어 있다. 여기에서 "금강"은 단순히 객체화되어 묘사되고 있는 것이 아니라 다분히 주관화되어 표현되고 있는바, 이는 낭만주의 철학에서 말하는 실재적인 것과 관념적인 것이 융합된 동일성의 상태로 인식되고 있다고 할 수 있다. 위 시에서 화자가 "모−든 것이 어둠에窒息되었다가 웃으며놀라깨는曙色의 榮華와 麗日의新粹를 描寫함에서−계서비로소 情熱과美의 源泉인靑春 — 光明과智慧의慈母인自由 — 生命과永遠의故鄕인默動을 볼수있느니"에서 말하고 있듯 시적 자아는 대상을 관찰하면서 그 안에 내재된 생명성을 직관하고 있다. 표면적이고 일시적인 "어둠"은 내부에 "曙

35 이상화, 앞의 책, 43쪽.

36 이상화, 「시의 생활화」, 앞의 책, 205~206쪽, 각주 13 참조.

37 윤장근, 앞의 글, 279쪽.

色 榮華"을, 나아가 "生命과永遠의故鄕"을 품고 있는 대상에 해당한다.

대상에 대한 관조를 통해 그것을 무기물이 아니라 생동하는 유기체로 바라보는 이러한 태도는 자연을 향한 낭만주의 철학의 관점을 고스란히 드러내는 것이다. "空間으론宇宙마음에觸覺이되고 時間으론無限의마음에映像이되" 에서 언급되고 있듯 유한하고도 무한한 성격의 "金剛"을 관찰하면서 시적 자아는 "驚異의創造"를 경험한다. 화자는 그것이 "金剛"의 "實體"라고 하고 있거니와 이는 "자연"에서 절대자의 관념을 환기하고 있는 낭만주의자로서의 이상화의 면모를 말해주는 대목이다. 낭만주의자인 이상화의 직관에 의해 "金剛"은 단순한 사물이 아니라 가장 완전한 이상적인 생명체가 된다. 이상화가 "金剛"을 가리켜 "조선의 精靈"이라 말한 것도 이러한 이유에서다.

이상화에게 자연이 이토록 이상적인 것이자 신(神)적인 것으로 인식될 수 있는 것은 자연이 지니고 있는 생동성 때문이다. 자연은 모든 대립적인 계기들을 포괄하고 융화함으로써[38] 영원한 생명성을 지니게 된다. 마찬가지로 「金剛頌歌」에서 이상화는 현재의 "조선이 죽"고, "釋迦"와 "모든 菩薩이 죽었"어도 "金剛"은 "宇宙生成의 路程을 밟는"다고 말하고 있다. 모든 것이 죽음에 처해 있어도 마지막까지 살아 있는 것이 있다면 그것은 신이자 절대자라 할 만하다. 이상화는 "無限의 自由"로서의 "金剛"의 생명력이 그대로 "조선의 生命"이자 조선의 "未來"[39]가 될 것이라고 여긴다.

「金剛頌歌」에서 보여주고 있듯, 뚜렷한 시기적 간격 없이 이상화된 자연을 통해 민족의식을 구현하고 있는 양상은 이상화에게 낭만주의 철학이 시종 일관된 형이상학으로서 내재되어 있음을 말해준다. 이상화는 낭만주의 철학에서 전개하고 있는 형이상학을 철저히 관념화하고 있었으며 이에 따른 자아의식의

38 "金剛! 너는 頑迷한物도 虛幻한精도아닌 — 物과精의 混融體 그것이며 허수아비의靜도미쳐다니는動도 아닌 – 精과動의和諧氣 그것이다. 너의自身이야말로 千變萬化의靈慧가득찬啓示이어라", 이상화, 「金剛頌歌」, 앞의 책, 44쪽.

39 위의 책, 44쪽.

실현과 최고선을 향한 노정을 충실히 이행하고 있었음을 확인할 수 있다. 특히 자연을 이상으로 여기는 이상화의 태도는 그것이 단순히 관념으로 그쳤던 것이 아니라 불완전한 현실을 지양하는 방편으로 작용하였음을 알 수 있다. 이상화는 자연을 궁극으로 한 이상을 지니고 있었으며 이를 바탕으로 현실의 완성을 도모하였던 것이다. 그것이 일차적으로는 개성의 완성이었고 다음으로는 사회와 민족의 완성이었다. 말하자면 이상화에게 현실과 이상은 관념화되어 분리되어 있었던 것이 아니라 서로 상호작용하면서 주체의 자기완성을 이끌어 내는 동력이 되고 있었다. 「빼앗긴 들에도 봄은 오는가」는 이러한 이상화의 낭만주의적 세계가 가장 선명하게 드러나고 있는 시라 할 수 있거니와, 여기엔 이상화가 간주하는 완성체로서의 자연과 현실의 상호융합의 양상과, 그리고 그것을 이루려는 과정 속에서의 주체의 실천적인 모습이 잘 나타나 있다.

지금은 남의 ᄯᅡᆼ—ᄲᅢ앗긴들에도 봄은오는가?

나는 온몸에 해살을 밧고
푸른한울 푸른들이 맛부튼 곳으로
가름아가튼 논길을ᄯᅡ라 꿈속을가듯 거러만간다.

입술을 다문 한울아 들아
내맘에는 내혼자온것 갓지를 안쿠나
네가ᄭᅳᆯ엇느냐 누가부르느냐 답답워라 말을해다오.

바람은 내귀에 속삭이며
한자욱도 섯지마라 옷자락을 흔들고
종조리는 울타리넘의 아씨가티 구름뒤에서 반갑다웃네.

(중략)

강가에 나온 아해와가티
ᄶᅡᆷ도모르고 ᄭᅳᆺ도업시 닷는 내혼아

무엇을찻느냐 어데로가느냐 웃어웁다 답을하려무나.

나는 온몸에 풋내를 띄고
푸른웃슴 푸른설음이 어우러진사이로
다리를절며 하로를것는다 아마도 봄신령이 접혓나보다.
그러나 지금은―들을빼앗겨 봄조차 빼앗기것네

―「빼앗긴들에도 봄은 오는가」[40]

"푸른한울 푸른들이 맛부튼 곳"으로 상징되는 이상과 "빼앗긴들"로 형상화되는 현실 사이의 대립을 통해 전체적인 내용의 구조를 이끌어가고 있는 위 시는 이상화의 낭만주의적 세계관이 잘 표현되어 있다. 농촌의 들 한 복판에서 배회하는 인물로 그려지고 있는 시적 자아는 단순히 이리저리 헤매는 것이 아니라 자연과의 융화라는 지평 속에서 나아갈 바를 찾는 존재에 해당한다. 자연은 햇살과 바람으로 호흡하듯 숨을 불어대고 있으며 자아는 그에 그대로 노출되어 있다. 자연 안에서 만물은 생기를 얻고 있으며 자연과 함께 호흡하는 자아 역시 자연의 생명력과 동일시되어 들뜨고 가벼운 걸음새를 보인다. "온몸에 풋내를 띄고/푸른웃음 푸른설음이 어루어진사이로/다리를절며 하로를것는다"는 시적 자아와 자연 사이의 일치된 상황을 매우 잘 나타낸다.

위 시에서 묘사되는 자연은 생명력을 온전히 갖춘 이상적인 자연이다. 자연은 그 안에 모든 생명체를 품은 채 완전한 형태를 지니고 있다. 생명력의 완전체인 자연은 "신령"까지 함축하는 절대적 경지의 그것이다. 그런 점에서 위 시에서 자연은 궁극적인 이상이자 목적에 해당한다. 이러한 자연 앞에서 자아가 경험하는 것은 그것에 이끌리고 그것과 동화하는 일이다. "내맘에는 내혼자온 것 갓지를 안쿠나"는 "신령"화된 자연의 생명력을 잘 표현하고 있다. 또한 "내 손에 호미를 쥐여다오", "조흔땀조차 흘리고십다"는 자연의 생명력에 동화된 자아가 현실에서 행동을 통해 생명력을 발휘하는 모습을 나타낸다. 이외에 절

40 위의 책, 66~67쪽.

대화된 자연과 동일시되면서 자아의 영성(靈性) 또한 부각된다는 것을 알 수 있다. "혼"으로서의 자아가 "답"을 구하며 자연의 목소리에 귀기울이는 것도 이 때문이다.

"봄신령"을 내포한 자연의 절대성은 자아에게 이상적 목적으로서 작용하므로 자아로 하여금 "찻"게 하고 "것"게 하며 "가"게 한다. 그러나 그와 같은 목적으로서의 이상이 있으되 그에 한 달음에 달려 갈 수 없다. 그것은 "쌔앗긴들"이기 때문이다. 이상적 자연이 "남"에게 속해있다는 것은 위 시의 자아로 하여금 앞으로 나아가되 "다리를절며" 걷게 한다.

한편 위 시에서 볼 수 있듯 절대적 자연에 대한 의식은 현실을 더욱 뚜렷하고 냉철하게 인식하게 한다. 이상에 대한 관념과 현실의 실재는 결국 동시적으로 응시되며 괴리와 부조화로서 인식된다. 이상에 의해 얻게 된 황홀함은 현실의 장애 앞에서 갑작스런 추락을 겪게 된다. 그러한 급격한 반전은 '그러나 지금은—들을쌔앗겨 봄조차 쌔앗기겟네' 하는 마지막 한 행의 언급으로 대변된다. 하지만 현실과 이상이 대비됨으로써 이들 사이에 놓이게 되는 대립과 충돌은 현실의 결핍을 보다 명확하게 각성하게 하는 계기로서 작용하며, 자아로 하여금 현실의 한계를 넘어서도록 촉구한다. 다시 말해 현실의 객관적 조건을 인식하되 그것을 이상적 관념과 동시적으로 직관하게 됨에 따라 자아는 이 속에서 현실 극복에의 의지를 최대치로 끌어올릴 수 있게 된다.

현실을 인식하면서 현실이 나아가야 할 이상적 목적을 함께 직관하는 이상화의 태도에는 대립물의 갈등과 충돌이라는 역동의 계기가 내포되어 있다. 이는 대상에 대한 인식이 외적 현상으로써만 이루어지는 것이 아닌, 자아의 주관적 관념을 융합시키는 주객동일성의 원리에 따른 것임을 의미한다. 이러한 인식의 방식은 현실에 다가가는 주체의 능동적인 태도에 의해 비로소 성립되는 실천적인 것이자 그 자체로 현실 극복의 동력을 포지하는 생동적인 것이다.

이처럼 초기부터 감정의 유로를 응시하며 자아의 정신을 직관의 대상으로 삼았던 이상화는 어느 한 국면에 고정되지 않는 지속적인 변화의 과정을 걸어왔던바, 이러한 실천적인 태도로 인해 이상화는 개성적 자아를 바탕으로 세계의 범위를 지속적으로 확장시켜 올 수 있었으며 민족이 처한 현실과 미래를 더욱 냉철하게 성찰할 수 있었다. 현실이 지닌 극복가능성의 동력을 품은 채 절대화된 이상을 향해 나아가는 이상화의 이러한 태도는 궁극적 목표를 향한 그의 여정이 결코 멈추지 않을 것임을 암시한다. 위 시에서처럼 이상화의 시를 통해 조국의 미래를 가늠할 수 있었던 것도 이 때문이다. 완전한 이상을 향한 끊임없는 자아확장과 자아실현을 거듭해가는 이상화의 모습에서 절대적 지평을 향한 정신 현상을 확인할 수 있거니와 이러한 이상화의 정신(Geist)은 곧 완성을 추구하는 절대적 자아의 그것이라 할 만하다.

6. 낭만주의의 최고선(善)

본고는 이상화의 초기시와 후기시를 단절보다는 지속으로 해명할 수 있는 전체적 논리를 마련하는 것을 목적으로 하고 있다. 이상화의 시세계는 흔히 『백조』 동인 시절의 퇴폐적 감상주의 시기와 카프 가입 시기의 현실주의 시기로 구별되면서 두 시기 간 급격한 단절과 이질성이 부각되곤 하였다. 이에 따라 초기의 이상화는 허무와 비탄에 빠진 극복되어야 할 나약한 시인으로, 후기의 이상화는 민족 현실에 능동적으로 대응한 저항 시인으로 인식되었으며, 마찬가지로 초기시세계를 대변하는 낭만주의는 부정적 사조로서, 후기시세계에 해당하는 사회주의는 적극적 이념으로서 이분법적으로 평가되었다.

그러나 이러한 이분법적 틀은 이상화의 시세계의 실제적 모습을 드러내는 데 효과적이지 못하다. 이상화의 초기시에서 보이는 감정 과잉의 태도는 이성의 기준에서 보아 배제되거나 억압되어야 할 것이라기보다 수용되고 직관되어야 할 것으로 봄으로써 보다 건강하고 완전한 자아실현의 계기로 이해하는 것이 합당하다. 또한 후기에 보여준 이상화의 시적 양상이 사회주의 이념의 차원을 넘어서 있다는 점에서 이에 대한 보다 정교한 해석이 요구되는바, 그것은 대상에 내재하는 대립자를 직관하고 그것을 동력으로 삼아 최고선에 도달하고자 하였던 이상화의 자기 의지의 관점으로 해명될 수 있다. 이상화에게 가장 궁극적인 이상은 자연의 생명성에 있으며 그에 도달하기까지 그는 자아 내에 이성 외의 타자들을 직관하고, 나아가 민중의 생활상과 조선의 현실 등 사회 및 시대의 범주에서의 대립자들을 직관한다. 이로써 이상화는 그가 꿈꾸었듯 개성과 사회와 시대의 생명성을 구하게 되거니와, 이상화에게 생명성은 자연이 모든 대립자들을 포괄함에 따라 완전한 본성을 구가하듯 개성과 사회, 시대 역시 내부의 대립자들을 포지함에 따라 역동성이 보장되는 것이라는 성격을 띤다. 이상화는 이들 각 범주를 관통하면서 대립자들을 직관하고 그에 따라 세계의 폭을 넓히며 자아를 확장해나간다.

이상화가 개성과 사회, 시대의 범주에서 꾀하였던 생명성은 곧 자연이라는 궁극성에 근거한 자아 확인과 자기 확대, 그리고 자기의식의 구현이라는 경로를 나타낸다. 전체적으로 보았을 때 그것은 낭만주의 철학의 기획에 해당한다. 낭만주의 철학의 최고선이자 목표는 자기실현으로, 이는 자기 내부에서 억압되거나 배척되는 타자 없이 조화로운 동일자를 이룩하는 것이며 그러한 본성을 바탕으로 존재가 궁극적인 자연의 상태를 향해 수없이 거듭나기를 실천하는 것을 의미한다. 사회와 공동체 역시 이러한 거듭나기의 과정 속에서 운영되는 일 국면에 속한다. 이상화는 자신을 둘러싼 내외부의 국면들에 대해 끝없이 지적 직관을 행함으로써 세계의 완성을 향해 나아갔던 절대적 자아에 해당한다.

2장

이육사 사상의 민중적 민족의식

1. 독립운동 사상의 층위

흔히 저항시인이자 민족시인으로 규정되며 이에 대해 어떠한 반론도 허락하지 않는 이육사는 그의 생애가 말해주듯 일제에 대한 투쟁에서 그 누구보다도 치열했던 인물이다. 1904년 독립투사가 가장 많이 배출되었다는 안동에서 태어나 1944년 북경의 감옥에서 순국하기까지 이육사는 항상 요시찰 대상이 되었을 뿐 아니라 40년의 생애 동안 십수 차례에 걸쳐 투옥을 당하는 이력을 지녔다.

이 같은 이육사의 면모에 따라 이육사에 대한 연구는 선비정신의 현현으로서 혹은 주자학적 세계관의 담지자로서의 측면에서 이루어져온 바가 크다.[1] 이육사가 나서 자란 고장이 지금도 유학의 본거지로서 명명되고 있는 안동이라는 사실이나 이황의 24대손이라는 점, 어릴 때 정통 한학을 수학한 점, 그리고 유학자들로 구성된 그의 외가와 친가 모두가 독립 운동에 투신하였던 점 등이 근거로 제시되면서 선비다운 강직한 육사의 성품이 민족적 저항과 가열한 투쟁 정신으로 이어졌음을 논증하는 연구가 그것이다.

---

1 박현수, 「육사시에 끼친 주자학적 영향」, 서울대학교 석사학위논문, 1996; 손유진, 「이육사 시의 저항정신 연구 : 유교사상을 중심으로」, 동국대학교 석사학위논문, 2012.

문제는 이와 같은 관점이 육사에 관한 대전제로 작용함에 따라 많은 경우 그의 사상을 단선적으로 재단하는 오류를 범한다는 점에 있다. 혹은 그가 실제로 노정했던 사상적 내용에 대해서는 구체적 검토를 유보한 채 단순히 그를 저항시인이자 민족시인이라는 범주로 환원시키는 경향을 나타내기도 한다. 단적으로 말해 우리는 사상에 관한 한 이육사를 범박한 의미의 민족주의의 범주에서 바라보는 태도로부터 한 발짝도 벗어나지 못하고 있다 해도 과언이 아니다. 이육사가 의열단에 가담했었고 그로 인해 투옥을 당하게 된 정황이 있음에도 우리는 이육사를 민족주의자 이외의 사상가로서 인식하는 데 대단히 인색했던 것이다.

이에 비해 최근에 일정 정도 구체성을 띠고 이루어진 이육사의 생애에 관한 연구[2]는 이육사의 사상적 측면에 대한 공정하고도 객관적인 이해를 유도하고 있다. 무엇보다 김희곤에 의해 시도된 바 있는 이육사 전기 연구는, 독립 운동가들의 항일 투쟁이 비밀 조직체에 기반하여 행해졌던 만큼 그 행적이 베일에 싸여 전기적 면모를 선명하게 드러내기 힘들다는 한계를 딛고 이육사의 행적에 관련한 다소간의 의문과 공백을 해소하고 있다고 할 수 있다. 이육사의 활동 자체가 항일 독립 투쟁에 전적으로 기여되어 있으며 작품을 발표했던 문학가로서의 활동 시기가 약 1932년에서부터 1942년 정도까지의 단기간에 집중되어 있던 점은 이육사를 이해하는 데 있어서 그의 정치적 활동상의 중요성을 말해주거니와, 이러한 관점에서 이육사의 연구는 단순히 그의 가계와 혈통 연구에 초점이 놓일 것이 아니라 그가 가담했던 조직이나 그와 관련한 정치적 성향에 주의를 기울이며 이루어져야 할 것이다.[3] 그러할 때 이육사가 견지했던 사상적 내용이 윤곽을 드러낼 것이며 작품 이해 역시 이에 기반하여 보다 명확

2 김희곤, 『이육사 평전』, 푸른역사, 2010; 김희곤, 『이육사의 독립운동』, 이육사문학관, 2017.

3 이러한 관점에서 볼 때 이육사를 사회주의 의식과 관련시켜 바라본 연구들은 상당한 의미를 지닌다. 이들 연구에 김경복의 「이육사 시의 사회주의 의식 연구」(권서각 외, 『이육사 문학과 저항정신』, 이육사문학관, 2014, 251~295쪽)와 조두섭의 『한국 근대시의 이념과 형식』(다운샘, 1999) 등이 있다.

하게 이루어질 것이다.

또한 이러한 과정들은 이육사가 목숨을 걸고 구하였던 것이 민족의 독립에 해당한다고 이해하는 단순하고 막연한 접근으로부터 벗어나 그가 추구했던 민족의 이상에 관한 구체적 정보를 제공해줄 것이다. 독립운동을 전개함에 있어서 단지 민족의 피압박 상황으로부터 벗어나는 것을 목표로 하는 것과 독립을 획득한 이후 어떤 민족 국가를 구축할 것인가까지 내용으로 하여 독립운동을 하는 것은 판이하게 다르다. 전자가 독립운동에 관한 피동적이고 수세적인 접근이라고 한다면 후자는 능동적이고 현실주의적인 접근이다. 후자와 관련해서 우리의 독립운동가들이 국가에 관한 서로 다른 지향점을 추구하고 있었음은 잘 알려진 일이다. 이러한 부분은 독립운동가로서의 이육사를 이해할 때 논외로 할 수 없는 연구의 지평이기도 하다.

따라서 이육사에 관한 연구는 그의 사상에 관한 구체적이고 객관적인 고찰을 결여한 채 이념적 편의주의에 따라 이루어져서는 안 되고 내부적이고 면밀한 사상적 특질을 고찰한 후 그에 입각하여 공정하게 그의 의식적 지향을 도출하는 측면에서 이루어져야 한다. 그러할 때 이육사의 독립투쟁의 근거가 판별될 수 있을 것이며 그의 실존적 고민과 이상이 있는 그대로 드러나게 될 것이다.

2. 이육사의 사상적 경로

2.1. 민족주의와 아나키즘

민족주의는 민족의 존립과 번영을 추구하는 자민족 중심의 이념을 가리킨다. 민족은 국가를 이루는 종족적 단위로서 타민족과 스스로를 구별시킴으로써 정체성을 부여받게 된다. 근대국가의 성립과 동시적으로 형성된 민족은 국가의 존속 및 국가적 차원의 정치 활동의 근간이 되었으며 이를 바탕으로 타민족과의 긴장 관계하에 놓이게 된다. 이때 국가는 민족의 단일한 결속과 단결된 힘을 추구하게 된다. 이는 모든 국가들이 자신들의 민족을 중심으로 우월성을 추구하게 되는 배경이 된다. 일제가 자신들 종족의 우월함을 내세우며 우리나라를 침략한 것이나 그에 맞서서 우리의 지도자들이 민족주의의 기치를 내걸었던 것도 이와 관련된다. 민족 간 각축의 지대에서 조선의 지도자들은 가장 우선적으로 민족을 규합하여 타 종족에 맞서게 된다.

이러한 사정에서 이육사도 예외는 아니었다. 주자학적 전통 속에서 조선 문화의 정신을 뿌리 깊이 체득한 이육사가 민족적 근원에 대해 외면하였다고는 생각하기 힘들다. 어릴 때부터 혈연 공동체의 울타리 속에서 형제들과 더불어 한학을 배워왔던 이육사에게 조선의 정신문화는 자신의 존립 근거이자 공동체의 운영 원리에 해당되었다. 이 속에서 혈연과 종족 중심의 민족의식이 싹텄으리라는 사실은 의심의 여지가 없다. 실제로 이육사는 자신이 성장해온 낙동강 변의 고향 마을을 두고 역사의 시원으로서의 이미지를 얻고 있으며[4] 자신의 성장 과정에 대해 "모두가 내 집안이 대대로 지켜 온 이 땅에는 말도 아니고 글도 아닌 무서운 규모가 우리들을 키워 주었습니다"[5]라고 술회할 정도로 자신의 정신적 기반이 무엇인지 뚜렷이 의식하고 있었다. 이는 그의 의식 속에 혈연 중심의 민족적 동일성이 강하게 자리잡고 있었음을 말해준다. 혈연과 종족을 강하게 의식하는 육사의 이와 같은 태도는 민족적 공동체를 옹호하는 태도라 할 수 있다.

이와 관련하여 이육사는 여러 평문에서 우리 고유의 전통적 문화의 중요성을 강조하며 외래문화 수입이라는 환경 가운데에서도 우리 정신의 뿌리를 잃지 말아야 한다는 점을 역설하곤 하였다.

> 그런데 조선 문화의 전통 속에는 지성을 가져 보지 못했다고 하는데 좀 생각해 볼 문제입니다. 가령 구라파의 교양이 우리네 교양과 다르다는 이유를 르네상스에서 지적 한다면 우리네의 교양은 르네상스와 같은 커다란 산업 문화의 대과도기를 경과하지 못했다는 것일 겝니다. 그러나 우리도 어떤 형식이었든지

4 이육사, 「계절의 오행」, 『이육사』, 문학세계사, 1992, 61쪽.

5 위의 글, 60쪽.

문화를 가지고 왔고, 또 그것을 사랑하고 앞으로도 이 마음은 변할 리가 없을 것입니다.

—「조선 문화는 세계 문화의 一輪」 부분[6]

그렇다면 우리에게도 구라파의 사람들이 가지고 있는 전통이나 교양 또는 그와 유사한 것이라도 있었던가? 더욱이 '현대 조선의 지식 여성들'은 이것을 가졌던가.

그것은 물론 이 땅에도 오랫동안 문화란 것이 있었고 현재에도 있는 것은 사실이다. 그러나 오늘날 우리가 받아 온 문화의 유산은 그 질에 있어서 구주인의 그것과 같이 평가되지 못할 것이 있는 것과 같이 그것에 대한 우리들의 전통과 교양이라는 것도 그 사람들과는 딴판의 것이 태반이며, 더욱이 조선의 여성들에 있어서는 매우 유감이면서도 할 수 없는 사실로는 아직 문제가 되지 않는다. (중략) 우리들이 받았다는 교육(신학문-인용자주)은 우리들의 부로(父老)들이 자의식을 갖고 지적 교육을 시킨 것도 아니었고 우리들 자신 역시 자의식을 가지고 배운 것도 아니었다.

—「侮蔑의 書」 부분[7]

위의 두 인용글에서 육사는 외래의 서구 문화를 맹목적으로 추종하는 조선인들의 행태에 대립하여 우리 고유의 전통과 교양의 가치를 옹호하고 있다. 첫 번째 글의 경우 육사는 "구라파의 교양이 우리네 교양과 다르다는 이유"로 우리에게 '지성'이 없다는 식으로 우리의 교양을 폄훼한다면 그것은 매우 커다란 오산이라는 주장을 하고 있다. 우리의 역사가 서구 역사와 다른 과정을 거쳐 왔고 서구에게 있던 "산업 문화의 대과도기를 경과하지 못했다" 할지라도 그것은 우리 역사의 서구 역사와의 차이일 뿐 우리에게 지성과 교양이 부재했다는 논거는 될 수 없다는 것이다. 엄연히 우리도 "어떤 형식이었든지 문화를 가지고 왔"다는 것이다. 여기에는 육사가 우리 전통 문화에 대해 지니는 강한 자부심이 드러나 있음을 알 수 있다. 특히 "또 그것을 사랑하고 앞으로도 이 마음은

6 위의 책, 118쪽.

7 위의 책, 120~121쪽.

변할 리가 없을 것"이라는 대목은 이육사가 우리의 전통적 교양에 대해 얼마나 뜨거운 신념과 애정을 지니고 있었는지 잘 말해준다. 이러한 육사의 태도는 민족 공동체를 옹호하는 면모를 보여주는 것이라 할 수 있다.[8]

두 번째 글의 경우 역시 육사는 서구 문화에 의해 위축되거나 침해될 수 없는 우리 고유의 것이 있음을 설파하고 있다. 위의 글에서 육사는 "현대 조선의 지식 여성들"이 자신의 정체성을 잃고 "구주인"의 문화에 도취되어 있지만 "우리가 받아 온 문화의 유산은 그 질에 있어서 구주인의 그것과 같이 평가되지 못할 것이 있다"고 함으로써 우리 전통 문화에 대한 자신감을 나타내고 있다. 육사에게 "우리들의 전통과 교양"은 서구의 그것에 못 미치는 것이 아니라 "그 사람들과는 딴판의 것"이며 설사 서구의 문화가 "반세기"에 걸쳐 수입되었다 하더라도 그것은 우리가 "자의식"을 갖고 가르치거나 배운 바가 없기 때문에 서구 문화는 우리의 것보다 우월한 것일 수 없다는 것이다. 이는 육사가 우리 고유의 전통과 교양에 대해 자부심을 가졌을지언정 서구의 그것에 비하여 결코 열등하다는 인식을 가지지는 않았던 점을 말해준다. 이육사에게는 당시의 여러 지식인들과 달리 서양의 문화에 비할 때 우리 고유의 전통적인 문화가 결

8 서양의 경우 기독교적 정체성 속에서 국가간 구별을 이루기 위해 언어와 전통을 의도적으로 강조하여 민족 개념을 제시하였던 데 비해 우리의 오랜 단일민족으로서의 역사는 언어와 전통을 기반으로 한 자연스러운 민족 개념을 형성하고 있었다고 볼 수 있다. 서양의 민족이 '상상의 공동체'라 규정되는 이유도 여기에 있다. 또한 서양의 이 같은 민족 개념은 타민족 간의 우열관계 및 경쟁원리를 내포하게 된다. 이러한 민족 개념의 연장선에서 제국주의가 발생한 것은 물론이다. 이러한 제국주의의 쟁탈전 속에서 우리의 지도자들은 어떻게 대응해야 했을까? 그것은 타민족과의 대결 속에서 민족의 종족성을 바탕으로 공동체를 규합하는 것으로 나아갔을 것이다. 이육사의 전통 강조는 종족성을 근거로써 제국주의와의 대결 구도를 설정함의 의미를 지니고 있다. 또한 이육사가 우리 민족의 전통 문화가 타민족의 것에 비해 열등한 것이 아니라 대등한 것임을 강조하는 것은 서양과 같은 경쟁원리의 민족주의가 아닌 상호 공존의 종족주의의 입장에 놓여 있는 것임을 알 수 있다. 서양과 우리의 민족 개념의 차이에 대해서는 박정심, 「한국 근대 민족주의와 공동체주의의 상관성에 관한 연구」, 『한국인물사연구』 11호, 한국인물사연구회, 2009, 261쪽.

코 퇴보되어 있는 것이 아니라는 관점이 놓여 있었던 것이다. 육사에게 문화의 우월성은 자민족의 경험과 역사가 반영되어 있을 때 비로소 확보될 수 있는 성질의 것이었다. 육사가 우리 문화를 바라보는 데에는 차별보다는 차이의 시각이 전제되어 있으며, 이에 따라 우리의 문화는 역사적 경험이 다른 서양의 기준으로 재단될 수 없는 것에 속한다. 이 같은 우리 문화에 대한 관점에는 육사의 주체적 민족중심의 태도가 잘 반영되어 있다.

이육사의 경우에서 볼 수 있는 것처럼 민족의 고유성과 전통성을 옹호하는 것은 그가 민족주의자로 나아갈 수 있는 기반을 제공한다. 민족주의는 무엇보다 자국의 종족을 중심으로 한 고유의 전통과 문화를 옹호하는 태도로써 그 실체를 드러낸다고 하겠다. 자민족에 대한 자부심과 신념은 민족주의자에게 가장 우선하는 모습이다. 이 점에서 고유의 전통 문화에 대한 자부심이 강한 보수주의적 태도가 강할수록 그에 비례하여 민족주의 의식이 강하게 나타난다고 할 수 있다. 구한말 주자학적 선비들에게 강한 민족주의 의식이 나타났던 것도 이러한 맥락에서이다.

문제는 자민족의 고유성과 전통성에 기반한 민족중심주의가 결국 자신의 민족의 우월성을 담보받기 위해 타민족을 타자화하고 짓밟게 된다는 점에 있을 것이다. 우리의 독립운동가들 중, 특히 과거의 주자학적 질서를 지향하며 국권회복운동을 벌였던 보수주의자들이 초기에 민족주의의 이념을 굳건히 내세웠음에도 불구하고 민족주의의 이념에 한계를 느끼고는 이를 버리게 되는 것도 이 때문이다. 그후 그들이 선택한 이념은 아나키즘이다.[9]

흔히 무정부주의로 번역되지만 부정어 'an'과 지배자라는 뜻의 'arche'가 결합하여 '무지배자주의'라는 의미를 지니는 아나키즘이 민족주의를 대체하여 우리의 독립운동사에 기록되는 것은 개념에도 내포되어 있듯 아나키즘이 지

9 민족주의에서 아나키즘으로 사상적 전이의 궤적을 드러내는 인물에는 신채호를 비롯하여 조소앙, 박은식, 이시영, 김동삼, 이동녕 등 다수가 있다. 이호룡, 『한국의 아나키즘』, 지식산업사, 2001, 58쪽.

배–종속의 관계를 부정하는 데서 비롯된다.[10] 이덕일은 아나키즘이 무정부주의로서 번역되어 질서와 조직을 넘어선 무질서와 혼돈을 함의하게 되는 오류를 경계하면서 그것이 무지배자주의로 번역됨에 따라 모든 종류의 억압과 지배에 대해 저항한다는 의미로 받아들여져야 한다고 주장한다.

당시 우리의 독립운동가들이 민족주의에서 아나키즘으로 사상의 교체를 하게 된 것은 민족주의의 철학적 기반에 사회진화론이 놓여있던 반면 아나키즘에는 크로포트킨이 내세웠던 상호부조론의 평등사상이 놓여 있었기 때문임을 알 수 있다. 특정 개체의 우월성을 추구하는 사회진화론의 관점에서 볼 때 역사의 전개는 강한 종이 약한 종을 대체하면서 이루어지는 것이고, 그에 따라 민족주의의 진화된 형태인 제국주의가 식민지를 지배하는 것은 당연한 것이자 합리적인 것이 될 수 있다. 이에 비해 크로포트킨의 상호부조론은 종족들 간의 협력과 의존을 강조함으로써 당시 서구 사회를 지배했던 사회진화론에 대한 대안으로서 주목받았다. 사회진화론에 따르면 약한 종이 강한 종의 지배를 받지 않기 위해 강한 종에 맞먹을 만큼 강해져야 한다는 논리가 성립되는데 이는 약한 종족이 민족주의를 내세울수록 강한 민족인 제국주의를 인정하는 것으로 귀결되기에 식민지인으로서 받아들일 수 없는 관점이 된다. 이에 따라 식민지 약소국의 주체들이 사회진화론 대신 상호부조론에 기울어졌음은 당연한 일이었다. '적자생존, 우승열패, 약육강식'의 원리를 담고 있는 사회진화론[11]을 수용할 경우 식민지 약소국의 주체들은 제국주의와의 상대적 관계 속에서 끊임없이 이에 종속되는 길을 걷게 될 것이기 때문이다. 우리의 민족주의자들이 무력투쟁보다는 실력 양성에 기울어졌던 것이라든가 일제 말기 일제에 협력함으로써 우리 민족의 살 길을 모색하려 했다는 기회주의적 태도를 보였던 것은 제국주의와 쉽게 분리될 수 없는 민족주의의 논리상의 맹점에 기인한다. 이에 비해

---

10 이덕일, 『잊혀진 근대, 다시 읽는 해방전사』, 위즈덤하우스, 2013, 102쪽.

11 이호룡, 앞의 책, 48쪽.

상호부조론은 두 종족의 우열관계의 틀을 거부하고 완전한 대등과 평등을 주장한다는 점에서 사회진화론이 빠질 수 있는 논리상 상대주의의 약점을 넘어설 수 있게 된다.

우리의 독립운동가들 사이에서 아나키즘이 수용되기 시작한 것은 1차 세계 대전 이후이며 그것은 러시아 혁명과 윌슨의 민족자결주의의 영향으로 더욱 확산되어갔다.[12] 그들에게 아나키즘은 제국주의에 대한 저항의 거점이자 조선 민족의 독립을 추진하는 강력한 계기로 작용하였다. 이러한 아나키즘이 당시의 젊은 청년들에게 커다란 호소력을 나타냈음은 쉽게 짐작할 수 있다. 이육사가 1924년의 일본 유학 시절 아나키즘 청년 단체였던 흑우회에 가담하였다는 증언[13]이나 1932년 중국 난징에서 의열단의 산하 단체인 조선혁명군사정치간부학교의 제 1기생으로 입교[14]하였던 사실은 이육사 또한 아나키즘과 무관하지 않았다는 정황을 말해준다. 이육사가 일본에서 귀국한 후인 1927년 의열단원으로서 조선은행 대구지점을 폭파시켰던 장진홍의 의거 시 독립운동가 이정기와 베이징을 드나들다가 사건의 주모자로 엮여 투옥을 되었던 점[15]도 이육사의 적극적인 조직운동가로서의 모습을 암시하는 대목이다. 일본 경찰이 당시의 테러 활동의 주동자로 이육사를 지목했다는 것은 이육사를 의열단과 연루된 인물로 여겼다는 사실을 말해준다. 그런데 이처럼 민족주의자로서의 이육사가 아나키즘을 수용하였다고 한다면 그것은 이육사 역시 민족주의의 한계를 넘어서는 저항적 논리를 필요로 하였던 것으로 이해할 수 있다.

식민지의 굴레 속에서 갖은 핍박과 굴종을 강요받았던 식민지인들에게 아나키즘에서 제시하는 직접 행동의 투쟁 방식은 지극히 합당하고 불가결한 것이었다. 목적이 옳으면 어떠한 수단도 옹호될 수 있다고 하였던 아나키즘의 투쟁

12 위의 책, 63쪽.
13 김희곤, 앞의 책, 2017, 62쪽.
14 위의 책, 70쪽.
15 위의 책, 66쪽.

에 관한 입장[16]은 주로 실력양성론을 표방했던 민족주의의 한계를 넘어서는 것이자 제국주의에 대항할 수 있는 위협적인 태도에 해당되었던 것이다. 아나키즘의 폭력 투쟁은 폭력을 행사한 제국주의에 대한 응당한 대응 형태라고도 할 수 있다. 더욱이 아나키스트들은 그들의 직접 행동이 민중의 의식을 각성시킬 것이라는 기대를 지니고 있었다.[17] 이육사의 직접적 실천들 역시 이러한 지점에 놓여 있던 것이라 할 수 있다.

2.2. 아나키즘과 사회주의

민족주의의 사회진화론에 반발하여 상호부조, 사회개조론의 관점에서 부상한 사상은 아나키즘 외에 공산주의, 즉 사회주의 사상이 있다. 이 두 사상은 공히 당시 제국주의의 사상적 기반이 되었던 민족주의의 우승열패, 적자생존, 약육강식의 논리에 저항하면서 사회사상적 성격을 띠고 등장하게 된다. 그러나 저항의 역사 속에서 아나키즘과 사회주의는 서로 협력하는 사이이기도 하였지만 서로 공존할 수 없는 관점이기도 하였다. 두 이념은 제국주의의 지배에 대해서는 공히 저항하지만 아나키즘이 무지배자주의라는 이념상 사회주의가 추구하는 프롤레타리아 통치에 대해서도 부정하였기 때문에 일정 시점에서 두 이념은 상호 대립하게 된다. 아나키스트들은 사회주의와 달리 계급을 생산수단의 소유관계에 따라 내재적으로 구분하기보다는 착취계급과 피착취계급, 지배계급과 피지배계급이라는 추상적인 이분법으로 바라보았다. 즉 아나키즘은 사회가 생산수단의 소유 여부 및 생산력과 생산관계의 모순에 의해 발전해왔

---

16 신채호는 그것이 국가를 위한 것인 이상 모두가 다 도덕이라면서 아나키스트의 요원 암살을 정당화하였다. 그는 목적이 정당하다면 어떠한 수단을 사용하여도 정당하다는 입장을 견지하였다. 이호룡, 앞의 책, 76쪽.

17 아나키스트들은 암살활동 등의 직접 행동을 '사실에 의한 선전'이라 하면서 이들에 의한 테러는 테러 그 자체가 아니라 테러를 통해 민중을 각성시키는 것이 목적이라 여겼다. 위의 책, 72쪽.

다는 유물사관을 부정하였다.[18] 아나키즘의 이러한 자유주의적 태도가 사회주의자들에게 용납될 수 없었던 것은 물론이다. 이 속에서 아나키스트 가운데 상당수는 차츰 사회주의로 전향했다.[19]

이육사가 어떤 계기에 의해 아나키즘 조직에 가담하게 되었고 아나키즘 사상에 대해 어느 정도로 경도되었었는지는 명확하지 않다. 이육사의 아나키즘과의 관련성은 그가 흑우회라든가 의열단과 같은 아나키즘 조직에 어떤 식으로든 관여를 했다는 점을 통해 확인할 수 있을 뿐이다. 그러나 분명한 것은 그가 아나키즘이 보여주었던 직접 행동과 실천을 통해 독립 투쟁에 참여하였다는 점이다. 이 속에서 이육사가 아나키즘의 사상적 내용인 우리 민족의 지배자에 대한 철저한 응징의 정신을 지녔었다는 점이 뚜렷이 드러난다.

조선혁명군사정치간부학교 시절의 이육사의 행적을 둘러싸고 면밀한 조사를 한 바 있는 김희곤은 이육사가 과연 의열단원이었을까에 대해 다각도의 추리를 행하고 있다. 이육사가 간부학교의 학생이었을지라도 그는 정식으로 의열단 가입원서는 내지 않았다는 것이다. 이를 두고 김희곤은 설사 그렇다 하더라도 이육사가 실질적으로는 의열단원이었다고 보는 것이 합리적이라는 주장이 있을 수 있으며, 다른 한편 이육사가 김원봉의 사상과 행적에 대해 불만스러워했던 점을 볼 때 의열단원이었다고 단정하기도 힘들다고 진단하고 있다.[20]

이육사가 김원봉에 대해 비판적이었던 것은 이즈음 김원봉이 장개석와 친밀했던 사실에서 비롯한다. 의열단이 베이징에서 난징으로 이동한 후 1932년 군사간부학교를 세우는 데는 장개석이 이끄는 중국국민당의 지원이 있었던바, 이를 두고 이육사는 김원봉이 부르주아계급을 바탕으로 하는 정부와 야합하고 있다고 지적하고 김원봉의 사상이 애매하고 비계급적이라고 비판한 바 있다.[21]

18 위의 책, 99~100쪽.
19 위의 책, 187쪽.
20 김희곤, 앞의 책, 158~160쪽.
21 위의 책, 151쪽.

이때 이육사는 김원봉의 태도가 국제공산당에서 지시하는 일국일당주의에 위배된다고 하면서 김원봉에게 확실한 무산자계급 중심의 투쟁을 요구하였[22]던 것을 알 수 있다.

국내에서 신간회가 결성되던 1920년대 후반만 하더라도 아나키스트는 민족주의와의 협력이 자본계급과의 타협이라며 이에 극렬하게 저항하였다.[23] 또한 아나키스트 단체 의열단은 난징으로 이주하기 전인 1929년 베이징 시절에 조선공산당재건동맹에 관여하고 레닌주의정치학교를 운영[24]하였다. 이는 1930년대 전만 하더라도 아나키즘이 공산주의자들과의 긴밀한 동맹 관계 아래 놓여 있었다가 의열단이 난징으로 이주한 후부터 공산주의자와 다른 노선을 걷기 시작하였음을 말해준다. 김원봉의 '애매성'에 대한 이육사의 비판은 바로 이러한 시점에 이루어진 것이라 할 수 있다.

의열단 조직과 관여하되 의열단의 우익화를 부정하였던 이육사의 모습은, 이육사가 언제부터인지 그 시작이 명확하지는 않지만 사실상 사회주의 사상에 경도되어 있었던 점을 추측하게 한다. 말하자면 이육사의 의열단에의 합류는 의열단이 공산주의자들과의 동맹관계하에 있었을 시점에 또 그러하였기에 가능했었던 것을 말해준다. 그런데 김원봉이 갑자기 노선을 갈아타 우익계열에 서자 이육사가 그것을 쉽게 받아들이지 못했을 것이라는 점이다.

이육사가 사회주의 사상을 지니고 있었던 정황은 여러 군데에서 드러난다. 그것은 김원봉에 대한 비판이 있은 후 1933년 국내에서 시사평론 「자연과학과 유물변증법」[25]을 발표했던 것을 비롯하여 이육사가 창작하고 공연한 연극 「지

22 국사편찬위원회, 「李活신문조서」, 『한민족독립운동사자료집』 30, 1997, 176쪽. 위의 책, 151쪽 재인용.

23 이호룡, 앞의 책, 228~230쪽.

24 김희곤, 앞의 책, 126쪽.

25 이 글에서 육사는 역사적 유물론으로 사회와 역사를 파악해야 하며 레닌처럼 자연사와 사회사를 통일적으로 파악하는 변증법적 유물론을 혁명가의 사상적 무기로 삼아야 한다고 주장하였다. 위의 책, 152쪽.

하실」의 내용 중 "마침내 공산제도가 실현되어 토지는 국유로 되어서 농민에게 공평하게 분배되고 …… 완전한 노동자 · 농민이 지배하는 사회가 실현되었으므로 농민 · 노동자는 크게 기뻐하여 '조선혁명성공만세'를 고창하고 폐막하였다"[26]는 구절을 통해서도 확인된다. 또한 군사간부학교를 졸업하고 귀국할 당시 일경에 체포된 이육사를 조사하는 과정에서 이육사를 '민족공산주의로 전환하고 있는 중'으로 파악하였던 「이원록소행조서」[27]는 일경에서조차 이육사를 아나키즘과 구별하고 있었음을 말해준다.

특히 이육사는 「노신추도문」을 비롯하여 「중국 靑幇秘史 小考」, 「위기에 임한 중국 政局의 전망」 등 귀국 후 1935년에서 1936년 즈음에 쓴 시사평론에서 장개석에 대한 신랄한 비판을 하고 있는데 이때의 비판은 주로 국민당 정부에 의한 사회주의자 및 노동자 · 농민의 핍박과 관련하여 이루어지고 있음을 알 수 있다. 이는 이육사가 당시 중국국민당과 밀착되어 있던 김원봉의 우익 노선과 뚜렷이 선을 긋고 있었음을 의미한다.

> 이렇게 하여 갱은 민국 17년(1929년-인용자주) 이래로 국민당의 중요한 무기가 되었다는 것은 주로 노동자들의 대중 운동을 압박하였다는 것과 조합운동을 통하여 스트라이크를 궤멸시키는 역할을 맡아 연출해 왔다. 그리고 종래의 모든 노동 조합을 분쇄한 후 '존경할 만한(?) 새로운 조합을 창설한 갱들은 국민당의 노동 운동의 지도도 맡아 왔다.
>
> —「중국 靑幇秘史 小考」 부분[28]

> 이로부터 그(노신-인용자주)의 문학 태도는 점점 좌익으로 전향하여 1930년 「중국 좌익 작가 연맹」이 결성되자 여기에 가맹하여 활동하던 중 국민 정부의 탄압을 받아 1931년 상해에서 체포되었다. 그 뒤 끊임없는 국민 정부의 간섭과 남의사(藍衣社)의 박해 중에서 꾸준히 문학적 활동을 하고 국민 정부의 어용 단

26 위의 책, 154쪽.

27 국사편찬위원회, 『한민족독립운동사자료집』 30, 1997, 178쪽. 위의 책, 175쪽 재인용.

28 이육사, 앞의 책, 155쪽.

체인 「중국 작가 협회」를 반대하던 중 지난 10월 19일 오전 5시 25분 상해 시고탑(施高塔) 자택에서 서거하였다. 향년 56세.

―「魯迅論」 부분[29]

인용글 가운데 위의 것은 중국국민당이 '청방'이라는 일종의 갱단과 결탁하여 노동자들과 노동운동에 대한 탄압을 일삼고 있는 상황을 다루고 있다. 당시 청방은 지방의 군벌과 기업가들로부터 지원을 받으며 조직적으로 아편, 도박, 인신매매, 매춘, 테러 등 온갖 범죄를 저질러왔으며, 1927년 4월 국민당이 당내 좌익 공산주의자들을 숙청할 때에는 국민당과 함께 장개석을 환호하며 받아들였던 상하이의 노동자들 수천명을 학살하는 데 주도적인 역할을 하였다. 이 사건으로 1924년부터 이루어졌던 국공합작이 결렬되고 국공내전이 일어나게 되었음은 잘 알려진 사실이다. 이러한 사실들을 다루면서 이육사는 1927년 4·12의 이 사건 이후에도 지속되었던 국민당에 의한 공산주의자들의 탄압에 청방이 앞장서고 있음을 폭로하고 있다.

의열단이 만주를 침공한 일제를 피해 난징으로 이동한 1931년은 국민당이 당내 공산주의자들을 추출하고 난징정부를 수립한 후가 된다. 난징에 이른 김원봉이 황푸군관학교 시절의 동기생들의 도움으로 1932년 의열단 군사간부학교를 세울 때는 한창 국공내전이 전개되고 있었을 시기에 해당한다. 하지만 김원봉이 황푸군관학교를 4기생으로 다닐 때만 해도 쑨원을 중심으로 국공합작이 이루어지고 국민당 내 공산주의자들도 입당하던 시절이었으므로 그때와 난징에 군사학교를 세웠던 시점 사이에는 조직의 성격상 커다란 차이가 놓여 있던 셈이다. 이육사가 이 시기 김원봉의 입장에 대해 '애매성'과 무계급성을 느끼고 실망하였던 것이나 장개석의 우익적 성향과 노동자 계급 탄압에 대해 신랄하게 비판하였던 데에는 이러한 사정이 깔려 있다.

국민당의 공산주의자 탄압은 중일전쟁이 발발하여 항일투쟁이 급박해진

29 위의 책, 188~189쪽.

1937년까지 계속된다. 인용된 두 번째의 글은 국민당 정부, 특히 그들의 비밀 정보조직이던 남의사의 탄압으로 사망한 좌익계 작가의 대표적 인물인 노신을 추도하는 글이다. 이 글에는 이육사가 1933년 6월 군사간부학교를 수료하고 난징을 떠나 상하이로 이동하였을 때 장개석의 비밀요원에 의해 암살당한 양행불의 장례식에서 노신을 우연히 만나 감격스러워했던 일도 잘 묘사되어 있다. 또한 이 글에 의하면 그즈음 국민당은 이미 희생당한 양행불 외에도 송경령, 채원배, 노신 등 상해 안에서만 30명에 가까운 지명지사들을 남의사(藍衣社)의 블랙리스트에 올려두었[30]다고 하였는데 3년 만에 노신 역시 남의사에 의해 희생되었던 것이다.

국민당 내 첩보조직이었던 남의사는 국공내전 시기에 홍의(紅衣)를 입었던 공산당과 대립하여 주로 중국 공산주의자들에 대한 감시, 협박, 암살 등을 행하였던 소위 극우 테러집단에 속한다. 그들의 테러가 사회주의자들을 향해 있었던 점에서 남의사는 백색테러 집단이었다고 할 수 있다. 그런데 당시 국민당과 협력 관계를 이루고 있던 우리 임시정부나 의열단으로서는 자연스럽게 남의사의 조력과 지원을 받는 상황이었을 것이다. 이러한 사정 속에서 남의사를 좌익계 인사를 탄압한 조직이라고 강력하게 비판하였던 것은 이육사가 사회주의 노선에 서고 있었음을 말해주는 대목이다.

실제로 군사간부학교를 마치고 국내로 들어온 후 이육사는 사회주의 조직원으로 활동했던 정황을 보이고 있다. 항일운동가이자 조선일보 기자였던 이선장에 의하면 1935년경 육사는 만주로 가면서 자기를 몽양 여운형과 일헌 허규에게 소개했는데, 그때 육사는 조선 청년 동맹의 간부였을 것으로 안다고 했[31]던 것이다. 당시 1930년대 초 · 중반은 조선공산당을 재건하려는 움직임이 여러 방면에서 나타났으며 그와 관련한 사건 중 하나로 1934년경의 '조선공산청

30 위의 글, 190쪽.

31 이동영, 「이동영의 항일운동과 생애」, 『이육사』, 문학세계사, 1992, 219쪽.

년동맹재건' 사건을 들 수 있는데, 같은 시기 육사는 대구를 중심으로 이와 관련한 활동을 한 것이 아닌가 하는 것이다. 이선장은 당시 해산 상태에 놓여 있던 대구청년동맹을 육사와 자신과 남만희 등이 재조직하였다[32]고 증언했으며 이때 육사가 중심이 된 대구청년동맹 조직에 대해 일경은 대구의 고려공산청년회라는 이름으로 관련자들을 모두 검거했다[33]고 한다. 이러한 활동은 이육사가 사회주의 계열의 사상운동을 밟아나갔던 정황을 말해준다 하겠다.

한편 이육사가 사회주의 관련 활동들을 하였던 것은 군사간부학교를 졸업할 즈음 이미 예견된 것이었다고 해도 틀리지 않다. 육사가 중국에서 활동할 것을 권하는 김원봉의 제안을 거절하고 조선독립운동을 위해서는 귀국해서 노동자 · 농민에게 독립사상을 고취해야 한다고 주장했다[34]는 점에서 그러하다. 그러자 김원봉은 그러면 돌아가서 의열단을 위해 사력을 다해 활동하라고 말하였다[35]고 한다. 여기에서 노동자 · 농민을 중심으로 활동하겠다는 이육사의 뜻에 대해 아나키스트 김원봉은 크게 반대하지 않았을 것이다. 다만 그것이 의열단에 복무하는 것인지 혹은 다른 사회주의 단체에 복무하는 것인지와 관련해서는 구별이 있었을 것인데, 이 부분에서 이육사는 의열단에 대한 충성을 약속하지는 않은 것으로 보인다.

3. 이육사 사상의 시적 구현

독립운동가이자 주자학적 세계관의 지사로 인식되어 시 역시 그 같은 관점에서 이해되곤 하였던 이육사[36]는 독립운동을 둘러싼 행적을 살펴볼 때 그 사

32 김진화, 『일제하 대구의 언론연구』, 화다출판사, 1978, 150쪽, 김희곤, 앞의 책, 200쪽 재인용.

33 위의 책, 200쪽.

34 위의 책, 157쪽.

35 위의 책, 157쪽.

36 김경복은 이육사의 독립활동과 관련한 선입견과 주자학적 세계관이라는 해석 준거틀로

상이 그리 단순하지 않다는 것을 짐작할 수 있다. 그는 민족주의에서 출발하되 아나키즘과 사회주의 사상으로 나아갔고 사회주의 사상을 지니되 여전히 독립을 향한 민족중심주의를 견지하였기 때문이다. 이육사의 사상적 성격이 이러하다면 그의 시는 어느 위치에 존재하는 것일까? 그의 사상과 시와의 상관성은 어떻게 규명될 수 있을까?

지금까지 발굴된 이육사의 시는 약 40편 정도이고 소설 3편, 수필 14편, 문예비평 7편, 시사평론 9편, 기타 잡문 11편 등[37]이 있다. 이육사의 등단은 1935년 『신조선』에 시 「황혼」을 발표하면서 이루어졌으며, 이육사는 그로부터 1942년경까지 작품 활동을 이어갔으므로 그의 문학적 생애는 매우 짧은 것이었다고 할 수 있다. 그것은 시기적으로 군사간부학교를 마치고 귀국한 시점부터 1943년 1월 1일 마지막 북경 행 직전까지에 해당한다. 이 시기 동안 이육사는 조직 활동을 하는 틈틈이 문학 및 언론 활동을 하면서 자신의 사상을 다지고 이상을 확인하는 일을 행하였던 것으로 보인다.

> 내 골ㅅ방의 커-텐을 걷고
> 정성된 마음으로 黃昏을 맞아드리노니
> 바다의 흰 갈메기들 같이도
> 人間은 얼마나 외로운것이냐.
>
> 黃昏아 네 부드러운 손을 힘껏 내밀라
> 내 뜨거운 입술을 맘대로 맞추어보련다
> 그리고 네 품안에 안긴 모든 것에
> 나의 입술을 보내게 해다오

인해 이육사 시에 관한 한 천편일률에 가까운 의미생산이 반복되고 있다고 지적하면서 그간의 이육사 연구를 비판하고 있다. 김경복, 앞의 책, 252쪽.

37 이후 시 인용은 김용직 · 손병희 편저, 『이육사 전집』(깊은샘, 2004)에 수록된 작품에 의거함.

저 — 十二星座의 반짝이는 별들에게도
鐘ㅅ소리 저문 森林속 그윽한 修女들에게도
쎄멘트 장판우 그 많은 囚人들에게도
의지 가지없는 그들의 心臟이 얼마나 떨고 있는가

고비沙漠을 걸어가는 駱駝탄 行商隊에게나
아프리카 綠陰속 활 쏘는 土人들에게라도
黃昏아 네 드러운 품안에 안기는 동안이라도
地球의 半쪽만을 나의 타는 입술에 맡겨다오.

내 五月의 골ㅅ방이 아늑도 하니
黃昏아 來日도 또 저－푸른 커－텐을 걷게 하겠지
暗暗히 사라지긴 시내ㅅ물 소리 같아서
한번 식어지면 다시는 돌아올 줄 모르나 보다

—「黃昏」 전문

'5월의 병상에서'라는 부제를 달고 있는 위 시는 1935년 5월 아파서 병원에 있었을 때 쓴 시로 추정된다. 계속되는 피검과 투옥의 생활로 이육사의 건강은 몹시 상해 있었다. 특히 군사간부학교를 수료한 후 이 학교 1기생 전원이 체포되었던 1934년 검거 시에는 왜경의 고문이 혹독하여 몇 번씩 피옷을 받아내었다고 한다.[38] 이러한 경험의 연속이었으니 육사의 육신은 피폐할 대로 피폐해진 상태였을 것이다.

위 시는 육사의 삶의 경험적 내용들이 비교적 구체적으로 그려져 있는 경우에 해당한다. 위 시에는 숱한 투옥 생활 속에서 경험하였을 외로움과 고독, 두려움과 추위, 그러면서도 뜨겁게 타올랐을 정열과 의지 등이 잘 묘사되어 있기 때문이다. "쎄멘트 장판우 그 많은 囚人들에게도 의지 가지없는 그들의 心臟이 얼마나 떨고 있는가"는 투쟁 속에서 오직 홀로에게 닥쳤을 고독과 두려움을

38 이동영, 앞의 글, 218쪽.

생생하게 전하고 있다. 그러나 이때의 주된 내용은 괴로움의 정서를 호소하려는 데 있는 것이 아니라 세상의 모든 고독하고 선한 이들과 더불어 위무 받고 구원을 얻고자 하는 바람으로 제시되고 있다. 위 시의 병실에 비추는 "황혼"의 따뜻한 빛이야말로 그와 같은 위로와 구원의 주체에 해당한다.

차가운 감옥에서 겪었을 혹독함에 비하면 위 시의 시적 자아가 '황혼'에 의해 느끼는 구원의 따뜻한 감각은 참으로 황송하고 황홀한 것이었을 터이다. 병상에서의 제한된 시간이 이육사에겐 얼마나 평온한 시간으로 다가왔을까. 이 순간 육사에겐 '황혼'의 따뜻함에 의해 위무 받아야 할 자신과 같은 외로운 이들이 하나둘씩 떠오르기 시작한다. "鐘ㅅ소리 저문 森林속 그윽한 修女들"과 지금도 감옥에 있을 "수인들"과 "고비沙漠을 걸어가는 駱駝탄 行商隊", "아프리카 綠陰속 활 쏘는 土人들"이 그들이다. 육사에게 이들은 고독하지만 "저- 十二星座의 반짝이는 별들"처럼 빛나고 숭고하게 여겨지는 존재들이기도 하다. 육사는 "황혼"에게 이들을 향해 "네 부드러운 손을 힘껏 내밀라"고 말한다. 또한 "네 품안에 안긴 모든 것에 나의 입술을 보내"겠다고 말한다. "황혼"의 품안에 있는 모든 존재들은 육사가 기꺼이 사랑하고 품을 수 있는 존재들인 것이다.

그런데 '황혼'이 품어야 할 모든 존재들 가운데서 제외되는 이들이 있다는 점에서 주의를 요한다. 화자가 열거한 존재들은 지구상의 소외되고 약한 자들이라는 공통점을 지니거니와 이들과 다른 부류가 있다면 그들은 이들을 짓밟는 지배자들일 것이다. 식민지를 착취하는 제국주의자들과 민중을 핍박하는 지배계급들을 포함하는 세상의 지배자들이 여기에 속한다. "地球의 半쪽만을 나의 타는 입술에 맡겨다오"라는 대목은 그들을 염두에 둔 진술이라 할 수 있다. 이는 이육사의 의식에 세계를 지배자와 피지배자, 강한 자와 약한 자, 권세를 지닌 자와 소외된 자 두 대립적 계급의 구분으로 바라보는 관점이 깊이 각인되어 있음을 말해준다. 그것은 이육사가 아나키즘 시절부터 사회주의 이념의 시기까지 일관되게 유지되어 온 인식이기도 하다. 제국주의 지배에 의한 온갖 고통과 핍박 속에 시달리며 살고 있던 육사에게 이러한 인식은 결코 지울 수 없는 것이었을 터이다. 육사에게 자신의 사랑과 정열을 불태울 수 있는 대상은 이분법적이다시피 뚜렷이 구분되어 있었던 것이다.

> 목숨이란 마치 깨여진 배쪼각
> 여기저기 흩어져 마을이 구죽죽한 漁村보담 어설프고
> 삶의 틔끌만 오래묵은 布帆처럼 달아매였다
>
> 남들은 기뻤다는 젊은 날이었것만
> 밤마다 내 꿈은 西海를 密航하는 짱크와 같애
> 소금에 절고 潮水에 부프러 올랐다
>
> 항상 흐렷한 밤 暗礁를 벗어나면 颱風과 싸워가고
> 傳說에 읽어본 珊瑚島는 구경도 못하는
> 그곳은 南十字星이 비쳐주도 않았다.
>
> 쫓기는 마음 지친 몸이길래
> 그리운 地平線을 한숨에 기오르면
> 시궁치는 熱帶植物처럼 발목을 오여쌌다
>
> 새벽 밀물에 밀려온 거미이냐
> 다 삭아 빠즌 소라 껍질에 나는 붙어왔다
> 머-ㄴ 港口의 路程에 흘러간 生活을 드려다보며
>
> —「路程記」 전문

위 시의 제목에서도 짐작할 수 있는 것처럼 위 시는 거친 투쟁의 과정에 의해 몹시 고달프고 지친 자아에 관해 묘사하고 있다. 외롭고도 오랜 투쟁의 시간들로 인해 자아는 갈가리 찢기고 부서지는 존재가 되어 있다. 위 시의 자아는 다름 아닌 육사 자신으로서, 육사는 온갖 고초로 인해 피폐해진 자신을 가리켜 "목숨이란 마치 깨여진 배쪼각"이라든가 "삶의 틔끌만 오래묵은 포범처럼 달아매인" 존재로, "소금에 절고 조수에 부프러 오르는 서해를 밀항하는 짱크"로, "새벽 밀물에 밀려온 거미"로, "다 삭아빠즌 소라 껍질에 붙어 온" 존재로 묘사하고 있다.

위 시에서 묘사하고 있는 이미지들은 독립 투쟁의 과정에서 육사 자신이 느끼는 사실적인 심정들일 것이다. 노상 감옥을 들락거리며 온갖 문초와 고문에 시달렸을 육사가 자신의 모습을 목숨이 겨우 붙어 있는 부서진 "배쪼각"으로 느끼는 것은 결코 과장이 아니었다. 실제로 그의 삶은 망망대해 한가운데에서 짜디짠 "소금"과 신산한 "조수"에 쩐 "오래묵은 포범"과 다르지 않았다. 그의 마음은 항상 "쫓기고" 몸은 "지쳤"을 것이며, 그가 걸어가는 "발목"은 "시궁치가 열대식물처럼 오여싸는" 듯 압박되었을 것이다. 그의 삶은 늘상 "암초를 벗어나면 태풍과 싸워"야 하는 일들의 연속이었을 것이다. 이러한 과정이야말로 그의 삶의 '노정기'였을 것이라는 점이다.

"산호도"도 "남십자성"도 보이지 않은 채 목숨까지 던져야 했던 고난의 길을 육사는 왜 스스로 짊어졌던 것일까? "남들"처럼 "젊은 날"들을 조금은 수월하게 혹은 기쁘게 보낼 수도 있었을 테지만 육사는 왜 한사코 자신을 절체절명의 지대로 몰아갔던 것일까? 그가 그의 모든 것을 바칠 만큼 그에게 절대적 가치를 지니고 있었던 것은 무엇인가? 그것은 이육사의 생래적 삶의 조건에서 비롯한 것인가 혹은 그의 사상에 따른 것인가?

동방은 하늘도 다 끝나고
비 한방울 나리잖는 그때에도
오히려 꽃은 빨갛게 피지 않는가
내 목숨을 꾸며 쉬임 없는 날이여

北쪽 쓴드라에도 꽃 맹아리가 옴자거려
제비 떼 까맣게 날라오길 기다리나니
마침내 저바리지 못할 約束이여

한 바다복판 용솟음치는 곳
바람결 따라 타오르는 꽃城에는
나비처럼 醉하는 回想의 무리들아

오늘 내 여기서 너를 불러 보노라

—「꽃」 전문

이육사의 시는 대부분 강한 상징성을 띠며 표현되고 있는 까닭에 시를 통해 그의 사상을 판별해내는 것이 결코 쉽지 않다. 가령 그가 사회주의 이념을 지니고 있었다면 그와 관련된 내용을 시에서 구할 수 있어야 할 텐데 그의 시에는 이러한 측면이 직접적으로 드러나 있지 않은 것이다. 그의 시에서 카프의 프로시 같은 직설적이고 선동적인 시를 만날 수 없는 점은 그의 행적을 통해 사회주의적 면모를 확인할 수 있다 해도 그가 사회주의자였다는 것이 오히려 의아스럽게 여겨지도록 한 요인이 되었다. 그는 결코 직접적으로 특정 이념적 지향성을 드러내는 모습을 보이지 않고 있는 것이다.

대신 그의 시어들은 구체적이고 감각적인 사물의 이미지로서 등장하고 있으며 그것들은 묘사적 이미지라기보다 상징적 이미지인 것이다.[39] 이는 이육사의 시적 의미가 그의 사상과 불가분리의 관계하에 놓이며 육사의 시적 내용을 이해하고자 할 때 필연적으로 그의 사상을 면밀히 추적해야 한다는 사정을 나타낸다. 또한 이것은 이육사에 관한 잘못 추정된 사상적 내용이 시적 의미 해석을 잘못된 방향으로 이끌어갈 수 있다는 점 또한 의미한다. 이육사의 상징어들은 연구자의 관점에 따라 얼마든지 주관적으로 해석될 소지가 있는 것이다.

이러한 가운데 분명한 것은 그의 시적 내용이 많은 부분 고난에 처한 현실적 자아가 궁극적인 이상 세계를 염원하는 데 할애되어 있다는 사실이다. 현실의 결핍에 처한 자아가 이상적 세계를 지향하는 양상이 그것이다. 그의 시에 등장하는 '별', '꽃', '교목', '광야'와 같은 상징어들의 내포 역시 그와 관련하여 이해될 수 있다. 실제로 위 시의 '꽃'은 그의 "목숨을 꾸며 쉬임 없는 날"을 통해 추

39 박현수는 육사 시의 주된 시어들이 상징으로 기능한다는 사실을 전제하고 그것이 물질적 현상보다 정신적 본질을 중시하는 주리론적 사유의 영향에 따른 것이라 진단하였다. 박현수, 앞의 논문, 22~23쪽.

구하게 되는 이상 세계를 가리키고 있음을 알 수 있다. 그것이 "비 한방울 나리잖는 그때" "빨갛게 피"는 것이라는 점에서, "한 바다복판 용솟음 치는 곳/바람결 따라 타오르는" 것이라는 점에서 '꽃'의 절대성은 보다 뚜렷해진다.

그런데 위 시에는 이와 같은 일반적인 해석으로 해명되지 않는 대목들을 포함하고 있어 주목된다. 시적 화자가 "오늘 내 여기서 너를 불러 보노라"라고 하면서 "나비처럼 취하는 회상의 무리들"을 향해 선언하는 대목이 그것이다. 여기에서 화자가 "부르는" '너'는 화자 '나'가 굽어보는 존재이자 '나'를 추종하는 세력들로 이해할 수 있다. 이들의 "꽃성"을 향해 추앙하는 모습은 "나비처럼 취하"는 데서 짐작할 수 있듯 황홀과 존경에 가까울 것이다. 이때 화자가 이들을 가리켜 "回想의 무리들"이라고 한 까닭은 무엇일까? 이것은 막연하고 일반화된 대중을 가리키는 것이라기보다 이육사의 의식에 의해 추론되는 제한적인 의미가 내포되어 있거니와 "회상"의 주체라고 한 점에서 그것은 과거지향적 세력들을 가리키고 있음을 알 수 있다. "회상의 무리들"은 "나비"처럼 꿈꾸되 그 방향성이 과거적 세계를 향해 있는 존재들을 의미한다고 볼 수 있는 것이다. 이육사의 의식상의 범주를 고려할 때 과거지향적 존재들이란 독립운동가들 중에서 과거적 세계를 되찾기 위해 독립운동을 하는 소위 보수적 복고주의자들과 관련된다고 해석할 수 있다. 이들에게 일제는 조선 왕조를 찬탈한 세력이자 일제강점으로부터의 해방은 조선 왕조로 복귀하는 것이라고 간주되므로 이들의 독립운동은 과거지향성을 띠게 된다.

민족주의에서 아나키즘과 사회주의로 나아갔던 이육사에게 민족주의는 전통적 정체성을 중심으로 한 민족 중심성을 유지하되 그것이 육사의 출신 성분과 무관한 것으로 과거지향적이고 보수적인 민족주의는 아니었던 것이다. 설령 이육사의 독립운동이 유교라는 전통 이념적 기반에 따라 시작된 것이었다고 할지라도 그의 실천의 근거와 목표는 과거적 세계와 분리되어 있다. 그의 전통지향적 문화적 토대는 그의 주자학적 세계관 및 양반과 평민이라는 분열적 계급 구도와도 이반되어 있다. 나아가 그의 전통지향성은 민족 간 우열을 구분짓는 배타적이고 우익적 민족주의와도 구별된다.

위 시는 이육사의 과거적 기반과 전통지향성과 관련하여 해석될 수 있는 것으로, 그가 아나키즘을 거쳐 사회주의 이념을 수용했다는 사실은 그의 민족주의가 다른 양상을 띠고 펼쳐졌음을 말해준다. 이는 그의 민족주의가 보수적 민족주의가 아니라 계급적 분열을 넘어서는 민족주의, 즉 과거지향적이거나 우익적 민족주의라기보다 민중지향적이고 좌익적 민족주의에 기울어진 것임을 짐작케 한다. 말하자면 이육사는 이즈음 일제가 파악하고 있었던 것처럼 '민족공산주의로 전환하고 있는 중'[40]이 아니었을까 하는 것이다.

4. 이육사의 이상적 국가상

이육사의 사상적 궤적이 민족주의에서 아나키즘, 사회주의를 아우른다는 것은 그가 특정한 이념에 복무하기 위해 독립운동을 한 것이 아니라 독립운동을 하는 과정 속에서 요구되는 과제들을 수용했음을 짐작하게 한다. 그것은 그의 독립운동에의 투신이 유교적 이념과 같은 특정한 계기에 의해 시작되었을지라도 이육사가 그에 고정된 채 실천을 한 것이 아니라 당시의 상황과 조건에 유기적으로 조응하면서 그의 사상을 다듬어갔을 것임을 의미한다. 이육사는 자신의 출신 성분이나 기성 이념에 고착되지 않고 당시 다양한 이념적 성향의 독립운동가들과 서로 교통하면서 행동하였던 것이다. 이 속에서 이육사는 민족주의, 아나키즘, 사회주의라는 당시의 대표적 독립운동의 이념들을 순차적이고도 선택적으로 취하였음을 알 수 있다. 즉 이육사는 각 이념이 독립운동 상 지니는 함의에 따라 유효한 요소를 선택적으로 취하면서 자신의 사상을 구성하고 단련시켜왔다는 것이다.

물론 당시의 우리의 독립운동가들 사이에는 민족주의와 아나키즘, 사회주

40 각주 27 참조.

의 등으로 사상적 갈래가 존재하였으면서도 항일투쟁이라는 절대 과제 앞에서 각각의 이념적 구분은 그리 커다란 장벽이 되지 않았던 것이 사실이다. 각각의 이념들은 모두 항일과 독립의 절대 과제를 위한 수단에 해당되었기 때문이다. 그러나 이육사의 행적 및 시사평론에서 읽을 수 있듯 이념의 갈등에 따른 중국 및 주변 국가의 정세는 우리의 독립 운동에 커다란 변수로 작용하였고 이 속에서 우리의 독립 운동가들은 합당한 항일 노선을 고안하고 추구해야 했다. 이육사의 행적과 사상의 궤적이 지시하는 바도 바로 이와 관련된다 할 수 있다.

이러한 관점에서 보았을 때 각각의 이념이 육사에게 지니는 의미는 무엇이었으며 육사는 이들의 이념들 사이에서 어떠한 항일 노선을 구축하였다고 할 수 있는가? 이러한 질문은 이육사에게 각각의 이념이 상호 배타적이거나 고정적이었던 것이 아니라 그의 내부에서 융합되어 정세 및 환경에 따른 최선의 상태로서 정제되어 도출되는 성질의 것에 해당하는 것이었음을 짐작케 한다. 나아가 이념과 조직 사이의 관계에 의거해 구축되었던 항일 노선은 그것이 투쟁의 방법 자체에 그치는 것이 아니라 잠재적으로나마 항일 이후에 수립할 국가의 체제와도 연관되는 의미를 띠는 것이었다. 요컨대 모든 이념의 경로를 밟아나갔던 이육사의 사상적 궤적을 볼 때 이육사에게 각각의 이념들은 항일을 위한 최선의 방법과 독립된 조선의 이상적 상태를 구하기 위해 서로 포용되고 선별되어야 하는 요소에 해당되었다.

이때 이육사에게 가장 우선시되었던 것은 민족의 독립이었으되 그것이 결코 과거적 특권계층이나 특정 부르주아 계급의 이익을 위한 것이 아니라 철저히 피지배계층에 속했던 노동자 · 농민을 위한 것이어야 했음을 알 수 있다. "노동자 · 농민에게 독립사상을 고취하고자" 하였던[41] 이육사에게 민족의 독립은 노동자 · 농민의 기층 민중에 의한 것이어야 했고 독립된 민족의 국가 역시 노동자 · 농민의 기층 민중을 위한 국가체제여야 했던 것이다. 즉 이육사가 꿈꾸었

41 각주 35 참조.

던 국가는 소수의 특권계층에 의한 국가가 아닌, 다수의 민중들에 의한 독립된 민족 국가였던 셈이다. 이 점에서 그에게 민족주의는 일제와의 대결 속에서 그들로부터 벗어나 민족의 고유하고 독자적인 존립을 추구하는 이념적 의미를 지니며 아나키즘은 지배세력들에게 극렬하게 대항하는 근거가 되었고 사회주의는 민중중심의 역사 발전을 용인하는 계기로서 작용하였다고 말할 수 있다. 이는 그가 노정했던 민족주의, 아나키즘, 사회주의 각각의 이념이 시간적 추이에 따라 단선적으로 버려지거나 채택되는 성질의 것이 아니라 변증법적 지양의 발전 과정 속에서 민족 · 민주 · 민중의 이상으로 용해되어 이육사의 정신을 구축하는 요소들이었음을 말해준다.

이육사에게 민족, 민주, 민중의 이상은 그의 생래적 기반과 사상적 거점이 모두 포괄되고 지양된 채 구축된 것이라 할 수 있다. 가령 이육사에게 민족의식이 유교적 기반과 전통 지향적 측면에서 형성된 것이라는 점에서 생래적인 것이었다면 민중지향성은 양반이라는 자신의 과거적 기득권 의식을 기각함과 관련된다는 점에서 자신의 생래성을 극복한 것이라 할 수 있다. 다시 말해 이육사가 노동자 · 농민의 민중지향성을 내세웠던 것은 사회주의 이념의 내용이기도 하였지만 그 이전에 자신이 속했던 과거의 양반 중심 체제에 대한 전복의 기능을 띠는 것으로서 이는 육사 스스로 자신의 특권적 입지를 파괴하고 부정하는 의미를 지닌다.

이것은 논리적으로 말해서 이육사의 독립운동이 기존의 기득권을 회복하기 위한 것일 수 있다는 혐의를 불식시키는 대목이 아닐 수 없다. 양반으로서의 지배계급이었던 이육사는 특권계급이 중심이 되는 체제를 부정함으로써 국권회복 운동의 정당성을 획득할 수 있게 된다. 그의 민족주의가 보수적이고 배타적이며 특권적 민족주의가 되어서는 안 된다는 관점도 여기에서 비롯한다. 이는 이육사가 우리 민족의 과거적 고유성을 강조하였다면 이와 동시에 무지배자주의 및 피지배계급 중심의 새로운 사회를 주창하는 것이 필연적으로 요구되었음을 암시한다. 이육사의 경우 양반계급이었던 자신의 생래적 조건상 과거적 전통성을 무매개적이고 단선적으로 주장할 수 없었을 것이라는 점이다. 그에게 민족의식은 과거의 특권적 계급성을 넘어서서 새로운 통합적 계급의식으로 지양되어야 하는 성질에 속하였던 셈이다.

이를 가리켜 일경이 언급했던 대로 '민족 공산주의'라 할 수도 있을 것이고 유학자 출신 독립운동가들이 꿈꾸었던 이상국가로서의 대동사회와 관련시킬 수도 있을 것이다. 분명한 것은 민족주의에서 아나키즘, 아나키즘에서 사회주의로 이어지는 사상적 전이 과정을 통해 이육사는 스스로 자신의 부조리한 존재 기반을 전복하고 피지배계급이었던 민중, 즉 과거의 '백성'을 아우르는 통합적이고 정의로운 사회를 추구했다는 사실이다. 이는 흔히 그에게 부여되는 민족주의시인, 저항시인이라는 규정들이 보다 세밀하게 규명되어야 함을 말해주는 것으로, 특히 이육사가 걸어왔던 행적이 절체절명의 경지에서 비롯된 것이었다는 점은 그의 사상이 그의 실존에 입각한 절대적 성격을 지님을 나타낸다. 또한 당시의 혹독한 상황을 고려할 때 이육사의 이상은 일제의 가장 강력한 탄압 속에서 가장 완전한 형태로 이루어지는 것에 해당한다. 그것은 무력 투쟁을 통한 조선 민족의 독립을 꾀하는 것이자 피억압 계급이 중심이 되는 보다 완전하고 정의로운 국가를 세우는 일과 관련되었을 것이다.

5. 기득권 기각의 사상성

이 글은 이육사의 전기적 생애를 바탕으로 그의 사상적 궤적을 추적함으로써 그의 사상을 판별하고 그것이 시적으로 어떻게 반영되어 있는지를 고찰하는 데 할애되어 있다. 흔히 민족시인, 저항시인으로 규정되는 이육사는 사상적인 측면에서 볼 때 민족주의의 범주에 놓이는 경우가 정설이라 할 수 있다. 유서 깊은 유학의 전통 문화 속에 놓여 있던 이육사가 민족의 고유한 혈통을 추구하면서 보수주의적 태도를 보였던 것은 종족의 전통성에 기반하여 형성되는 민족주의와 친연성을 드러내기 때문이다. 민족주의는 종족의 유구한 역사의식을 바탕으로 민족의 고유성과 우수성을 견지하는 이념인 것이다.

한편 이러한 민족주의가 내포의 정당성과 상관없이 국제 정세의 역사 속에서 반동적으로 현상하게 되었던 점은 우리의 독립운동가들이 민족간 우열과 경쟁을 원리로 지니는 민족주의 이념을 포기하고 새로운 이념에로 나아가게 하였다. 상호 부조를 원리로 취하는 사회사상이 그것이다. 이에 따라 아나키즘과 사회주의가 독립운동 사상으로서 전유되었고 이육사 역시 아나키즘과 사회주의를 순차적으로 받아들이게 된다. 이육사의 사상적 궤적이 민족주의에서 아나키즘으로, 아나키즘에서 사회주의로 이어지게 되었고 실제 그가 가담한 조직들이 이들 사상적 궤적에 대한 증거가 된다는 점은 이육사의 시적 상징들이 이와 관련하여 해명되어야 함을 말해준다.

그런데 이육사에게 각각의 사상은 순차적으로 수용되되 이전의 것들이 단선적으로 폐기되는 것이 아니라 일정 기준에 따라 사상의 각 요소들이 선별적으로 취해지는 변증법적 지양의 과정 속에 놓이게 되면서 이육사의 사상은 복합적 양상을 띠게 된다. 이는 이육사의 시가 단순히 민족주의나 아나키즘, 혹은 사회주의의 개별적이고 단일한 사상적 내용으로 해명되는 대신 이들 사상들의 지양 극복에 따른 통합적이고 입체적인 양상으로 이해되어야 함을 의미한다.

이런 관점에서 볼 때 이육사의 정신을 이끌어갔던 가장 근원적 요인은 그가 꿈꾸었던 독립된 국가에서의 이상적인 체제와 관련됨을 알 수 있다. 그리고 그것은 민족의 해방을 이루되 과거적 특권 계층이나 소수의 배타적 부르조아 계급과 상관없는 노동자, 농민 중심의 소외된 민중 중심의 민족 해방에 해당된다. 이러한 계급적 관점은 이육사의 과거적 특권 의식을 기각하는 것이자 과거 왕조 시대의 계급적 분열과 대립을 통합시키는 의미를 지니는 것이다. 이 점에서 이육사에게 사상적 내용은 단순히 미래적이고 관념적인 성격을 띠는 것이 아니라 자신의 생래적 기반에 입각하여 도출된 필연적 내포를 지니는 것이다. 이로써 이육사는 독립 운동의 최전선에서 자신의 존재를 기투한 채 가장 이상적인 국가 실현을 위해 매진하였다 하겠다.

3장

심연수의 장소(場所) 체험과 의식의 상관성

1. 심연수 문학의 쟁점

그의 동생에 의해 60년간 보관되었던 육필 원고가 2000년 「20세기 중국조선족 문학사료집」에 수록되면서 세상에 알려지게 된 심연수는 현재까지 윤동주에 버금가는 민족시인이자 저항시인이라는 관점[1]과 함께 친일 성향 논란이 공존한 채 평가되고 있다.

1918년 강릉에서 출생, 8세에 연해주로 이주했으며 1935년에 용정에 정착, 1941년 일본 유학을 하였던 점, 그리고 광복을 며칠 앞두고 피살된 심연수의 생애는 1917년 용정에서 태어나 비슷한 시기 일본 유학을 하였고 1945년 2월 후쿠시마 형무소에서 옥사했던 윤동주의 그것과 병치되면서 심연수를 윤동주와 유사한 시각에서 평가하려는 경향을 낳았다. 민족의 정신을 지키다가 광복

1 윤동주와 심연수를 비교 고찰하는 연구로는 임헌영, 「심연수의 생애와 문학」, 『민족시인 심연수』, 심연수선양사업위원회, 2007, 11~19쪽; 유하, 「윤동주와 심연수의 시의식 연구」, 전남대학교 박사학위논문, 2012; 홍윤기, 「심연수와 윤동주의 비교연구」, 『한국시문학』 17집, 한국시문학회, 2006, 102~111쪽 등이 있다. 심연수를 민족시인, 항일시인의 관점에서 고찰하는 연구로는 엄창섭의 『민족시인 심연수의 문학과 삶 : 생명의 불꽃과 따뜻한 감성』, 홍익출판사, 2003; 홍문표, 「심연수의 문학세계 : 민족시인, 저항시인, 그리고 리얼리즘 시인」, 『민족시인 심연수』, 심연수선양사업위원회, 2007, 374~384쪽 등이 있다.

을 몇 개월 남겨둔 채 순국한 윤동주의 생애가 안타까웠던 만큼, 고학으로 일본 유학을 마치고 만주국의 한 공립국민학교에서 교사 생활을 시작했던 심연수가 비명횡사한 사실 역시 불행한 민족사에서 비롯한 안타까운 비극이 아닐 수 없었고, 일제 말기 조선어로의 작품활동이 어렵던 시기 드물게 조선어 문필 활동을 행했던 점은 심연수에 대한 후대의 관심을 끌 만하였다. 여기에 최근 중국 연변에서 심연수를 중국의 조선족을 대표하는 시인으로 규정함에 따라 심연수는 일약 암흑기 우리 문학사를 이은 민족시인으로 부각하게 되었다.

그러나 심연수의 생애에 대한 안타까움과 일제 말기 조선어로 쓰여진 작품의 가치에도 불구하고 그에 대한 평가는 좀더 면밀한 연구 후 신중하게 이루어져야 한다는 목소리가 적지 않게 들리고 있는 형편이다. 그것은 심연수의 「대지의 봄」이 『만선일보』에 처음으로 실리게 된 1940년의 시기, 『만선일보』가 재만 조선인들의 일반적인 작품 발표 통로였다는 점을 감안하더라도, 『만선일보』는 당시 만주국의 국책 이데올로기를 선전하는 매체로서 그 기능을 뚜렷하게 이행하고 있었을 뿐만 아니라 심연수의 312여 편의 시 가운데 다수의 시가 만주국의 이념을 적극 옹호하고 있으며 일본의 정책에 동조하는 내용을 지니고 있다는 점에 기인한다.

이와 관련하여 이성천은 심연수 문학의 민족의식과 반일사상을 강조하는 대다수의 논문들이 면밀한 작품 분석을 통해 이를 유추하기보다 추정에 의하고 있다고 비판하면서 시인의 내면을 다루는 작품 분석이 선행되어야 한다고 주장하고 있으며,[2] 오무라 마스오는 심연수에 대한 민족시인으로서의 고정된 결

2 이성천, 「재만 시인 심연수 문학의 실증주의적 고찰」, 『심연수 논문집』, 심연수기념사업회, 2018, 405~419쪽. 이외에도 이성천은 「재만 시인 심연수 일기문의 비판적 검토」(위의 책, 331~346쪽) 등을 통해 심연수 문학에 대한 왜곡된 관점을 우려하면서 객관적이고 합리적인 연구 태도의 필요성을 강조하고 있으며, 「재만 시인 심연수 시 연구에 나타난 몇 가지 문제」(『어문연구』 70집, 어문연구학회, 2011, 363~387쪽), 「심연수의 「일본문학보국회」 참관기 고찰」(『어문연구』 105집, 어문연구학회, 2020, 211~232쪽) 등을 통해 심연수에 관한 기존 연구의 문제점을 지적하면서 심연수에 대한 연구를 이어오고 있다.

론을 위해 그에 들어맞지 않는 작품을 배제하고 작품을 왜곡하는 문제에 대해 경계하고 있다.[3] 장세윤 역시 심연수의 시에는 항일 저항시로 분류될 수 있는 시도 많이 있지만 지배논리에 포섭된 흔적이 상당 부분 발견된다고 지적하면서 일반적으로 저항시로 평가되는 시 역시 달리 해석의 여지가 안고 있어 심층적 논의가 필요함을 주장하고 있다.[4] 이와 함께 우은진은 『만선일보』에 발표된 심연수의 시조들이 국책 이념에 동조하고 있는 까닭을 심연수의 문학적 욕망에 기인한다고 보면서 그의 문학을 민족의식 혹은 친일문학으로 편향되게 규정하는 대신 재만 조선 문학인들의 인식과 존재방식의 복합성을 이해할 수 있는 계기로 삼을 것을 제안하고 있다.[5]

이들 논의들은 논점은 조금씩 상이하지만 심연수 문학 가운데 친일적인 것으로 볼 수 있는 작품이 존재한다는 데 일치된 의견을 보이고 있으며, 따라서 심연수의 작품들을 기존의 통념에 따라 일률적으로 규정할 것이 아니라 객관적이고도 공정하게 검토해야 한다는 입장을 보여주는 것이라 할 수 있다. 이외에 심연수 시의 민족적 성격에 주목하면서 그의 문학을 긍정적으로 보는 연구자들 가운데서도 심연수의 몇몇 시를 논쟁의 여지가 있는 문제적인 작품이라는 점을 인정하고 있다.[6]

이러한 사정은 심연수 문학에 대한 지금까지의 논의를 반성적으로 고찰하면

---

3 오무라 마스오의 이러한 발언은 심연수에 대한 평가가 항일에서 친일에 이르는 긍, 부정의 평가가 존재하고 있음을 염두에 두는 것으로 특정 평가를 위해 의도적으로 작품을 배제하는 일은 곤란하며 또한 그럴 필요도 없다고 말하고 있다. 심연수의 시에는 민족의식과 항일정신의 면 역시도 농후하며 김기진이나 윤동주 등의 다른 유학생들도 전면적으로 일본을 부정하지는 않았다는 것이다. 심연수 문학의 사료성과 기록성 측면에서의 가치를 주장하는 오무라 마스오는 심연수 작품이 당시 재만 조선 청년이 어떤 생각을 가지고 어떤 생활을 보내고 있었는가를 알 수 있는 데 매우 좋은 재료라고 말하고 있다. 오무라 마스오, 「심연수의 일본관」, 『심연수 논문집』, 심연수기념사업회, 2018, 49~63쪽.

4 장세윤, 「새 자료로 본 심연수의 생애와 민족의식」, 위의 책, 463~491쪽.

5 우은진, 「일제말기 만주 지역 시조 연구」, 위의 책, 223~246쪽.

6 남기택, 「심연수 시 연구」, 위의 책, 83~98쪽.

서 과장이나 심정적 태도를 배제하고 그것을 보다 냉철하고 분석적으로 연구할 것을 요구하고 있다. 심연수에 대한 평가가 실제로 '소문과 추정', '구술과 기억'[7]에 따른 주관주의에 기반한 것은 아닌가? 심연수 문학을 항일 문학으로 단정짓게 된 것이 중국 내 소수 민족으로서의 조선족들의 정치적 입장을 무비판적으로 수용함에 따른 결과는 아닌가?[8] 심연수 문학에 대한 옹호가 우리 문학사에서 일제 말기 저항 문학의 빈약함에 대한 보상심리에 기인하고 있는 것은 아닌가?

심연수 문학과 관련하여 제기될 수 있는 이들 질문들은 지금까지 심연수 문학에 대한 평가가 일정 정도 편향되거나 왜곡된 것이 아닌지 되돌아보게 한다. 또한 그것들은 심연수 문학을 객관적으로 고찰할 수 있는 방법론의 탐색을 유도하는 계기로도 작용할 것이다. 심연수 문학은 그 내용 여부를 떠나 보존 상태 및 작품의 양적 측면에서 사료적 가치를 지니는 것이 분명하다. 주로 1940년을 전후로 한 20대 초반부터 4,5년간 집중적으로 이루어진 심연수의 작품들은 습작의 성격이 강하고 예술적 형상성의 면에서 미숙함이 보이지만 당시 재만주 식민지 조선인의 의식을 깊이 있게 이해하는 데엔 매우 중요한 시사점을 주는 것이 사실이다. 심연수 문학에 대한 유의미한 연구가 요구되는 대목이다.

2. 심연수 문학의 장소성(場所性)

심연수 문학을 보다 객관적으로 이해하고 그것이 지닌 사료적 가치를 온전히 드러내기 위해 본고에서 주목하는 것은 심연수 문학에 나타난 장소성이다.

---

7 이성천, 「재만 시인 심연수 문학의 실증주의적 고찰」, 위의 책, 407쪽.

8 조진기에 따르면 『중국 조선족 문학 통사』 등 오늘날의 조선족 문학 연구에서는 이 시기의 작품들을 조선어를 사용하고 있는 점, 창씨개명을 하지 않은 점을 근거로 자주성과 민족성을 지닌 항일 문학으로 규정하곤 하는데, 이는 현재 중국 내 조선족 문학의 위상을 확립하려는 의도에서 비롯된 것으로서 이 과정에서 작품의 실상이 왜곡되는 문제가 발생하고 있다. 조진기, 『일제 말기 국책과 체제 순응의 문학』, 소명출판, 2010, 36쪽.

심연수는 강릉에서 태어났지만 8세에 블라디보스톡에 이주하였고 본격적으로 가치관이 형성될 시기인 청소년기를 만주에서 보내게 된다. 또한 만주에서의 중등 학교 시기를 마치고서는 일본 유학길에 오른다. 이러한 생애는 심연수의 삶이 장소의 변동을 중심으로 이루어졌음을 말해준다.

심연수는 이들 삶의 장소를 이동해 가면서 결코 평화롭거나 편안한 삶을 살지 않았으며 저절로 강인하고 억척스러운 성격을 지니게 되었을 것이다. 특히 만주로 이주하여 늦은 나이에 중학교에 입학하였을 시절에는 문학에의 꿈을 키우면서 많은 습작의 시간들을 보내게 되고, 심연수는 스스로 자신의 삶이 문학을 중심으로 이루어지도록 최대의 노력을 기울였다는 것을 짐작할 수 있다. 이 시기의 작품들에는 문학을 향한 열정과 문학으로서 성공하겠다는 의지, 생활 속에서 얻게 되는 감정과 의식이 짙게 녹아들어 있는 것이다. 그에게 시는 단순한 관념으로 쓰여진 것이 아니라 삶의 궤적을 고스란히 담아내면서 그의 생활 경험을 직접적으로 표현하는 매체에 해당되었음을 알 수 있다. 이러한 그의 문학적 성격에 있어서 그 중심에 놓이는 것이 장소성이다.

장소성은 구체성을 지닌다. 장소는 사람들이 살아가면서 경험하고 지각하는 기반이 되며 그들이 체험하게 되는 환경을 대변하거니와, 이 점에서 하이데거는 "장소는 인간 실존이 외부와 맺는 유대를 드러낸"다고 하였다. 장소는 사람들이 그들이 살아가는 장소와 깊은 심리학적 연계를 지닌다는 측면에서 장소감으로 지각된다.[9] 이를 고려하면 장소에서 뿌리 뽑힌 사람들에게 삶의 고통은 얼마나 큰 것이며 그것에 정착하며 살기 위한 그들의 노력 또한 형언하기 힘들 정도라는 사실을 유추할 수 있다. 요컨대 장소는 사람들의 생활 세계의 전체이자 인생의 희망과 절망, 혼란과 질서를 나타내는 모든 것이라 할 수 있다.[10] 심연수의 문학을 고찰할 때 장소성에 주목하는 일은 그의 시에 나타나 있는 생활

9 에드워드 렐프, 『장소와 장소상실』, 김덕현 외 역, 논형, 2005, 25쪽.

10 위의 책, 11~12쪽.

감정을 이해하는 매개가 된다. 심연수에게 장소성은 삶의 중심이며 그의 의식 현상의 토대가 되고 있는 것이다. 심연수에게 장소성이 이토록 중요하고도 강렬한 삶의 매개가 되는 요인은 심연수가 노정했던 장소의 변동성, 심연수가 겪어야 했던 이주의 척박한 삶에 기인하는 것임은 물론이다.

심연수가 어릴 때부터 뿌리뽑힌 자의 삶을 살았고 이주가 그의 삶의 핵심 요소가 되었던 점은 그로부터 야기된 그의 정서적 특질을 짐작하게 한다. 이주민으로서의 그의 삶은 서러움과 슬픔, 그리움으로 채워졌을 것이라는 점이다. 실제로 그의 시의 많은 경우 이들 정서가 지배하고 있거니와,[11] 심연수에게 그의 삶의 특수한 장소적 성격은 그의 시적 정서를 형성하는 주요 요인이 되었다.[12]

그러나 장소가 정서적 특질에만 관여하는 것은 아니다. 인간의 장소 경험은 정서로 대변되는 공간에 대한 직접적이고도 구체적인 체험에 국한되는 것이 아니라, 공간에 내재하고 있는 문화적이고도 상징적인 의미들에 노출되면서 이루어지게 된다. 전자가 지각을 통해 직면하게 되는 자아중심적 공간 체험으로서 주관적이고 감정적으로 이루어지는 것이라면, 후자는 한 문화집단의 구성원으로서 경험하게 되는 상호주관적이고 사회화된 공간 체험이라 할 수 있다. 환경에 대한 단순한 지각 공간을 넘어 문화적 요인의 총합으로 이루어진다는 점에서 후자는 실존적 공간 체험이라고도 할 수 있다.[13] 렐프에 의하면 대부

11 「이향의 夜雨」, 「기다림」, 「인생의 사막」, 「고독」, 「떠나는 설움」, 「냇가」, 「침송(寢頌)」, 「삼등차」 등 심연수의 시 가운데 타향민으로서의 쓸쓸함과 외로움을 노래하는 시들은 매우 많다.

12 심연수의 이러한 특징은 그의 문학을 디아스포라의 관점에서 보게 하는 요인으로 작용하였다. 임종찬의 「심연수 시조에 나타난 디아스포라 의식」(『시조학논총』 31집, 한국시조학회, 2009, 125~145쪽), 황규수의 「재만조선인 심연수 시의 디아스포라 문학 특성 연구」(『새국어교육』 86집, 한국국어교육학회, 2019, 539~560쪽), 김낙현, 「디아스포라 심연수의 문학세계」(『어문논총』 40집, 전남대 한국어문학연구소, 2022, 249~270쪽) 등이 그것이다.

13 렐프는 인간의 장소 경험이 무의식적 행위의 공간인 원초적 공간으로부터 지각 공간, 실존 공간, 추상적 의식의 공간으로 심화되어 나아가는 의미화 현상을 겪게 된다고 말한다. 원초적 공간이 별 생각 없이 행동하고 움직이는 가운데 경험되는 무의식적 행위의 공간이라면 지각 공간은 일상적인 환경과의 접촉으로 경험되는 사적이고 자연스러운 경

분의 장소 체험의 경우 지각 공간과 실존 공간이 동시에 경험됨으로써 개인의 의도를 구현하고 의미의 패턴과 구조를 창조할 수 있게 된다.

용정의 동흥중학교에 입학한 직후부터 습작을 시작하여 4,5년여 간 집중적으로 창작활동을 하는 동안 심연수는 크게 보아 만주, 조선 본토, 고향 강릉, 일본의 장소를 경험하게 되며 각각의 장소 체험을 바탕으로 이를 반영하는 시를 쓰게 된다. 만주의 장소 체험이 거주를 통해 형성된 그의 가장 주된 생활의 기반이었다고 한다면 금강산과 경성, 개성 등을 중심으로 하는 조선 본토의 장소 체험은 졸업 전 수학여행을 통해 이루어진다. 비슷한 시기 고향인 강릉을 방문하게 되는데 이 역시 심연수에게 특별한 장소 체험이 된다. 아울러 심연수에게 일본 유학은 이전의 장소들과 또 다른 특수한 장소 체험의 계기로 작용한다. 일본에 도착하면서 겪었던 장소에 대한 감각적이고도 실존적인 공간 체험은 심연수의 의식을 이해하는 또 하나의 측면을 제공한다.

각각의 장소에 임하여 심연수는 직접적이면서도 상징화된 공간 체험을 동시적으로 행한다는 것을 알 수 있다. 각각의 장소에 처했을 때 심연수는 일차적으로는 감정적인 태도를 보이지만 그는 그것에 멈추는 것이 아니라 각기의 장소에 내재된 문화적이고도 사회적인 의미 체계를 동시에 수용하게 된다. 그리고 그러한 태도는 흥미롭게도 심연수의 의식을 때로는 체제순응적이거나 민족주의적이거나 혹은 친일지향적인 성격으로 중층적이고도 다변화시키는 요인으로 작용한다. 만주에서의 생활인으로서 만주의 국책 이념을 적극 수용하는 모습의 심연수는 조선 기행 중엔 국토 및 민족의 역사에 대한 관심과 애정을 통해 민족주의적인 모습을 보인다. 또한 일본에 이르러서는 일본을 '이상의 나라' 라고 예찬하기까지 한다.

심연수가 보여주는 이러한 다변적인 모습은 심연수의 정체성을 매우 혼란스

험 공간이라 할 수 있다. 이에 비해 실존 공간은 공간 속에 작용하는 공통의 사회 · 문화적 기호 · 상징을 포괄한다. 나아가 추상적 의식의 공간은 세련되고 추상적인 의식을 통해 새로운 공간을 창조하는 공간 체험과 관련된다. 에드워드 렐프, 앞의 책, 40~42쪽.

럽게 하는 것이 사실이다. 그는 때로 민족 시인처럼 보이지만 때로는 일제의 국책에 동조하고 체제에 순응했던 친일 성향의 시인처럼 보이기도 하는 것이다. 이것은 그의 분열적 모습이기도 하지만 그의 확고한 세계관의 결여로도 볼 수 있으며 주어진 체제에 적응함으로써 개인의 실현을 도모하고자 하였던 소시민적 생활인의 면모로도 이해할 수 있다. 결국 심연수의 이러한 특징, 즉 각각의 장소에 따라 차별적으로 현상했던 이념적 성향은 그의 장소 체험이 단순한 환경에 대한 지각에서 그치는 것이 아닌, 그 장소에 내재된 상징적 문화 체계에 노출되고 그것을 그대로 수용함으로써 이루어졌음을 말해주는 대목이다.

3. 장소성과 의식의 다층성

3.1. 만주의 지역성과 의식

심연수가 만주 지역에서 살게 된 것은 1935년 그의 나이 18세 즈음이다. 그의 가정은 소작농으로서 그리 넉넉하지 않은 형편이었으나 장남이었던 심연수는 어렵사리 정규 교육을 받을 수 있었고 동흥소학교를 거쳐 1937년 동흥중학교에 입학하게 된다. 어려운 가정 환경으로 20세에 이루어진 그의 중학교 입학은 일반적인 경우에 비해 상당히 늦은 것이어서 심연수는 23세에 비로소 중학교 졸업을 하게 된다. 한편 그가 입학한 동흥중학교는, 당시 만주가 1931년 만주사변에 의해 일제의 괴뢰국으로 전락하게 됨에 따라 더 이상 이전과 같은 민족주의 교육을 실시하지 못하게 되었고, 대신 만주국의 국가 이념을 충실히 가르치는 학교가 되어가고 있었다. 만주국이 들어선 시기에 학교 교육을 받았던 심연수는 이러한 교육 체계에 그대로 노출되게 된다.[14] 이것은 심연수의 세대

14 동흥중학교는 본래 천도교 종단 주도로 설립된 민족주의 학교였지만 1931년 만주국 수립 이후 일제 총독부 세력권에 편입되고 중일전쟁, 태평양전쟁 이후 만주국의 통제 아래 놓이면서 식민교육과 황민화 교육이 강요되었다. 심연수가 동흥소학교에 편입한 1935년부터 졸업한 1940년 경까지는 체제 교육이 성행하던 시기였다고 할 수 있다(장세윤, 앞

상의 특징을 말해주기도 하는 것이자 그의 교육의 내용을 선택할 여유가 없었던 계급 상의 처지를 말해주는 것이기도 하다. 이 같은 조건 속에서 심연수에게 국가의 공식 교육은 비판적 거리를 두지 못한 채 절대적으로 신봉해야 하는 것으로 수용된다.

동쪽은 태평양의 삭풍
서쪽은 흥안령을 넘어가는 몽고의 거친 바람
대지로 뛰어오르는 건아야말로
우리 용고의 대장부가 된다

동아시아의 여명이 이제 곧 온다
우리가 세울 동양의 평화
몸에 짊어진 임무는 무겁고
경래에 있는 나의 몸은 철과 같다

노력하고 배우자 나의 벗이여
왕도낙토(王道樂土)의 젊은 신민이여
오족이 즐거움을 기원하는 장소
용고의 역사에 빛나거라

—「용고(龍高)」 전문[15]

의 글, 467쪽). 이와 비교하여 1932년부터 1935년까지 은진중학교에 다녔던 윤동주는 상급학교 진학을 위해 숭실중학교로 전학을 하게 된다. 은진중학교는 4년제 학교였기에 졸업 후 상급학교를 가려면 5년제였던 숭실중학교엘 다녀야 했던 것이다. 당시 용정에 5년제 광명중학교가 있었지만 친일파가 운영하는 학교였기에 교육비를 감수하더라도 평양의 지정학교로 전학을 해야 했다(조영환, 「윤동주의 평양 숭실중학교 시절」, http://m.blog.naver.com/). 그러나 숭실중학교가 신사참배 거부로 폐교당하게 되고 윤동주는 1년을 채 마치지 못하고 용정으로 돌아와 광명중학교를 다니게 된다. 이러한 사정은 부농이었던 윤동주가 만주국의 체제 이념 교육 대신 민족주의적 이념을 고수하던 학교를 다니려는 노력을 기울였던 데 비해 빈농 가정이었던 심연수의 교육적 환경은 그와 같지 않았음을 말해준다. 이는 심연수의 선택의 문제일 수도 있었지만 부유하지 못했던 그의 경제 기반을 환기하는 부분이기도 하다.

15 「용고(龍高)」는 원문이 일본어로 되어 있었다고 전하며 『심연수 시 정집』 가운데 "2부 기타 시고"에 수록되어 있다. 이후 심연수 시는 면수 기재 없이 『심연수 시 정집』(심연수, 심

'용고'는 용정국민고등학교로서 심연수가 다녔던 모교를 가리킨다. 용정국민고등학교는 1939년 동흥중학교가 만주 교육당국에 의해 대성중학교와 합병하여 얻은 명칭이다. 1940년 12월에 고등학교를 졸업한 심연수는 재적 시기 「검은 교복」, 「흩어지는 무리1」, 「흩어지는 무리2」, 「졸업」, 「교문을 나선 다음」 등 모교와 관련한 시를 다수 쓰게 되는데 위 시도 그중 하나로 보인다. 위 시는 동흥중학교가 '용고'라고 개칭된 이후 쓰여진 것이니, 1939년에서 1940년 사이에 창작된 것임을 알 수 있다. 또한 이는 심연수가 자신이 다녔던 학교에 강한 애정을 지니고 있었음을 짐작하게 한다. 그는 모교에 매우 큰 자부심과 긍지를 느끼고 있었으며 졸업에 임하여 커다란 희망을 품고 있음을 표하고 있다.[16]

한편 위 시는 학교 관련 여타의 시가 주로 학생 혹은 졸업생으로서 갖게 마련인 정서적인 면을 다루고 있는 것에 비해 만주라는 장소에 얽힌 이념을 제시하고 있어 주목된다. 위 시에는 만주국의 체제 이념이었던 오족협화 및 왕도낙토라는 슬로건이 직접적으로 표현되고 있으며 그것이 일본이 내세웠던 대동아공영론에 닿아 있음을 그대로 보여주고 있어 충격적이다.[17] "우리가 세울 동양의 평화"에서 일컫는 "동양의 평화"가 막연한 추상어가 아니라 당시 일본의 전쟁 논리를 지지했던 동양주의 사상에 다름 아니라는 것은 물론이다. "왕도낙토의 젊은 신민"은 일제가 조선인과 재만주국민을 호명하던 칭호 그대로다. 심연수는 일제의 논리와 명칭을 한 치의 어긋남 없이 그대로 사용하고 있으며 "노력하고 배우자 나의 벗이여"라고 하는 데서 알 수 있듯 그러한 이념적 내용들이 '용고'의 주된 교육 내용임을 강조하고 있다.

이는 이 시기 심연수가 국가 이념에 순응하고 있는 동시에 그러한 내용들이

연수기념사업회, 2019)에서 인용함.

16 심연수는 「졸업」에서 "오늘이 마지막 모이는 날/깃을 여미고 모이는 용사/이 마당 이 집에서 길러진 투사/마음에 어리던 오늘이건만/맞고서 보나니 섭섭한 것/내일에 그려질 새 희망에/흩어질 졸업생이 마지막 모임"이라고 적고 있다. 심연수, 위의 책, 58쪽.

17 이때의 충격은 「용고」가 교가 응모를 위해 쓰여진 시로 추정된다는 점을 감안해도 달라지지 않는다.

당시 용정국민고등학교에서 중점적으로 선전되고 있었음을 암시한다. 이러한 이념적 내용을 중심으로 하여 "건아", "우리 용고의 대장부", "벗"이라는 호칭을 두루 사용하면서 전해지고 있는 위 시의 담론은 마치 '신민'으로부터 동조를 이끌어내기 위해 체제의 이념을 미화하고 이를 정서적으로 전달해야 했던 제국의 지배자들의 모습을 떠올리게 하여 씁쓸함을 금치 못한다. 이는 결국 당시 성행했던 친일 문학의 범주에 포함되는 담론의 양상에 해당한다.

위 시 외에도 이 시기 심연수의 시 가운데에는 만주국의 이념을 연상시키거나 노골적으로 옹호하는 내용의 시들이 다수 눈에 띈다. 그 대표적인 시가 「신경(新京)」으로 이 역시 "오족의 웃음소리"라든가 "왕도낙토"라는 표현이 직접적으로 제시되고 있다. 만주국의 수도 신경을 소재로 한 이 시에서 심연수는 "대만주 도읍터에 길상이 내리소서"라고 말하며 만주라는 자신이 거주하는 장소를 절대시하는 태도를 보이고 있다. 이때 만주라는 장소는 단순한 지각의 대상임을 넘어서서 제국주의 국가에 의해 상징화되고 기호화된 공간으로 작용하고 있음을 알 수 있다.

만주의 제도적 이념을 적극 수용하면서 이에 동조하고 있는 심연수의 모습은 역설적으로 말해서 만주가 심연수에게 생활의 터전 그 이상도 이하도 아니었음을 의미한다. 낯선 그곳에서 생활의 터를 잡아야 했던 이주민 심연수에게 만주라는 장소는 당시 땅의 주인이었던 일제의 상징화된 기호들을 적극 수용하고 이에 적응하도록 강요했을 것이라는 점이다. 그곳에서 뿌리를 내리고 살기 위해서라도 심연수는 그들의 과장되고 미화된 이념이 그대로 실현되기를 염원하게 되지 않았을까. 이러한 심연수의 태도는 '대지'를 둘러싼 낭만주의적 관념을 표출하는 데 이르게 된다.

> 봄을 잊은 듯하던 이 땅에도
> 소생의 봄이 찾아오고
> 녹음을 버린 듯이 얼었던 강에도
> 얼음장 내리는 봄이 왔대요

눈 위에 마른 풀 뜯던
불쌍한 양의 무리
새 풀 먹을 즐거운 날
멀지 않았네

넓은 황무지에단
신기루 궁을 짓고
새로 오신 봄님맞이
잔치놀이 한다옵네

—「대지의 봄」 부분

'1940.4.1. 용정에서'라고 기록되어 있는 위 시는 같은 해 4월 16일자로 『만선일보』에 발표되었다. 이는 심연수가 『만선일보』에 발표한 시들 가운데 최초의 것에 해당한다. 함께 투고한 세 편 가운데서 선정 수록된 이것은, 『만선일보』가 재만 한국인들을 상대로 만주국을 중심으로 한 일제의 정책을 선전하는 역할을 했던 만큼 체제 순응적이고 친일적인 관점에서 해석될 여지를 배제할 수 없다는 사정을 지닌다. 그것은 『만선일보』가 한국어로 쓰여졌다 해도 민족적 성격보다는 친일적 성격에 가까이 있었음을 인정해야 한다는 사실을 함의한다. 특히 이 시기 심연수는 「대지의 봄」, 「대지의 여름」, 「대지의 겨울」 등 모두 1940년에 쓰여진 것으로 보이는 '대지' 연작시를 쓰게 되는데, 이들 시에서 등장하는 '대지'가 생활의 터전으로서의 땅이자 농토이며 생산의 기반으로 의미화되고 있다는 점에서 주목을 요한다.

만주국의 이념으로서 대표되는 내용 가운데 '왕도낙토(王道樂土)'가 가로놓여 있다는 점은 만주국이 땅을 매개로 수립된 괴뢰국임을 내포한다. 왕도가 실현되는 이상 국가라는 의미의 이 슬로건을 내세우면서 일제는 만주의 비옥한 농지가 기다리고 있다면서 조선인들과 일본인들을 이주시키는 데 주력하였고, 조선인이 일본인 다음가는 지위에 놓인다고 유혹하면서 조선인들의 협력을 이끌어냈다. 세계 대공황과 농업 공황으로 극도로 피폐해져 있던 일본은 농업 대책으로 만주국 이주를 내걸었으며 조선총독부 역시 농촌 문제가 만주국 이민을 통해 해결될 수 있다고 선전해댔다. 이러한 일제 당국의 선전은 일본이나 조선에서의 생활이 곤궁했던 자들에게 상당히 매력적으로 다가왔기에 실제 이주하는 사람들이 수천만에 이를 정도로 급증했다.

만주국에서 정책적으로 농업을 장려했던 이유는 분명하다. 만주를 발판으로 대륙점령을 해야 하는 상황에서 만주에서의 농업 생산량은 전쟁을 치르기 위한 필수 불가결한 요소에 해당하였다. 실제로 일제 말기 문학 가운데에는 농촌 부흥과 생산 확충을 홍보하는 생산 문학이 많이 쓰였고 일제는 대동아공영론, 신체제론의 하위 이데올로기로서 '생산의 문화', '흙의 문화' 등을 설정하였다.[18] 만주국은 일제의 대륙 지배를 효과적으로 수행하는 데 있어서의 식량 조달지이자 생산 기지로서의 역할을 띠고 있었던 것이다.

이러한 만주국의 이념적 측면에서 볼 때 위 시는 그러한 정책에 아주 잘 들어맞는 내용을 담고 있음을 확인할 수 있다. 위 시에서 말하고 있는 바 "봄을 잊은 듯하던 이 땅"이 "소생의 봄이 찾아"올 정도의 드라마틱한 변화로서 강조되고 있는 것은 일반적인 자연의 변화를 넘어서는 이념적 색채가 드리워져 있음을 암시한다. 이는 매우 과장되고 부자연스러우며 의도적인 것이라는 점이다. "눈 위에 마른 풀 뜯던 불쌍한 양의 무리"가 갑자기 "새 풀 먹을 즐거운 날"을 기다린다는 구절 역시 마찬가지로 자연스럽지 못하다. 이 또한 매우 짙게 이데올로기의 외피가 덧씌워져 있다고 할 수 있다. "넓은 황무지"에다 "신기루궁을 짓"는다고 하는 데 이르러서는 일제 당국이 펼쳤던 이상국가로서의 만주국 이미지를 환기시킨다. 즉 위 시에서 제시하고 있는 생명에 차고 따뜻하며 풍성한 '대지'의 모습은 실제 자연에서 비롯된 지각의 이미지라기보다 이념에 의해 꾸며진 기호화된 이미지에 해당한다고 할 수 있다.

위 시에서 심연수는 일제에 의해 전파되고 있는 만주국의 이데올로기를 이

18 조진기, 『일제 말기 국책과 체제 순응의 문학』, 소명출판, 2010, 24~25쪽.

미지화시켜 표현하고 있으며 이를 전달하는 분위기 역시 매우 밝고 희망차며 낙관적인 어조로 이루어져 있다 하겠다. 만주국과 관련하여 일제가 시행하는 선전의 내용 및 정서와 결이 결코 다르지 않은 위 시가 『만선일보』를 통해 발표될 수 있었던 것은 전혀 이상한 일이 아니다. 심연수는 만주에서 거주하는 동안 그곳에 적용되고 있던 상징과 기호를 충분히 수용하고 있었으며 그러한 정치 문화적 공간성에 입각하여 이 시기의 시들을 써 내려갔다는 것을 알 수 있다. 이는 심연수의 만주라는 장소에서의 시가 대지의 생명성[19]이라든가 자연의 서정성이라는 측면이라기보다 이념적 성격에서 이해될 수 있음을 의미한다.[20]

3.2. 강릉 및 조선 기행과 의식

만주에 거주하는 동안 심연수는 두 차례에 걸쳐 조선을 방문하게 된다. 한 번은 1940년 5월에 있던 수학여행 차 금강산, 경성, 개성, 평양, 봉천, 하얼빈 등지를 기행했던 일이고, 또 한 번은 8월에 고향인 강릉을 방문했던 일이다. 수학여행은 5월 5일부터 22일까지 이루어지며 이때 심연수는 마치 국토순례에 임하듯 기행의 내용을 순차적으로 시로 표현한다. 이들 기행 시편들은 주로 시조의 형식으로 쓰여 시조집 『무적보(無跡步)』에 수록되어 있고, 강릉 방문을 계기로 쓴 시는 『빈사초(濱砂草)』로 엮고 있다. 짧은 시기이지만 시의 양적 비중

19 남기택은 심연수의 시의식에 장소에 대한 사유 혹은 공간애가 근간을 이루고 있으며 그것이 대지모신적 상상력으로 발휘되고 있다고 평가하고 있다. 남기택은 심연수 시를 지역애 및 공간성의 관점에서 보게 한다는 점에서 의미를 지니고 있다. 한편 그는 심연수의 시가 범신론적 자연관을 벗어나 역사사회적 맥락에서 검토될 부분을 지니고 있다고 지적하고 있다. 남기택, 앞의 글, 83~98쪽.

20 심연수가 습작시를 쓰기 시작한 시점은 졸업 연도인 1940년 초부터이고, 그중 최초의 발표작이 4월 16일의 「대지의 봄」, 4월 20일 「여창(旅窓)의 밤」이다. 같은 시기 동일한 매체인 『만선일보』에 발표하지만 「여창(旅窓)의 밤」은 실향민의 정서를 이념적 채색 없이 서정적으로 표현한 시로 분류할 수 있다. 습작시다운 소품이지만 1940년에 쓰여진 시들 가운데에는 순수 서정의 시들이 다수 있다. 「침송(寢頌)」, 「가을」, 「가을 아침」, 「들길」, 「개인 하늘」 등이 그것이다. 장소성의 관점에서 말하자면 이들 시는 지각 대상으로서의 공간성의 표현이라 할 만하다.

면에서는 작지 않은 이들 시에는 심연수가 경험한 장소의 또 다른 측면이 담겨 있음을 알 수 있다.

만 이천 그 가운데 빼어난 비로봉아
동해의 고래님 뿜는 물 보옵거든
안개 뿜어 그 자태 가려 주소 원하외다

비로봉 말만 듣고 그리던 이 봉 위에
이제 와 앉아 보니 그 아니 시원하냐
높고도 고운 산령에 오래 있어 보고 지고

—「비로봉」 전문

조선을 여행하면서 쓴 시들의 대부분은 위 시와 유사한 형태로 쓰였다. 기행의 장소가 전면화되면서 그곳의 서경을 묘사하는 데 주력하고 있는 것이다. 위 시가 금강산에 이르렀을 때의 시인 것처럼 「원산부두에서」, 「외금강역」, 「온정리」, 「구 만물상」, 「신계사」, 「비봉폴」, 「옥류동」, 「남대문」, 「북악산」, 「경복궁」, 「경회루」, 「송도」, 「만월대」, 「모란봉」 등의 시들은 원산이며 경성 등지에 도착해서 마주한 장소를 배경으로 하고 있다. 더욱이 기행을 계기로 쓰여진 시들인 만큼 이들 시에는 특유의 장소성이 부각되어 있다고 할 수 있다. 일차적으로 그것은 지각 대상으로서의 장소성과 관련된다. 이들 짤막한 시조 형식의 시를 통해 심연수는 여행을 하면서 보고 느낀 것을 중점적으로 표현하고 있는 것이다. 그런데 그 가운데에는, 즉 특정한 장소에 이르러 느꼈던 심회를 표현하는 중에는 민족적 의식이라 할 수 있는 것들이 드러나 있어 관심을 끈다.

못 속에 누(樓)가 비쳐 물속에 잠겼으니
옛날의 경회루는 물속엣 것 참이라오
땅 위에 남은 것은 오늘날 경회루외다

국빈이 놀던 곳도 이곳이 그였지만

국빈 없는 오늘엔 주인도 안 놀겠지
흙발에 더러워진 석계(石階)는 누구의 소행인고

—「경회루」 전문

경복궁의 경회루에 이르러 쓴 위 시에는 멸망한 조선 왕조의 역사에 대한 인식이 뚜렷이 드러나 있다. 조선 왕조인 "주인"과 그것을 "흙발"로 짓밟은 "누구"를 언급하는 대목은 국권 침탈을 환기하는 관점이 아닐 수 없다. 위 시는 '경회루'를 통해 일제 침략으로 인한 아픔을 노래하고 있는 명백히 민족적 의식을 보여주는 것이라 하겠다. "물속"의 경회루와 "땅 위에 남은" 경회루를 대비시키면서 전자가 "참"이고 후자가 "오늘날 경회루"라고 말하는 것 또한 현재에 대한 심연수의 부정적 의식을 나타낸다. 이러한 의식은 「경복궁」의 "쇠 그물 없다 한들 오조(汚鳥)야 깃들일쏘냐"라든가 「남대문」의 "옛날의 남대문엔 빛이 있어 빛나더니 오늘엔 고색조차 수줍어 서 있나니"에도 동일하게 표현되어 있다. 이들 시는 심연수가 조선의 수도에 이르러 민족의식이 선명하게 부각하고 있음을 말해준다.

다만 위 시를 비롯해 '한양' 관련 장소를 묘사할 때 두드러졌던 민족의식은 타 장소에서는 그다지 뚜렷한 선을 나타내지 못한다. 가령 금강산은 서경적 아름다움이 강조되고 있는 데 비해 정서나 의식은 주요하게 제시되지 않고 있다. 대신 「대동강」, 「기자릉(箕子陵)」, 「청천강」이나 「대련항시(大連港市)」, 「여순(旅順)」, 「요동반도의 하루」, 혹은 「봉천(奉天)」, 「북릉(北陵)」에는 장소를 중심으로 한 그 지역의 역사가 서술되고 있는 특징을 지닌다. 가령 「대동강」에서는 고구려를 건국한 주몽을 언급하고 있으며 「청천강」에 이르러서는 살수 대첩의 영웅인 을지문덕 장군을 노래하고 있다. 이와 함께 「기자릉」에서는 "중원의 풍란 미워 동방예국 찾아오셔 이곳에 오셨다는 동사(東史)말 사실이요"하며 기자에 관한 언급을 하고 있거니와, 이 대목에 이르면 심연수가 위의 열거한 시들의 여러 장소를 통해 보여준 역사 지식이 일제의 교육 당국에 의해 이루어진 왜곡된 그것이 아닌가 의심하게 된다. 그의 역사 의식은 일제의 제도권 학교였던 동흥 중학교에서 습득한 것으로서 투철한 민족의식에 의해 형성된 것은 아니라는 사실이다. 이는 「봉천(奉天)」, 「북릉(北陵)」에서 다루고 있는 "청나라"의 역사가 단순히 그 지역의 과거로서의 기록일 뿐 조선의 정체성과는 무관한 채 제시되고 있다는 점에서도 짐작될 수 있다. 이와 달리 「대련항시(大連港市)」, 「여순(旅順)」, 「요동반도의 하루」에서는 "발해"가 소환되고 있어 조선의 고대사에 대한 주체적 인식 여부에 관해 관심을 끌지만, 이 역시 만주에서 일제가 간도를 중심으로 불러일으켰던 영토 분쟁[21]을 상기시키는 대목이어서 큰 의미를 지니지는 않은 것으로 판단된다.[22] 요컨대 심연수의 시에는 조선 국토 기행을 통해 단편적으로 민족적 의식이 드러나지만 그것이 본격적이고 투철한 민족주의적 의식이라고 하기엔 한계가 있지 않았나 판단된다.[23]

21 고대사의 관점에서 볼 때 간도는 발해의 영토였으므로 심연수가 간도 지역에서 발해를 떠올릴 수 있었던 것은 무리가 아니며 우리 민족의 근간을 상기하는 주체적인 태도라고 할 수 있다. 그러나 심연수의 역사에 관한 민족적 의식은 이 이상 심화된 내용이 제시되지 못하고 있어 그가 어떤 의미에서 발해를 언급한 것인지 확인할 수 없다. 다만 당시 일제가 중국과의 간도 협약을 체결한 이후에도 '간도 조선 귀속론'이라 하여 간도를 중국이나 만주로부터 분리하여 조선에 귀속시키려 하거나 '만주인에 의한 만주국' 건설처럼 조선인 중심의 '의제(擬制) 국가'화 하려 함으로써 중국과 소련 등과의 갈등 속에서 동아시아에서의 유리한 통치권을 획책하려 했다는 점을 떠올릴 때(이성환, 「간도의 정치적 특수성과 일본의 '간도 분리론'」, 『일본문화연구』 32집, 동아시아일본학회, 2009, 373~400쪽) 심연수가 지니게 된 발해에 대한 역사 지식 역시 일제 제도권 교육 과정 내의 동양사 시간을 통해 습득한 정도가 아닐까 추측을 하게 된다.

22 특히 장세윤은 「하얼빈 역두에서」 시에서 보이는 바 심연수가 하얼빈에서 의당 떠올려야 했을 안중근 의사의 이토 히로부미 저격 사건을 언급하지 않은 점을 두고 심연수가 이러한 역사적 사실을 아예 몰랐거나 의식적으로 표현하지 않았거나 둘 중 하나일 것이라 지적하고 있다. 이는 심연수의 민족적 역사 의식이 부족했거나 왜곡된 것임을 시사하는 대목이다(장세윤, 앞의 글, 487쪽). 실제로 하얼빈에 도착했을 때 심연수는 민족의 역사적 현장으로서의 하얼빈의 모습을 확인하려 하는 대신 "러시아 사람의 활발한 걸음이 움직이고 있"던 "국제도시의 낯을 보았다"고 말하고 있으며 하얼빈을 흐르는 송화강을 두고 "대만주의 동맥"이자 "대산업교통"이라며 "우리의 삼천 만의 감사를 싣고 흐르는" "영원한 은혜"의 강이라고 예찬하고 있다. 심연수, 「날이 저물어」, 『심연수 산문 정집』, 심연수기념사업회, 2020, 139쪽.

23 심연수의 수학여행의 체험은 시 이외에도 산문으로도 기록되어 있어 당시의 여정이나 상

심연수의 조선 관련 기행시는 수학 여행 이외에 한 차례 더 시도된다. 그것은 같은 해 8월과 12월 두 번에 걸쳐 있었던 강릉 방문을 계기로 이루어진다. 강릉은 그가 태어난 고향이었고 이때의 강릉 방문은 8세에 집안 전체가 블라디보스토크로 이주한 후 처음이라는 점에서 그에게 큰 감흥을 불러일으키는 것이었다. 강릉을 방문하기 전에 심연수는 고향에 편지를 하게 되는데 그것은 곧 창씨개명을 하기 위한 목적에서였다.[24] 1940년 7월 23일 그는 三本義雄으로 창씨개명을 하게 된다.[25] 그후 8월에 실제 강릉을 방문하여 「솔밭 길을 걸으며」, 「옛터를 지나면서」, 「바닷가에서」, 「경포대」, 「경호정」, 「죽도(竹島)」 등의 시를 쓰게 된다.

> 그리도 좋다던 게 그닥지 않고나
> 할마니 자랑말도 옛날의 자랑이고
> 할아배 고생 터전이 이제는 다 없어졌노
>
> 어릴 적 놀던 시내 방축이 높아졌고

황을 보다 구체적으로 알 수 있는 계기가 되고 있다. 경성에 도착했을 때의 심연수의 묘사에 따르면 그가 큰 설레임으로 서울을 접했다는 사실을 짐작할 수 있다. 또한 그는 서울 여정의 시작을 신사 참배로부터 시작했음을 전하고 있다. "와그그하는 사람 소리, 잉울루룽하는 전차 자동차 소리. '야 이것이 서울의 첫마중인 모양이로구나.' 신사에 참배하고 종로여관을 찾았다"고 하는 대목이 그것인데, 조국 본토의 수도를 첫 방문하는 여정에서 행하는 이러한 일정을 아무런 자의식 없이 전혀 어색하지 않게 받아들이고 있는 점은 그것이 교과 과정 내의 여행이었음을 감안하더라도 아쉽게 느껴지지 않을 수 없다.

24 심연수, 『심연수 시 정집』, 심연수기념사업회, 2019, 273쪽, 「심연수 연보」 참조.

25 당시 창씨개명은 제도권 내에서 교육을 받거나 공식적 활동을 할 때 필수불가결하게 거쳐야 하는 행위였다. 진로가 미정이기는 하였지만 1941년 일본으로 유학을 떠나야 했던 심연수였다면 창씨개명은 더욱 피할 수 없는 일이었을 것이다. 심연수가 창씨개명하는 과정은 윤동주를 떠올리는 대목이기도 하다. 윤동주도 유학을 위해 창씨개명을 해야 했기 때문이다. 윤동주는 창씨개명을 몹시 괴로워하면서 「참회록」을 쓴 것으로 알려져 있다. 심연수는 이 시점에 「빨래」를 쓴다. "빨래를 생명으로 아는/조선의 엄마 누나야/아들 오빠 땀 젖은 옷/깨끗하게 빨아 주소//그들의 마음 가운데/불의의 때가 묻거든/사정없는 빨래 방망이로/두르려 씻어 주소서"가 전문이다. 「빨래」는 심연수의 민족시인으로서의 대표적 근거로 제시되는 시이다. 윤동주와의 비교 논거로도 언급될 수 있을 터이다.

그 많던 물조차 이제는 말라졌으니
옛터에 남긴 기억이 더 희미할세라

―「옛터를 지나면서」 전문

강릉을 여행하면서 쓴 시들에는 사적이고 정서적인 내용이 주가 되고 있다. 주로 강릉 경치의 아름다움이 노래되면서 시간의 대비를 통해 과거에 대한 추억이 서정적으로 서술되고 있는 것이다. 남아 있는 유년 시절에 대한 기억이 표현될 수 있는 것이야말로 강릉이 고향이라는 장소적 특수성에 기인하거니와, 그에게 강릉은 고향으로서의 정서를 온전히 갖게 하는 공간이었음을 알 수 있다. 심연수는 강릉을 소재로 하는 시에서 안정감과 행복감, 여유와 풍류의 정서마저 나타내고 있다. 이러한 특성은 장소성의 측면에서 볼 때 관념이나 추상, 이념이 끼어들지 않는 순수 정서의 공간성이라 할 만하다. 고향 강릉에서 심연수는 사회문화적 공간성 이전의 원초적이고 근원적 공간성을 체험하였던 것이다. 그것은 심연수에게 강릉이라는 공간이 무의식적이고 지각적인 대상이었을 뿐 상징, 기호 등 제도적 요인과 무관한 순수 자연의 차원에 놓이는 공간이었음을 말해준다. 고향 강릉의 장소에서 심연수는 의식의 힘을 빼고 무경계의 상태에 놓일 수 있었다. 즉 심연수에게 고향은 대결이라든가 의무 등과 같은 외부적 요소의 개입 없이 무의식과 지각을 완전하게 무방비로 개방해둘 수 있는 장소였던 것이다. 이는 강릉이라는 장소가 식민지라는 제도성이 부재해서라 아니라 고향인 까닭에 경험할 수 있는 심리의 고유한 특질을 반영하는 것이라 할 수 있다.

강릉을 포함하여 조선 본토를 기행하는 동안의 장소성은 만주에서 경험하는 장소성과 일정 정도 차이가 있음을 확인할 수 있다. 전자의 경우 심연수가 보여주었던 장소성은 사회적 제도성이 상대적으로 약화되어 있는 양상을 보인다. 그것은 그들 장소의 방문이 비록 신사참배라든가 창씨개명과 같은 제도적 틀 속에서 이루어진 것이라 해도 적용되는 특성이다. 민족적 의식과 고향에 대한 근원적 의식을 지닐 수 있었던 것도 이와 관련된다. 그것은 무엇보다 그들 장소가 현재적인 생활의 터전인 대신 일시적 방문의 공간이라는 점에 기인할 것인데, 이 속에서 심연수는 의지적이거나 미래적인 태도보다는 감성적이고 과거적인 태도를 보인다는 것을 알 수 있다.

3.3. 일본 유학 체험과 의식

심연수의 시에 나타나는 또 하나의 중요한 장소는 일본이다. 1940년 12월에 용정국민고등학교를 졸업한 그는 이듬해 2월에 일본 유학을 위해 현해탄을 건너게 된다. 그의 일본 유학은 1941년 2월부터 1943년 9월까지 이루어지며 심연수는 1943년 10월에 용정으로 귀환한다. 집이 넉넉하지 않은 채 시도된 유학이었으므로 심연수는 일본에서 노동을 하며 학비를 벌어야 했고, 이러한 상황은 이 시기 심연수의 시에도 잘 나타나 있다. 그가 진학한 학교는 도쿄에 있는 일본대학 예술학원 창작과였다. 유학 생활 이후 심연수의 창작 수준은 한층 세련되고 유려해졌으며 동시에 당시 일본의 어수선한 정세를 반영하듯 시국에 관한 내용의 시가 많이 쓰이고 있음을 알 수 있다. 이는 유학 시절 심연수에게 가장 커다란 자장으로 작용했던 요인이 일본이라는 장소성임을 말해준다.

> 해 돋는 아침 바다
> 맑고 깨끗한 섬 땅
> 섬은 섬이나 섬 아닌 나라
> 맑은 내 흐른 곳에 대숲이 있고
> 논밭이 있는 곳에 사람이 산다
> 차 중의 사람 차 외의 자연
> 모두가 처음 보는 진경(珍景)
> 조애(朝靄)에 싸인 데는 마을이 있고
> 마을이 있는 데는 생기가 있다
> 뇌호해(瀨戶海) 고운 물에
> 송도(松島)가 띄어 있고
> 백범(白帆)이 움직이는 데는

하늘이 맑게 개었다
자연도 그렇고 인력도 그렇다
인력이 빛나는 곳에 이상향 있나니
연선(沿線)에 일하는 모든 철사(哲士)는
이상향을 건설하는 투사들이니
나도 내려가 팔을 걷고 땅을 파고 싶다

—「이상(理想)의 나라」 전문

위 시는 일본 유학 길에 오른 심연수가 1941년 2월 9일 부산항을 출발, 일본에 도착한 순간의 상황을 다루고 있다. 일본에 도착하여 차를 타고 이동하는 중 차창 밖으로 펼쳐지는 풍경을 바라보면서 느낀 심회를 가감없이 표현하고 있는 위 시는 심연수가 일본에서 받은 첫인상이 얼마나 황홀하고 벅찬 것이었는지 말해준다. 심연수는 일본을 "해 돋는 아침 바다", "맑고 깨끗한 섬 땅", "이상향"으로 규정하고 있다. 심연수의 일본에 대한 선망하는 마음이 최대치에 이르고 있다는 것을 위 시는 잘 보여준다.

일본인 학자 오무라 마스오는 심연수 연구의 대세가 심연수를 민족 시인, 항일 시인으로 보려는 경향으로 귀결된다고 하면서, 이러한 결론으로 도달하기 위해 연구자들이 그 결론에 들어 맞지 않는 작품을 의도적으로 배제하는 경향이 있음을 지적하고 있다.[26] 그는 그중 하나로 위 시를 제시하는데, 그러나 위 시는 결코 친일시가 아니기 때문에 그럴 필요가 없다고 힘주어 말한다. 위 시는 일본국가나 민족에 공명하는 것이 아니라 스스로의 생활 향상을 위해 일하는 대지의 사람들에게 동질적인 것을 느끼고 있을 뿐이라는 것이다.[27]

친일 문학과 관련한 균형 있는 시각을 제공하려는 노력에도 불구하고 오무라 마스오의 관점은 다분히 편향적이다. 일제는 식민지 시대 전체에 걸쳐서 일본을 전범으로 하는 이상향 건설을 식민지 운영의 원리로 내세웠고 우리는 이

26 오무라 마스오, 앞의 글, 44쪽. 각주 3 참조.
27 위의 글, 56쪽.

에 대한 동조의 여부에 따라 친일 문학을 가르게 된다.[28] 암흑기에 있었던 일본에 대한 적극적 동조의 문학이 모두 친일문학으로 분류되고 있다는 것은 주지의 사실이다. 또한 임종국은 『친일문학론』에서 친일문학을 주체성을 몰각한 문학, 주체적 조건을 상실한 채 맹목적이고 사대주의적인 일본 예찬과 추종을 내용으로 하는 문학으로 규정하고 있다.[29] 이와 함께 오무라 마스오가 말한 바 위 시에서 제시되고 있는 '대지의 사람들에 대한 동질감'이 생활 향상이라든가 생명성이라는 순수하고 추상적인 관점에서 전유되고 있는 것이 아니라, 전쟁 수행을 위한 생산성 선전 정책에 의해 유도된 것일 수 있다는 점을 고려하면 위 시는 오무라 마스오의 의견과 달리 체제에 동조하고 순응하는 친일문학적 양상을 띤다고 볼 수 있다. 송민호의 지적대로 1940년대에는 일제에 아첨하고 일제를 찬양하는 시들이 무수히 양산되었던 때이거니와, 위의 시 역시 그러한 범주로부터 크게 벗어나는 시가 아니라는 것이다.

이러한 정황은 심연수가 일본에서 일본이라는 장소를 단순히 감각적이고 정서적으로 받아들인 데 그친 것이 아니라 그 안에 내재되어 있는 상징 체계를 동시에 전유했음을 말해준다. 이미 만주국에서의 제도 교육을 통해 학습하고 수용했던 일본 제국의 상징적 기호들은 그의 정서적 특질마저 규정할 정도의 영향력을 행사하고 있었다고 할 수 있거니와, 그러한 제도화된 의식들은 일본의 장소 체험이 이루어진 즉시 전면화되어 표출될 수 있었다. 1930년대 중후반 일제의 군국주의 전쟁이 시작된 시점에 제도권 교육을 받은 심연수에게 일제의 선전 정책은 매우 뿌리 깊고 강력하게 각인되어 있었고, 열악했던 심연수의 주변 조건은 이로부터 벗어날 수 있는 비판적 사고와 합리적 사유를 허용하지 않았던 것이다.[30]

---

28 조진기, 앞의 책, 21쪽.

29 위의 책, 19쪽.

30 황규수는 심연수가 통제된 현실 상황에서 제도 교육을 받을 수 밖에 없었기에 그에게 처음부터 역사 인식을 지니기를 기대한다는 것이 지나친 바람이라고 말하고 있다. 황규수,

유학 시기 심연수가 쓴 시들엔 위 시와 같은 맹목적 일본 예찬의 시들만 있는 것이 아니다. 이중엔 노동자로서의 극한의 삶을 묘사한 시[31]도 있으며 고국을 향한 향수를 노래하는 서정적인 시[32]도 다수 있다. 또한 민족적 염원을 나타내는 예언자적인 그것으로 해석되는 시[33]도 쓰이고 있다. 그러나 분명한 것은 이 시기 그의 시가 일본의 장소성에 지배되고 있으며 심연수는 이 속에서 여러 층위의 시를 산출하고 있다는 점이다. 즉 그의 내부 의식은 고향을 향한 향수를 불러일으키기도 하고 노동 현장의 사실성을 강조하고도 하며 전쟁 후의 민족의 삶에 대해서도 염원하게도 하는 것인데, 이들 갈래의 시들이 발원하는 근거는 곧 격동에 처해있던 일본이었던 셈이다.

이러한 관점에서 이 시기 일본의 장소성이 가장 뚜렷하게 반영되어 있는 시를 꼽는다면 그것은 곧 전쟁 관련 시가 될 것이다. 당시 전쟁은 일본에서 가장 뜨거운 제도상, 정책상의 주제로서 대다수의 민중들이 그것에 관여하는 사건이었던 것이다. 이 시기 심연수는 정도의 차이는 있지만 전쟁시로 해석될 수 있는 시들을 다수 창작한다. 「인류의 노래」, 「지구의 노래」, 「초망부악(初望富嶽)」, 「귀로」, 「사(死)의 미(美)」, 「한야기(寒夜記)」, 「녹슨 풍경」 등이 그것인데, 이 중 「인류의 노래」는 『만선일보』에 발표된 것으로 전쟁에서의 승리를 고취하는 의식이 뚜렷이 표현되어 있음을 확인할 수 있다.

쉴 새 없이 밀려 치는 사나운 물결
육지의 테갓을 깨물어 뜯는
마지막 발악을 그대여 보는가

북극의 빙원에서 백웅이 울고
극광이 휘황하는 설원에서

「심연수 문학 연구의 성과와 과제」, 『심연수 논문집』, 심연수기념사업회, 2018, 504쪽.

31 「검은 사람」, 「저녁의 부두」 등

32 「고향」, 「송화강 저쪽」, 「나그네」, 「만주」, 「방랑」 등

33 「소년아 봄은 오리니」

북으로 북으로 피난 가는 에스키모를
누구의 힘으로 만류할쏘냐

얼부푸는 지축에서 용가름 트는 소리에
지혼(地魂)이 빠질 듯 진동하고
식어 드는 양극에서 찬바람이 일어
미온(微溫)의 잔존을 삼키려 함을
그대여 참으로 알고 있는가

그대여 최후의 승리가 승리라면
승리를 못 가질 것 그 무엇이냐
지열이 식으면 달굴 수 있고
궤도와 지축이 파왜(破歪)되면 바꿀 수 있으리니
우리의 심열을 수열(輸熱)할 수 있고
인류의 역사를 살릴 수 있다

—「인류의 노래」 전문

이 시기 심연수의 대부분의 시는 직설적이기보다 심미적이고 상징적인 표현법을 구사하고 있어 명확한 해석이 용이하지 않다는 특징을 보인다. 많은 경우 사적이고 신변적인 시를 쓰고 있지만 때로 정치적으로 이해될 수 있는 시도 있는데 이들 시의 이념의 성격이 뚜렷이 판별되기 어려운 경우가 있는 것이다. 그 대표적인 것이 「지구의 노래」라 할 수 있다. 예컨대 「지구의 노래」 가운데 "불의의 과오를 사죄하여라/새로이 죄악을 저지르는/세기의 독선자를 구축(驅逐)하자"는 일제의 군국주의를 겨냥하는 항일 저항의 관점으로 해석될 수 있지만 "세기의 독선자"가 누구인가에 따라 친일적인 시로도 이해할 수 있는 문제를 안고 있다. 이 부분이 해결되지 않은 상태에서는 "절정에 올라서 사해를 보아야/전지의 신비를 다시 알려니/오! 절정에 설 히마리스트/피켓 끝으로 박힌 탄환을 돋굴 제/지맥의 혈관엔 새 피가 순환하고/낡은 상장(傷場)에는 새살이 돋을 것이다" 역시 어떻게 이해해야 하는지 관점이 확보되지 않는다.

이 문제를 풀기 위해서는 위 시에 대한 이해가 선행되어야 한다. 위 시를 이해함으로써 이것을 연결고리로 하여 심연수의 다른 시들의 구절을 해석하는 데로 나아갈 수 있을 것이기 때문이다. 태평양 전쟁이 한창이던 1941년 12월 『만선일보』에 수록된 만큼 비교적 선명한 의미의 방향성을 지니고 있는 것으로 판단되는 위 시는 이외의 암시적인 시들에 대한 이해의 실마리를 제공할 것이라는 점이다. 이때 위 시는 세계를 "북극의 빙원"으로 뒤덮여 온기가 사라진 상황으로 묘사함으로써 세계가 전쟁터가 되어 있음을 상정하고 있고 "그대"를 독려하여 "지열"을 "달"구고 "우리의 심열을 수열"하고자 의도한다는 것을 알 수 있다. 위 시의 화자에 의하면 그러할 때 "인류의 역사를 살릴 수 있"으며 그것이야말로 "쉴새 없이 밀려 치는 사나운" "마지막 발악"과 싸워 "최후의 승리"를 이룰 수 있다. 말하자면 위 시는 "우리"의 열기를 발휘하여 세계의 냉기와 대적하고 마침내 적을 이기고 승리를 쟁취하자는 내용의 전쟁 고취시로 이해될 수 있다.

위 시의 관점이 확정된 상황이라면 위 시의 구절과 여타 시의 유사 구절을 대비함으로써 그것의 의미를 판별할 수 있을 것인바, 위 시의 "육지의 테갓을 깨물어 뜯는/마지막 발악을 그대여 보는가"는 「지구의 노래」의 "새로이 죄악을 저지르는/세기의 독선자를 구축하자"에 대응하는 구절로 볼 수 있고, 이는 "세기의 독선자"가 일제 군국주의라기보다 서양 제국주의자들을 지시하는 것임을 유추할 수 있게 된다. 즉 그것은 서구 세력을 서양 제국주의자로 일컫고 그들의 식민치하에 있던 아시아 민족을 구출하겠다는 미명을 내걸어 전쟁을 일으켰던 일제의 입장을 대변하는 것에 해당한다. 이로써 「지구의 노래」 역시 흔히 항일시로 해석되곤 하지만 오히려 일제의 전쟁을 미화하고 찬양하는 시에 가까운 시라는 혐의를 안게 된다. 또한 그러할 때 앞서 언급했던 「지구의 노래」의 마지막 구절인 "지맥의 혈관엔 새 피가 순환하고/낡은 상장(傷場)에는 새살이 돋을 것이다"는 일제가 일으킨 전쟁에 대한 저항과 극복의 함의로서 이해되기보다 오히려 전쟁을 독려하고 승리를 낙관하는 일반적인 친일시의 형태에 가깝다는 판단을 내릴 수 있게 된다.

이러한 방법, 즉 의미가 확정된 시로부터 유사 구절을 대비시켜 유추하는 방법을 연쇄적으로 적용하게 되면 심연수의 해석이 모호한 시들을 이해할 수 있는 단초를 마련할 수 있을 것이다. 이러한 방법을 사용하면 단순히 추운 밤의 서정을 노래하는 것으로 이해되기 쉬운 「한야기(寒夜記)」[34] 역시 전쟁 관련시의 의미를 띠는 것으로 해석될 수 있다.

일본에 머무는 동안 심연수는 도쿄의 히비야 공화당 건물에서 개최되었던 일본문학보국회 발회식에 참가하게 되고 이때의 상황을 기록한 보고서를 「문학의 사명」[35]이라는 제목으로 작성하여 1942년 7월 『매일신보』에 연재 발표하게 된다. 이 글에서 심연수는 "민족과 국가가 있는 곳에 문학이 있을 수 있으며, 그 민족과 그 국가의 국운강성하여야 그들이 가진 문학도 건전하고 빛날 것이다. 여기에 민(民)의 족(族) 위장(偉壯)한 힘을 보게 되고, 국가의 위대한 역사적 사명을 알 수 잇는 것이다. 따라서 민족과 국가를 떠난 문학이 없다는 것을 확연히 알게 되는 것이다"고 운을 떼면서 일본문학보국회 결성식의 진행 과정 및 의미, 참여했던 인사들을 일일이 소개하고 있다. 또한 마지막은 "만장의 문학도는 새로운 방향을 향하여 힘찬 호흡을 하고 있었다. 좌장 시모무라 히로시 씨의 발성으로 총독 만세를 봉창하고 산회하였다. 오늘부터 아니 삼천 년 이래의 일본민족이 길어 오고 살려 오고, 살아 온 문학은 새로운 힘을 모아 하류를 따라 해양으로 지국의 표각을 덮은 해양으로 흐르고 있는 것이라고 생각하면서, 만원된 전차에서 손잡이를 찾아 쥐었다. 앞길! 문학자의 사명은 얼마나 큰가. 우리들이 나갈 길은 얼마나 어성궂은 길인가를 새삼스럽게 깊이 느꼈다"고 하면서 폐회선언의 모습을 묘사하고, 식을 마친 후의 자신의 소감으로 글을 마무리하고 있다.

심연수가 작성한 이 보고서는 앞서 오무라 마스오에 따르면 아무런 이념의

34 "지구는 한 개의 싸느란 흙덩이로 변하고/누리는 삭막한 빙실(氷室) 안 같다 (중략) 회환(恢環)된 체열로 덥혀 보리니/식은 땅 누리의 밤도/이글이글하도록 달궈 보게/가슴 속 불길을 뿜어 보자/타오르는 불길에 태워 보리라"는 순수 서정의 시로 이해되곤 하지만 사실상 전쟁 의지를 고취하는 내용의 시임을 짐작할 수 있다.

35 심연수, 「문학의 사명」, 『심연수 산문 전집』, 심연수기념사업회, 2020, 105~112쪽.

지향성 없이 담담히 객관적으로 기술한 것으로 설명되고 있지만[36] 사실상 심연수의 일본에 대한 의식이 잘 드러나 있는 글이기도 하다. 여기에서 심연수는 참석한 일본의 고위급 인사들의 직책과 극존칭을 사용하여 이들을 소개하고 있으며 이들의 이념에 적극적으로 동조하는 태도를 보이고 있다. 또한 심연수는 민족과 국가를 일본의 그것과 분리시키지 않은 채 일반화시켜 사용하고 있으며 문학의 정치성이라든가 민족과 국가를 위한 문학의 역할을 적극 옹호하는 관점을 드러내고 있다. 이러한 관점들은 당시 횡일하던 전형적인 친일문학의 논리에 해당한다.

일본에서 보여준 이러한 심연수의 행동과 의식들은 매우 당혹스러운 것이다. 이 시기 심연수가 행했던 활동들을 고려할 때, 난삽함과 모호함으로 뒤덮여 그 의미가 불분명한 그의 시를 민족주의 시로 단정하여 그를 항일시인, 저항시인으로 규정하는 태도는 난센스가 아닐 수 없다. 특히 민족의 이익을 도모한다는 명분으로 친일 행각을 벌였던 수많은 친일분자들이 준동하였던 이 시기 진정한 민족주의란 일제와의 철저한 분리로써 지지되어야 했던 점을 상기할 때 행동과 논리, 의식 면에서 일제와 공유하는 부분이 많았던 심연수의 태도를 가리켜 항일이라든가 저항이라는 정체성을 부여하는 일이라든가 윤동주와 동일시하는 관점은 씻지 못할 커다란 오류에 해당할 것이다.

4. 일제 말기 청년의 한 초상

지금까지 심연수가 거주하였던 장소를 중심으로 시를 분류하여 읽음으로써 그의 시에 나타나 있는 장소성의 특징을 살펴보고 나아가 그 속에서 구현되어 있는 심연수의 의식을 살펴보았다. 장소성을 통한 접근은 심연수가 살아 있는 동안의 이주의 궤적을 드러내고 그 속에서 표현된 생활 감정들을 이해할 수 있게 한다는 점에서 의의를 지닐 뿐만 아니라 각각의 장소에서 달리 보여주었던

36 오무라 마스오, 앞의 글, 51쪽.

심연주의 의식의 갈래들을 계보화할 수 있게 한다는 점에서 의미가 있다.

장소성의 관점에서 보았을 때 심연수는 만주에서의 의식과 조선 본토 방문 시의 의식, 그리고 일본 유학 시의 의식에 있어서 다층성을 나타내고 있다. 만주에서의 의식이 실향민의 정서를 포함한 채 만주국의 건국 이념을 적극 수용한 것으로 발현되어 있다고 한다면, 조선 방문 시의 의식은 조선 국토의 아름다움에 대한 인식과 민족의 역사에 대한 기억으로 이루어져 있다는 것을 알 수 있다. 장소성과 관련하여 전자가 지각의 공간을 넘어서 상징기호의 공간성이 강조되어 있는 데 비해 조선의 장소성의 경우 상대적으로 상징성이 약화되어 있다고 할 것이다.

그러나 일본이라는 장소에 이르면 또다시 상징기호의 공간성이 극대화되는 모습을 확인하게 된다. 심연수는 일본에 이르러 정서적으로 한껏 고무될 뿐만 아니라 일본에서 전개되는 상징기호의 체계에 적극 진입해 들어간다는 것을 알 수 있다. 그것은 일본의 정치와 정책에 관심을 두는 것이며 일본의 문학 정책에도 관여한다는 것을 의미한다. 실제로 일본에서 거주하는 동안 심연수는 노동하는 생활인으로서의 면모도 지니지만 보다 비중있게 전쟁을 옹호하고 그것을 미화하고 찬양하며 승리의 뜻을 고취하는 시를 쓰게 된다.

이는 심연수의 시가 각각의 장소에 따라 그에 지배되어 쓰여지는 가운데, 심연수가 각 장소에 내재되어 있는 상징 체계에 민감하게 반응하였음을 말해준다. 이때 심연수는 체제에 순응하고 체제의 상징 기호에 적극적으로 동조하는 양상을 나타내는바, 이를 고려한다면 그를 바라보는 기왕의 관점에 대해 진지한 성찰이 필요하다는 것을 알 수 있다.

다만 심연수가 어린 시절부터 이방인으로서의 삶을 살았던 점에 비추어 볼 때 그의 문학을 민족 혹은 친일의 관점에서 규정하기보다는 식민지 시기 이러한 의식이 왜 형성되고 이 같은 양상의 청년들이 어떻게 양산될 수 있었는지를 고찰한다면 아픈 우리의 역사를 돌이켜보는 계기가 됨으로써 한층 의미 있는 연구의 방향이 되지 않을까 판단한다.

제2부

전환기의 민족의식과 정치성

4장

해방기 김기림의 행보와 민족주의 의식

1. 김기림의 일관된 민족의식

김기림은 문단에서 매 시기 의외성의 모습을 보여줌으로써 논란을 불러일으킨 인물에 속한다. 1930년대 시단에 모더니즘을 도입하면서 서구의 근대 문명을 옹호하는 모습을 보여주었던 그는 오랜 시간 동안 '경박한 모더니스트'라는 평가를 받아야 했고 1930년대 중반 기교주의 논쟁 이후 모더니즘과 경향성의 결합을 추구하였던 점에서 절충주의자라는 오명을 써야 했다. 또한 해방기엔 조선문학건설본부 및 조선문학가 동맹에 가담함으로써 사회주의자라는 규정을 받는가 하면 분단 이후 남한에 체재함으로써 좌익과 우익 사이에서 자기 중심을 잡지 못하고 '좌고우면'하는 인물이라는 비판을 받기도 하였다. 김기림에 대한 이러한 평가는 서구 '모더니즘'이 1차 대전 이후 발생한 근대성 비판 담론임에도 오히려 근대성을 추구하는 김기림의 모순된 태도, 기교주의 논쟁에서 임화의 비판에 직면하여 별다른 논거 없이 기교성과 사회성을 종합하겠다고 하였던 김기림의 타협적인 태도, 또 소위 순수문학으로 분류되던 모더니즘 시인이 사회주의 단체에 가담하였던 혼란스러운 면모 등의 측면에서 볼 때 일견 타당한 것으로 여겨진다.

그러나 김기림에 관한 이러한 혼란과 오해는 김기림이 지녔던 민족과 국가에 대한 의식을 이해할 때 모두 해소될 수 있는 사안들이라는 판단이다. 문단에 등장한 1930년대의 시기부터 자취를 감추게 된 6 · 25 전쟁 시기까지 그가 보여주었던 민족에 대한 책무 의식에 주목한다면 그의 일견 모순되어 보이는 선택들은 실상에서는 결코 모순된 것이 아니라 냉철한 상황 인식에 따른 것이었음을 알 수 있다. 그의 선택들은 단지 특정한 사조를 지지하기 위한 것도 개인의 이해관계나 특정한 이념을 추종하기 위한 것도 아니었으며 유행에 따라 문단의 상황을 추수하기 위한 것은 더더욱 아니었다. 그는 비판적 시각에서 매 시기 민족이 나아가야 할 바른 방향에 대해 고민했고 또 그것을 항상 세계주의적 시각에서 도모했다. 한 민족의 운명이 독자적으로 이루어지는 것이 아니라 국제 정세와의 관련 속에서 결정되는 것이라고 여겼던 김기림은 언제나 세계사적 시각 속에서 우리 민족의 향방이 어떤 것이어야 할지를 성찰했다.

이 글은 일견 모순적으로 보이는 그의 여러 선택들 가운데 해방기에 보여주었던 행보에 주목하고 그의 좌익적 행동의 의미에 관해 살펴보고자 한다.[1] 해방이 된 지 이틀 만에 '조선문학건설본부'라는 조직을 내걸었던 임화와 주저없이 손을 잡고 조선문학가동맹의 중앙집행위원 및 시부위원장으로서 적극적인 활동을 하였던 김기림의 행보는 어떤 의미를 지니는 것이고, 이후 남한의 단독 정부가 수립되고 전쟁이 발발하기까지의 역사적 격동의 시기에 김기림이 보여주었던 태도는 어떤 요인에서 비롯된 것이었나? 월북 대신 남한 체류를 결정하고 전쟁 중 사망이라는 비극적 운명에 이르기까지 그의 선택들은 무엇을 의미하고 우리에게 시사하는 것은 무엇인가?

그것이 민족의 현실과 미래에 관한 진지한 탐색 속에서 구현된 것이었다는 관점 아래 해방기의 김기림의 행보를 살펴보는 일은 현재의 우리에게 당시의

---

1 해방기 김기림의 면모에 관한 연구로 김유중, 「해방기 김기림의 공동체 의식과 실질서 수립을 위한 구성의 의의 및 한계」(『한중인문학연구』 52집, 한중인문학회, 2016, 67~97쪽), 김유중, 「해방기 김기림의 문학 활동과 이념 노선에 대한 일 고찰 : 김기림과 여운형」(『한국현대문학연구』 48집, 한국현대문학회, 2016, 291~328쪽), 한형구, 「해방 후 김기림의 행적(업적) 속에 담긴 문화정치사적 함의에 대하여」(『어문논집』 58집, 중앙어문학회, 2014, 351~399쪽) 등을 꼽을 수 있다.

시대상을 보다 면밀하게 이해하게 하는 계기가 될 것으로 보인다. 특히 김기림의 행동들이 세계적 국면 속에서의 민족의 향방과 관련하여 마련된 것이라는 사실은 당시 그가 처했던 국제 정세가 어떠했으며 김기림의 정세 판단은 어떠한 것이었는지를 확인하게 해줄 것이다. 이 속에서 결국 김기림의 생이 비극으로 끝났음에도 그의 선택이 자신의 신념에 따른 필연적인 것이었으며 그의 죽음이 곧 민족의 비극적 운명과 다른 것이 아니었음을 이해할 때, 바로 그 지점에서 우리 민족의 운명과 미래에 관한 성찰을 이어갈 수 있는 계기를 얻게 될 것이다. 해방기 김기림의 '모순에 찬' 모습에 주목하는 이유가 여기에 있다.

2. 김기림과 '조선문학가동맹'의 연결지점

해방 이전 순수 문학으로 분류되었던 모더니즘의 기수 김기림이 조선문학건설본부에서 조선문학가동맹에 이르는 좌익 조직에 관여했던 것은 외견상 부자연스럽고 시류의 편승에 따른 가벼운 행위로 인식될 수 있다.[2] 하지만 당시의 국내외적 상황을 고려할 때 그것은 몇 가지 필연성을 지니는 것으로 이해된다.

그 필연성은 일차적으로 '해방'이라는 국면이 조선의 힘으로 독자적으로 이룩한 것이 아니라 2차 세계 대전 속 연합국의 승리와 일제의 패배에 따른 것이라는 점과 관련된다. 즉 거기엔 2차 대전을 승리로 이끌었던 좌우합작의 연합국과 인민전선이라는 존재가 가로놓여 있다. 우리 민족의 식민지적 조건이 일본 제국주의 및 파시즘의 척결로 극복 가능하다는 것과 그것이 실제로 연합국에 의한 승리로 이루어졌음을 분명히 인식하고 있던 김기림에게 연합국의 주체들은 좌우익 구분없이 민주주의자의 실행자이자 새로운 시대를 도래시킬 혁

2 김기림의 좌익적 행적을 바라보는 연구자들의 심정은 김유중의 '곤혹감'이라는 표현에 잘 나타나 있다. 많은 연구자들은 그의 이 시기의 좌경적 인식을 가리켜 우발적인 '이념적 노선 수정'이라든가 원칙을 상실한 채 우왕좌왕하는 태도로 이해하곤 한다. 김유중, 위의 글, 293쪽.

명의 주체에 해당되었다.[3] 마찬가지로 조선의 해방은 이들에 의한 세계사적 사건의 일부였다. 세계를 지옥으로 몰아넣었던 파시즘의 광풍을 끝내고 우리 민족에게 '해방'을 안겨준 요인이 된 만큼 김기림에게 좌우익의 연합은 가슴 뜨거운 일일 수밖에 없었고 당시의 지식인들에게 새로운 세계를 이끌어가는 좌표로서 여겨지기에 충분했다.[4] 국제 사회에서 벌어졌던 이 같은 연합전선의 양상은 김기림이 사회주의자였던 임화와 협력하는 데 아무런 거리낌이 없게 하였다.

파시즘을 악으로 여기고 연합국의 승리를 선으로 본 김기림에게 해방은 세계사적 차원에서의 선의 승리이고 비로소 근대를 결산하는 새로운 국면의 도래로 간주되었다. 따라서 김기림은 해방에 대해 '피가 섞이지 않았음'을 염려하거나 일본 편에서 연합국의 적국으로 가담했다가 뜻하지 않게 맞닥뜨리게 된 '도둑같은' 것으로 받아들이기 전에 '선물'로서 인식했다. 김기림에게 소련과 미국의 협력은 단순한 전략적 타협에 그치는 것이 아닌 민주주의를 위한 혈맹에 해당하였으며 두 세력의 연합은 파시즘이라는 근대의 암종(癌腫)을 종식시킨 새로운 시대의 개막을 의미하였다. 따라서 김기림은 이에 열광하면서 '진보

3 김기림이 2차 대전에서의 연합국의 승리를 매우 벅차게 받아들일 수 있었던 것은 조선의 대다수의 지식인들이 일제의 대동아공영론을 일제의 선전대로 근대를 초극할 방편으로 판단했던 것과 달리 이를 근대의 결산 과정이라 여기며 신중히 접근하였던 태도와 관련지을 수 있다(김유중, 앞의 글, 71쪽). 김기림은 일제의 파시즘을 통해서가 아니라 오히려 그와 대결하는 세계 연합국의 세계관, 즉 사회주의와 자유주의의 연합에서 구할 수 있는 새로운 국제 질서와 '민주주의'에서 근대의 초극을 추구하고 있었음을 알 수 있다.

4 김기림의 이러한 인식은 우리들의 "자유"가 "저 악마적인 고문과 극형에 견디면서 오히려 불굴히 싸워 얻는 선물이며 '파시즘'과 제국주의를 타도하기 위하여 바친 연합제국이 '데모크라시'의 전사들의 피의 값으로" 얻어진 것이라는 진술에 잘 나타나 있다(김기림, 「우리 시의 방향」, 『김기림전집 2』, 심설당, 1988, 143쪽). 그리고 이러한 김기림의 관점은 좌익 문인들에게도 공통적인 것이었다. 좌익문인들은 2차대전을 세계사 속 민주주의와 파시즘의 대결에서 민주주의의 승리로 나아간 사건으로 규정했다(최은환, 「조선문학가동맹의 탈식민 주체성 연구-신탁정국에서 민주주의 민족문학론과 민주주의 민족 전선의 연대를 중심으로」, 성균관대학교 석사학위논문, 2021, 3쪽).

적 민주주의'라는 기치 아래 사회주의자들과 협력할 수 있었다.

두 번째로 주목할 것은 좌익 단체를 이끌었던 주체들의 사회주의에 대한 유보적 태도이다. 임화와 김남천 등 조선문학건설본부 및 조선문학가동맹의 주도 세력들은 조선프롤레타리아문학동맹을 결성했던 급진적 좌파들과 달리 민족통일전선을 내걸면서 진보적 지식인들을 흡수하려는 유화적인 태도를 보였다. 이들은 의도적으로 극명한 사회주의적 태도를 부정하고 그들의 조직에서 일제말의 적극적 친일 지식인과 함께 극좌적 사회주의자를 배제했다.[5] 그들의 판단에 따르면 조선프롤레타리아문학동맹으로 대표되는 카프 비해소파, 즉 급진적 사회주의자들은 과거 카프문학이 노정했던 오류와 맹점 및 객관적 정세에 대해 고려하지 않은 채 맹목적으로 이념을 앞세우는 경직된 세력이었으므로 광범위한 민족통일전선 구축에 방해가 되는 존재들이었다. 임화 등 소위 카프해소파에 해당하는 사회주의자들은 맹렬 사회주의자들을 배제시키는 대신 진보적 의식을 지닌 중도적 지식인들에게 적극적인 참여의 길을 열어놓고 있었다. 이는 이들 좌익 조직이 극명한 사회주의적 정체성을 일정 정도 억제시키고 이념에 대해 유연한 자세와 중도파를 흡수할 만한 온건한 태도를 견지했음을 의미한다.

그것이 전략적이었든 아니든 간에 프롤레타리아 혁명으로 대변되는 사회주의적 목적성은 조직 내에서 계속해서 지연되었고, 프롤레타리아 당파성을 대체하는 대중성과 통합성이 주요하게 강조되었다. 여기엔 카프 존립 당시 서기

---

5 진보적 지식인으로 조선문학건설본부 결성에 주도적으로 참여했던 이원조는 "프롤레타리아 작가 평론가들이 역사적으로 부여된 영도성을 마치 당국에서 받은 훈장처럼 여기고 함부로 영도성만을 주장한다거나 공산주의 이론만을 들고 나서면서 다른 놈은 모두 반동적이라고 몰아세우는 좌충우돌식 극좌적 경향은 더 한층 배제하지 아니하면 안되는 것이다"(이원조, 「조선문학의 당면과제」, 『중앙일보』, 1945.11.6.-13, 윤상기, 「해방직후 민족문학론 연구-'문학가동맹'의 민주주의 민족문학론을 중심으로」, 전남대학교 석사학위논문, 1990, 33쪽 재인용)라고 하였거니와, 이는 이들 단체가 노동자의 계급적 기반이 두드러지는 것을 경계했음을 뜻한다. 즉 이들은 '문인보국회간부'와 '카프 비해소파'를 제외함으로써 극우파와 극좌파를 제외한 범문단적 단체 결성에의 의지를 보여주었다.

장이었던 임화의 카프 실패에 대한 문제의식이 작용했을 것인바, 해방기의 임화는 과거 카프의 실패를 거듭하지 않기 위한 새로운 방향과 방법을 모색할 임무를 의식했을 것이라는 점이다.[6] 또한 사회주의의 편에서 보았을 때도 이러한 태도는 급진주의자였던 조선프롤레타리아문학동맹 그룹의 지침에 비해 소극적인 것이거나 열등한 것이 아니라 겨뤄볼 만한 하나의 혁명론과 관련된 것이었다.[7] 임화 등에 의해 주창된 사회주의 혁명 이전 단계에 해당하는 민족통일전선에 의한 부르조아 민주주의 혁명은 사회주의가 조급하게 달성되어야 하는 것이 아니라 점진적이고 단계적으로 객관적 조건에 입각하여 성립되어야 하는 성격의 것임을 강조하는 것이었다. 말하자면 프롤레타리아 혁명 자체는 미래적인 것이지 당장의 과제가 아니었으며 이들에게 더 중요시 되었던 것은 우리 민족이 당면한 과제였던 일제 청산의 문제, 반제반봉건이라는 과제였던 셈이다.

이는 김기림이 아무런 주저 없이 좌익 단체에 관여할 수 있었던 이유의 일단을 말해준다. 조선문학건설본부와 조선문학가동맹 조직에서 보여주었던 사회주의자들의 급진적 사회주의 이념에 대한 유보적이고 유연한 태도와 대신 우리 민족이 당면한 현실적 문제 해결의 강조는 김기림이 이들 단체에 참여하면서 적극적으로 활동하게 했던 요인으로서 작용했던 것이다. 일제 청산이라는 반민족행위의 처리와 토지 개혁으로 대변되는 민생 문제 해결 등 좌익 그룹이

6 최성윤, 「해방기 좌익 문학 단체의 성격과 민족문학론의 전개」, 국어문학 8집, 국어문학회, 2015.2, 493쪽.

7 프롤레타리아 혁명을 달성하는 방법에는 단계론으로서의 부르조아 민주주의 혁명론과 동시론으로서의 사회주의 혁명론 두 관점이 있었거니와, 당시 남북한은 공히 인민민주주의를 강령으로 내세웠음에도 혁명을 둘러싼 두 가지 이질적인 관점을 드러냈다. 박헌영 계열의 조선공산당 재건파가 2차대전을 파시즘 대 진보적 민주주의 국가의 전쟁으로 보고 그에 따라 이후 국면을 민족통일전선을 통한 부르조아 민주주의 혁명 단계라는 단계론적 입장을 보여주었다면, 김일성의 장안파는 2차 대전을 제국주의 대 사회주의 전쟁으로 여기고 부르조아 민주주의와 사회주의의 동시 혁명을 주장했다(배개화 「조선문학가동맹과 북조선문학예술총동맹의 대립과 그 원인, 1945~1953」, 『한국현대문학연구』 44집, 한국현대문학회, 2014, 347~381쪽 참조). 조선문학건설본부에 이어 조선문학가동맹에서 내세웠던 민족통일전선과 부르조아 민주주의 혁명론은 박헌영의 8월 테제의 방침에 이어져 있다.

내세웠던 지침들은 이념의 명분보다 현실의 실질에 주목했음을 의미했고 이 점은 김기림 등 진보적 현실주의자들이 공유할 수 있는 부분이었다. 말하자면 김기림에게 반제반봉건의 과제는 일제를 청산하고 조선에 달성되지 못한 근대화를 추구하는 의미를 지닌 것으로 당시 조선의 시급한 문제이자 선제적으로 해결해야 할 당위적인 과제였던 것이다. 따라서 이후의 김기림의 정세 인식과 행동의 지침들은 좌익 단체의 관점에 입각하여 이루어진다는 것을 알 수 있다.

해방이 된 직후 남한과 북한에 군정들이 제각각으로 주둔하였지만 이때까지도 김기림의 연합국에 대한 긍정적 관점은 달라지지 않았다. 소련과 미국이라는 연합국 두 주체의 한반도 입성은 일본의 축출이 연합국의 승전에 따른 것이었던 만큼 불가피한 것이었고 초기 남한에 주둔했을 때 미군정의 통치가 언론, 출판, 집회, 결사의 자유 등 자유민주주의 기본 원칙을 훼손하지 않는 것이었으므로 거부되어야 할 사안이 아니었다. 좌익을 포함한 모든 사상 운동이 허용되었고 일제 말기를 거치면서 억압되었던 언론, 잡지 등의 출간 사업이 활발하게 이루어질 수 있었던 것도 이 때문이다. 그러나 미군정의 이러한 태도는 서서히 좌익에 대해 죄악시하고 이들에 대한 선별적 탄압을 자행하는 방향으로 바뀌게 된다. 1945년 12월 조선문학가동맹은 이러한 좌익 탄압의 와중에 출범하게 된다.[8] 모스크바 3상회의에서 한국인들의 자치능력이 부족하여 일정 기간 신탁통치가 이루어져야 한다는 신탁통치안이 가결된 것도 이 시점이다.

8 좌익에 대한 미군정의 탄압은 당시 70%에 가까운 절대다수의 지지를 받고 있던 조선인민공화국의 정부로서의 위상을 부정하고 이를 해체하는 면모에서부터 드러나고 있었다. 우익세력이었던 한민당의 시각으로 인공을 보았던 하지는 인공을 공산주의 세력으로 인식하고, 인공이 '민중의 절대적 지지를 받고 인민의 총의로써 탄생하였다'는 인공의 주장에도 불구하고 인공을 무력화했다. 인공은 인민위원회 등 각 지역의 자치 단체를 결성하는 등 전국적인 결집력을 바탕으로 '자주독립과 국가건설을 위한 국(國)으로서의 활동과 의지'를 보여주고 있었고 인민의 승인하에 '연합국과 인민층을 절충할 조직'이라는 점을 주장하였으나 미군정에 의해 받아들여지지 않았다. 전병철, 「해방직후 조선인민공화국의 국(國) 문제-대중활동과 국 의지를 중심으로」, 『역사와 담론』 68집, 호서사학회, 2013.10, 229~269쪽.

1945년 12월 20일 신탁통치가 결정되고 미소공동위원회 설치가 합의되었다는 보도가 나오자 한반도는 거센 이념의 회오리에 휩싸이게 되고 신탁 수용 여부에 따라 좌우익 두 갈래로 분열되었음은 주지의 사실이다. 신탁통치 소식에 대해 좌우익 분간 없는 즉자적 반발이 있은 직후 좌익이 찬탁으로 입장을 변경하였던 1946년 1월 2일은 남한 내에서 좌우익 세력의 대결이 본격화되었던 기점이다. 신탁통치가 또 다른 식민화로 여겨졌던 점에서 민중들의 거센 반발이 있었지만 좌익들에게 그것은 우리 민족이 통일된 자주독립 국가를 세울 수 있는 최선의 방법으로 여겨졌고 이에 신탁통치를 적극적으로 수용하고자 하였다.[9] 조선문학가동맹에서 "삼상회의결정을 바르게 인식하자"라는 슬로건으로 신탁지지공동성명을 발표하였던 것도 이즈음이다.

좌익의 이러한 판단은 신탁통치 제도가 이미 2차 대전을 치르는 과정에서 제출된 미국의 전후 세계 질서 구상이라는 사실에 따른 것으로, 당시의 신탁통치 제도는 식민지에 대한 일정 기간 연합국 공동의 관리 체제가 일국 지배를 견제할 수 있는 방편이었다는 점[10]을 고려할 때 신중히 접근해야 할 문제였다. 미국에 의한 신탁통치 제도에 대한 제안이 소련에게 행해질 때 소련이 이를 수용한 이유도 그것이 4개국의 공동 관리 체제였다는 점에 있다. 국제 민주주의 및 세

9 좌익의 신탁 수용과 관련해서는 ① 1945년 12월 말 박헌영이 소련군 안드레이 로마넨코를 만나 모스크바 3상회의 결정을 따르도록 종용받았다는 소련지령설, ② 당시 국제정세에 따라 신탁통치 수용을 독립을 위한 합리적 선택으로 이해했다는 명분론적 검토설, ③ 반탁운동 정국에서 민족주의 세력으로부터 주도권 탈환과 세력 확장을 위해 신탁통치를 지지했다는 권력 투쟁설, ④ 미국이 조선공산당을 무력화하기 위해 의도적으로 찬탁을 유도했다는 미국음모설(이완범, 「조선공산당의 탁치노선 전환 이유 '소련지령설'의 비판적 보완, 1945~1946」, 『정신문화연구』 28권 2호, 한국학중앙연구원, 2005, 최은환, 앞의 글, 76쪽 재인용) 등 여러 해석이 존재하나, 좌익의 국제민주주의적 관점을 고려한다면 신탁통치의 합리성 판단이 주효했던 것으로 보인다. 여운형 역시 신탁 제도 수용을 "임정수립의 천재일우의 기회"로 여겨 찬탁 운동을 벌였고 미소공동위원회가 성공적으로 개최될 수 있도록 기도하였다(이계영, 「미군정기 서울지역 좌 · 우익 정당, 사회단체의 활동 공간 연구」, 『서울학연구』 87집, 서울시립대 서울학연구소, 2022, 70쪽).

10 하지은, 「국제적 신탁통치 구상과 냉전적 변혁」, 서울대학교 석사학위논문, 2015 참조.

계 정세의 관점에 입각할 경우 신탁통치 거부는 2차 대전시부터 진행되어 온 세계 질서를 무시하는 것이었고 소련과 미국 양국의 갈등을 고조시키는 일이었다. 국제 민주주의적 시각을 지니고 있던 좌익은 민족의 욕구가 반영되지 못한 것이라는 한계에도 불구하고 신탁통치제도의 불가피성을 인정하였고,[11] 오히려 이를 근거로 친일파 청산에 대한 주장의 강도를 높이고자 하였다.[12]

모스크바 3상회의의 결정이 있은 이후 미소공동위원회의 협의를 위한 긴장 국면 속에서 찬탁 운동을 벌이던 좌익과 즉각 독립을 외치는 우익은 서로를 반민족세력이라 주장하면서[13] 집회 등 집단 행동을 통해 신탁정국을 이끌어갔다. 그러나 36년간 압제에 시달리다가 해방된 민중들에게 절박했던 독립에의 욕구는 2차 대전 종식 후 재편되고 있던 세계 질서의 구조와 신탁 통치 제도를 통해 소련과의 대치 속에서 자유주의적 국제 질서를 구축하고자 했던 미국의 기획[14]을 통찰하는 일을 가로막았다. 국제 민주주의 질서를 받아들이는가 그렇지 않은가의 문제의 본질은 민족주의에 관한 서로 다른 관점에 따라 국내에서 좌익과 우익이라는 구도로 나뉘어 해결할 수 없는 갈등 속으로 빠져들었고, 그 사

11 김기림은 1947년 4월에 쓴 「하나 또는 두 세계」(『김기림 전집 5』, 251~253쪽)에서 "세계는 하나가 되고 싶어한다"고 하면서 '국제연합기구'가 "모든 국민과 민족이 각각 壓制없고 침략없는 국제관계"를 보장할 '세계정부'가 될 것이라 기대하며 옹호하고 있다. 김기림의 이러한 세계주의적 이상주의를 고려할 때 그 역시 신탁 통치를 불가피한 것으로 여겼을 것이라고 짐작할 수 있다.

12 이계영, 앞의 글, 73쪽.

13 우익은 좌익을 선량한 시민을 속여 신탁 통치지지 행렬로 둔갑시키는 매국노들이라 비판하고 좌익은 우익의 맹목적 반탁이 연합국의 결정을 존중하지 않아 오히려 독립을 방해한다고 성토하며 서로 맞섰다. 위의 글, 79쪽.

14 미국에 의해 2차 대전 전후 체계로서 제시된 신탁통치는 기존 식민주의의 군사적 영토 점령의 방식과 구분되는 자유주의적 질서체제에 해당한다. 그것은 새로운 국제기구인 유엔 창설과 강대국간 협조체제를 전제하는 것으로 기존의 식민지 통치 방식을 정당성이 확보될 수 있는 방식으로 변화시켜 현지 사회를 미국식 헤게모니가 관철될 수 있도록 통치 개조하려는 장기적 프로젝트의 일환이라 할 수 있다(하지은, 앞의 글, 9~13쪽). 단순 비교는 어렵지만 이러한 신탁통치를 수용하여 독립 정부를 수립한 경우에 오스트리아가 있다.

이에서 여운형으로 대표되는 국제적 시야를 바탕으로 통일된 민족의 자주독립을 꾀했던 주체들은 우익의 맹목적이고 왜곡된 민족주의에 의해 희생되어 갔다. 결국 민족주의라는 명분을 입고 있던 우익의 반탁 운동은 우리 민족에게 주어졌던 통일된 국가를 건설할 수 있었던 일말의 가능성을 제거하는 결과를 가져왔다. 이때 조직된 우익 민족주의에 친일파가 깃들었던 점이 이후 남한 역사의 왜곡을 가져오는 결정적 계기로 작용하였음은 잘 알려진 사실이다.

한편 국내의 좌우익 간 갈등 국면에서 정작 찬탁 운동을 하던 좌익에 대해서는 폭력적인 탄압을 자행했던 데 비해 반탁 운동을 벌이던 우익에 대해서는 방관하는 태도를 보여주었던 미군정청[15]은 1946년 4,5월 소련과의 갈등으로 미소공위 협상이 순조롭지 않고 국내의 반탁 운동이 거세자 이를 이유로 국제신탁통치기구를 설치하는 것보다 미국의 이해관계에 부합하는 한국인 정치 지도자들을 중심으로 과도 정부를 구성하는 것을 우선시하는 변형된 신탁통치안을 미국무부에 제출하게 된다.[16] 이후 이승만의 정읍에서의 단독정부 발언이 나오게 되고 1946년 12월 과도입법의원이 개원하자 미국은 더이상 좌우합작에 열의를 보이지 않게 되었으며,[17] 1947년 9월 미국무장관 마샬은 신탁통치안을 포기하게 된다. 과격해지는 좌우 양측의 대립 정국 속에서 1946년 9월 총파업과 10월 항쟁 등의 인민들의 시위는 강경하게 탄압되었고 좌익 인사들에 대한 미군정청의 편향적 탄압도 거세어졌다. 이들에 대한 탄압은 1947년 10월 미소공위가 완전히 결렬되고 남한에 단독 정부가 수립되는 과정을 거칠 때까지 계속된다. 결국 미군정의 남로당 불법화가 선언되던 1947년 8월 11일 조선문학가동맹 작가들의 월북이 단행되었고 같은 해 12월 20일엔 조선공산당에 의해 미군정청을 향해 연합국에 의한 민주주의의 증여 철회에 따른 '민주주의의 적'이

15 이 시기 좌우익 집단 행동에 대한 미군정청의 태도에 대해서는 이계영의 앞의 글 참조.

16 하지은은 당시 신탁통치안을 둘러싸고 국내 미군정청과 미국무부 간 갈등이 있었고 이 속에서 하지의 신탁통치 변형안이 제출되었음을 밝히고 있다. 하지은, 앞의 글, 72쪽.

17 위의 글, 82쪽.

라는 선포가 이루어진다. 이어 단정수립에 따라 조선문학가동맹 역시 불법 단체로 전락하게 된다. 김기림의 미군정을 향한 격한 비판의 목소리가 나왔던 것도 이러한 상황에서다.

> 지난 1년 동안은 이른바 '반동'이 모든 종래의 체신과 가면을 내던지고 윗저고리마저 벗어 팽개치고서 內衣 소매를 걷어 올리고 달려든 집중적 · 전형적 반동기였다. 바꾸어 말하면 민주주의의 일대위기였다. 인민은 그것을 낯으로 보아 안 것으로서 백, 천의 말보다도 반동의 정체를 똑바로 마주본 것이다. 따라서 노동자 · 농민 · 소시민 · 문화인 할 것 없이 이러한 전 인민의 넓고도 튼튼한 단결만이 이 반동의 狂亂에 대한 유일한 방파제가 될 수 있다는 것도 이론이 아니고 현실 그 자체에서 배워낸 것이다.
>
> —「공위 휴회 중의 남조선 현실」 부분[18]

1947년 7월 조선문학가동맹 기관지 『문학』 4호에 발표된 위 글은 제목 그대로 '공위 휴회 중의 남조선'의 정치적 상황에 관하여 쓴 글이다. 김기림은 해방 후 "이태 동안"의 "조선 민족이 겪은 정치적 시련" 가운데 특히 "'共委' 휴회 중의 약 1년간"을 "말로만 경계하던 이른바 '反動'이 그 실체를 남김없이 赤裸裸하게 들추어내놓은" 시기라고 말하고 있다. 김기림은 "중립적 위치에 선 편에서조차 모든 '선의의 해석'을 철회하지 않으면 안되었다"고 덧붙이고 있다. 이는 그간 김기림이 미군정에 대해 국제 민주주의의 관점에서 긍정적으로 바라보았음을 나타낸다. 또한 그가 조선문학가동맹에 가담했을지라도 중도파로서의 균형잡기를 하면서 미군정에 대해 적극적으로 비판하지는 않는 온건한 태도를 지니고 있었음을 암시한다. 그러던 것이 위 글에서처럼 '반동'에 대한 극렬한 분노와 비판을 표하게 되었거니와, 여기에서 '반동'은 "다름아닌 인민의 기본권리인 언론 · 집회 · 결사 · 파업의 자신의 위기", 즉 "민주주의의 일대위기"를 가져온 세력과 상황을 가리킨다. "신문의 입을 틀어막는 일이며, 대학의

18 김기림, 『김기림 전집 6』, 심설당, 1988, 138쪽.

황폐며, 謀利輩의 발호며, 집회의 차별적 봉쇄며, 用紙 배급의 의식적 차별대우며, 민주단체의 해산 대량 검거며 드디어는 민간 '테러' 단체의 白晝橫行이며 함부로 쏘는 총질 등등이었다"[19]라고 낱낱이 열거함으로써 김기림은 당시의 상황을 구체적으로 묘사하고 있다. 김기림이 말하고 있는 이러한 사태들은 신탁 정국 속에서 좌우익에 대해 차별적으로 대하면서 기본적인 민주주의의 요소마저 무시하며 좌익을 탄압하던 미군정의 태도를 사실적으로 보여주는 것이라 할 수 있다. 이에 대해 김기림은 "종래의 체신과 가면을 내던지"고 있다면서 미군정에 대한 강한 실망을 감추지 않고 있다. "반동의 정체를 똑바로 마주보"았다고 한 김기림의 발언은 결코 과장이나 수사도 혹은 좌익 편향적인 시각도 아닌, 민주주의를 어기고 있던 당시의 있는 그대로의 사태를 가리키고 있는 것이다. "노동자 · 농민 · 소시민 · 문화인 할 것 없이 이러한 전 인민의 넓고도 튼튼한 단결"에 기댈 수밖에 없던 것도 이러한 상황 속에서였다.

국내외 정세의 변화와 함께 조선문학가동맹은 허용되는 존재에서 용인될 수 없는 존재로 변모되어 갔다. 그것이 허용되었을 때 아무런 문제가 되지 않았던 것이 어느 순간 불법이 되자 그것에 참여했던 것 자체가 원죄가 되어버린 형국은 좌익 주체들에게는 부조리하고 불합리한 것이었다. 국제적 차원에서의 민주주의 연합의 미묘하고도 갑작스러운 붕괴는 좌익 주체들에게 혼란스러운 것이 아닐 수 없었다. 합법이던 것이 갑자기 불법이 되는 상황 속에서 주체들의 선택은 그것이 일관된 것이었어도 다른 함의로 드러날 수밖에 없는 것이었다. 상황이 그러하므로 해방정국 속에서 김기림이 보여준 태도를 두고 우익이었다가 좌익으로 갔다가 또다시 우익으로 편향되는 좌충우돌의 행보라는 식으로 해석하는 것은 김기림이 처했던 상황과 그의 정세 인식에 대한 이해의 부족을 나타내는 것이다. 마찬가지로 이 시기 미군정청의 좌익 탄압을 비판하였던 일을 가리켜 김기림이 조선문학가동맹에 가담하였으므로 좌경화되었던 데 따른

19 위의 글, 138쪽.

것이라는 시각[20]은 당시 우리 민족이 처했던 불합리와 부조리가 어떠했으며 그 속에서 김기림 등 지식인들의 혼란과 좌절이 얼마나 깊은 것이었는지를 몰각하는 일에 속한다. 국제 민주주의 질서로부터 비롯된 해방을 맞이하고 그에 근거하여 민주주의적이고도 통합된 민족국가를 세우고자 하였던 지식인들의 지극히 당연했던 요구가 국제 민주주의 체제를 옹호하면 할수록 오히려 영구 분단과 전쟁 위협이라는 결과로 빠져들게 되었던 점은 지식인들을 극도의 혼란과 절망으로 몰아갔을 것이라는 사실을 기억해야 한다. 이러한 지식인들의 좌절과 분노에 대해 좌익이라는 입장에 따른 것이었다는 단정은 사태의 본질을 흐리는 것이 아닐 수 없다.

좌익이 불법이 된 상황에서 대부분의 문학가동맹 지식인들의 월북에도 남한에 머물렀던 김기림의 선택은 우유부단했다기보다 종국적으로 좌익일 수 없었던 김기림의 신중한 모습을 말해주는 것이다. 또한 그에게 중요했던 것은 사회주의나 좌익이라는 정체성 이전에 진정한 의미에서의 자유와 민주주의였음을 짐작할 수 있다. 그에게 조선문학가동맹과의 만남은 말 그대로 진보적 민주주의에 대한 동의 때문에 이루어졌던 것이고 민족의 바른 정립을 의도한 것이었다고 이해할 수 있다. 2차 대전을 종식시켰던 국제 민주주의 연합이 파시즘이라는 근대의 최후를 결산하고 정의와 화해의 시대를 이끌고 있다는 시대 인식 속에서, 우리 민족 또한 화해롭고 정의로운 국가로 탄생하기를 꿈꾸었던 김기림의 바람은 매우 합당하고 정당한 것이 아닐 수 없었다. 이러한 김기림의 기대의 본질은 좌익이나 우익이라는 명명을 넘어선 곳에 있는 것이었으며 그가 생각했던 세계와 민족의 가장 합리적이고 이상적인 비전 위에 자리하는 것이었다.

그러나 그러한 이상은 그것이 높고 완전했던 만큼 지상에 존재하기 힘든 것이었을지 모른다. 차라리 사회주의 체제였던 소련과 자유주의 국가였던 미국

20 한형구, 앞의 글, 368쪽.

의 연합이라는 것 자체가 부자연스럽고 위태로운 것이었으며 두 대립적 체제의 연합이 이미 한반도의 분단을 예비하는 일에 속하는 것이었을지 모른다. 말하자면 우리 민족이 통일된 자주독립 국가를 건설하는 길은 국제 질서 속에서의 극도로 좁은 길에 해당하며 따라서 그것을 이루기 위해 우리 민족은 국제 질서의 냉혹함과 복잡함을 극복하는 오랜 시간과 노력을 기울여야 할 것이라는 점이다.

당시 분단의 실현에 대해, 그것도 외부 세력에 의해 결정된 그것에 직면하면서 지식인들이 겪어야 했던 좌절과 충격은 헤아리기 힘든 것이었을 터이다. 더욱이 분단이 남북한 간의 긴장을 항존시키면서 전쟁을 일으키는 위험 요인으로 작용할 것임을 예견하였던 지식인들은 이러한 사태에 대해 매우 초조하고 심각하게 대응했을 것임을 짐작할 수 있다. 이는 신탁통치 수용론자들의 국제 질서 수용을 통한 좌우의 합치의 노력이 전쟁을 포함한 민족분단을 막으려 했던 치열하고도 절박한 행보였다고 해석할 수 있게 하는 대목이다.

3. 김기림 문학의 '민족', '인민', '민주주의'의 의미

한국 전쟁은 우리 민족뿐 아니라 미국 국내 상황도 메카시즘의 회오리로 몰고 갈 만큼 커다란 상처를 야기하는 것이었다. 국제 질서 속에서 분단을 해소하지도 못한 채 무용하게 치러진 전쟁으로 우리 민족은 씻을 수 없는 상처를 입었으며, 전쟁과 분단으로 인한 트라우마는 지금도 우리 민족의 의식 속에 깊이 각인되어 있다. 또한 전쟁은 김기림 등 조선문학가동맹에 가담함으로써 원죄를 짊어지게 된 소위 중도파들의 비극적인 죽음 또한 가져왔다. 세계적 정세 속에서 제출된 진보적 민주주의를 옹호하고 반파시즘이라는 매우 논리적인 입장을 보였던 김기림은 전쟁 발발 후 납북되었다는 설과 함께 세상 속에서 영원히 자취를 감추게 되었다. 좌파적 성향을 지녔으나 끝내 사회주의자는 될 수 없었던 김기림은 민족의 비극적 역사 속에서 결국 어디에도 안착하지 못하고 공중 분해되면서 삶을 마치게 되었던 것이다.

사회주의자가 아니었음에도 불구하고 김기림이 좌익에서 주장했던 반제반봉건의 기치하의 친일잔재와 봉건잔재의 청산, 그리고 그것을 내용으로 하는 조선문학가동맹의 민주주의 민족문학론에 동조하였던 이유는 무엇일까? 조선문학가동맹의 그러한 방향성이 박헌영의 8월 테제에서의 부르조아 민주주의 혁명과 국가모델로서의 인민민주주의를 내걸었던 점은 주지의 사실이다. 그런데 이와는 별도로 김기림은 자기 나름의 '민족'과 '인민', 그리고 '민주주의'에 대한 개념을 체현하고 있었다. 그것은 조선문학가동맹에서 전략으로 세웠던 민족통일전선과 관련되는 것이었지만 자신의 논리에 따른 것이기도 하였다. 조선문학가동맹에서 원칙으로 제시했고 김기림 스스로 동조했던 민족통일전선이 친일파 등 반민족세력을 제외시키고 '노동자 · 농민 · 소시민 · 문화인'[21]의 범주로써 설정된 것과 관련하여 김기림은 '민족'과 '인민'에 관한 자신의 관점을 제시한 바 있다.

김기림에게 '민족'은 생득적이고 정서적인 측면에서 고려되는 성질이자 국제사회 속에서의 활동의 주체적 단위로서 간주되거니와, 그의 담론 가운데 '민족'이라는 용어는 1940년을 전후해서 등장하고 있다는 점이 특기할 만하다. 그는 1930년 등단 이래 10여 년 간 행해온 자신의 신문화 운동이 근대정신을 체현하기 위한 것이었다고 말하는 동시에 당시의 현실을 "우리가 개화당초부터 그렇게 열심히 추구해오던 '근대'라는 것이 그 자체가 한 막다른 골목에 부딪친"[22] 상황으로 묘사하고 있다. 이를 계기로 김기림은 '민족'에 관심을 가지면서 세계정세 속에서 우리 민족이 어떻게 행동해야 하는지를 주의깊게 성찰하게 된다.

21 조선문학가동맹의 초대서기장이었던 이원조는 '인민적 민주주의 민족문학론'의 내용으로 노동자계급의 선도성을 중심으로 농민, 인텔리, 도시소시민의 광범한 통일전선에 의해 수행되는 반제 · 반봉건의 민주주의 변혁과제를 제시하였다. 윤상기, 앞의 글, 75쪽.

22 이를 김기림은 "'유토피아'는 뒤집어진 셈"으로, "'근대'의 파산이라는 의외의 국면"으로 여기고 있다. 김기림, 「우리 신문학과 근대의식」, 『김기림 전집 2』, 심설당, 1988, 48~49쪽.

김기림은 2차 대전이 벌어지고 있던 당시를 "'근대'의 결산과정"이라고 보면서 이 시기 행동의 주체로서 '민족'을 지정하고 있음을 알 수 있다.[23] 나아가 그는 "한 민족만을 구할 수 있는 원리라는 것은 벌써 있을 수 없다. 한 민족을 건질 수 있는 것은 동시에 세계적인 원리이어야 한다"[24]고 함으로써 국제 사회를 전제로 한 민족적 단위의 정체성을 환기하고 있다.

이러한 주체적 단위로서의 '민족'이 개념이 아니라 실감으로 지각되며 "자연발생적"으로 공동체의식을 갖게 한 사건이 곧 8 · 15 해방이다. 8 · 15 직후에 "전민족을 휩쓸었던 一大興奮은 오래고 혹독한 억압이 일시에 풀려 버린 데서부터 온 力學的인 반발작용이었던 것임을 우리가 스스로 느끼는" 것처럼 '민족'이라는 의식은 공동의 경험 속에서 자연스럽게 형성된 것에 해당한다. 그것은 "공동한 운명 아래 짓눌렸던 민족의 반항의식"이 "해방과 함께 불시에 무제한한 건설의 가능성을 예기하면서"[25] 솟아오른 사태 속에서 싹튼 것이면서 "한 공통된 민족적인 감각과 감정과 의식의 발로"[26]로서의 공동체 의식의 소산이다. 김기림은 이러한 "흥분"으로 인해 갖게 된 민족으로서의 공동체 의식이 "8 · 15 이후의 우리 시의 가장 크고 귀중한 보화"[27]라고 말하고 있다. 이러한 감정이 형성된 데엔 공동의 경험, 즉 공동의 역사가 놓여 있음은 물론이다.

그런데 김기림이 "一大興奮"이라는 감정에 기반한 공동의 경험 주체들을 민족의 외연으로 설정하고 있는 점은 공교롭게도 적(敵)과 아(我)의 구분을 매우 또렷하게 하는 계기로 작용한다. 조선인들 가운데에는 해방 앞에서 흔연히 기뻐하고 '일대흥분'의 감정을 느낄 수 없던 인물도 존재했을 것이기 때문이다.

---

23 "오늘의 이 창조와 결산의 이상스러운 향연에는 실로 각 민족이 민족의 자격으로서 참여하고 있으며 그것이 유일한 방식이 되어 있는 때문이다. 서양에서도 동양에서도 돌진하고 대립하는 것은 오직 민족뿐이다." 위의 글, 50쪽.

24 위의 글, 50~51쪽.

25 김기림, 「시와 민족」, 위의 책, 150~151쪽.

26 김기림, 「공동체의 발견」, 위의 책, 144쪽.

27 위의 글, 145쪽.

민족반역자들이 그들이다. 일제가 영원할 것이라 여기며 일제에 협력하고 동족을 배반했던 자들이 과연 '도둑처럼' 닥쳤던 해방 앞에서 순수하게 벅찬 해방감과 환희를 만끽할 수 있었겠는가 하는 것이다. '민족'을 말하는 자리에서 김기림이 '일대흥분'과 '자연발생적' 공동체 의식을 언급한 데에는 이러한 종족 내의 관계와 역사를 함께 만들어 갈 수 있는 공동운명체로서의 개념이 내포되어 있다. 민족의 해방 앞에서 그것을 기뻐하기는커녕 오히려 당황스러워하고 두려움에 떨었던 인물들과 민족의 운명을 함께 한다는 것은 그들의 뼈아픈 반성이 매개되지 않는 한 자연스럽지 못한 일이다. 따라서 김기림에게 '민족'은 말 그대로 반민족적인 것과 대립하며 반민족적인 것을 제외하는 범위 내에서 형성된다.

공동체로서의 '민족'에 관한 이러한 관점 속에서 시인의 역할 또한 분명해진다. 이 시기 김기림에 의하면 민족의 공동체 의식을 전하는 것이야말로 시인의 역할에 해당한다. 이를 통해 김기림은 '민족'의 의미를 보다 분명히 하고 있다. 즉 "시인은 언제고 한 공동체에 소속하는 것"이라고 하면서 김기림은 시인이 표현해야 할 "개성"은 "천재적 · 심리적"인 것이 아니라 "결국은 역사적 · 사회적 소산임을 면할 수 없으며" "표현의 수단으로 쓰이는 언어 자체가 결코 그들이(공상적인 관념론의 한 분파–인용자 주) 생각하는 것처럼 天使와 영감의 보낸 선물이 아니고 장구한 역사와 광범한 사회적 · 문화적 교류의 현실적 전달수단일 것"[28]이라는 것이다. 이는 김기림에게 '민족'이 역사와 언어, 그리고 "전통 및 생리"[29]를 공유하는 사회적이고 실질적이며 경험적인 것임을 나타낸다.[30] 또한

28 김기림, 「우리시의 방향」, 위의 책, 140쪽.

29 김기림, 「우리 신문학과 근대의식」, 위의 책, 51쪽.

30 민족에 대한 개념은 대체로 합의된 바가 없지만 크게 두 가지 관점에서 논의될 수 있다. 하나는 민족의 영속성을 강조하는 것이고 다른 하나는 관념과 이데올로기성을 강조하는 것이다. 전자가 종족, 조상, 종교, 언어, 공통의 문화, 영토, 관습 등 공동의 역사적 · 사회적 가치를 소유한 원초적 유대관계를 강조하는 것이라면, 후자는 민족이 영원한 실체를 가지는 것이 아니라 산업화, 도시화, 정치적 동원, 세속화, 대중교육 등 특정한 역사적

그것이 "天使와 영감의 보낸 선물"로 상정되는 "봉건적 · 특권적 · 귀족문화"[31] 적인 것이 아니라고 함으로써 김기림은 '민족' 개념에 계급성을 포함시키고 있음을 알 수 있다. 이는 김기림에게 '민족'이 '인민'과 서로 내포를 공유하는 것임을 말해주는 대목이다.

> 우리가 건설하려는 새로운 문화는 말할 것도 없이 넓은 대중적 기반을 개척해야 할 것이다. 오랫동안 우리로부터 격리되었던 그 대중이란 무엇이냐. 신라 노예국가의 귀족문화를 배양해 가던 고대의 노예에서 시작하여 고려 · 이조의 봉건 사회를 통하여 토지에 얽매인채 특권적 귀족양반사회의 착취의 대상이었으며 또 끝끝내는 이른바 한일합병으로 하여 한말 특권계급이 일본제국주의 손에 팔아넘긴 다음부터는 다시 수척한 일본 제국주의의 노예로 화하였던 수천년의 쇠사슬 자욱이 그대로 사지에 남아 있는 광명을 모르는 수난자들이 아니냐.
>
> —「우리시의 방향」 부분[32]

위의 '전국문학자대회 강연'의 글에서 '대중'은 '인민'과 '민중'이라는 용어와 혼용되고 있다. 인용글에서 '대중'은 김기림이 언급했던 바 '공동체' 내에서 '시인'에 의해 소외됨 없이 소통해야 하는 대상을 가리킨다. 김기림은 "지금까지 시인과 대중의 분리는 근대사회의 분화 과정이 낳은 한 불행한 결과였"다고 하면서 "우리로부터 격리되었던" '대중'이 "새로운 시의 온상이며 영야"가 되어야 할 것이라고 주장하고 있다. 이처럼 해방기 김기림은 '대중'을 공동체의 기반이자 구성원으로 적극 호명하고 있는데, 이는 해방기가 '근대'의 "청산"을 꾀하고 "초근대인임을 선언하는" 새로운 시대의 국면이라는 인식을 담고 있는

조건 속에서 발현한 이데올로기일 뿐이라는 관점이다. 전자가 독일식 개념이라면 후자는 콘, 앤더슨, 홉스봄 등의 관점이다(박찬모, 「남 · 북한 국가형성기 민족문화 담론 연구」, 전남대학교 박사학위논문, 2006, 22쪽). 김기림의 경우는 이 두 가지가 결합되어 있는 형국이다. 그것은 영속적인 개념을 전제하되 역사 속에서 재구성될 수 있는 성격을 띤다.

31 김기림, 「우리시의 방향」, 앞의 책, 137쪽.

32 위의 글, 140쪽.

것이며 새로운 시대에는 '대중'의 "특권계급"에 의한 구속과 억압의 조건을 극복해야 함을 주장하는 대목이다. "자연발생적 민족감정"에 따른 공동체 의식을 지니게 된 상황에서 김기림은 시가 기존의 "낡은 귀족취미의 유습"을 버리고 "인민의 진실한 모양을 붙잡게 될 것"을 추구하고 있다. 새로운 시대의 시는 특권층과 구분되는 다수 대중에 기반하여 민족의 공동체 의식을 앙양해야 한다는 것이다. 1946년에 발표된 글에 나타난 이와 같은 '민족'과 '인민'에 대한 관념은 1년여 간의 혼란했던 국내 정세를 거치면서 보다 뚜렷하고 날카로운 정치성을 띠고 나타나게 된다.

> 그처럼 찬란하던 공동체 의식에도 어느새 냉혹한 역사의 현실은 차츰 금을 내기 시작하였던 것이다. 민족공동의 福利보다 먼저 특권의 유지와 옹호가 앞설 적에 금은 깊이 패이기 시작한 것이다. 그것은 다름아닌 민족에 대한 반민족적 음모요, 소수자의 대다수에 대한 반역이었다. 그리하여 특권적인 소수에 대한 인민대중의 권리와 이익은 자못 굳세게 옹호되어야 했다.
>
> 시인이 감정의 奔流 속에서 다시 자세를 바로 갖추었을 적에 그가 그렇게 열렬하게 껴안았던 민족 그 속에 반민족적인 요소가 어느새 심각하게 머리 든 것을 그는 보았다. 이 민족과 그 공동체 의식을 지니고 나가며 나아가야 하던 또 나갈 수 있는 것은 다름아닌 인민대중이며 인민대중이야말로 역사적 · 사회적 · 현실적 민족의 中樞며 공동체 의식의 유지자였던 것이다. 반민족적인 요소를 제외한 연후에 민족전체의 遺漏없는 복리 위에 세울 민족의 공동의식과 연대감의 연면한 응결로서의 우리 민족의 실체였던 것이다. 사회적으로는 자연발생적인 민족에의 확대로부터 인민에의 再結晶이었으며, 민족에 대한 파악이 현실의 시련을 거쳐서 막연한 관념으로부터 실체에로 순화 앙양되는 과정이었다.
>
> —「시와 민족」 부분[33]

해방 초기 '공동한 운명'에 근거한 민족이라는 '공동체 의식의 자각'을 '커다란 수확'이라 여길 만큼 새로운 시대적 국면에 대해 '흥분'어린 기대를 하였지

33 김기림, 「시와 민족」, 『김기림 전집 2』, 심설당, 1988, 150~151쪽.

만 이러한 김기림의 막연했던 관념은 현실에 직면하면서 점차적으로 불안과 좌절의 상태로 바뀌어가고 있었다. 해방과 함께 우리 역사적 과정 속에서의 반민족적인 것을 솎아내고 그간 수난받았던 자들의 권리를 회복하고자 하였던 기대와 꿈은 현실 속에서 순조롭게 실현되지 않았다. 북한에서는 일제 잔재의 청산과 제도의 개혁이 일사천리로 진행되었던 것과 달리 월남인이 모이고 '일제를 대신하는 새로운 동맹자'가 있던 남한에서는 어떠한 청산과 개혁도 쉽게 이루어질 수 없었다.[34] 친일파 처벌과 제도 개혁을 통해 민족의 역사를 바로잡고 정의로운 국가를 건설하고자 하였던 민중들의 욕구는 어떠한 자치권도 민주주의에의 요구도 인정받지 못한 채 철저히 무시되었다.[35]

"민족공동의 복리"와 "특권의 유지와 옹호"를 대립적으로 제시하고 있는 위 글은 '민족'이라 할 만한 대다수 '인민'들의 요구가 어떻게 배반당하고 있는지를 잘 말해주고 있다. "특권적인 소수에 대한 인민대중의 권리와 이익"을 옹호하는 일은 다수의 감정을 따르는 가장 합리적인 방안이라 할 것임에도 남한 현실은 이와 사뭇 다르게 진행되고 있었던 것이다. "찬란하던 공동체 의식"에 "냉혹한 역사의 현실은 차츰 금을 내기 시작하였"다고 한 것도 이 때문이다. 김기림은 이에 대한 실망과 분노를 표현하는 데 주저하지 않고 있다. 김기림은 존중되어야 할 다수의 "인민대중의 권리와 이익"을 부정하는 것이야말로 "반

34 윤상기, 앞의 글, 60쪽.

35 1946년 8월 13일에 8,453명을 대상으로 실시되었던 군정청의 여론조사 결과에 따르면 자본주의는 14%, 사회주의 70%, 공산주의 7%의 지지를 보이고 있었거니와, 명확한 경제 체제보다 민주주의 민족국가 건설을 추구했던 당시 주체들에게 자본주의는 극우를, 공산주의는 극좌를 사회주의는 두 극단을 거부하는 절충적 중도파를 가리키는 것이었다. 좌우타협은 인민의 절대적 염원이었고, 일관되게 중도파를 견지하면서 좌우합작 노선을 이끌었던 여운형은 조선인민공화국과 좌우합작위원회 등을 통해 인민의 자치권에 기반한 민주주의와 합작 7원칙으로 대변되는 다수가 인정할 만한 토지개혁을 실현하고자 힘썼다(김기협, 「해방기 중간파 노선의 재인식」, 황해문화 88호, 새얼문화재단, 2015.9, 81~99쪽). 당시 조선인민공화국이나 여운형에 대한 지지가 70%에 육박하였던 점은 다수 대중의 뜻이 어떠한 것이었는지를 짐작하게 한다.

민족적" 행위이자 공동체 의식을 저버리는 일에 해당한다고 여겼다. 이는 '민족'과 '인민'을 동일한 의미로 보는 김기림의 시각을 나타내는 것으로, '민족'과 '인민'은 "반민족적 요소"가 제거될 때 그 실체적 힘이 뚜렷해지는 성질을 지닌다고 하겠다. 김기림이 "반민족적 요소가 어느새 심각하게 머리 든 것을" 경계하는 대목은 미군정과 결탁하여 역사를 왜곡하던 극우 소수 특권층을 염두에 두고 있는 것임을 짐작할 수 있다.

위의 글이 1947년에 쓰였음을 감안할 때 "민족 내부에 반민족적 요소의 분해작용이 일어나"고 있으며 "이에 대한 치열한 투쟁 사이에 헛갈려서 민족이라는 개념이 어느새 행방불명이 되어버릴 염려가 있"다고 한 김기림의 지적은 신탁통치를 둘러싼 좌우 갈등이 고조되어 가던 상황을 떠올리게 한다. 이는 서로가 자신을 민족적이라 하고 상대는 반민족적이라 외치는 상황에서, 분명한 것은 민족공동체의 파괴가 일어나고 있다는 사실이되 진정으로 민족적인 세력이 누구이고 반민족적인 세력이 누군인지 "헛갈렸"던 데 기인한다. 그러나 이러한 혼동 속에서도 청산되지 않은 친일 잔재들이 끼어들어 있다면 그러한 세력이야말로 여전히 해결되지 않은 "지배와 피지배, 착취와 피착취 관계를 糊塗하기 위하여" "민족이라는 개념"을 "이용"하고 있는 존재들이라는 사실을 김기림은 간파하고 있다. 그러한 사태를 "반동성"이라 하면서 김기림은 그처럼 "민족이라는 개념"이 "이용"되는 것은 "다른 민족의 침략의 도구로 쓰여질 때"[36]와 다르지 않은 사태라는 점을 덧붙인다. 이는 당시의 정세를 겨냥하는 것으로 민주주의를 파괴하고 다수 인민으로서의 민족을 외면하는 미군정과 그와 결탁한 청산되지 못한 반민족적 세력을 염두에 두고 행한 발언이라 할 수 있다. "민족 앞에 제국주의의 위협이 幻影 이상의 것으로 자꾸만 다닥치는 오늘의 현실"이야말로 김기림이 염려하는 반동적 상황이라 하겠다. 요컨대 이 시기 미국은 김기림에게 인민과 민족을 파괴하는 제국주의자의 면모로서 다가왔음을 알 수 있다.

---

36 김기림, 「시와 민족」, 앞의 책, 151쪽.

김기림에게 '민족'과 '인민'이 동일한 내포를 지니며 새로운 시대 건설과 역사의 주체를 가리키고 있었다면 '민주주의'는 그들에 의해 통치되는 국가의 운영방식을 가리키는 것이었다. 김기림에게 '민주주의'는 소련이든 미국이든 체제의 문제이기 이전에 최소한의 기본적인 원칙을 위반하지 않는 형식적 성격을 뜻하는 것이었다. '전국문학자대회'에서 "언론, 집회, 행렬 등의 자유와 함께 '양심의 자유'를 법률로써 옹호하였다"는 점에서 소련의 헌법을 칭송하는 대목이라든가 「공위 휴회 중의 남조선 현실」에서 "인민의 기본권리인 언론 · 집회 · 결사 · 파업의 자신의 위기"를 곧 "민주주의의 일대위기"라 하며 격분했던 점은 김기림에게 민주주의의 가장 중요한 요소이자 기준이 민주주의의 기본적 원칙이었던 사실을 말해준다. 김기림에게 민주주의의 형식적이고도 절차적인 요소는 민주주의 여부를 가름하는 필요조건에 해당하는 것이었다. 그런데 김기림은 이에 더하여 자신이 추구하는 민주주의가 "진보적 민주주의"라고 말하고 있다.

> 진보적 민주주의라는 말이 있다. 우리는 그것을 이렇게 이해한다. 불란서혁명 이후 19세기를 통하여 과거의 민주주의는 주로 '만체스터'나 '마르세이유'의 株主들이나 상인의 민주주의였던 것이다. 인제 우리가 가지려는 민주주의는 일부가 아니라 만인의 정치적 · 경제적 · 문화적 민주주의일 것이다. 시인은 말할 것도 없이 늘 진보의 편이고 미래의 동반자일 것이다.
>
> —「우리시의 방향」 부분[37]

'진보적 민주주의'는 물론 박헌영의 8월 테제에 근거하여 조선문학가동맹에서 내세웠던 지침에 해당한다. 그것은 당대의 정세를 부르주아 민주주의 혁명의 시기로 보았던 당시의 남한 좌익에 의해 제출된 정치적 슬로건으로서 민주주의 민족문학론의 한 내용을 이룬다. 일제의 식민치하로 인해 정상적인 근대

37 김기림, 「우리시의 방향」, 앞의 책, 138쪽.

화와 민주주의가 이루어지지 못했다는 인식은 반제반봉건의 기치 아래 부르조아 민주주의 건설을 외치게 하였다. 그리고 이러한 목표는 2차 대전의 반파시즘 정세의 연장선상에 놓이는 것이었다. 파시즘에 대립한 진보적 민주주의는 광범위한 대중의 부르조아 민주주의 건설을 그 방향으로 하였던 것이다. 말하자면 좌익에서 설정한 민주주의 민족문학론의 방향이나 부르주아 민주주의 혁명, 반제반봉건 등 일련의 지침들은 2차 대전의 국면을 지나오면서 자연스럽게 등장했던 것으로서 당시의 사회 · 정치적 배경과 동떨어진 채 생경하게 제출된 것이 아니었다는 점이다. 따라서 이것을 순전히 사회주의적 이념의 것으로 단정지을 수 없다. 조선문학가동맹은 역사적 전개에 따른 해당 정세에 긴밀하게 대응하는 상태에서 지침들을 제출했으며 그들이 판단한 바 당시의 혁명단계가 부르주아 민주주의였던 점에 따라 건설해야 할 문화 역시 사회주의 혹은 프롤레타리아 문화가 아니라 반제국주의적 반봉건적 민주주의적 민족문화였음을 분명히 했다.[38] 이는 좌익이 당시의 조선에 아직까지 사회주의적 정치경제를 성립시킬 만한 토대가 서 있지 않다고 판단하였던 것을 의미한다. 그들이 일제잔재 세력인 소수의 친일파를 제외하되 광범위한 민족통일전선을 구축하면서 부르조아 민주주의를 이루고자 하였던 것도 이 때문이다.

인용글에서 김기림이 제시한 "진보적 민주주의"는 부르조아 민주주의 혁명, 즉 근대화를 포함한 민주주의이면서 주체가 "株主와 상인"으로 대표되는 부르조아 계급이 아니라 다수 인민임을 내용으로 하고 있다. 부르조아 계급에 의한 시민 혁명은 서양 역사에서 자본주의를 창출했던 "과거의 민주주의"에 해당하는 반면 "미래"의 "진보"적 민주주의는 "일부가 아니라 만인"이 주체가 되는 인민의 민주주의라는 것이다. 이때의 주체와 관련하여 임화는, 원칙적으로 부르

38 1946년 전국문학자대회 이후 조선문학가동맹은 조직과 강령을 구체화하면서 '조선민족문화 건설의 노선'을 전문 11개항으로 정리하였거니와 이러한 내용은 이 중 4항("우리의 혁명단계가 부르조아민주주의 단계이므로 건설해야 할 문화는 사회주의 혹은 프롤레타리아적 문화가 아니라 반제국주의적, 반봉건적, 민주주의적 민족문화다")에 명시되어 있다. 윤상기, 앞의 글, 54쪽.

조아 계급의 역사적 사명임에도 불구하고 조선의 경우 이를 수행할 능력이 적으므로 소수의 진보적 부르조아와 중간층 · 농민 · 노동자 계급에 의해 수행되어야 한다고 주장하였다.[39] 조선에서의 부르조아 민주주의 혁명 수행 주체로서의 시민 계급의 공백은 역사상 제대로 된 산업화를 거치지 못하였던 점과 그나마 있던 자본가들이 대개 반민족 친일 세력으로 분류되었던 점에 기인한다. 이러한 조선의 정치경제적 특수성이야말로 당시 지식인들이 다수의 인민 대중을 혁명의 주체로서 호명하게 된 이유가 된다.

반민족적 소수 특권층과 극좌 · 극우를 제외한 광범위한 인민 주체 구성은 해방 이후 거의 모든 문인들이 참가했던 조선문학가동맹[40]의 문화 운동 속에서 거족적인 흐름으로 형성된다. 이는 이 시기 광범위한 대중으로서의 '인민'이 사회주의 체제나 이념과의 연관성을 떠나 보편적이고도 당위적인 성격으로서의 존재였음을 의미한다. 따라서 김기림이 언급했던 "진보적 민주주의" 역시 해방 직후 조선이 처했던 역사적 상황 속에서 필연적이고도 논리적으로 제출될 수 있었던 당위적 이념에 해당한다는 것을 짐작할 수 있다. 나아가 이 점은 김기림을 포함한 당시의 좌익 지식인들에게 '민족'과 '인민'과 '민주'가 모두 동일한 내포와 외연을 지니는 동의어임을 말해준다.

이때의 '민족'과 '인민'은 그간 역사 속에서의 피억압 계층을 가리키는 계급적인 것이지만 그 대상이 특정 계급을 내세운 것이 아니었으므로 광범위하고도 느슨한 계급성을 띠는 것이었다. 말하자면 민족과 인민의 등가성은 당시 다수의 민중들에게 자연스럽게 받아들여질 수 있었던 민족의 상식에 위배되지 않는 내용이었고 또한 그점에서 정치경제적으로 무리가 없는 것이었다. 이는

39 위의 글, 29쪽.

40 파시즘을 전제로 한 조선문학가동맹의 이러한 노선은 해방 직후 지식인들 대부분의 참여와 호응 속에서 추구된 것으로 윤상기에 의하면 이에 소속되지 못한 문인들은 고독과 고립감을 느껴야 했을 정도였다. 그러나 이러한 정세는 1947년 남한 단독정부 수립이 확실시되고 좌익 운동이 불법화됨에 따라 다수의 문인들이 월북하면서 우익 중심의 문단으로 반전된다. 위의 글, 25쪽.

조선문학가동맹을 비롯한 김기림이 좌익으로 단정되기보다는 중도적 좌파, 좌익적 중도파[41]로서 자리매김되어야 함을 의미한다. 이로써 김기림의 조선문학가동맹에의 가입은 분위기에 휩쓸린 데 따른 것이 아니라 자신의 이념적 입장을 따르는 합리적 선택에 의한 것이었다고 이해할 수 있다.

4. 국제 정세 속 민족의 위기와 미래

당시 실시된 여론 조사 및 조직의 규모 면에서 볼 때 좌익 지식인들에 의해 실현된 민족문화 운동은 다수의 민중에 기반한 주류적 경향으로서 민의를 반영한 것이었다. 그럼에도 불구하고 이들의 민족적 운동은 2년여에 걸친 짧은 기간의 활동으로 그치게 된다. 그 기간은 미국과 소련이 협력의 관계에서 갈등의 관계로 전환하게 되는 시기와 일치하는 것이거니와, 이는 남한의 민주주의 민족 운동이 국제적 차원의 체제 속에서 국제 정세의 영향 관계 아래 형성된 것이었음을 말해준다. 조선의 해방이 2차 대전의 결과로 이루어진 것임을 분명히 인식했던 김기림과 좌익 지식인들은 정세 인식과 그들의 활동 방향을 이에 입각하여 전개했으나 미국과 소련의 협력의 정세는 지극히 짧았고 아슬아슬한 것이었다. 양국 사이의 긴장이 팽팽할수록 조선의 지식인들은 그에 의해 크게 휘청일 수밖에 없었고 국제 체제 운영 주체로서의 미국의 애매한 태도와 남한에서의 미군정의 편향적 정책은 좌익 지식인들을 끝없는 혼란 속으로 몰아갔다. 이는 좌익 지식인들이 해방 직후 지녔던 미국에 대한 긍정적 인식이 차츰 적대감으로 바뀌게 된 이유이기도 하다. 조선의 지식인들에게 소련을 반목하고 사회주의를 적대시하기 시작하였던 미국의 미묘한 변화는 대응하기 힘든 요인이었을 것이다. 이 점은 국제정세에 민감하였던 김기림에게 특히 혼란

41 김유중은 김기림이 정치지도자 여운형을 추종했던 점을 통해 김기림의 중도좌파적 성격을 논증한 바 있다. 김유중, 「해방기 김기림의 문학 활동과 이념 노선에 대한 일 고찰 : 김기림과 여운형」, 『한국현대문학연구』 48집, 한국현대문학회, 2016, 291~328쪽.

스럽게 다가왔을 것이라는 점을 짐작할 수 있다.

신탁 정국을 거쳐 남한만의 단독정부 수립이 결정되고 좌익이 불법화되었을 때 남한에 남은 김기림은 1950년 분단된 남한 체제하에서 월북한 이원조를 향해 귀환을 촉구하는 내용의 글을 쓰게 된다.

> 해방직후 우리들 문화인들은 누구나 민족적 감격 폭풍 속에서 제각기 가진 모든 것을 바쳐 조국 재건에 이바지하고자 하고자 하였던 것은 기억에 새롭소. (중략) 그러나 국토가 두 조각에 나누인대로 있는 동안은 우리 민족의 진정한 행복은 오지 않으리라 믿은 片石村은 차라리 여기 머물러 國際政局의 선풍 속에서 시달리는 우리 민족의 고난과 슬픔을 있는 그대로 아로새겨 자기의 예술 속에 남겨 보고자 하였오. 생각컨대 우리의 본의 아닌 국토 양단이 이미 외부의 원인에 연유함인즉 우리 민족의 수난은 아직도 끝나지 않았다 할 밖에 없오. (중략) 문화는 아름다운 민족생활 건설이라는 대목표 밖에는 다른 아무것에도 예속시킬 수 없는 것이오. 정권 획득에 급급한 악착한 정략의 도구같은 것이 되어서는 아니되고 차라리 생활의 높은 理念을 밝혀 준다는 의미에서는 정략이나 목전의 이해에서 한 걸음 초월하는 점이 문화의 자주성과 존엄이 있는줄 아오.
>
> —「평론가 李源朝군」 부분[42]

"계급의 시인"이기보다 "민족의 시인"이기를 선택했던 자신의 입장을 언급하면서 '민족'을 중시하는 태도가 문화인과 예술인의 의무인 반면 민족을 부차시하는 태도야말로 "정권 획득에 급급한 악착한 정략"적 선택임을 역설하는 위의 글은 이미 자유주의 체제가 된 남한 내에서 김기림의 입지가 어떤 것이었는지를 짐작게 해준다. 해방기 피지배계급으로서의 다수 인민과 민족을 동일시하던 데 비해 체제의 분단 속에서 '민족'과 '계급'의 분리를 받아들여야 했던 김기림은 이제 인민을 말하는 대신 '민족'을 강조하게 된다. 이는 좌익의 소멸과 함께 좌익의 담론도 사라졌음을 뜻하는 것이자 우익 계열의 민족문화가 지배적 담론이 되었음을 암시한다.

---

42 김기림, 「평론가 李源朝군」, 『김기림 전집 5』, 심설당, 1988, 139~140쪽.

그러나 남한을 선택한 이유로서 "국토가 두 조각에 나누인대로 있는 동안은 우리 민족의 진정한 행복은 오지 않으리라 믿"었던 점을 제시하는 대목은 김기림에게 '분단'이 어떤 요소보다도 문제시되는 절대적 장애로 여겨졌던 사실을 말해주고 있어 주목된다. '민족'을 생득적이고 감정적인 측면에서 이해했던 김기림에게 '분단'은 수천 년 간 이어져온 우리 민족의 역사와 생리에 위배되는 것이었고 그러한 우리 민족에게 가장 아픈 상처가 된다는 점을 김기림은 직시하고 있었던 것이다. 따라서 분단을 막는 것이야말로 민족의 가장 큰 과제가 아닐 수 없으며 그 이외의 선택은 무엇보다 "자신의 행복"을 우선시하는 개인주의적인 것이고 "정권 획득에 급급한 악착한 정략의 도구"에 불과할 소지를 안고 있는 것이다. 김기림이 중도파로서 그와 가장 가까웠던 '이원조'에게 "부디 돌아와 우리 함께 민족과 자유와 인류의 편에 서기를 기대"한다고 호소한 이유도 여기에 있다. 개인적인 '정략'과 '행복'을 초월한 지점에 "민족의 대목표"를 두고 있던 김기림은 "여기 머물러 國際政局의 선풍 속에서 시달리는 우리 민족의 고난과 슬픔을 있는 그대로 아로새겨" 우리 민족에게 있어서 분단이 얼마나 부당하고 아픈 것인지 기억하며 그것을 "자기의 예술 속에 남겨 보고자 하"겠다는 결연한 결심을 하고 있다. 이러한 의도를 지니고 있다고 할 때 김기림으로서는 '계급'을 우선시하면서 "당장의 필요에 맞추어 문화를 규격화하는" 북한의 경직된 체제는 분단 극복의 측면에서 도움이 되지 않으므로 오히려 선택을 피해야 하는 것으로 판단되었던 듯하다.

이러한 그의 남한 선택의 변(辯)은 그에게 '민족'이란 체제 문제를 상회하는 차원의 의미를 지니는 것이며, 남한의 주류 담론이었던 민족문화에서의 '민족'과도 다른 의미를 지니는 것임을 말해준다. 말 그대로 통합되어야 할 동질성의 단위를 우선적 내포로 하는 김기림의 이 시기의 '민족'은 남한의 우익 민족주의자들이 주장했던 바 '계급'에 대립하는 기호로서의 '민족'과는 다른 맥락에 놓이는 것이다. 우익 민족주의자들에게 '민족'은 '계급'이 전제되어 있을 때 비로소 의미를 지니는 '계급'에 대한 대항 개념으로서, '계급주의'에 반대하므로 '민족주의'를 선택한다는 방식의 정치적 맥락을 지닌다. 해방기 반민족적 친일 잔재들이 이러한 구도 속에서 '민족주의' 편에 서는 아이러니가 발생했던 것도 이와 관련된다.

그러나 우익 민족주의가 '계급주의'에 대립하면서 의미 형성을 이루는 동안 '계급주의'에 의해 호명되었던 '인민'들 역시 진정한 내포를 상실하게 된다. 김기림에 의할 때 '인민'과 '민족'이 동일한 개념임을 상기한다면 '계급주의'의 프레임에 갇힌 '인민'과 '민족'은 모두 '계급주의'의 소멸과 함께 소실되는 형국을 맞이하게 되었음을 알 수 있다. 따라서 남한에서 우익이 승리함으로써 남한에 결국 남게 된 것은 '인민'과 '민족'이 아닌 친일 잔재를 포함하는 텅 빈 기표로서의 '민족주의'뿐이라 할 수 있다. 이는 남한에서 우익계 민족주의가 발생했던 하나의 과정 및 '민중'과 무관한 관점에서 형성되었던 우익계 '민족문학'의 성격을 말해준다.

이 같은 측면에서 볼 때 위의 글에서 언급된 김기림의 '민족'은 일견 '계급주의'와 '민족주의'의 대립항 속에서 김기림의 선택이 좌익이 아니라 우익이었음을 말해주는 지표인 것으로 보이지만, 그 본질에 있어서는 김기림의 관점 속에서의 '민족', 즉 '인민'을 포함하고 '반민족'을 극복한 민족, 반민족 세력에 의한 역사의 왜곡에 따라 상실하였지만 회복되어야 할 '민족' 그것을 지시하고 있음을 알 수 있다. 김기림의 판단에 따르면 우리의 '민족'과 '인민'을 소멸시킨 것, 즉 "우리 민족"에게 "고난과 슬픔"을 안겨 준 것은 일차적으로 "우리의 본의"를 떠나 우리의 "국토"를 "양단"시켰던 "외부의 원인"이며, 이를 민족 내부에서 극복하려 하지 않고 "정권 획득에 급급한 악착한 정략의 도구"로 활용했던 주체들에게 역시 그 책임이 있다. 이 속에서 "생활의 높은 理念"은 사라졌고 "문화의 자주성과 존엄"이 상실했으며 동시에 "우리 민족의 수난은 아직도 끝나지 않"고 있다는 것이다. 그리고 바로 이러한 이유 때문에 김기림은 "우리 민족의 고난과 슬픔을 있는 그대로 아로새겨 자기의 예술"을 하고자 했던 것이고 이를 위해 남한을 선택하게 되었던 것임을 알 수 있다. 김기림의 이러한 진술은 김기림이 진정 바랐던 것이 무엇이고 그의 민족의식이 어떤 성격의 것이었는지를 이해하게 해준다. 김기림이 여전히 꿈꾸었던 것은 '민족'과 '인민'과 '민주'가 일치하는 지점, 즉 '인민'이 고통받지 않으며 그러한 '인민'이 '민족'과의 등가성을 회복하는 일, '민족'으로서의 동질성을 지닌 '인민'이 "國際政局의 선풍 속에서 시달리"지 않고 "우리 민족의 고난과 슬픔", "悲哀"를 극복함으로써 궁극적으로 "문화의 자주성과 존엄"을 회복하는 일이 될 것이다. 분단된 이후에도 그는 여전히 해방기에 꿈꾸었던 "민족국가 건설"을 추구하고 있었던 것이다.

5. 민족애와 김기림의 선택

지금까지 해방기 김기림의 행보와 의식들을 살펴봄으로써 김기림이 놓였던 당시의 정세와 그 속에서 행해졌던 김기림의 판단과 선택들이 어떤 의미를 지니고 있는 것인지를 고찰해보았다. 모더니즘의 기수였던 김기림이 해방기 좌익 단체에 가입하고 또 결국 남한 체제를 선택했다는 점은 김기림에 대한 많은 오해와 억측을 낳게 하는 요인이 되었으나 김기림의 의식을 면밀히 살피고 진정 그가 추구했던 것이 무엇인지를 파악할 때 거기에는 어떠한 모순도 부조리도 놓여 있지 않다는 사실을 알 수 있다. 비록 외견상 좌익과 우익을 오고 갔지만 좌익과 우익 사이에 개념 상의 장벽이 발생했던 것이 역사의 진행 과정 속에서 사후적으로 형성된 것임을 감안한다면 김기림의 선택의 간극이 지금의 관점과 일치하는 것이 아님을 이해해야 한다.

김기림의 의식을 살필 때 가장 주요하게 인식해야 할 점은 그의 '민족'에 대한 열의다. 이념이나 체제, 어떠한 이해관계도 초월하는 자리에 '민족'을 두었던 김기림은 우리 민족이 세계의 열강들 속에서 "아모도 흔들 수 없는 새나라"를 세우기를 간절히 바랐고, 그런 만큼 부강하고 온전하며 민중이 주체가 되어 확고한 국가의 중심을 유지하는 그러한 국가를 추구했다. 모든 이념들의 상위에 놓였던 그가 꿈꾸던 민족국가는 따라서 세계 수준의 근대화를 달성한 것이자 통합된 것이고 특권층의 이해관계에 의한 부조리와 왜곡을 극복하는 것에 해당하였다. 이는 그의 민족 개념이 어떠한 특정 이론에 의해 지지되는 것이 아니라 "생리"에 근거한 생득적이고 정서적 속성을 지니는 것임을 말해준다. 또한 그점에서 김기림에게 있어서 "국토 양단"이야말로 우리 민족이 겪고 있는 가장 큰 상처로 인식되었음을 알 수 있다.

따라서 해방과 동시에 분단의 소지를 안고 있던 해방정국 속에서 김기림은 우리 민족이 분단을 피할 수 있는 최선의 방법을 고민해야 했고, 그럼에도 "미소공위"의 해체와 혼탁한 신탁정국 속 그 길이 점차로 소실되어감을 목격하면서 분격할 수밖에 없었으며 결국 분단된 상황에서 "영웅"의 길 대신 "불행과 고난"을 택하고 "가난한 자 남루를 달게 견디는" 길을 선택하게 되었음을 알 수 있다.

5장

이용악의 '생활' 체험과 의식 현상학

1. 이용악 시의 고유성

1914년 함경도 경성에서 태어나 두만강 변 국경 근방에서 살았던 이용악은 아버지가 러시아 지역을 오가며 밀수로 생계를 꾸려가던 중 사고로 사망하게 되자 궁핍한 삶과 역경 속에서 살아야 했다. 고달팠던 자신의 자전적 체험을 시에 녹여내고 있는 이용악은 그것을 통해 일제강점기 가난과 핍박 속에서 살아야 했던 우리 민족과 민중의 모습을 보편화시켜 그려낸 것으로 잘 알려져 있다. 국경 지역에서 늘상 보고 겪었던 이주민의 뿌리 뽑힌 삶은 우리 민족의 불안하고 위태로운 그것에 다름 아니었다.

극도의 궁핍에도 불구하고 그가 문학에 입문하게 된 계기는 1932년 도일을 하면서이다. 1933년 니혼대학 예술 대학을 1년여 다니고 1936년 도쿄의 조치대학 신문학과에 입학했던 이용악은[1] 막노동을 하면서 학업을 이어갔으며 그러던 중 1937년에 첫시집 『분수령』과 1938년에 『낡은 집』을 발간하게 된다. 그는 1939년 귀국 후에 『인문평론』의 편집기자로 근무하게 되지만 일제말 『인문평론』이 폐간되자 낙향을 한다. 그러나 해방이 되자 그는 곧바로 상경하여 조선문학건설본부에 가담하게 된다. 이어 조선문학가동맹과 남로당에 가입하였

1 이용악 연보는 이용악, 곽효환 외 편, 『이용악전집』, 소명출판, 2015, 972쪽 참조.

던 이용악은 좌익을 대변하는 『중앙신문』과 『문화일보』에서 중심적 역할을 맡기도 하였다.[2] 이러한 행보는 이용악이 문학과 언론, 문화운동과 사회운동의 양 측면에서 활동을 이어갔다는 사실과 함께 해방을 계기로 이용악이 적극적으로 정치 활동을 펼쳤음을 말해준다.

이용악에 대한 연구는 해방 이전과 이후 시기로 구분되어 이루어졌으며, 해방 이전의 연구가 대부분 이용악 시의 형상화 방법과 문학사적 의의에 주목하고 있다면 해방 이후의 연구는 주로 이전 시와의 차이에 주의를 기울이면서 이를 정치적 활동과 연관지어 고찰하고 있다. 해방 이전의 시에 대해서는 서사성과 서정성이 결합되어 있다든가[3] 획일적이지 않은 현실주의[4], 묘사적 특성의 강조[5] 및 시적 성취를 통한 현실주의 지향[6] 등을 언급하면서 이용악 시를 대체로 긍정적으로 바라보고 있음을 알 수 있다. 반면 이용악의 정치적 변화와 그에 따른 시적 변모에 주목하는 해방 이후의 연구는 이에 대해 긍정적으로 보는 경우[7]

---

2 한아진은 「해방기 이용악의 남로당 활동과 의미」(『코기토』 78호, 부산대학교 인문학연구소, 2015, 180~222쪽)에서 해방기 이용악의 행적을 실증적으로 밝히고 있다.

3 윤영천, 「민족시의 전진과 좌절－이용악론」, 『한국근대 리얼리즘 작가 연구』, 문학과지성사, 1988, 193~251쪽; 황인교, 「이용악 시의 언술 분석」, 이화여자대학교 박사학위논문, 1991; 賈諺樹, 「이용악 시의 서사적 특성 연구」, 한남대학교 석사학위논문, 2006 참조.

4 김경애, 「이용악 시의 현실인식 연구」, 숙명여자대학교 석사학위논문, 1999.

5 감태준, 「이용악 시연구」, 한양대학교 박사학위논문, 1989.

6 최두석, 「민족 현실의 시적 탐구 : 이용악론」, 『리얼리즘의 시정신』, 실천문학, 1992, 114~134쪽; 유종호, 「식민지 현실의 서정적 재현－『오랑캐꽃』까지의 이용악」, 『다시 읽는 한국시인』, 문학동네, 2002, 177~202쪽.

7 한아진은 「해방기 이용악의 자기비판과 시적 변모」(『한국현대문학연구』 46집, 한국현대문학회, 2015, 189~243쪽)에서 해방기 이용악의 시가 이념성과 정치성이 강화되어 있으면서도 비교적 수준 높은 미적 구조를 구축하고 있다고 평가하고 있다. 또한 조영추는 「기억 · 정치 이념과 몸이 정체성－해방기 이용악 시세계를 중심으로」(『한국학연구』 45집, 고려대학교 세종캠퍼스 한국학연구소, 2017, 113~146쪽)에서 해방기 이용악이 '몸'을 시적 언어로 구상화함에 따라 이념을 드러내는 이 시기의 시들이 단순히 항쟁 현장에 대한 피상적 재현에 머무르지 않고 역사적 윤리적 인간으로서의 투쟁 주체의 면모를 보여주고 있다며 긍정적으로 보고 있다.

와 부정적으로 평가하는 경우[8]가 엇갈리는 양상을 나타낸다.

이들 연구를 종합하면 이용악은 당대 현실에 대해 깊이 있는 천착을 하면서 이를 형상화하는 데 있어 높은 성취를 이루고 있으나, 이러한 성과가 해방기 정치성의 강화와 함께 다소간 변모하는 양상을 보인다고 말할 수 있다. 그리고 해방기의 이러한 변화는 월북 후 북한 체제 속에서 당의 문예 이론을 충실히 따르는 이용악의 면모[9]로까지 이어지는 그 출발점에 해당한다고 보아도 될 것이다. 이는 이용악이 역사적 변동기에 따라 현실에 대해 적극적인 개입의 태도를 뚜렷이 드러냈으며, 이 속에서 자신의 문학적 성과물을 도출했음을 의미한다. 이때의 문학적 결과물의 미학적 성취에 대해서는 평가에서 차이가 발생하나, 그런데 그것은 그의 시에 나타나 있는 이념성을 어떻게 볼 것인가에 따른 상대적인 것으로 판단된다. 말하자면 해방기 이용악의 시를 평가하는 문제는 정치성에 대한 독자의 수용 정도에 따른 결과일 수 있으며 북한체제기의 시에 대한 평가 역시 체제 이념의 수용 여부에 따른 것이라는 점이다.[10] 요컨대 이용악 시에 있어서 미학성과 정치성의 결합 양상의 문제는 이용악 당사자에게 있어서는 아무런 차이나 모순이 없지만 그것에 반응하는 독자들의 수용이 그것을 변질이나 모순으로 전유하고 있는 것은 아닐까 하는 것이다.

이 같은 문제는 이용악의 시를 보다 객관적으로 볼 수 있는 미학적 방법론을 요구하는 대목이다. 『분수령』과 『낡은 집』을 발간하던 당시의 이용악의 시적

8 곽효환은 「해방기 이용악 시 연구」(『한국시학연구』 41호, 한국시학회, 2014, 67~98쪽)에서 해방기 이용악이 현실에 대한 분명한 목소리를 낸 반면 과거 특유의 미학은 상실함으로써 카프나 사회주의 계열의 시와 차이가 없는 모습을 보이고 있다고 평가하고 있다.

9 곽효환은 「이용악의 「평남관개시초」 연구」(『한국학연구』 37집, 고려대학교 세종캠퍼스 한국학연구소, 2015, 275~306쪽)에서 북한의 서정서사시의 장르적 성격을 보여주고 있는 「평남관개시초」가 이용악 특유의 미학적 특성을 바탕으로 당의 문예 정책을 충실히 구현함에 따라 이용악이 북한 문단에서 확고한 위치를 차지하는 계기가 되었다고 밝히고 있다.

10 북한에서 예술상을 수상하기까지 한 이용악의 시를 두고 단지 체제에 부합하였다는 점만을 요인으로 제시할 수는 없을 것이다. 체제에 부합하는 여러 작품들 가운데 선택되었다는 것은 이용악의 시가 예술적 성취 면에서도 우수했음을 의미한다.

특성과 의식은 어떠했으며 마찬가지로 해방기 『오랑캐꽃』[11]과 『이용악집』을 발간하던 당시의 이용악의 그것들은 어떠했을까?[12] 또한 월북 후 발간된 『리용악시선집』의 시들의 특성과 그에 반영되어 있는 의식은 어떠한가?[13] 본고는 매 시기 이용악이 처한 현실적, 역사적 상황은 차이가 있지만 이에 대응하고 반응하는 이용악의 태도는 일정한 공통성을 지니고 있으며, 이용악의 시의 고유성은 곧 이러한 이용악의 세계에 대한 일관된 태도에 따른 것이라는 관점에 놓여 있다.[14] 이용악의 경우 그가 보여주었던 시적 특성은 이처럼 지속적으로 관통되었을 뿐만 아니라 그 어떤 형상화 방법보다도 공감을 극대화하는 강렬한 미적 효과를 발휘하는 것이었다는 점을 기억해야 한다. 이용악의 고유한 시적 특성은 그의 시의 미학성을 높게 유지시켜 주는 계기였던 것이다. 이 점에서 이용악의 시적 특성을 살펴보는 것은 유의미하다고 할 수 있을 것인바, 이를 고찰함으로써 매 시기 그의 의식이 어떻게 형성되었으며 그의 내면의 진정성은 무엇인지 확인할 수 있을 것이다.

2. 이용악의 시적 형상화의 원리

1937년 이용악이 『분수령』을 발간했을 시 '序'를 썼던 이규원은 "이 사람은

---

11 1946년에 발간된 『오랑캐꽃』은 이용악이 언급한 대로 1939년에서 1942년에 걸쳐 쓴 시들로 이루어진 것이므로 창작 시기는 해방 이전이다.

12 1948년에 발간한 『이용악집』은 이전 시집에 수록된 시편들 일부를 포함하여 해방 후 발표한 작품들로 구성되어 있다. 따라서 해방기 시의 특성을 살펴보기 위해서는 『이용악집』의 수록시와 함께 『이용악시전집』(곽효환 외 편, 앞의 책)의 '시집미수록시'를 확인해보아야 한다.

13 『리용악시전집』은 1957년 북한에서 발간된 것으로 해방 전, 해방기, 전쟁기와 정전 후의 전 시기에 걸쳐 쓰여진 작품들을 망라하고 있다.

14 이용악의 태도와 형상화 기법은 일관되게 유지되면서 매시기 하등 차이가 없는데, 단지 그 속에서 이념의 성격이 달라짐에 따라 평가에 있어서의 상대성을 유발한다는 판단이다. 따라서 이념의 차이를 판단중지하면, 동일하게 적용되는 그의 시 창작법이야말로 이념에 상관없이 시의 미학을 우수하게 하는 계기임을 확인할 수 있을 것으로 보인다.

生存하는 사람이 아닌 生活하는 사람이라는 깊은 인상을 받"았다고 쓰고 있다. 이에 대한 부연으로 그는 "李君은 추움과 주림과 싸우면서－그는 饑鬼를 避하려고 애쓰면서도 그것 때문에 울지 않는다. 그는 항상 孤獨에 잠겨 있으면서도 미워하지 않는다. 여기에 이 詩人의 超然性이 있다. 힘이 있다"고 하고 있다. 나아가 그는 "李君의 詩가 그의 生活의 거짓 없는 記錄"이라고 하면서 "그의 詩는 想이 앞서거나 概念으로 흐르지 않았고 또 詩 全體에 流動되는 積極性을 發見할 수 있다"고 말하고 있다.[15]

이규원 외에도 이용악의 시집이 처음 나왔을 때 문단에서의 반응은 리얼리즘과 모더니즘 구분 없이 뜨거웠으며 이들은 공통적으로 이용악 시에 '생활'이 가로놓여 있음에 주목했다. 카프 맹원이었던 한식(韓植)은 "심절한 全육체(신경뿐이 아니라)를 거쳐 나오는 인간생활의 노래에 무한한 애수"가 깃들인 "통절한 흉회(胸懷)의 노래"[16]라고 하였고 최재서는 이용악을 프로문학을 대체할 '뉴 제네레이션의 기수'라고 고평하면서 이용악은 "생활의 시인"으로서 "센티멘탈리즘이나 히스테리에 빠짐없이 비통을 웃어버리려는 굴강(屈强)한 정신을 혹은 무감동한 표정"를 보이고 있다고 하였다.[17] 안함광 역시 이용악의 『낡은집』에 대해 "상징적인 관념의 소산이 아니라 현실적 심장을 육체화하는 데서 우러나오는 생활의 친근성"을 갖고 있다고 하면서 "비탄에 젖으면서도 생활에 대한 신뢰성을 상실하지 않고 있다"고 평가하였다.[18]

당대에 이루어진 이용악에 대한 이들 평가는 감정의 측면에서 이규원이나 모더니스트였던 최재서와 사회주의자였던 한식이나 안함광이 서로 상반된 판

15 이규원, 「序」, 곽효환 외 편, 앞의 책, 430쪽.

16 한식, 「신간평－이용악 시집 분수령을 읽고」, 『조선일보』, 1937.6.25 ; 정우택, 「전시체제기 이용악 시의 위치－『오랑캐꽃』을 중심으로」, 『한국시학연구』 41호, 한국시학회, 2014, 134쪽 재인용.

17 최재서, 「시와 도덕과 생활」, 『조선일보』, 1937.9.15.~19, 위의 글, 134쪽 재인용.

18 안함광, 「이용악 시집 『낡은집』 평」, 『조선일보』, 1938.12.28 ; 이경희, 『북방의 시인 이용악』, 국학자료원, 2007, 18쪽 재인용.

단을 내리는 반면 이용악 시가 "생활"을 다루고 있다는 데 대해서는 의견의 일치를 보인다는 점에서 흥미롭다. 이용악의 시는 독자들에게 때로 "흉회"나 "비탄"의 정서로 전유되거나 때로 "초연성"이나 "무감동"으로 전유되는 등 차이를 나타내지만, "생활"이 시의 재료로서 부각된다는 점에서는 이견이 없는 형국을 보이고 있는 것이다. 동일한 시를 두고 왜 이런 상반된 판단이 이루어지고 있는 것일까? 그 연유를 정확히 추적하는 것은 쉬운 일이 아닐 것이다. 그러나 리얼리스트들은 이용악의 시가 민중의 참상을 환기하는 데 주목하였고, 이규원과 최재서는 이를 다루는 방식에 보다 주의를 기울였음을 짐작할 수 있다. 『분수령』과 『낡은집』의 시편들이 대체로 생활에 대한 담담한 묘사로 이루어지고 있다는 점에 주목할 때, 이용악의 시가 생활을 다루는 방식에 있어서 이규원과 최재서가 말한 대로 "초연성"과 "무감동"의 태도를 발휘하면서 쓰여졌을 것임은 틀림없는 사실로 보인다. 그러나 이 결과 민중의 실상을 인식시키고 독자들 마음에 비통한 정서를 환기하고 이에 공감케 하였다면 리얼리스트의 판단대로 "통절한 흉회(胸懷)의 노래"라든가 "비탄에 젖어"있다는 말이 성립될 것이다. 말하자면 이들은 각각 미적 형상화의 방식과 미적 효과, 즉 동일한 사태에 대한 원인과 결과에 각기 주목하고 있다고 여겨진다.

이처럼 이용악의 시는 당대 문단에서 광범위한 환영을 받으면서 탈현실의 오명을 지닌 순수문학과 막다른 골목에 처해 있던 계급문학 양쪽에 숨통을 틔워주는 긍정적 역할을 하였다. 그러면서도 그것은 당시 김기림의 모더니즘 비평에서의 방향 전환[19]이 야기했던 절충이라거나 형식주의적 종합이라는 비판으로부터도 자유로웠다. 그 요인은 무엇이었을까? 이용악 시는 당대 리얼리즘과 모더니즘이 선호할 만한 속성을 각기 가졌는데 왜 부자연스러운 절충과 종합이라는 인식을 불식시킬 수 있었던 것일까? 대신 이용악 시에 대해서는 환대

19 1935년 이후 임화 · 김기림 · 박용철 간의 기교주의 논쟁을 거치면서 김기림이 보여주었던 기교주의와 경향성의 종합으로서의 전체시에 대한 논의를 가리킨다.

일색이었고 이용악 시는 서사와 서정의 균형과 조화라든가 리얼리즘과 모더니즘의 결합이라는 대체로 긍정적인 평가를 받았던 것이다.

이러한 양상은 모두 그 요인으로서 이용악 시가 지니고 있던 특수한 미학적 방법론을 가리키고 있다. 그것은 세계를 대하는 이용악의 태도와 그에 따른 시적 형상화의 방식에 기인하는 것이며, 이는 이규원이 언급했던 바, 스스로는 온갖 고통과 비탄에 시달릴지라도 그것에 지배되는 대신 그러한 자신의 상태와 감정을 고요히 다스린 채 그가 처한 세계를 있는 그대로 인식하는 태도, 그리고 그것을 지각된 상태 그대로 기술하려는 태도와 관련된다. 이규원의 "그는 항상 孤獨에 잠겨 있으면서도 미워하지 않는다"라거나 이용악의 시는 "生活의 거짓 없는 記錄"이라는 점, 그리고 "想이 앞서거나 概念으로 흐르지 않"는다는 평가 모두가 그점을 가리키거니와, 이러한 미학적 태도는 20세기 초 유럽의 대륙철학을 이끌었던 대상을 대하던 후설(E.Husserl)의 현상학적 방법과 일치하는 것이라 할 수 있다.

세계에 대한 경험을 바탕으로 세계 속에 내재한 진실을 인식하고자 노력했던 후설은 서구 문명이 실증주의와 과학적 객관주의의 흐름에 따라 인간의 인식이 기계화되고 관성화되어 감을 지적하면서 이러한 객관주의를 인간의 주관성에 의해 극복하기 위해 현상학적 인식론을 창시한 것으로 잘 알려져 있다. 이를 위해 그는 사물에 대한 의식의 지각 현상을 관조하고, 그 속에서 진리를 얻기 위한 판단중지, 즉 현상학적 환원의 방법을 제시, 실증주의 등의 피상적 인식과 편견을 제거한 순수의식으로써 대상을 본질 직관하는 것의 중요성을 강조했다.[20] 이때의 사물과 대상은 세계 일반을 가리키나 이는 후설 철학의 후

20 후설은"모든 체험 일반은, 그것이 수행되면서 순수 직관과 파악의 대상이 될 수 있다. 그리고 그러한 체험은 이러한 직관 속에서 절대적 주어짐이다. (중략) 여기서 '주어짐'이 무엇을 의미하는지 숙고할 수 있다. (중략) 우리는 그것들을 직관하고 직관하면서 그것들의 본질, 구성, 내재적 특성들을 끄집어내어 직관할 수 있고, 우리의 말을 명료성의 직관된 충만에 순수하게 맞출 수 있다."고 함으로써 의식의 순수성과 대상의 내재성을 강조하는 인식론을 제시하고 있다. E.Husserl, 『현상학의 이념』, 박지영 역, 필로소픽, 2022,

기에 이를수록 '생활세계'[21]라는 현실적이고 역사적인 사태로 구체화되었으며, 후설은 초기 인식론에서 제기했던 노에시스(Noesis, 의식작용)적 지향성을 생활세계에 투영시켜 공동체의 보편적 진리로 수용될 수 있는 인식, 즉 노에마(Noema, 의식)적 의식 현상을 구하고자 하였다.[22]

물론 일본의 니혼대학 예술과를 수료하고 조치대학에서 신문학과를 전공하였으며 일본 내 아나키스트였던 최낙종과 교유하였던 이력을 지닌 이용악이 독일의 후설에 관해 입문한 경험이 있었는지는 알 수 없으나, 그가 보여주고 있는 미학의 방법론은 후설의 철학적 태도와 유사하다는 판단이다. 이용악이 보여주었던 "고독"의 상태란 그가 놓인 사태인 "추움과 주림"과 싸우면서도 그 속에서 얻게 된 '울음'과 '미움' 등의 유동적인 감정의 상태를 최대한 배제하는 것에 다름 아니며, 이는 후설의 현상학적 태도 가운데 사태에 대한 의식의 현상학적 환원의 작업에 대응할 만하다. 주어진 의식에 대한 환원에 환원을 거듭하여 순수

50~51쪽.

21 '생활세계'는 후설의 후기 저서인 『유럽 학문의 위기와 초월론적 현상학』에서 중점적으로 제시되고 있지만 사실상 후설에게 '생활세계'는 초기의 인식론적 대상이자 기초인 '경험세계' 일반을 가리킨다. 생활세계는 그가 비판하고자 했던 과학주의가 망각한 의미기반인 것이다. 후설은 이러한 생활세계가 주어짐의 객관과 구성의 주관 사이의 긴밀한 상호작용을 통해 공동체의 기억과 문화의 습득성을 지닌 구체적 '역사성'을 띠게 된다고 하였다. 이종훈, 「후설 현상학의 실천적 의미」, 『철학과 현상학 연구』 7집, 한국현상학회, 1993, 147쪽.

22 후설 철학에 관하여는 전기와 후기 사이의 단절 및 관념론적 인식론으로서의 전기 철학의 모순, 즉 주관의 순수의식과 사태에 대한 지향적 인식 사이의 괴리 등에 대해 많은 논란이 있어왔고 이 점에서 이후의 현상학자들에 의한 많은 비판이 제기되었지만, 의식의 순수성 속에서 사물의 본질을 지향하고자 하였던 그의 철학적 태도는 논리의 철저성과 별도로 예술과 문화 등 다양한 창조적 영역에 커다란 영향을 끼치게 된 것이 사실이다. 그의 현상학적 방법론은 모호한 만큼 여러 해석을 낳았지만 타자를 도구화, 대상화시키는 객관적 실증주의적 태도를 지양하고 세계를 타자지향적으로 대하는 태도, 즉 세계의 본질을 주관적 의식으로써 수용하려는 태도를 보이며, 그에 따라 인간과 세계 간의 상호주관성의 길을 마련하게 되었다는 점에서 의미를 지닌다. 현상학에 대한 이해는 E.Husserl, 앞의 책; 한전숙, 『한국 현상학의 이해』, 민음사, 1984; 박이문, 『현상학과 분석철학』, 일조각, 1977; 이남인, 『현상학과 해석학』, 서울대학교 출판부, 2004 등 참조.

한 의식 상태에까지 이르고자 하는 작업은 의식에서 피상적이고 일회적인 것들을 제거하여 불변하는 본질을 남기고자 하는 의도에 해당한다. 그것은 불교식으로 말해 색(色)을 넘어 공(空)에 이르고자 하는 태도에 비견할 만하다.

이러한 자세는 고통의 도가니 같은 "饑鬼"의 사태 속에서도 그로 인한 울분과 원망의 감정을 최대한 '괄호친' 상태에서 사태를 묘사하고자 하였던 이용악의 시적 양태에 닿아 있는 것이다. 이러한 자세를 통해 이루어진 이용악의 시는 "生活의 거짓 없는 記錄"이라 할 것이다. 또한 그의 시가 환원된 의식의 순수성을 통해 세계에 대한 타자지향적 자세를 취할수록 "그의 詩는 想이 앞서거나 槪念으로 흐르지 않"는 묘사가 충실한 양태가 될 수 있었을 터이다. 이와 같은 이용악 시의 타자지향적 태도는 사태에 자아를 귀속시킴에 따라 수동적인 것으로 여겨질 수도 있을 테지만 타자지향성을 통해 사태를 본질적으로 인식하고자 하는 의지적 자세에는 오히려 자아의 주관성과 의식의 통일성을 견지하는 주체의 적극성이 가로놓이게 된다고 하겠다. 이규원이 이용악의 시에서 "詩 全體에 流動되는 積極性을 發見할 수 있다"고 한 이유도 여기에 있을 터이다. 최재서의 "센티멘탈리즘이나 히스테리에 빠짐없이 비통을 웃어버리려는 굴강(屈强)한 정신을 혹은 무감동한 표정"에 나타난 판단 역시 이용악의 객관적 사태를 주관에 의해 제어하려는 태도[23]와 관련된다는 점에서 이와 동궤에 놓인다고 할 수 있다.

사태를 대하는 이러한 현상학적 태도는 이용악의 초기시에만 국한하여 나타나지 않는다. 그것은 세계를 대하는 이용악의 근본적인 태도가 되어 매시기의 역사적 국면 속에서 이용악 특유의 삶의 방식과 시 창작의 방식으로 현상하게

23 후설은 순수 인식의 현상학을 대상에 관한 "내재적인 것뿐만 아니라 지향적 의미에서 내재적인 것"이라 하였거니와, 이는 대상에 대한 인식체험이 환원과 함께 대상성에 대한 관계맺음을 통해 이루어진다는 것을 뜻하는 것이다. 후설은 "직관하고 해명하면서 작업하고, 의미를 규정하고 의미를 구별하면서 작업한다"고 함으로써 현상학이 객관과 주관 사이의 끊임없는 환원과 관계성에 따른 인식임을 말하고 있다. E.Husserl, 위의 책, 75~76쪽.

된다는 것을 알 수 있다. 이용악은 일관되게 '생활세계'라는 세계의 구체적 사태 속에 자신을 피투하는 삶을 살았고 그 속에서 사태를 최대한 중립적이고 공정하게 대하는 태도를 보여주었다. "생활의 시인"으로서의 그에게 '생활'은 초기에만 해당되는 것이 아닌 전 시기에 걸친 시의 중심에 자리잡고 있다. 생활세계를 본질에 입각해 인식하려는 태도가 필연적으로 '체험'을 중요시하게 된다는 점을 고려한다면 그가 매시기 '체험'을 중심에 두면서 그것을 계기로 인식의 변화를 이끌어내었다는 점 또한 이해할 수 있다. 이러한 전제를 받아들인다면 그는 '체험'을 통해 스스로 진리라는 판단이 들 때 그것을 비로소 진실로서 수용하고 언표화하는 삶의 길을 걸었음을 짐작할 수 있다. 이로써 그가 시로서 표현하는 사태들은 적어도 그의 신념의 범위 안에 있는 것들에 해당한다고 말할 수 있을 것이다.

이러한 관점에서 이용악을 바라본다면 해방기와 북한체제기의 이용악의 모습은 어떻게 이해될 수 있을 것인가? 이 시기 이용악의 시는 어느 정도로 진정성을 띠는 것이라 볼 수 있을까? 해방기와 분단 후 이념과 정치가 극대화된 시대에 그러한 시대의 중심에서 비껴있지 않았던 이용악이 노정한 삶의 궤적과 시적 현상들은 어떤 의미를 지니는 것일까?

3. 역사의 체험적 진실과 시적 현상

1930년대의 모더니즘이나 생명파 류의 개인주의적 서정성, 혹은 카프의 계급주의 등과 독립된 채 독자적으로 쓰였으면서도 동시에 각각의 성격을 일정 정도씩 지니고 있던 이용악 시의 특수성은 곧 자신의 생활세계에 대한 직접적인 체험에 기반하여 이루어지고 있다는 점에 있다. 이용악에게 삶의 체험은 시의 내용이 되고 자신의 주체적 토대가 되며 진리의 기준이 된다. 그것은 그의 인식과 시를 이루는 중심에 놓여 있다. 또한 그의 인식과 시를 구성하는 요소로서 그가 직접 경험하는 사태 이외에는 어떠한 것도 없다. 바꾸어 말하면 그의 시에 이념이나 사상은 외삽된 것이기 이전에 경험되고 수용되는 것이며 그의 자아 내면에서 신념화된 것에 해당한다. 이처럼 그에게 경험의 직접성과 순수성은 그것에 근거하고 있는 그의 시를 삶에 대한 구체적 진실로 이끄는 요인이 된다. 이용악은 이러한 체험을 최대한 있는 그대로, '현상학적으로' 포착하고자 함으로써 체험의 직접성이 야기할 수 있는 편향성과 편협성 등 의미의 일차원성의 한계를 넘어서고자 한다는 것을 알 수 있다.

3.1. 식민지 시기 시의 민중성

『분수령』, 『낡은 집』 등 초기 시집에 그려진 모습은 이용악의 도일하기 이전의 체험에 따른다. 이 시기 이용악에게 주어져 있던 환경 세계는 물론 식민 치하의 소련과 인접하고 있던 두만강 변의 생활이다. 그것은 추위와 가난, 불안과 공포를 내포하는 것이었다. 오랫동안 관리되지 못하고 소외된 채 두 나라의 경계에 놓여 있던 그곳에서 민중들은 이중 삼중의 감시와 형벌을 감내하면서 변방의 하층민으로서의 삶을 살아내야 했다. 이 지역을 터전으로 하여 그려진 북방의식이 대부분 삶의 한계성 속에서의 고통과 불안 의식으로 형성되는 이유도 여기에 있다.[24] 마찬가지로 이 시기 이용악의 생활 체험은 삶의 터전에 안전하게 뿌리 내리지 못한 채 헐벗고 외롭고 위험한 상황에 처해 있는 것이었다. 여기엔 가족의 비극적인 죽음이 가로 놓여 있으며 일상적인 가정의 해체와 인격의 파괴가 자리하고 있다. 이용악 시의 개성은 이러한 뿌리뽑힌 하층민의 내면에 두텁게 중첩되어 있을 슬픔과 한의 정서를 공유 가능한 형태로 형상화하고 있다는 점에 있다. 이념이나 사상으로 포장하거나 구호나 과장으로 표현

24 국경의 경계성을 바탕으로 형성된 망국민으로서의 긴장과 유랑의 체험은 북방의식으로 혹은 최근 북방의 로컬리티 및 디아스포라의 정서로 이해되고 있다. 김경훈, 「디아스포라의 삶의 공간과 정서－백석, 이용악, 윤동주의 경우」, 『비교한국학』 17권 3호, 국제비교한국학회, 2009, 9~39쪽; 이은홍, 「경계의 감각, 디아스포라의 청각과 목소리」, 『어문학』 155집, 한국어문학회, 2022, 131~172쪽 등 참조.

하는 대신 사태에 대한 타자지향적 묘사[25]가 곧 이용악이 선택한 형상화 방법이라 할 수 있다.

우리 집도 아니고
일갓집도 아닌 집
고향은 더욱 아닌 곳에서
아버지의 寢牀 없는 最後의 밤은
풀벌레소리 가득 차 있었다

露領을 다니면서까지
애써 자래운 아들과 딸에게
한 마디 남겨두는 말도 없었고
아무울灣의 파선도
설룽한 니코리스크의 밤도 완전히 잊으셨다
목침을 반듯이 벤 채

다시 뜨시잖는 두 눈에
피지 못한 꿈의 꽃봉오리가 깔앉고
얼음장에 누우신 듯 손발은 식어갈 뿐
입술은 심장의 영원한 停止를 가리켰다
때늦은 醫員이 아무 말 없이 돌아간 뒤
이웃 늙은이 손으로
눈빛 미명은 고요히
낯을 덮었다

우리는 머리맡에 엎디어
있는 대로의 울음을 다아 울었고
아버지의 寢牀 없는 最後의 밤은

25 이는 단순한 대상에 대한 객관 묘사가 아닌 객관성과 주관성의 균형에 따른 의미화와 관련되는 것으로서, 이용악 시의 형상화 원리로서의 대상에 대한 현상학적 태도에 따른 것이다.

풀벌레소리 가득 차 있었다

—「풀벌레소리 가득 차 있었다」 전문[26]

위 시는 아버지의 죽음을 소재로 하여 쓴 자전적 체험의 시에 해당한다. 아버지의 춥고 쓸쓸한 객사는 유년의 이용악의 마음에 강한 연민과 슬픔을 일으켰음을 위 시는 잘 전달하고 있거니와, 그것은 위 시에 나타난 회화적 기법이 단순한 사태 묘사에 치중하는 대신 정서적 표현을 함께 아우르는 점에서 비롯된다. 예컨대 "우리 집도 아니고 일갓집도 아닌 집 고향은 더욱 아닌 곳에서" 맞이했던 죽음에 대한 어린 화자의 인식은 아버지의 "최후"가 더욱더 아프고 부조리한 것임을 환기한다. "露領을 다니면서까지 애써 자래운 아들과 딸에게 한 마디 남겨두는 말도 없었"던 아버지에 대한 화자의 의식은 극한의 고독 속에서 살다 간 아버지에 대한 연민과 슬픔의 강도를 선명하게 느끼게 한다. "아무울灣의 파선도 설룽한 니코리스크의 밤도 완전히 잊으셨다"를 통해서는 연해주 지역을 오갔던 아버지의 생활의 정지에 대한 화자의 충격적 인식을, "목침을 반듯이 벤 채" "얼음장에 누우신 듯" 식어가는 "손발"에 대한 묘사는 생명의 정지로서의 아버지의 죽음에 대한 역시 어린 화자의 인식의 충격을 말해주는 대목이다.

아버지의 죽음에 대한 보여주는 방식의 이와 같은 진술은 흔히 이용악 특유의 회화적 기법이라든가 시각적 이미지의 구사로 명명되지만[27] 그러나 그것은 외부적 현상에 대한 단순한 묘사로 이루어지는 것이라기보다 외부 사태에 대한 주체의 의식 현상을 나타내는 방식이라는 점에 주목할 필요가 있다.[28] 단지

---

26 시는 곽효환 외 편의 『이용악 전집』 가운데 원본이 아닌 현대어 정본으로 이루어진 작품을 대상으로 면수 제시 없이 인용할 것임을 밝혀둔다.

27 이러한 표현방식과 관련하여 김윤식은 이용악이 신비적 회화적 경향의 절충파라고 말하였으며, 이외에도 리얼리즘과 모더니즘의 어느 한쪽으로 설명되지 않는 시세계라고 언급되었다. 김경애, 앞의 논문, 13쪽.

28 시각 등 외부 대상에 대한 감각적 지각을 통해 그것을 분석적으로 대하는 태도가 베이컨

지금 눈 앞에 놓여 있는 대상에 대한 직접적 묘사에서 그치는 것이 아니라 위 시에 보여주고 있듯 아버지의 삶과 죽음의 양태에 대해 화자의 주관적 의식을 투영하여 포착함으로써 이용악은 아버지의 삶과 죽음에 내재되어 있는 본질을 말하고자 하고 있다. 이러한 방식의 표현은 화자와 대상 사이의 유대를 끈끈히 하는 것으로서, 어린 화자와 아버지의 관계가 뗄 수 없이 밀착된 것이었음을 환기하여 아버지의 죽음과 그것을 맞이하는 가족의 상황을 더욱 비극적인 것으로 형상화하는 효과를 나타낸다. 아버지의 죽음은 그것을 인식하는 주체의 대상으로서 멀리 놓여 있는 것이 아니라 주체의 내면의 강렬한 체험으로서 각인되는 것이다. 이러한 효과로 인해 "아버지의 寢牀 없는 最後의 밤은/풀벌레소리 가득 차 있었다"는 단순한 외부 상황에 대한 시각적 묘사에 해당하는 것이 아니라 화자의 아버지에 대한 극도의 연민과 설움과 공허함을 증폭하여 전달하는 계기가 되고 있음을 알 수 있다.

이용악이 구사하고 있는 이러한 표현 방식, 즉 외부적 사태를 인식하는 화자의 의식 현상을 제시하는 방식은 사태에 대한 객관적이면서 주관적인 동시에 주관적이면서 객관적인 전달을 가능하게 한다. 아버지의 죽음은 순수히 객관적인 사태로 제시되는 듯하면서도 동시에 주관의 지향적 의식으로 형상화되고 있는 것이다. 외적 세계와 그에 대한 의식의 현상을 민감하게 포착하였던 이용악은 양자 사이의 절묘한 균형을 통해 미적 효과를 극대화시킬 수 있었다. 그것은 공감의 폭을 넓힘으로써 개인의 차원을 넘어선 민족 보편의 삶의 현실을 보여주게 되었을 뿐만 아니라 기존 문단의 시적 표현 방식들 사이에서 이용악 자신의 독창적인 기법으로 자리매김되었다. 그의 시가 리얼리즘과 모더니즘

과 로크 등 영국 경험주의자들의 세계 인식 태도였다면 현상학은 외부 대상의 지각이 의식에 일으키는 현상에 주목하고 이것의 의미를 직관적으로 이해하고자 하였다는 점에서 경험주의자들의 주객분리의 태도와 다른 주객일치, 주객공존의 태도를 보이는 인식론적 경향이라 할 수 있다. 현상학의 개념 또한 외부 현상이 아닌 외부 세계로 인한 의식의 현상을 다루는 학문을 가리킨다.

양대 흐름으로부터 주목받으며 서정과 서사의 절충, 내면과 역사적 현실의 공존이 이루어졌다고 평가받았던 것도 우연한 일이 아니다. 이용악의 이 같은 표현법은 그의 대표작 「낡은 집」에서 더욱 빛을 발하게 된다.

날로 밤으로
왕거미 줄치기에 분주한 집
마을서 흉집이라고 꺼리는 낡은 집
이 집에 살았다는 백성들은
대대손손에 물려줄
은동곳도 산호 관자도 갖지 못했니라.

재를 넘어 무곡을 다니던 당나귀
항구로 가는 콩실이에 늙은 둥글소
모두 없어진 지 오랜
외양간엔 아직 초라한 내음새 그윽하다만
털보네 간 곳은 아무도 모른다.

찻길이 놓이기 전
노루 멧돼지 족제비 이런 것들이
앞뒤 산을 마음 놓고 뛰어다니던 시절
털보의 셋째 아들은
나의 싸리말 동무는
이 집 안방 짓두광주리 옆에서
첫울음을 울었다고 한다.

"털보네는 또 아들을 봤다우
송아지래두 불었으면 팔아나 먹지"
마을 아낙네들은 무심코
차가운 이야기를 가을 냇물에 실어 보냈다는
그날 밤
저릎등이 시름시름 타들어가고
소주에 취한 털보의 눈도 일층 붉더란다.

갓주지 이야기와
무서운 전설 가운데서 가난 속에서
나의 동무는 늘 마음 졸이며 자랐다.

당나귀 몰고 간 애비 돌아오지 않는 밤
노랑 고양이 울어울어
종시 잠 이루지 못하는 밤이면
어미 분주히 일하는 방앗간 한구석에서
나의 동무는
도토리의 꿈을 키웠다.

그가 아홉 살 되던 해
사냥개 꿩을 쫓아다니는 겨울
이 집에 살던 일곱 식솔이
어디론지 사라지고 이튿날 아침
북쪽을 향한 발자욱만 눈 위에 떨고 있었다.

더러는 오랑캐령 쪽으로 갔으리라고
더러는 아라사로 갔으리라고
이웃 늙은이들은
모두 무서운 곳을 짚었다.

지금은 아무도 살지 않는 집
마을서 흉집이라고 꺼리는 낡은 집
제철마다 먹음직한 열매
탐스럽게 열던 살구
살구나무도 글거리만 남았길래
꽃 피는 철이 와도 가도 뒤울 안에
꿀벌 하나 날아들지 않는다.

—「낡은 집」 전문

외적 사물에 대한 묘사와 전해 들은 이야기의 제시를 통해 순수히 객관적 사태를 전하고 있는 듯하지만 위 시에는 화자의 의식에 포착되는 "털보네" 가족과 "나의 동무"의 모습이 잘 나타나 있다. 화자는 "대대손손에 물려줄 은동곳도 산호 관자도 갖지 못했"던 "털보네"를 떠올리며 그들의 빈한하고 소외된 삶에 대한 안타까움을 드러내고 있으며, 그렇게 가난한 집에서 "마음 졸이며 자랐"을 "나의 동무"를 떠올리는 대목에서는 그가 겪었을 무서움과 서러움을 공유하면서 연민의 정서를 감추지 않고 있다. 때문에 "마을 아낙네들"의 무심코 하는 얘기에도 화자는 "차가운 이야기"로 느끼면서 "나의 동무"의 "도토리의 꿈"을 나의 일처럼 응원하는 모습도 보여주고 있다. "이웃 늙은이들"이 그야말로 남 얘기하듯 "오랑캐령 쪽"으로 갔으려니 "아라사"로 갔으려니 하는 얘기들에 "무서운 곳"이라고 여긴 화자의 심정 또한 고향을 등지고 도주하듯 떠났을 "털보네" "일곱 식솔"의 심정을 떠올린 데 따른 것이다. 이로써 "털보네"의 가정사를 무덤덤하게 묘사하는 듯한 위의 시에서 이용악은 가난의 극한적 삶으로 인한 "털보네"의 막막함과 절망, 설움과 아픔을 온전히 환기하고 있음을 알 수 있다.

화자에게 나타나는 이러한 공감적 태도는 이용악의 대상에 대한 특유의 인식론적 자세를 말해주는 것이다. 그것은 외적 세계에 대한 사실주의적 재현이나 전형적 반영과는 사실상 다른 맥락에서의 접근이라 할 수 있다. 이용악의 시적 성과는 결과적으로 리얼리즘에서 환영하듯 식민지하에서 핍박받는 민중의 소외된 삶에 대한 전형적 형상화에 해당되었을지 모르지만 형상화 방식에서는 차이가 있다는 것이다. 이용악은 선험적으로 계급주의적 의식을 가지고 그것을 외적 세계에 적용하여 사물을 구성하는 방향의 접근을 취하지 않는다. 대신 이용악에게 우선했던 것은 자신이 겪었던 순수 체험이고, 그에 따른 대상에 대한 경험적 지각과 그것이 야기한 의식의 현상이 시의 주된 내용이 되고 있다. 이때의 의식은 일정한 틀을 갖고 전형을 창출하는 방식에서는 구현되지 않을 이용악 고유의 것으로서 그의 진실하고 투명한 내면을 고스란히 드러내는 결과를 나타낸다. 이때 이용악은 자신의 정서가 감상이나 과잉이 되지 않도록 지극히 절제하는 태도를 보여주고 있는데, 이는 대상의 있는 그대로의 실상과 진실을 포착하려는 의식의 순수성에의 의지에 따른 것이라 할 수 있다. 이러한 절제의 자세는 주관의 정서를 드러내되 동시에 외부 사태의 실재를 인식하고 그것의 본질을 직관하고자 하는 데서 비롯한다.

이용악이 보여주고 있는 대상에 대한 이 같은 접근은 특수한 미학성을 띤다. 그것은 대상과 그것을 인식하는 주체 사이의 단절된 거리를 없애고 그 둘을 하나로 소통시키는 결과를 가져온다. 객체를 공감적으로 대하는 이러한 방식은 객체를 분석적이고 대상적으로 보는 대신 존중하고 사랑하는 타자지향적 태도를 나타내는 것이다. "털보네"가 떠난 후의 "꿀벌 하나 날아들지 않는" "낡은 집"을 묘사하는 이용악의 시선에 가고 없는 "털보네"의 과거의 흔적이 환기되고 있는 것 역시 주체의 대상에 대한 사랑, 객체를 향한 타자지향적인 마음을 보여준다. 이는 주객공존의 일 양상에 해당하는 것으로, 이용악이 보여주는 이러한 타자지향적 접근은 민족적 현실에 대한 인식을 유도하고 소통과 공감의 폭을 확대시키는 효과를 일으킨다. 당시 이용악의 시가 사조를 불문하고 폭넓은 공감대를 형성하게 된 것도 이와 관련된다.

3.2. 해방기 시의 민족성

해방이 되자마자 함경도 경성에서 서울로 돌아온 이용악은 당시 많은 시인들이 그러했듯 조선문학건설본부에 가담하였고 이후 조선문학가동맹에도 가입, 1946년 8월에는 조선문학가동맹에서 선전부장도 역임하는 등 정치적으로 활발한 활동을 보여준다. 해방기에 쓰인 이용악의 시는 「하나씩의 별」(1945.12), 「38도에서」(1945.12), 「나라에 슬픔 있을 때」(1946.4), 「오월에의 노래」(1946.7), 「노한 눈들」(1946.11), 「거리에서」(1946.12), 「기관구에서」(1947.2), 「다시 오월에의 노래」(1947.7), 「하늘만 곱구나」(1948.1), 「빗발 속에서」(1948.1), 「새해에」(1948.1), 「소원」(1948.1), 「유정에게」(1949.1)[29] 등이 있다. 이들 시의 많은 부분은 투쟁의 현장 가운데에 놓여 있는 투쟁 주체들의 인민의 자유와 민족의 통일

29 작품 발표 연도는 이용악, 곽효환 외 편, 『이용악 전집』 참조.

된 나라 건설에 대한 신념으로 이루어져 있다. 이러한 시적 내용은 해방기 이용악의 좌익 단체 및 좌익 언론에서의 적극적인 행보를 고려할 때 자연스러운 것이다. 그러나 이용악의 투쟁적인 태도는 해방 직후부터 제시되었던 것이라기보다 조선문학가동맹의 선전부장을 맡으면서 맞이하게 된 문학 대중화 운동 시기부터 본격적으로 이루어진다.[30] 1946년 3월에 있었던 조선문학가동맹의 전국문학자대회의 참관기 「전국문학자대회 인상기」에서조차 이용악의 사회주의 이념에 대한 적극적 동조는 이루어지지 않고 있으며, 여기에서 이용악은 좌파적 입장보다는 민족의 통합과 민족 문화 수립을 강조하는 중도파적 모습을 보이고 있다는 것을 알 수 있다.[31] 한편 이용악의 중도적 입장에서 투쟁적 입장으로의 변화의 계기에는 현실에서 이루어졌던 미군정의 탄압과 인민들의 투쟁의 체험, 그리고 좌파 언론과 조직에서의 주도적인 실천이 놓여 있다고 할 수 있다.

해방기 이용악이 보여준 이러한 양태는 이용악이 외부에 의해 주어지는 이념을 맹목적으로 동조하기보다 자신의 이성적인 판단과 내적인 신념에 따르는 인물임을 의미한다. 이용악이 해방 직후 좌익 단체에 가입했던 것은 사회주의 이념 때문이라기보다 진보적 지식인을 망라하던 조선문학건설 및 조선문학가동맹의 중도적이고 민족통일적 입장에 기인하는 것으로, 이는 그의 초기시의 민중지향적이고 현실주의적 양상을 고려한다 해도 달라지지 않는 이용악의 분

30 해방기 이용악의 정치적 입장의 변모에 관하여는 한아진, 「해방기 이용악의 자기비판과 시적 변모」, 『한국현대문학연구』 46집, 한국현대문학회, 2015, 215~221쪽 참조.

31 한아진은 1946년 7월에 발표되었던 「전국문학자대회 인상기」에 계급의식이나 '부르주아 민주주의 혁명단계'로서의 당대에 대한 언급이 전혀 드러나지 않으며, 조선문학가동맹 결성 한 달 뒤인 1946년 3월 우파 문인들의 전조선문필가협회의 추천위원 명단에 이용악이 있었던 점을 들어 문맹 가입 초기부터 1946년 상반기까지 이용악이 조선공산당의 사회주의 이념에 적극적으로 동의하고 있었다고 보기는 어렵다고 보고 있다. 한아진, 앞의 글, 195쪽. 이경희 역시 "우리의 문학 실천이 진실로 민족 전원의 이익을 존중해 무기가 될 수 있을 때"라는 「전국문학자대회 인상기」에서의 이용악의 말을 인용하며 민족주의자의 입자에서 민족의 통합에 뜻을 두고 있던 이용악의 면모에 대해 주목하고 있다. 이경희, 앞의 책, 189쪽.

명한 면모에 해당한다. 그에게 중요한 것은 체험과 그의 주체적 태도이지 그것을 초월하여 선험적으로 주어지는 이데올로기나 지침이 아니었던 것이다. 그만큼 이용악은 사태를 치우침 없이 공정하고 비판적으로 인식하려는 자세로 일관하였다고 말할 수 있다. 이러한 이용악의 자세가 선명하게 드러나는 시가 「38도에서」다.

> 누가 우리의 가슴에 함부로 금을 그어 강물이
> 검푸른 강물이 굽이쳐 흐르느냐
> 모두들 국경이라고 부르는 삼십팔도에 날은
> 저물어 구름이 모여
>
> 물리치면 산산 흩어졌다도
> 몇 번이고 다시 뭉쳐선
> 고향으로 통하는 단 하나의 길
> 철○를 ○해
> ○를 향해
> 떼를 지어 나아가는
> 피난민들의 행렬
>
> ─야폰스키가 아니요 우리는
> 거린채요 거리인채
> 한 달두 더 걸려 만주서 왔단다
> 땀으로 피로 지은 벼도 수수도
> 죄다 버리고 쫓겨서 왔단다
> 이 사람들의 눈 좀 보라요
> 이 사람들의 입술 좀 보라요
>
> ─야폰스키가 아니요 우리는
> 거린채요 거리인채
>
> 그러나 또다시 화약이 튀어
> 제마다의 귀뿌리를 총알이 스쳐

또다시 흩어지는 피난민들의 행렬

나는 지금 표도 팔지 않는 낡은 정거장과
꼼민탄트와 인민위원회와
새로 생긴 주막들이 모아 앉은
죄그마한 거리 가까운 언덕길에서
시장기에 흐려가는 하늘을 우러러
바삐 와야 할 밤을 기다려

모두들 국경이라고 부르는 삼십팔도에
어둠이 내리면 강물에 들어서자
정강이로 허리로 배꼽으로 모가지로
마구 헤치고 나아가자
우리의 가슴에 함부로 금을 그어
굽이쳐 흐르는 강물을 헤치자

—「38도에서」 전문

러시아어로 "야폰스키가 아니요 우리는 거린채요"라고 항변하면서 통행을 주장하는 모습은 우리 민족이 전쟁범죄자인 일본인이 아님에도 총탄으로 탄압받는 사태의 부조리를 말해주는 대목이다. 해방이 되었다고 해서 만주와 연해주로 흩어져 살던 삶을 접고 조국으로 돌아와 고향에 가고자 하나 갈 수 없는 상황은 해방되었다는 사실에 대해 의문을 가지게 하기에 충분하다. 죄를 지은 자는 일본인이지 조선인이 아닌데 왜 형벌은 조선인이 받아야 하는가? 난데없이 "우리의 가슴에 함부로 금을 그"은 자들은 누구란 말인가? 시에서 제기하고 있는 이러한 질문은 갑작스럽게 맞닥뜨린 38선의 분할통치가 도무지 불가해하고 불합리하게 여겨졌던 심정에 따른 것이다. 지금까지 심지어 일제강점기 때조차 문제없던 국토의 통행이 해방이 된 마당에 차단당하는 현실은 민중들을 언어도단의 상태에 빠트렸다. 이러한 사태 속에서의 통한을 다룬다는 점에서 위 시는 당시 체험의 직접성을 보여주는 것이라 할 수 있다.

갑작스러운 분단의 상황에 대해 우리가 가장 먼저 일차적이고 우선적으로

해야 할 주장은 "우리의 가슴에 함부로 금을" 긋지 말라는 것이었을 터이다. 우리의 해방이 비록 '우리의 피가 섞이지 않은 것'이요 연합국의 희생에 의해 이루어진 것이었다 할지라도, 따라서 가장 기여도가 컸던 소련과 미국 중심의 국제 질서의 개편이 요구되었다 해도 "야폰스키"가 아닌 '우리'가 "야폰스키"도 겪지 않은 분단의 형벌을 대신 겪어야 했던 것은 우리 민족으로서는 용납할 수 없는 일이었다. 강대국의 이해에 따라 "금을 그어"야 한다면 가해국인 일본에서 해야 할 것이거늘 그것을 한반도에서 행하는 것은 우리 민족을 희생 제물로 삼는 일에 다름 아니다. 이는 분명 역사의 왜곡이고 부조리가 아닐 수 없다. 이러한 사태를 양산하는 당사자라 한다면 그것이 "꼼민탄트와 인민위원회"라 해도 비난받아야 마땅하다.

이러한 주장은 좌우익의 시각을 떠나 우리 민족으로서 정당하게 제기할 수 있는 것이었다. 그러나 좌익의 국제주의는 강대국의 입장을 고려하는 데 우선하였고 우익의 민족주의는 국제 정세는 아랑곳없이 맹목적이었으며 좌익에 대한 견제에 치중하고 있었다. 이에 비해 이용악이 시 창작의 원리로 내세웠던 체험의 직접성은 무엇보다 총탄을 앞세워 우리의 민중과 민족을 위협하고 억압하였던 비민주적인 존재들을 고발하고 비판할 수 있게 하였다. 위 시가 소련을 비판하면서 분단 극복을 말하고 있다는 점에서 우익에게 긍정적인 시그널로 작용할 수 있었고 이 점에서 김동석의 주의와 비판[32]이 있었지만, 민족의 분단을 조장하고 무력으로 민중의 자유를 제한했던 데에 소련과 미국 양국 모두가 관여했음은 부인할 수 없는 사실이다. 이용악은 이 점을 지적하면서 우리 민족의 입장은 무시하고 자신들의 이해관계를 내세우는 강대국의 태도를 비판하고 있다. 이처럼 위 시에서 보이고 있는 이용악의 체험 중시의 태도는 이념에 우선하여 우리 민중과 민족의 본질적인 입장에서 우리에게 가장 필요한 것

32 김동석은 이용악의 시적 태도가 감각의 과신에 따른 것으로 이 경우 상황 논리에 편승하여 미국에 유리하게 작용할 위험이 있음을 경계하면서 이용악에게 공정 무사할 것을 요구하였다. 한아진, 위의 글, 209쪽.

이 무엇인지를 분명하게 제기하는 주체적 면모를 드러내는 데 기여하고 있다는 점에서 의의를 지닌다.

이용악의 주체성은 "우리의 가슴에 함부로 금을 그"은 행위에 대해 저항하며 "정강이로 허리로 배꼽으로 모가지로" 강물을 "마구 헤치고 나아가자"고 외치는 민중들에 대해 묘사하는 대목에서도 드러난다. 그것이 소련에 대한 저항이든 미국을 향한 것이든 분단 상황에 대해 '몸'으로 부딪히며 극복하려 하는 의지의 자세는 사실상 해방기의 가장 절실한 모습이었지만 이것은 어느 누구의 시에서도 찾아보기 어려웠다. 결국 해방기에 이루어졌던 대개의 시적 형상화는 이미 분단된 상황에서 이루어진 것으로서, 그 대결의 대상은 주로 남한 민중의 탄압 주체인 미군정을 향한 것이 되었고 결과적으로 그러한 투쟁의 방향은 좌익 중심의 편향된 것으로 인식될 소지가 있었다. 이러한 구도 속에서의 투쟁은 설득력이 약화되기 마련이었다. 해방기에 더욱 요구되었던 것이 좌우익의 대립이 아니라 분단 자체에 대한 저항의 외침이었음을 고려할 때 분단 상황은 더욱 첨예하게 인식되어야 했던 것이다. 그러나 그러한 논의들이 차분히 이루어지기도 전에 분단은 너무나 급격하고 견고하게 확정되어 버렸다. 위의 시 외에 그 적이 불분명하여 미소의 구분 없는 강대국 전체를 암시하는 듯한 골리앗("꼬레이어")과 다윗("다뷔데")의 대결을 형상화하였던 「나라에 슬픔 있을 때」의 경우에도 마찬가지로 이용악의 분단 상황에 대한 저항의 인식이 드러난다고 하겠으나 이후의 강고해진 분단 상황은 투쟁의 전선을 미군정의 탄압에 대한 인민의 저항으로 몰아가게 하였다. 좌익 조직에 대한 탄압으로 투쟁의 근거지를 상실한 상황을 그리고 있는 「노한 눈들」, 1946년 9월에 있었던 철도 노동자들의 총파업 투쟁과 10월의 인민항쟁을 다룬 「기관구에서」와 「빗발속에서」, 「다시 오월에의 노래」 등 이 시기 이용악의 대표작들은 모두 탄압적 현실 속에서 미군정에 대한 분노와 투쟁을 담고 있는 시들에 해당한다.

2차 미소공위가 결렬되고 단정론이 명확해지면서 남한 내 좌익 탄압은 극에 달하게 되었고 이에 따라 이용악은 「유정에게」를 끝으로 시 발표를 중단하게 된다. 이후 1948년 9월 이용악은 남로당 지하 활동을 시작, 1950년 2월 징역 10년형을 받고 복역하게 된다. 이러한 궤적은 해방기 이용악의 삶이 투쟁의 구체적 현장 속에서 실천적 체험을 중심으로 이루어졌으며 그의 시 또한 이와 병행하여 이루어졌음을 말해준다. 그러나 이 점은 그의 활동이 좌익 단체 속에서 전개되었음을 말해주는 것일지언정 그가 시에 좌익 이념을 내세우며 시를 썼다는 사실을 가리키는 것은 아니다. 그에게 중심이 되었던 것은 어디까지나 탄압의 체험을 중심으로 그에 저항하는 주체적 차원에서 이루어진 것으로, 그것이 기존의 카프시에서처럼 좌익의 계급주의적 이념을 표방하며 쓰여졌음을 의미하는 것은 아니라는 사실이다. 당시 남로당의 투쟁의 방향 역시 사회주의 국가 건설이 아닌 주로 단정수립 저지와 통일정부수립을 위한 것이었음을 고려할 때, 이용악의 활동을 두고 사회주의자의 그것이었다고 단정짓는 데엔 주의가 요구된다. 이는 이용악에게 좌익 이념은 일종의 매개적인 것으로서 궁극의 지향은 어디까지나 민족적인 것이었음을 짐작하게 해준다. 요컨대 이용악은 좌익 조직 내에서의 투철한 활동가였지만 그의 본질적 정체성은 중도파적 민족주의의 범위에 놓여 있었던 것이다.

3.3. 북한체제기 시의 이념성

조선문학가동맹에 가담했던 많은 인사들이 월북을 단행하였던 시점에 이용악은 남한에 남아 남로당 지하 활동을 수행하게 된다. 이용악의 월북은 남로당 활동으로 인한 복역 중 전쟁 발발을 계기로 이루어진다. 전쟁 직후 남로당 계열의 인사들이 숙청당하는 중에도 살아남았던 이용악은 북한 체제에서 지속적인 작품 활동을 하였으며 1971년 58세에 지병으로 사망하게 된다. 북한에서 살고 있는 동안 문학상과 훈장을 받는 등 이용악은 북한 내에서 공로를 인정받으며 문단의 중심적 역할을 수행하게 된다. 이는 그가 북한의 이념 문학으로부터 자유롭지 않았음을 말해준다. 실제로 1957년에 발간된 『리용악시선집』에 수록되지 않은 「우리 당의 행군로」, 「땅의 노래」, 「붉은 충성을 천백 배 불태워」, 「오직 수령의 두리에 뭉쳐」, 「어느 한 농가에서」 등 주로 1960년대 발표된 작품들은 김일성을 찬양하는 내용이 주를 이루고 있다.

흥미로운 것은 김일성을 예찬하는 체제지향적 시들이 본격적으로 등장하게 된 것은 1960년대로 이용악의 월북 초기부터 쓰여진 것은 아니라는 사실이다. 그렇다면 이러한 변모에서도 해방기와 유사한 패턴을 읽어내는 것이 가능하지 않을까? 이용악에게 이념은 수용가능한 시점이 되어 신념으로 내면화되었을 때 비로소 지향적 의식으로 제시될 수 있는 성질의 것이었다는 점이다. 그렇게 해서 제시된 이념은 동조할 수 있는, 스스로 진실한 것으로 여기게 되는 상태의 것임을 뜻한다. 그리고 그러한 변모의 계기에 생활세계 속에서의 체험과 실천이 놓여 있음은 물론이다. 마찬가지로 월북 초기 이용악의 시에 중점적으로 형상화되고 있는 것은 '생활' 그것임을 알 수 있다.

큰 섬을 지나 작은 섬 굽이
앞으랑 소나무를 우산처럼 펼쳐 쓴
선바위를 바삐 지나
항구로 항구로 들어오는 배

— 민청호다
— 민청호다
누군가 외치는 반가운 소리에
일손 멈춘 순희의 가슴에선
파도가 출렁…

바다를 휩쓸어 울부짖는 폭풍에도
어젯밤 돌아오지 않은 단 한 척
기다리던 배가
풍어기를 날리며 들어온다

밤내 서성거리며 시름겨웁던
숱한 가슴들이 탁 트인다

그러나 애타게 기다리기야 아마
애타게 기다리기야 순희가 으뜸

이랑이랑 쳐드는 물머리마다
아침 햇살 유난히도 눈부신 저기
마스트에 기대서서
모자를 흔드는 건 명호 아니냐

분기 계획 끝낸 논 다음이래야
육지에서 한바탕
장가 잔치 차린다는 저 친군
성미부터 괄괄한 바다의 사내

꼼베아의 발동은 그만하면 됐으니
순희야 손 한번 저어 주려마
방수복에 번쩍이는 고기비늘이
비단천 무늬보다 오히려 곱다

평생 봐도 좋은 바다
한결 더 푸른데

뱃전을 스쳐 기폭을 스쳐
수수한 사람들의 어깨를 스쳐
시언시언 춤추는 갈매기 떼 거느리고
바쁘게 바쁘게 민청호가 들어온다

—「어선 민청호」 전문

꽃밭 사이사이 이슬에 무릎을 적시며
새로 지은 구락부 옆을 지나 언덕에 올라서니
명절을 앞둔 여기 탄광 마을에
한결 더 거창한 새벽이 물결친다

동트기 바쁘게 활짝 열어제낀 창문들에
증산에의 출진을 알리는 싸이렌 소리…

지하에 뻗은 골목골목에선 굳강한 사람들이
한 초 한 초를 몸으로 쪼아 불꽃을 날리리라

사시 푸른 소나무가 울창한 산과 산 사이
맑은 대기 속을 청년들이 떼지어 간다
말끝마다 웃음 섞인 즐거운 이야기
처음 맞는 탄부절의 기쁨을 주고받으며
청년 돌격대가 갱내로 갱내로 들어간다

십 년 전 여기는
천대 받는 사람들이 비분으로 살던 곳
손이 발 되어 어둠을 더듬어도
기아와 멸시만이 따라서던 곳

그러나 보라 우리의 정권은
가슴에 덮쳤던 암흑을 몰아냈다
낮이 없던 깊은 땅속
저주로운 침묵이 엎디었던 구석구석까지
밤이 없는 광명으로 차게 하였다

보라 여기는 씩씩한 젊은이들이
청춘의 한길을 다투어 택한 곳
기름이 흐를 듯한 석탄을 가득 싣고
무쇠 탄차가 줄지어 올라오는 갱구에
전체 인민이 보내는 영광을 전하면서
수도에서 오는 북행 열차가 산굽이를 돌아간다

—「탄광 마을의 아침」 전문

1955년에 쓰여 모두 『리용악시전집』에 수록되어 있는 위 시들은 공통적으로 일차적인 생활 속 체험을 소재로 하고 있다. 전쟁 후 북한은 폐허가 된 국토의 복구 사업에 매진하여 자급자족 경제체제를 수립하겠다는 기치로 경제개발계획을 단행, 1960년대까지 남한을 능가하는 놀라운 경제성장을 이루었다. 이 시기 북한은 미국의 원조로 살아가던 남한에 비해 "한국의 기적"이라 불리는 경제 발전을 보여주었다. 여기엔 협동조합을 통한 농업의 집단화, 수공업과 상공업의 국유화 정책의 성공이 놓여 있었던바, 이는 인민을 상대로 한 "농민과 로동자가 주인이 되는 사회주의 지상락원 건설"이라는 북한 정부의 선전선동이 효과를 발휘한 결과라 할 수 있다.[33]

이용악이 시의 중심 내용으로 생활 체험을 도입한 것은 초기 시작 시기부터 일관되게 있어온 양태다. 이용악에게 이러한 경향은 해방기의 극심한 이념의 각축 속에서도 변함없이 유지되었다. 이용악에게 생활은 인식의 기반이자 진실의 토대로 기능하였음은 앞서 살펴본 대로다. 실제로 생활세계를 성실하게 그려냄으로써 이용악은 다중의 공감대를 형성하였고 이를 바탕으로 공동의 주체성을 실현하는 데 이바지할 수 있었다. 이는 생활세계가 이용악의 시적 내용을 구성하는 재료에 국한되는 것이 아니라 공동체가 공동의 문제를 발견하고 주체 되기를 실현하는 공론장으로서 기능하였음을 의미한다.[34] 이것이 가능하기 위해서, 즉 그가 제시한 생활세계가 공중의 공감을 이루고 공동체의 문제를 함께 논의할 수 있는 공론장으로 활용되기 위해서는 생활세계에 대한 형상화를 주관의식의 과잉이나 과장 없이 이루어 진실성을 확보해야 했다. 때문에 이용악은 그의 시를 매우 진중하고 절제하는 태도로서 써나갔고 이러한 측면에서 이용악의 시는 상당히 성공적이었다. 이용악의 시는 매시기 진정성의 측면

33 나무위키, 「북한/경제/역사」, https://namu.wiki/w/2023.10.01.

34 생활세계를 의사소통의 계기로 삼아 비판적이고 합리적인 토론이 가능한 공론장으로 자리매김하려는 시도는 하버마스의 의사소통이론에서도 확인할 수 있다. 하버마스는 후설의 '생활세계'를 자신의 이론에 끌어들여 상호주관의 커뮤니케이션 이론을 정립하고자 하였다. 하버마스에게 생활세계는 감각과 인지를 통해 구성되는 현실의 질료로서, 하버마스는 각 개인이 자신의 주관적인 생활세계를 표현하고 이를 통해 커뮤니케이션을 시도함으로써 정치적으로 비교적 자유롭고, 공개적이며 공적 토론의 공론장을 제공할 수 있다고 보았다. 즉 생활세계는 개인과 대중이 만나는 계기이고 공론장은 그것이 가능한 장이 되는 것이다. 조맹기, 「하버마스의 공론장 형성과 그 변동 : 공중의 생활세계를 중심으로」, 『한국소통학보』 8집, 한국소통학회, 2007, 70~105쪽 참조.

에서 높이 평가되곤 하였기 때문이다.

이용악의 이러한 창작의 경향은 북한 체제에서도 용이하게 발현되었다고 할 수 있을 것이다. 위 시들에서 그려지고 있는 어촌과 탄광촌에서의 삶의 실상은 구체적일 뿐만 아니라 그곳에서 살아가는 주체들의 모습은 매우 실감나는 것이다. 사고를 당했는지 돌아오지 않던 '어선 민청호'를 기다리는 사람들의 애타는 모습이며 마침내 '어선 민청호'가 모습을 보이자 흥분하며 반기는 모습에는 이러한 사태를 대하는 화자의 의식 현상이 그대로 투영되어 있다. 또한 굳세고 밝은 청년들의 노동으로 이루어지는 탄광촌의 일상의 모습에는 화자가 느끼는 활기와 희망이 동일하게 생생히 담겨 있다. 초기시부터 단련해왔던 이용악의 생활세계 구현의 방법은 이들 시에서도 효과적으로 적용되고 있음을 확인할 수 있다. 더욱이 북한 체제 내 한창 경제적 성장기에 처했을 시점에 쓰인 위 시들에는 생활에 대한 기대와 희망과 열정의 긍정적인 의식이 한껏 자리하고 있음을 알 수 있다. 이는 과거 일제강점하의 북방 생활과 비교했을 때도 퍽 다른 것이었기에 이용악은 이 시기의 생활 체험들을 생동감 있고 밝게 드러낼 수 있었다.

위 시들에서 그려지고 있는 이러한 지향적 의식들은 체제의 선전을 위해 인위적으로 구성된 것이 아니었으리라고 추정할 수 있다. 왜냐하면 위 시의 표현 방식이 지금까지의 이용악 시의 창작 방법의 연장선에 있으며 이용악의 생활 체험의 구현에 대한 태도가 항상 절제와 진정성의 그것으로 이루어져 왔었기 때문이다. 실제로 위 시들을 포함한 이 시기에 쓰인 시들에는 사회주의나 김일성에 대한 노골적인 선전과 찬양의 내용이 나타나 있지 않으며 순수히 생활의 실재만이 담겨 있음을 알 수 있다. 그것들이 긍정적이고 활기있게 그려지고 있지만 그 이유가 체제의 이념에 복무하기 위해서였다고 단정지을 수는 없다는 것이다. 그것은 앞서 말했듯 이 시기의 북한 사회 자체가 인민들에게 긍정적인 전망을 제시하였다는 측면에서 이해할 수 있을 듯하다. 나아가 이용악의 시적 방식이 생활에의 인식을 통해 긍정적 주체성을 실현하는 것을 의도하는 것이었던 점은 이용악의 성향이 북한의 주체사상과 잘 맞물렸을 수 있다는 추정을 해볼 수 있다. 어쩌면 이 점이 이용악이 남로당 계열의 인물이었음에도 살아남을 수 있는 요인이지 않았을까도 조심스레 짐작해본다. 요컨대 이용악은 이념의 외삽성 대신 체험의 직접성을 우선시하는 태도를 보였고 월북 후의 초기시는 이러한 경향 속에서 쓰여졌다는 것이다. 그러던 것이 1960년대 이르러 서서히 북한의 체제 이념을 받아들이고 그것을 적극 표방하는 것으로 나아갔던 것인데, 이 변모의 과정에는 체제에의 협력이나 아첨 등 외적 요인이 작용했을 수도 있겠으나 생활세계의 체험의 형상화에 따른 주체의 내적 변화에서도 그 요인을 고려해볼 수 있을 것이라는 점이다.

4. 중심으로서의 '생활'과 미학

지금까지 이용악의 시세계를 크게 해방 이전과 해방기, 북한체제기 세 시기로 구분하고 그의 시가 쓰여진 원리와 방법을 생활세계에 대한 체험과 그에 따른 의식의 지향성의 측면에서 살펴보았다. 이용악은 시작 초기에 사회주의자가 아니었음에도 사회주의자들의 주목과 관심을 받았고 해방기에는 좌익 조직에 가담하여 적극 활동하였으며, 월북은 남한에서의 옥살이 끝에 이루어진, 사실상 남한의 방출에 의해 감행된 경우에 속한다. 하지만 이용악은 북한에서 끝까지 살아남으며 국가 창건 기념 훈장까지 받는 등 북한 체제 내에서 성공적인 삶을 살았다. 다른 남로당 계열 인사들이 모두 비운의 경로를 겪었던 데 비해 이용악이 이렇게 다른 삶을 살았던 요인은 무엇일까? 팔색조처럼 변신하며 매 시기 체제에 적극적으로 협조할 수 있었던 이용악의 유연성이 그것을 가능하게 한 것일까?

본고는 초기시부터 생을 마감할 때까지 그가 '생활'에 중점을 두었던 시인이었음에 주목하여[35] 그가 생활을 다루는 방식을 살펴보고, 그것이 일으키는 미

---

35 1963년 쓰여진 산문이자 고전 시가에 대한 이론격인 「풍요와 악부시에 대하여」에는 풍

적 효과와 의의에 관해 고찰하였다. 이용악의 초기시는 서정과 서사의 결합, 모더니즘과 리얼리즘의 결합 등 절충과 종합의 다양한 개념으로 논구되었는데, 그것은 생활 체험을 다루었던 이용악의 독특한 방식에 따른 결과라고 할 수 있다. 그것은 단순히 대상을 사실주의적으로 묘사하는 것이 아닌, 대상에 대한 의식 현상, 즉 세계의 체험에 따른 의식의 현상을 세심히 기술하는 데서 기인하는 것으로서, 이러한 방식으로 시를 구성할 때 현실과 의식이 공존하고 객관과 주관이 균형을 이룸에 따라 소통과 공감을 극대화되는 효과를 얻을 수 있다고 할 수 있다. 생활 체험과 그에 따른 주관적 의식을 세심하게 제시함으로써 이용악은 탁월한 시적 성과를 이룩하였고 문단의 중심에 오를 수 있었다.

생활 체험을 대하는 초기에 보여주었던 이러한 태도는 해방기와 북한체제기에도 지속되었던바, 따라서 이용악은 각 시기 선험적으로 주어진 이념을 맹목적으로 표방하기보다 이를 지연시키고 대신 생활 체험을 충실히 다루는 데 주력하는 모습을 보여주었다. 이때 생활 체험은 이용악이 처해 있던 역사적 현실과 분리되지 않은 것이었으므로 생활 체험을 다루는 일은 이용악에게 주체적 실천의 과정과 일치하는 것이었다. 따라서 이는 이용악의 세계관의 변모에 대해서도 해명해준다. 해방기와 북한체제기 초기의 이용악이 중립적 관점에서 생활 세계를 다루었던 데 비해 갈수록 이념적 성향을 띠게 된 것도 이 때문이다. 이것으로써 이념에 동조해 가는 과정이 전적으로 설명되지는 않을지라도 이용악이 이념보다 우선적으로 생활의 체험을 다룬 것은 분명한 일이다. 그리고 이용악은 그속에서 자신의 의식의 지향성을 형성하며 의식의 변화를 이루어 갔음을 알 수 있다.

요와 악부가 인민적인 것으로서 봉건 시기 인민들의 지향과 생활감정, 풍습, 통치자들에 대한 반항 의식으로 이루어져 있는 것, 즉 인민들의 생활을 바탕으로 하여 피어난 문학이라는 관점이 제시되어 있어 이용악의 생활에 대한 관심을 보여주고 있다. 곽효환 외 편, 앞의 책, 914~923쪽.

6장

설정식의 '미학의 정치화'와 주체 정립 양상

1. 경계인으로서의 설정식

설정식은 비극적인 삶을 살았던 인물이다. 일제강점기 드물게 미국 유학 체험을 지닌 자로서 그 이유 때문에 미군정 내의 관리자로 활동했던 그는 그와 동시에 조선문학가동맹이라는 좌익 단체에 가담하였다가 결국은 미제 스파이였다는 명목으로 북한에서 처형당하면서 생을 마감했기 때문이다. 1936년 연희전문 졸업 후 4년여에 걸쳐 미국에서 영문학을 공부하고 돌아온 설정식은 1945년 10월 미군정청 정보부 여론 국장으로 취임, 1년여간 근무하는가 하면 미군정청의 입법의원 부비서장으로 재직하는 등 미군정청 내의 중요직을 역임한다. 하지만 같은 시기인 1946년 2월 그는 조선문학가동맹에 외국문학위원으로서 이름을 올리게 되며 9월에는 조선공산당에 입당하기도 한다. 이에 기반하여 설정식은 미군정청에 좌익 관련 자료를 제공하게 되는데 이로 인해 휴전 후 재판 시 미제스파이라는 죄목을 얻게 된다.[1]

이러한 사정, 즉 그가 동시적으로 우익과 좌익 양편에 관여하였던 사실은,

---

1 1953년 북한에서의 재판에서 설정식은 1946년 5월 미군정 공보처 소속 미군장교 로빈슨과 결탁하여 매일 좌익 관련 기사를 번역 제공하였으며, 1946년 6월 조선 공산당 기관지 『정조』 및 1946년 7월 민전조직체제, 1946년 8월 작가대회 회의록 등의 자료를 제공했음을 시인하면서 임화, 김남천, 이원조와 함께 처형당한다. 김오철, 「정치적 현실과 시의 대응양식」, 『우리문학연구』 31권, 우리문학회, 2010, 272쪽.

설사 그의 미군정청에서의 임무가 그의 영어 능력에 따른 편의적인 것이었다 하더라도, 그의 정체성이 정작 무엇이었던가를 의심케 하는 대목이 아닐 수 없다. 해방기 좌익과 우익의 대립의 골이 깊었던 만큼 공산주의적 의식과 자유주의적 의식의 공존은 쉽게 설명될 수 있는 것이 아니기 때문이다. 게다가 설정식의 우익적 경향성은 직업적인 것에만 국한한 것이 아니었다. 문학과 관련하여 그가 가담한 단체는 조선문학가동맹 및 조선문화건설본부라는 좌익 단체뿐 아니라 전조선문필가협회 및 전국 청년문학가협회라는 우익 단체를 아우르고 있는 것이다.[2] 결국은 공산주의를 선택하였고 그것의 기준에 의해 죽음에 처하게 되지만, 해방기 설정식이 보여준 이념적 구도에 있어서의 이러한 양면적 모습은 그의 진정한 내적 의식이 어떠한 것이었는가를 질문하게 한다.

설정식이 김동석 등 조선문학가동맹에 가담했던 동료들에게조차 진정한 좌익 시인으로 여겨지지 않았을 정도로[3] 어느 한 곳에 뚜렷한 이념적 편향성을 드러냈기보다 여러 방향에 관여했던 점은 그가 사회주의자의 일반적 성격과 다른 면모를 드러내고 있었음을 시사한다.[4] 이는 설정식이 자신의 고유한 사상을 지니고 있었을지라도 그러한 면들이 있는 그대로 인식되었다기보다 당시의 이념의 구도와 정세의 흐름에 의해 재단되고 외부적 기준으로 판단되었다는 사실을 의미한다. 설정식은 당시의 대부분의 지식인들이 그러했듯 정세의 격동 속에서 자신의 내면적 의식과의 간극을 지닌 채 이념과 조직을 선택해야 했고 또한 이것은 마찬가지로 당시 모든 지식인들이 그리 되었듯 설정식 역시 비

2 곽명숙, 「설정식의 생애와 문학 연구」, 『한국현대문학연구』 33집, 한국현대문학회, 2011.4, 344쪽.

3 최희진, 「해방기 설정식의 이념적 정체성 확립 과정 연구」, 『한국현대문학연구』 48집, 한국현대문학회, 2016.4., 366쪽.

4 설정식의 시집 『포도』에 대한 시집평을 쓴 바 있는 정지용은 "정식이가 어찌 '프롤레타리아' 시인일 수 있으랴?"라고 하면서 설정식을 '우익시인'으로 보고, 그의 시가 "조선의 새로운 민족문학"이자 "새로운 민족시"라 일컫고 있다. 정지용, 「『포도』에 대하여」, 설희관 편, 『설정식 문학전집』, 도서출판 산처럼, 2012, 802~803쪽.

극적 운명의 소용돌이 속으로 휘말려가게 되는 계기가 되었을 것이라는 점이다. 말하자면 설정식이 선택했던 이념적 지점과 운명적 결과는 설정식의 온전한 의식과 진정한 면모를 이해하는 데 큰 도움이 되지 못한다는 것이다. 이는 설정식의 사상을 이해하는 데엔 겉으로 드러나는 정치적 선택과는 별도의 근거들이 요구됨을 뜻하는 대목이기도 하다.

그러나 안타깝게도 설정식은 자신의 사상의 궤적을 직접적으로 드러내는 자료를 남겨두고 있지 못하다. 해방 이전 희곡 「중국은 어디로」 1편과 현상공모작 「거리에서 들려주는 노래」와 「새 그릇에 담은 노래」 2편의 시를 통해 작가적 역량을 보여준 설정식은 해방기에 『종』(1947), 『포도』(1948), 『제신의 분노』(1948)의 세 권의 시집과 단편소설 「프란시스 두셋」(1946), 「척사 제조업자」(1948), 「한 화가의 최후」(1948)와 미완의 작품 『해방』을 포함하여 장편소설 『청춘』, 몇 편의 단편적 평론과 「하므렡」 등 약간의 번역 작품을 남겨두고 있거니와, 단기간에 제출된 이들 작품들은 설정식의 폭발적 창작력을 보여주고 있지만 그의 사상적 실체가 직접적으로 진술되고 있지는 못하기 때문이다. 그에게 당시의 여느 지식인들이 제시했던 비평적 글쓰기가 부재하다는 점은 그의 사상적 면면들을 구성하기에 어려움을 주는 것이 사실이다.

이러한 점들은 설정식의 의식을 고찰하는 데 있어서 보다 개방적이고 미시적인 접근을 요구한다. 그의 사상의 이력을 단순히 그가 거쳐 갔던 조직들을 통해 해명할 수는 없다는 것이다. 당시의 이분법적 이념의 틀을 벗어나지 못할 경우 그의 사상은 물론 그가 추구했던 진정한 목표와 이상은 온전하게 드러나지 않을 것이다. 이에 따라 본고는 단시일에 격정적으로 쓰여진 것이면서 그의 주관적 내면을 솔직하게 담아내고 있다는 관점 아래 설정식의 시에 나타난 시적 특성과 상징들, 그리고 그의 예언자적 목소리에 주목하여 그의 의식의 편린들을 추적하고 그러한 의식의 흔적들이 가리키고 있는 세계와 존재의 실상이 무엇인지 살펴보고자 한다. 그것은 그의 이념적 선택과 때로는 겹치거나 비껴가는 것들이자 현실적이기도 하고 혹은 미래적이기도 한 것들이다. 또한 그것은 설정식의 내적 욕망을 내포하는 것이자 꿈을 향해 있는 것이기도 하다. 따라서 이들을 종합할 때 설정식이 진정으로 독자로서의 민중에게 전달하고자 한 것, 민족의 이상의 실체가 구현될 수 있을 것으로 보인다.

2. 해방기 정세와 설정식 시의 정치성

설정식이 본격적인 시작 활동을 했던 시기는 해방기이다. 이 시기 중 2년여 동안 그는 세 권의 시집을 낼 정도의 왕성한 창작욕을 보여주었다. 그가 1947,8년에 발간한 『종』, 『포도』, 『제신의 분노』에 수록된 시편들은 해방 이전의 몇 편의 습작시를 제외하고 모두 이 시기에 쓰여진 것들이다. 짧은 시기 열정적으로 작품을 창작했던 설정식은 이들 시집에 그의 감정과 욕망, 그리고 가치관과 세계관을 고스란히 담아내게 된다. 그리고 그것들은 설정식이 지니고 있던 내재적 관념을 추상적으로 드러내는 대신 당시의 정치적 격변의 상황에 조응하면서 현실지향적으로 씌어졌음을 알 수 있다. 그것은 미군정 체제하의 1946년부터 1948년까지의 시대 상황을 나타내는 것이며 더 정확하게는 미군정의 남한 정책에 대응하는 것에 해당한다. 이 속에서 설정식은 미군정 혹은 미국에 대해 추앙의 관점에서부터 실망으로의 변화된 태도를 보이게 된다. 미국 유학 체험에서 비롯된 미국에 대한 호감과 미군정 관리로서의 미군에 대한 신뢰가 초반의 태세였다고 한다면 이후 그러한 관점은 실망과 분노로 변해 간다는 것을 알 수 있다. 이러한 변모가 미군정의 남한 정책과 관련된다고 할 때, 미국에 대한 초기의 긍정적 관점이 설정식이 지니고 있던 미국에 대한 기존 인식에서 비롯된 것이라고 한다면 점차적인 부정적 관점은 미국이 보여주었던 남한에 대한 반민주주의적인 정책들, 특히 남한 내 좌익 세력에 대한 탄압과 남한 인민들에 대한 비합리적인 실정(失政)들[5]에 기인한다고 하겠다.

5 미군정의 남한 인민들에 대한 통제와 좌익에 대한 편파적이고 반민주적인 태도는 1945

설정식의 이러한 태도 변화는 이 시기 그가 창작했던 시편들의 내용에 나타날 뿐만 아니라 그의 조직 선택과도 밀접하게 연관된 것이다. 가령 미군정청에서 정보부 여론 국장이라든가 과도 입법원 사무차장으로 근무하다가 결국 이들로부터 사임하게 되는 시기가 1947년인 점은 설정식의 미국에 대한 기대와 신뢰가 더이상 돌이킬 수 없이 나락으로 떨어졌을 때와 관련된다는 사실을 짐작할 수 있다. 반면 설정식은 1946년 2월부터 가담했던 조선문학가동맹에 더욱 깊이 관여하면서 1946년 9월 조선공산당에도 입당하였고 1947,8년 당시 문맹의 요구를 따르는 진보적 리얼리즘적이고도 혁명적 낭만주의적인 일련의 시집들[6]을 발간하게 되었던 것이다. 이는 미군정청에서의 직무가 생활적 안정을 위한 필연적인 것이었음에도 불구하고 끝내 저버릴 수밖에 없었던 사정을 짐작하게 하는 대목이다. 그만큼 설정식이 미국에 대해 갖게 되었던 실망감은 대단히 컸다. 이 시기 설정식이 파악한 군정의 실체는 제국주의의 이기주의적 속성을 띠는 것에 다름 아니었거니와, 이와 관련하여 티보 메러이[7]는 설정식이 "나는 그들이 자기네 군사기지가 있는 나라보다 미군기지 자체에 더 많은 관심을 가지고 있음을 보았다"고 하면서 "농민과 노동자들이 전과 다름없이 비참한 생활을 하고 있으며, 아무런 경제적 향상도 없"을 뿐 아니라 미군정이 "부패와

년 12월 모스크바 3상회의에서 신탁통치를 결정하게 된 직후부터 더욱 가시화되었다. 신탁통치안이 남한 내에서 좌우익 간 대결을 본격화시키자 미군정은 집회의 자유를 제한하는가 하면 좌익 측에 대해 거센 탄압을 하게 된다. 특히 1946년 5월에 있었던 정판사 위폐 사건 이후 같은 해 9월 철도 파업, 10월의 인민들의 항쟁에 대해 미군정은 강경하게 탄압하였으며 우익 측과 달리 좌익 측 인사들에 대한 처벌을 엄격하게 행했던 사실을 확인할 수 있다. 이후 좌익 측은 집회 허가도 받지 못하게 되었고 1947년 8월 이후에는 미소공위를 적극 지지하였음에도 불구하고 미군정은 좌익 지도자들에 대한 대검거령을 발동, 천여 명을 검거하는 등 좌익 측에 대한 탄압을 이어갔다. 이 속에서 1947년 9월 미국무장관 마셜에 의해 신탁통치안이 포기, 미소공동위원회가 결렬되고 남한에서 단독정부 수립론이 고개를 들게 된다. 이계영, 「미군정기 서울 지역 좌 · 우익 정당 · 사회단체의 활동 공간 연구」, 『서울학연구』 87집, 서울시립대 서울학 연구소, 2022, 79~99쪽.

6 한용국, 「설정식 시연구」, 건국대학교 석사학위논문, 1996, 6~7쪽.

7 설정식이 북한에 머물 때 설정식과 친분을 맺었던 소설가이자 기자 Tibor Meray(1924~ ?)

인권의 억압을 못 본 체하"[8]고 있다고 비판하였음을 증언하고 있다. 미군정의 이러한 모습은 설정식에게 미국 유학을 하면서 경험하였거나 미국에 대해 지니고 있던 이미지와 상이한 것이어서 이에 대해 설정식은 크게 분노하고 실망했던 것이다. 이는 설정식이 당시의 세계 정세나 강대국들의 실체에 대한 인식이 피상적이었[9]다고 비판받는 부분이기도 하다.

한편 설정식의 시적 특성을 살펴볼 때 그의 시적 세계가 강대국들에 의한 질서 속에서의 그 대응과 관련하여 형성되었다는 사실은 주목을 요한다. 당시 강대국 주도의 정세를 살피는 일은 사실상 우리의 해방이 2차 대전의 종결과 연합국의 승리에 따른 것이었던 까닭에 지극히 당연한 일일 수 있을 것이나, 설정식의 경우 그것은 그의 이념적 선택과 방향성 설정의 차원뿐만 아니라 시적 형상화에 직접적으로 관여한다는 점에서 그러하다. 미소 연합 전선에 따라 조선문학가동맹에 가입하였다거나 2차 대전에서의 미국 패권의 영향으로 미군정이라는 조직에 충성하였던 점이 정세와 관련한 이념적 선택에 해당한다면 설정식은 우리에게 가해진 세계적 차원의 질서를 단순히 주어진 정치적 상황으로 간주하는 대신 시적 상황의 일부로 끌어들이고 있음을 알 수 있다. 즉 설정식의 시에서 그것은 일정한 배경이 되고 조건이 되어 그 속에서의 우리 민족의 존재성을 끌어내는 요인으로 작용하고 있는 것이다. 요컨대 설정식의 시는 결코 미학적 자율성 속에서 쓰여진 것이 아니라 현실 정치와의 관련 속에서 제출된 정치적 성격을 띤다고 말할 수 있다.

---

8 티보 메러이, 「한 시인의 추억, 설정식의 비극」, 설희관 편, 『설정식 문학전집』, 도서출판 산처럼, 2012, 793쪽.

9 김오철, 앞의 글, 289쪽. 김오철은 설정식이 전향에 전향을 거듭한 것 역시 이러한 강대국에 대한 인식의 피상성에 따른 것으로 보고 있다. 결국 그가 미국을 안다고 자부한 것은 지적 오만이거나 허위의식이며, 설정식이 보여준 민족 개념 또한 일종의 신비사상과 메시아주의에 관여하는 추상적인 것이라 지적하고 있다. 이러한 비판의 타당성에도 불구하고 설정식의 의식에 주목할 필요가 있는바, 의식은 그의 실질적인 경험에 의해 형성되며 그의 추후의 판단과 행동을 야기하는 근거가 되기 때문이다. 이 점은 설정식의 의식을 내부적으로 온전히 이해할 것을 요구하는 지점이다.

이 점은 설정식의 시와 관련하여 많은 시사점을 제시한다. 설정식이 시를 통해 하고자 한 작업은 무엇이었고 그 방식은 어떤 것이었을까 하는 것이다. 그가 미국이 주도하는 국제 정세에 관심을 두며 그것을 시의 배경으로 끌어들인 점은 그의 시가 단순히 시의 미적 형상화를 추구한 것이라기보다 국제 질서 속 우리 민족의 처지와 존립에 관한 것이었음을 암시한다. 말하자면 설정식이 무엇보다도 관심을 두고 있었던 것은 시적 미학성 이전에 우리 민족의 존재성, 자주적이고 독립적이고 주체적인 정립이었음을 나타낸다. 그러나 그것을 그가 단지 정치적 발언을 통해 주장한 것이 아니라 시를 통해 행했다는 점은 또 다른 측면에서의 그가 보여준 시적 특수성을 주목하게 한다는 것이다.

이때 우리가 살펴보아야 할 지점이 그가 독특하게 보여주고 있는 감정의 분출 양상이다. 상당 부분 영탄과 명령의 어법을 사용하고 있으며 시적 내용에 있어서도 비극적이고도 우울한 상황 혹은 반대로 낙관적이거나 희망에 찬 감정을 격정적으로 풀어내는 방식의 시적 표현을 구사하고 있는 설정식은 바로 이러한 감정적 요소 때문에 이질적으로 다가온다. 그러한 감정적 성질들은 그것이 단순히 투쟁과 선동을 의도하는 것이 아니라는 점에서 또한 그가 형상화하는 시적 내용들이 단지 인민들의 사실적 생활상을 묘사하는 것이 아니라는 점에서 일반적인 좌익 시와 구별되기도 한다. 앞서 김동석 등 동료 시인들이 설정식의 시를 좌익의 그것으로 여기지 않았던 점을 떠올려도 짐작할 수 있듯 설정식의 시는 기존의 시적 분류로부터 다소 비껴나 있는 것이다.

설정식의 이러한 감정적 시적 양상은 일견 해방의 감격적 상황에 따른 것으로 이해할 수 있지만 그것은 단순히 특정한 사건에 대한 즉자적 반응 양상에 해당되는 것이라기보다 존재론적 성격을 띤다. 설정식의 시에서의 감정은 역사의 구체성과 신화성과 근원성이라는 광범위한 토대 위에서 생기(生起)하는 것으로 현실 세계 속에서 철저히 배제되었던 자로서의 목소리 내기와 그것을 통한 주체 정립의 과정 속에 놓이는 것이라 할 수 있다. 이에 따라 설정식은 우리 민족의 구체적 감정들, 억압되었거나 분노에 차거나 서럽거나 하는 역사적 상황 속에서의 고유한 감정들을 다룬다든지 예언자적 목소리를 바탕으로 미래를 향한 의지를 발휘하는 등의 특수한 감정들을 중점적으로 제시하고 있음을 알 수 있다. 이것들은 우리 민족의 경험적이고도 선험적인 감정들로서 상황과 더불어 우리 민족을 오롯이 우리 민족으로 남게 하는 개별적이고 독자적인 감정에 속한다고 할 수 있다.

한편 랑시에르는 '미학과 정치'라는 부제가 붙어 있는 『감성과 분할』에서 질서화된 사회에서의 지배적인 감성과 그렇지 않은 감성이 분할되어 있다고 주장하며 '감성의 분할'이 곧 평등과 민주주의의 문제이자 정치의 문제라고 말하고 있다.[10] 즉 감성의 분배가 한 공동체의 공통 영역을 규정하는 방식으로 작용하게 됨에 따라 미학은 공역을 구성하는 정치의 문제가 된다는 것인데, 이에 따라 사회에서 자신의 자리(몫)을 가진 자들은 자신들의 감성과 말하기 방식을 가지고 있는 반면 그렇지 못한 자들은 자신들의 그것을 증명하듯 표현해야 하는 과업을 안게 된다고 말한다. 그러한 감성의 표현이야말로 소외된 자들의 존재 증명 과정이자 주체 정립 과정이라 하면서 랑시에르는 궁극적으로 평등을 향한 정치활동을 강조한다는 것을 알 수 있다.[11]

---

10 랑시에르에게 '감성의 분할'은 공통적인 것을 기반으로 각각의 몫들과 자리를 지니는 경계 설정 및 감각적 확실성의 체계로서, 시민들은 통치행위와 피통치행위에 분할되어 참여하게 된다고 보았다. 즉 각각은 배타적 공통성을 지닌 채 공간들, 시간들, 활동 형태 등의 참여 방식을 구축하게 된다. 이들 사이의 경계는 언어와 시간과 공간의 점유에 있어서의 능력들과 무능력들을 규정한다는 것이다. 지배와 피지배, 가진 자와 가지지 못한 자, 몫이 있는 자와 배제된 자 사이의 분할이 발생하는 것도 이 지점이다. 랑시에르는 이러한 상황 속에서 '행하는' 것에 대해 질문을 제시할 수 있는 것이 본래적 미학이며, 분할된 감성에 근거하여 공통 경험의 재-분할을 시도하는 것이 혁명적 예술의 원리라고 보았다. 랑시에르에게 그 방식은 경계 내의 예술적 형태들이 사회구조들 혹은 사회운동을 반영하는 것으로서, 혁명적 예술은 재현의 모든 위계들을 타파하고 반재현의, 새로운 기능의 변화된 이미지들을 평등하게 설립하는 일과 관련된다. 미학의 정치화가 이루어지는 것도 이 부분인바, 랑시에르의 관점에서 정치는 체계화된 감성의 형태를 또 다른 분할된 감성에 의해 전복하여 배제된 자의 평등을 구축하는 일에 해당한다. 자크 랑시에르, 『감성의 분할』, 오윤성 역, 도서출판 b, 2008, 13~23쪽.

11 이러한 관점에서 랑시에르는 치안과 정치를 구별하는 것으로 잘 알려져 있다. 치안(po-

랑시에르가 말하는 미학적 감성(감정)에 관한 이러한 관점에서 볼 때 설정식이 보여주는 시에서의 감정적 표현 방식은 그것이 우리 민족의 고유한 존재론과 관련되며 또한 그것이 미국 주도의 국제 질서와의 상관성 속에서 제시된다는 점에서 정치적이다. 즉 설정식은 패권주의화 되어 가는 미국 중심의 국제 체제 속에서 약소국으로서의 우리 민족의 입장이 철저히 외면받고 소외되는 상황에 처해 우리 민족의 존재를 현시하고자 격렬하게 몸부림쳤던 것인바, 이는 강대국이 점령하고 있던 고정된 질서에 피억압자의 감성을 통해 틈을 내고 평등을 구하고자 했던 정치적 행위라 할 수 있다.[12] 요컨대 설정식이 주요하게 보여주고 있던 감정의 격동적 성격은 설정식 시의 특수성을 나타내는 것으로, 그것은 주체의 존재성을 드러내는 가장 확고한 방법의 하나이자 분할된 세계 속에서 소외되었던 존재의 주체성을 정립하기 위한 한 과정에 해당한다는 것이다. 이로써 설정식의 시는 강대국들이 일방적으로 기획하여 구획하고 있던 국제적 체제 속에서 우리 민족을 새로운 정치의 주체로 끼어들이고 정립하

---

lice)이 주어진 사회에서 계급들 사이의 엄격한 구분을 유지하는 기능에 해당한다면 정치(politics)는 불평등한 계급이 자신의 요구를 주장함으로써 이러한 치안의 질서에 틈을 내고 평등을 관철하고자 하는 행위라고 말한다. 즉 '치안'은 기존의 사회적 질서와 규율을 유지하는 것을 의미하고, '정치'는 기존 질서에 도전하며 새로운 형평과 정의를 추구하는 행위를 의미한다. 오인용, 「감각 작용의 정치성 : 랑시에르 미학에서의 민주주의와 평등의 기입」, 『비평과 이론』 제26권 2호, 2021년 여름호, 114~118쪽.

12 랑시에르는 진정한 사회의 변혁은 계급투쟁과 같은 거시적 담론에 의해 가능한 것이라기보다 이처럼 주체들의 자기 주체화, 즉 억압되고 밀려나 실재화 되어 있지 않은 감성을 이끌어내고 분출함으로써 스스로 해방된 주체가 되게 하는 일에 의해 가능하다고 보았다. 랑시에르는 그것이야말로 존재들에 의해 성립된 존재론이자 곧 정치라고 하였다. 랑시에르의 이와 같은 배제된 자의 존재론으로서의 정치에 관한 관점은 사회 질서의 불평등을 전제하고 있으며 평등한 세계를 향한 가능성을 추구하는 것이다. 그리고 그것은 집단적 주체의 단결 이전에 주체들이 제 각각 스스로 해방될 때 비로소 성립된다. 사회의 체제로부터 소외된 자신의 감정과 욕망을 능동적으로 표현하고 이를 통해 기존 질서에 균열을 내고자 하는 이러한 시도들은 존재의 살아 있음을 확인하는 일이자 불평등하게 주어진 세계에 대한 저항의 방식이라 할 수 있다. 미학이 정치가 되는 지점도 바로 여기이다. 자크 랑시에르, 『불화 : 정치와 철학』, 진태원 역, 도서출판 길, 2015 참조.

고자 했던 의도를 나타내는 것이라 할 수 있다. 또한 이것이야말로 랑시에르적 관점에서의 미학의 정치성이자 민주주의적 정치[13]라 할 만하다.

랑시에르의 감성의 존재론, 미학의 정치화에 대한 관점은 흔히 정통 리얼리즘 시와 거리가 있으며 사실상의 좌익과도 일치하지 않는다고 평가받곤 하였던 설정식의 특수성에 대해 해명하는 계기로 작용한다. 설정식의 시의 중요 요소인 격앙된 어조 및 격한 감정 표현의 측면은 단순히 서정성의 측면에서 이해된다거나 혹은 리얼리즘 시와의 부조화의 측면에서 고려되는 것이 아니라 소외된 자의 존재론 정립 및 평등을 향한 정치적 행위로 평가될 수 있다는 것이다. 그리고 시에 드러나 있는 이러한 요소들은 그대로 현실에서의 설정식의 이념적 선택으로 이어진다. 좌익과 우익의 양편에 관여하고 남한으로부터 북한으로의 외견상 갈팡질팡하는 듯한 설정식의 선택들은 그의 주체로서의 자유와 해방, 그리고 평등을 향해 나아가는 정치의 일 과정이었기 때문이다. 해방 이후 미군정과 이승만 정권 아래서 경험한 사실상의 극우파시즘적 반공주의는 설정식으로 하여금 그에 대한 반작용으로서의 선택을 하도록 이끌었고 그러한 선택은 배제된 자의 주체화의 과정이자 민주주의에의 열망에 따른 것이었다고 말할 수 있는 것이다.

3. 존재의 근간으로서의 감정

설정식의 시에서 감정의 절제되지 않은 표출의 양상들은 압축과 암시 등으로 표현되는 시의 일반적 형태를 넘어서 있다. 그것은 보다 직접적이고 과잉되어 있다. 그러나 그때의 감정들은 오직 감정으로만 부각되는 감상성과도 거리가 멀다. 설정식 시의 감정은 자아에게 있어서의 단순하고 피상적인 측면에 머물러 있는 것이 아니라 그의 존재론에 관여하고 있다고 말할 수 있는바, 그것

13 오인용, 앞의 글, 127쪽.

은 설정식의 감정이 존재의 역사성과 사회성 속에 뿌리를 두고 있는 근원적인 것이자 지속적으로 운동성을 지니는 살아 숨 쉬는 것이라는 점에서 그러하다. 그것은 존재의 깊은 기반으로부터 발생하면서 그를 뒤흔들고 나아가 그를 세상 속에서 꿈틀대게 하는 성격의 것이다. 설정식의 시에서 감정은 격앙된 것이지만 상황과 혹은 존재와 분리되지 않은 채 그 자체로 폭발력과 운동력을 지닌다. 요컨대 그것은 존재를 세계 내에 위치시키는 힘의 실체가 된다.

두고두고 노래하고
또 슬퍼하여야 될 팔월이 왔소

꽃다발을 엮어
아름다운 첫 기억을 따로 모시리까
술을 빚어놓고 다시
몸부림을 치리까

그러나 아름다운 팔월은 솟으라
도로 찾은 것은 날으라 그러나

아하
숲에 나무는 잘리우고
마른 산이오 눈보라 섣달
사월 첫 소나기도 지나갔건마는
어디 가서 씨앗을 담아다
푸른 숲을 일굴 것이오

아름다운 팔월 태양이
한 번 솟아 넙적한 민족의 가슴 위에
둥글게 타는 기억을 찍었소

그는 해바라기
해바라기는 목마른 사람들의 꽃이오
그는 불사조

괴로움밖에 모르는 인민의 꽃이오

오래오래 견디고
또 기다려야 될 새로운 팔월이 왔소

해바라기 꽃다발을 엮어
이제로부터 싸우러 가는
인민 십자군의 머리에 얹으리다

해바라기 쓴 술을 빚어놓고
그대들 목을 축이러 올 때까지 기다리리다

팔월은 가라앉으라
도로 찾은 것을 접고 바람을 품으라
붉은 산 황토벌도
역사의 나래 밑에 그늘진 자유
방자* 엄돗는* 인민의 꽃 해바라기에 물을 기르라

자유가 두려운 자
아름다운 사상과 때에 반역하는 무리만이
이기지 못하는 무거운 역사의 그림자

팔월은 영화로운 팔월의 그림자를 믿으라
죽음을 모르는 인민들은
죽음을 모르는 팔월의 꽃
해바라기에 물을 기르라

(*방자 : 꽃답고 아름다운 자태. *엄돗는 : 움돋는. 싹트는.)

—「해바라기 쓴 술을 빚어놓고」(『종』 수록) 전문[14]

14 설희관 편, 『설정식 문학전집』, 도서출판 산처럼, 2012, 65~67쪽. 이후 시 인용은 별도의 표기 없이 이 책에 의한다.

해방기 많은 시인들이 '8월'을 다루고 있지만 위 시에서 묘사되고 있는 "팔월"은 여타의 다른 시에서 흔히 그러하듯 광복의 벅찬 환희와 기쁨의 감정으로 채색되어 있지 않다. 대신 그것은 1946년이라는 역사적 시점에서의 "팔월"인, 즉 "슬퍼하여야 될", "아름다운 첫 기억"과 다른 현재의 상황으로 인해 그때를 그리며 "몸부림"을 쳐야 하는 그것으로 그려진다. 화자에게 1945년의 "팔월"은 "아름다운" 것으로 기억되어 현재에 다시 "솟"고 "날"기를 마음으로 전유된다. 이러한 "팔월"에 대한 감정은 "숲에 나무는 잘리우고"라든가 "마른 산"과 "눈보라 섣달"로 비유되는 혹은 "어디 가서 씨앗을 담아"야 할지 알 수 없는 현재적 인식을 배경으로 하고 있다는 점에서, 단순히 감정 제시를 위해 그치는 것이 아니라 민족의 존재성과 관련한다는 것을 짐작할 수 있다. "아름다운 팔월 태양이/한 번 솟아 넙적한 민족의 가슴 위에/둥글게 타는 기억을 찍었소"와 같은 강렬한 표현들은 "팔월"에 대한 고무된 감정을 직접적으로 드러내는 것이지만 동시에 그 "기억"이 일으키는 운동력으로서 각인된다. 즉 이와 같은 고양된 감정의 분출은 과거의 일회적 추억에 멈춰 있는 것이 아니라 현재의 절망에 차 있는 우리 민족을 앙양시키는 계기가 된다. 요컨대 그것은 우리 "민족"의 주체의 호출과 관련되고 있는 것이다. 말하자면 위 시에서 "팔월"을 둘러싼 격하게 표현되고 있는 감정들은 자체적인 의미를 지니는 것이라기보다 우리 "민족"의 존재성을 드러내기 위한 기제로 활용되고 있다고 하겠다.

이렇게 "솟아 넙적한 민족의 가슴 위에/둥글게 타는 기억을 찍"은 "팔월의 태양"은 "목마른 사람들의 꽃" "해바라기"가 되어 "오래오래 견디고/또 기다려야 될 새로운 팔월"로서 작동하게 되거니와, 이는 "팔월"의 사건이 일회성으로 끝나는 것이 아니라 "민족"이 온전히 존립하고 드높이 주체성을 발휘하는 시점까지 그 영향력을 발휘해야 함을 나타내고 있다. 즉 "팔월"은 "괴로움밖에 모르는 인민의 꽃"으로서의 "불사조"가 되어 영원히 "민족"에게 힘을 주는 기억이 되어야 한다는 것이다. "싸우러 가는/인민 십자군의 머리에 얹"어질 그것은 "민족"이 마주하게 될 현실 속에서 "민족"으로 하여금 무너지지 않고 당당히 그 존립을 위해 투쟁할 수 있는 근거가 될 것임을 암시한다. 이로써 "민족"은 험난하고 거친 강대국 중심의 세계 질서 속에서 힘을 겨루며 존립해야 하는 당위성을 부여받게 된다. "팔월은 가라앉으라/도로 찾은 것을 접고 바람을 품으라"는 것은 "팔월"이 그저 스쳐가는 것이 아니라 힘의 근원이 되어 민족의 현재성을 강화시키는 요인이 되어야 함을 역설하는 대목이다.

이는 현재의 우리 민족이 겪고 있는 소외의 상태를 딛고 나아가 실질적인 벅찬 순간을 맞이해야 함을 강조하는 것으로서, 설정식이 보여주는 화려한 시적 표현들과 "팔월"을 둘러싼 감정들은 그 자체로 있는 것이 아니라 민족의 존재성, 즉 강대국의 논리만 지배하는 세계에서 억압되어 그 존재의 실체를 찾기 어렵게 된 우리 민족을 되살리기 위한 힘과 근원이 되어야 함을 보여주고 있다. 이 속에서 설정식은 우리 민족이 기꺼이 "싸울" 것을, 투쟁을 통해 우리 민족이 그 존재를 오롯이 정립할 것을 되뇌고 있다. 위 시에서 언급되고 있는 "인민 십자군"은 강대국의 패권에 의해 세계의 질서가 고착되어 가는 가운데 우리 민족의 '몫 없음'을 극복할 주체를 상정하는 것으로, "팔월"을 둘러싼 감정들이 화려하게 채색되고 있는 것은 그것이 곧 민족을 일으켜 세우는 데 있어서 근원적인 힘으로 영향력을 발휘할 수 있다는 기대 때문이다.

물론 위 시에서 제시하고 있는 우리 민족의 주체성의 뚜렷한 형태는 "자유"다. "자유"는 "아름다운 사상과 때"가 가져올 그것으로서 "무거운 역사의 그림자"의 대척점에 놓이는 것이다. "자유"는 "팔월"의 순간에 경험했을 그대로의 감정을 지시하는 것으로서, 예컨대 강대국의 질서가 지배하기 이전의 순수하고 즉자적인 해방의 감정적 상태를 의미한다. 말하자면 "자유"는 민족의 존립을 억압하고 주체성을 훼손시키는 패권 국가들을 대신하는 새로운 주체 중심의 질서를 의미하는 것이자 그들과의 "싸움"을 통해 획득할 궁극의 성과물이다. 즉 "인민"들의 "싸움"은 민족이 주체성을 획득하고 발휘하여 스스로 기존의 패권의 질서에 자신의 존재를 드러내기 위해 발휘해야 할 요인인 셈이다.

이처럼 설정식의 시는 감정의 부각을 통해 필연적으로 존재성을 확인하고 이를 바탕으로 주체의 정치적 행위로 나아가는 전 과정을 보여주고 있다고 해도 과언이 아니다. 설정식이 억압되었던 가운데 복원하고자 했던 존재는 단연 "민족"이자 "인민"으로, 이들 존재를 호출하고 정립하기 위해 설정식은 "팔월"이라는 주요 사건을 중심으로 하는 감정을 부각하면서 이를 과거와 현재, 그리고 미래의 역사성을 통해 존재의 실체를 다져나가고 있다는 것을 알 수 있다. 요컨대 설정식에게 시는 단순히 단아한 서정성의 것도 순간적으로 투쟁을 호소하는 선전선동 형식의 것도 아닌 주체성 정립과 관련된 정치적인 것임을 알 수 있다. 그것은 위 시에서처럼 억압된 주체들의 감정을 드러내는 것으로 시작하여 시대의 억압적 질서에 저항하고 이 속에 자신의 존재성을 정립하는 일련의 과정에 해당한다. 이로써 설정식은 패권 국가가 이룩하는 국제적 질서의 틀 속에서 배제되고 소외된 자로서의 우리 민족의 존재를 일깨우고 그 존재성을 미래에까지 영속시켜 나갈 수 있기를 소망했던 자였음을 이해할 수 있게 된다.

한편 설정식은 시 창작 원리에 관해 메모하고 있는 「Fragments」에서 의미심장한 말을 하고 있다. 그는 "시의 최소공배수는 그 시대 인민 전체 의사의 최대공약수로 된 진리에 필적한다"[15]고 말함으로써 그가 겨냥하고 있는 대상이 "인민"임을 분명히 하고 있으며, "시인은 독자를 구원하는 것이 아니다. 함정에 빠진 사람에게 시인은 동아줄을 내려보내 주는 대신에 그 사람의 생의 의욕보다 더 강렬한 것으로써 그 사람과 교통함으로써 그 사람이 스스로 올라오게 하는 것이다"[16]라고 하는 대목에서 그의 시 창작의 방법에 대해 암시해주고 있다. 그것은 그의 시가 존재를 일방적으로 대상화시켜 재현하는 방법을 쓰는, 소위 리얼리즘적 방식의 그것인 대신 "그 사람의" "생의 의욕", 즉 존재의 생명력 혹은 운동력으로서의 강렬한 감정을 살림으로써 그가 스스로 존재성을 정립하고 주체가 되어나가는 과정을 구현하겠노라는 의지를 나타낸다. 이러한 시 창작법

15 위의 책, 198쪽.

16 위의 책, 197쪽.

은 당시 누구에게서도 찾아보기 힘든 방법이자 견해에 해당한다. 설정식 시의 이러한 양식은 해방기 정치적 상황을 바탕으로 선전선동 중심의 리얼리즘 시를 썼던 당시 좌익 그룹의 시들과 상당히 다른 방식의 시쓰기였다는 사실에 주목할 필요가 있다.

4. '태양' 상징과 변질되는 미국

주체의 존재성을 복원하여 그를 현실 정치의 가운데로 끌어들이는 방식의 시적 전략을 구사하고 있는 설정식의 시에서 '태양'[17]이라든가 '해바라기'[18], '수레'[19] 등의 상징이 자주 등장하는 것은 우연이 아니다. 모두 원형(圓形)으로 이루어진 이들 상징은 존재의 완성된 형태와 그들의 존립의 영원성을 암시하기 때문이다. 즉 이들 각각은 그 자체로 완전한 존재를 가리키면서 역사적 상황을 바탕으로 자신의 존재성을 구현하는 양상을 나타낸다. 이때 '태양'과 '해바라기'는 서로 대립적이고도 상호 작용하는 각각의 두 존재성을 의미하거니와, 이들의 관계를 살피는 일은 미국과 우리 민족 간의 관계 양상을 이해하는 방편이 되기도 한다는 점에서 흥미롭다. 특히 주로 미국을 지시하고 있는 '태양'에 대한 관점은 일정하지 않게 묘사되곤 하는데, 이는 매 시기 매 상황에 따라 설정식이 미국에 대해 지니는 의식의 차이를 반영하고 있다는 사실을 말해준다.

같은 시집 『종』에 수록된 시들이지만 「해바라기 2」, 「해바라기 소년」과 「해바라기 3」, 「태양없는 땅」에서 그려지고 있는 '태양'의 성격과 '해바라기'와의 관계성은 차이가 있다. 앞의 두 시가 '태양'을 향한 '해바라기'의 지향성과 동일성

---

17 「해바라기2」, 「해바라기3」, 「해바라기 소년」, 「또 하나 다른 태양」, 「태양 없는 땅」, 「태양도 천심(天心)에 머물러」 등.

18 「해바라기 쓴 술을 빚어놓고」, 「해바라기 1」, 「해바라기 2」, 「해바라기 3」, 「해바라기 소년」 등.

19 「피수레」 등.

을 보여주고 있다면 뒤의 두 시는 서로 대립하고 갈등하며 결국 관계가 틀어지는 양상을 보여주고 있기 때문이다. 기록된 바에 따라 앞의 두 시가 1946년에 쓰였던 반면 뒤의 두 시는 각각 1946년 11월, 1947년 2월에 발표된 것으로 미루어 그 사이에 설정식의 미국에 대한 시각이 상이해졌음을 짐작할 수 있다.

해바라기 꽃이 피면
우리들은 항상
해바라기 아이들이 되었다

해바라기 아이들은
어머니 없어도
해바라기 아이들은 손이 붉어서
슬픈 것을 모른다

붉은 주먹을 빨기도 하면서
다리도 성큼 들면서
아이들은
누런 해바라기와 같이 돌아간다

태양은 해바라기를 쳐다보고
해바라기는 우리들을 쳐다보고
우리들은 또 붉은 태양을 쳐다보고

해가 져서
다른 아이들이 다 집에 돌아가도
너하고 나하고는
해바라기 가까이 잠이 들자

—「해바라기 소년」 전문

해바라기는 차라리 견디기 위하여
해바라기는 차라리 믿음을 위하여

너희들의 미래를 건지기 위하여

무심한 태양이
사슴의 목을 말리고
수풀에 불을 지르고
바다 천심(千尋)을 짜게 하여도

해바라기는 호올로
너희들의 타락을 거부하였다

모든 꽃이 아름다운 십자가에 속은 날
모든 열매가 여지없이 유린을 당한 날
그들이 모두 원죄(原罪)로 돌아간 날

무도(無道)한 태양이
인간 위에 군림하고
인간은 또 인간 위에 개가(凱歌)를 부르고
이기랴든 멍에냐 어깨마저 깨져도

해바라기는 호올로
태양에 필적하였다

—「해바라기 3」 전문

위 시들에서 "태양"은 "해바라기"와 다른 차원에 놓인 절대적이고 초월적인 존재를 가리키고 있음을 알 수 있다. 그것은 지상적 존재인 "해바라기"와 달리 닿을 수 없는 위치에서 그 자체로 빛나고 강력한 존재를 상징하는 것이다. 이 속에서 「해바라기 소년」에서의 "태양"은 "해바라기"를 향해 자애롭고 따뜻하게 다가오는 존재를 상정하고 있다. "태양은 해바라기를 쳐다보고/해바라기는 우리들을 쳐다보고/우리들은 또 붉은 태양을 쳐다보고" 하는 대목은 "태양"과 "해바라기", 그리고 "우리들" 사이의 원만하고 부드러우며 상호 소통하는 관계를 보여준다. "해바라기"는 "태양"과 "우리들" 사이를 매개하고 있다는 점에서

"우리들"이라는 구체성에 대한 추상화라 할 수 있거니와, 예컨대 "우리들"이 인민을 가리킨다면 "해바라기"는 민족을 가리킨다고 하겠다. 따라서 "태양"과 "해바라기" 사이엔 상호 소통하면서도 힘에 있어서의 불균형의 관계에 놓여 있는 상태를 암시한다. 이러한 관점에서 볼 때 "해바라기"를 우리 민족으로, "태양"을 미국으로 의미화할 수 있을 것이다. 이로써 "해바라기"는 "태양"과 같은 색깔과 지향성을 지니는 것으로서, "태양"으로부터 온기와 에너지를 받는 존재임을 알 수 있다.

"태양"과 "해바라기"의 이러한 관계성, 그리고 "태양"을 향한 긍정적 관점은 미국에 대한 설정식의 초기의 관점, 즉 미군정에서 근무하였을 당시의 미국에 대한 시각을 나타내는 것이라 짐작할 수 있다. 선교사의 도움으로 미국 유학을 했던 설정식에게 미국은 선진적이고도 은혜로운 나라였을 것이거니와, 그러한 미국이 일제에 대항한 연합국의 승리자로서 남한에 입성했을 때 미국은 조선을 해방시켜 준 구세주로 여겨졌을 것이라는 점이다. 설정식에게 미국은 한없이 친근하고 우호적인 국가였을 것임은 의심치 못할 사실이다. 미군정의 관리로 있으면서 후에 미제 스파이라는 죄목을 받을 정도로 미군정에 물심양면으로 도움을 주고자 했음도 쉽게 짐작할 수 있다.

그러나 미국에 대한 설정식의 그러한 관점은 오래가지 못한다.[20] 앞서 티보

20 미소공동위원회가 추진되고 있을 즈음 설정식은 우리 나라가 세계 민주주의의 체제와 맞물리면서 온전히 존립하게 될 것이라는 기대로 한껏 들떠 있었다. 이러한 설정식의 믿음은 '미소공동위원회에 드리는'이라는 부제를 달고 있는 「헌사」에 잘 나타나 있다. "미음같은 땀을 삼키며/굵은 뿌리로 헤아리는/조국의 흙이어/네 바람 속에/안식을 나르게 할/나래 돋히려/천년을 묵은 인민의 어깨라//이제 때 정(正)히 왔음은 보람 헛되지 않음이니 (중략) 요마(妖魔) 물러섬을 이름이오/방위(方位) 바로잡힘을 고(告)함이라/내 다시/경건하게 이르거니와/팽배한 세계의 조수(潮水)여/쓸리고 또 밀리는/민주주의의 흐름이어/네 바람 속에/깃들인 나래같이/활개 펴개 하여/천년 늙은/어깨를 가벼이 하라". 여기에서 알 수 있듯 설정식에게 미국과 소련 주도의 세계 체제 속에 귀속되는 것은 "천년 묵은" 우리 민족의 무거운 짐을 덜고 세계적 "조수(潮水)"인 "민주주의의 흐름"에 동조하는 일이자 "정(正)"한 일에 해당하는 것으로 여겨졌다.

메러이의 증언에서도 확인할 수 있었듯 설정식은 1946년 즈음부터 가시화된 미군정의 좌익 탄압으로 인해 미국에 점차적으로 실망하고 있었으며 미군정 관리직을 사임하게 되었던 1947년은 미군정에 대해 완전히 등을 돌리게 되었다. 이후 설정식이 조선 공산당 및 조선문학가동맹에서 적극 활약하였던 것은 잘 알려진 일이다. 1946년의 말 즈음에 쓰여진 「해바라기 3」은 남한의 좌익 세력과 미국과의 관계가 완전히 틀어져 버려 서로 반목하고 갈등하는 상황을 암시하고 있다 하겠다. 이제 "태양"은 따뜻하다기보다 "무심"하고 "사슴의 목을 말리고/수풀에 불을 지르고/바다 천심千尋을 짜게 하"는 등의 광포한 존재로 다가온다. 그렇게 태도가 돌변한 "태양"을 가리켜 화자는 "타락"한 자라 칭하며 그에게 "모든 꽃이" "속았"다는 원색적인 비난을 행하기에 이른다. "모든 열매가 여지없이 유린을 당"하였다거나 "그들이 모두 원죄(原罪)로 돌아"갔다거나 "무도(無道)한 태양이/인간 위에 군림하"였다고 하는 언급들은 "태양"을 향한 원망과 실망의 감정을 나타내는 것들이다. 특히 "태양"이 "인간 위에 군림하"였다고 하는 부분이나 "인간"이 "또 인간 위에 개가(凱歌)를 부"른다는 대목은 약소국을 억압하고 핍박하는 미국의 제국주의자로서의 성격을 환기하는 것에 해당한다.

"해바라기"와의 관계에 있어서 "태양"의 이러한 속성은 "해바라기"로 하여금 "태양" 바라기를 거둬들이고 "호올로" 독자적으로 살아가도록 강제하는 요인이다. 또한 이것은 미국을 민주주의의 실행자로서 한국의 민중을 대변할 것이라는 관점에서 바라보았던 설정식 자신의 입장을 철회하는 상황을 나타내는 것이기도 하다. 말하자면 "해바라기"와 "태양" 사이에는 불균등하지만 상호 우호의 관계가 놓여 있던 것이 이제는 그것이 깨져버려 약자로 있던 "해바라기"가 스스로 주체가 되지 않으면 안 되는 사정이 된 것이다. 이처럼 위의 두 시 「해바라기 소년」과 「해바라기 3」은 그 사이에 얼마나 큰 단절과 온도 차이가 있는지 선명하게 드러내고 있다. 이러한 가운데 「해바라기 3」에 그려지고 있는 "어깨마저 깨져도" "호올로 태양에 필적하"겠다고 하는 "해바라기"의 단호한 태도는 소외되어 있던 자가 종속되어 있던 세력과 결연히 분리된 채 어떤 어려움에도 불구하고 주체성을 정립하겠다는 의지를 나타내는 대목이라 하겠다. 여기에서 보여지는 설정식의 태도, 즉 미국에 대한 정체 인식과 함께 남한 민중의 독자적인 노선을 걸어가겠다고 하는 자세는 향후 설정식의 시에서 우리 민족에 대한 낙관적이리만치 긍정적인 비전을 낳게 하는 배경으로 작용한다고 할 수 있다.

5. 고귀한 민족의 정체성

미소공동위원회의 결렬과 함께 미군정에 의한 좌익의 불법화가 이루어지고 남한 단독 정부 수립의 경향이 짙어지자 더 이상 어디에도 기댈 곳이 없다는 인식을 지니게 된 설정식은 모든 강대국 세력으로부터 거리를 두고 민족의 내실을 가다듬는 시간을 가져야겠다고 생각한 듯하다. 이때부터 설정식의 시에는 견딤과 인고의 태도를 더욱 강조하는 경향이 두드러지는데 이는 첫 시집 『종』에 "주권"과 "자유", "민족", "겨레" 등의 용어가 자주 등장하면서 시를 관념적으로 이끌어가는 것과 대비된다.[21] 예컨대 "깍지 낀 그대들의 두꺼운 어깨는 태산, 태산같이 큰 위대한 주권의 고통"(「내 이제 무엇을 근심하리오」)이라든가 "억년을 함께 있을 파도, 노래로 곡을 하는 강산이여"(「태양도 천심에 머물러」), "뒷짐 진 인민, 뼈를 흙속에 아니라 바위 가슴에 묻으리다. 주권이 설 때까지는 아지 못하노라 하는 거부의 역 바위 속으로 들어갑니다"(「실소도 허락하지 않는 절대의 역」) 등의 표현이 그것이다. 이들 구절에서 설정식은 초기에 선언적이고 당

21 "권력은 아무에게도 아니/주리 우리 생명 오직 하나인/자유를 위해서만 바치리"(「권력은 아무에게도 아니」)라든가 "너 존엄한 주권이여, 무명(無明)은 기다리라", "알마치 국궁(鞠躬) 읇조리오리니/민족을(AD CAPTANDUM)/이 테 두른 관(冠)을 쓰시라니까"(「단조」), "네 존엄을 뉘 깨뜨리드뇨", "내 간 뒤에도 민족은 있으리니/스스로 울리는 자유를 기다리라"(「종」) 등의 구절들은 민족의 당위성에 관한 막연하고 선언적인 언표에 해당한다.

위적으로 외치던 태도에서 벗어나 그러한 것들이 쉽게 주어지지 않을 것이며 우리 주체들의 지난하고 오랜 노력의 시간에 의해서 비로소 가능할 것이라는 점을 암시하고 있다.

이와 함께 이즈음 설정식의 시에는 "떨어져 죽지 않는 포도"와 "가슴마다 타는 해바라기, 붉은 사상의 태양"(「승가」)과 같은 '포도'와 '해바라기' 등의 상징을 중심으로 단단한 민족성을 강조하는 동시에 "다시 한번 모진 허울 벗기우는 땅", "달빛옷이 마르기를 기다리는 땅"(「우일신」)과 같은 국토에 기반을 둔 민족적 현실을 중시하는 표현들이 많이 나타나고 있다. 이는 정치의 이상적 상태에 도달하기 위해 민족의 실질적인 근간을 세워야 한다는 설정식의 인식을 보여주는 부분에 해당한다. 설정식의 예언자적 목소리가 우렁차게 들리기 시작하는 지점도 여기이다. 신화적 세계와 동전의 양면을 이루며 제시되고 있는 그의 이러한 목소리는 단순히 과장된 허구성을 나타내는 것이 아니라 근원성에 뿌리를 둔 채 민족의 비전을 추구하는 모습에 해당한다. 신화적 세계에 기인하는 신성성을 함께 지니는 이러한 민족성은 단지 미래적인 것이 아닌 과거적인 것과 미래적인 것이 융합된 속성 또한 의미한다. 요컨대 그의 예언자적 목소리는 공허한 관념에 속하는 것이 아니라 민족의 근원적 심성과 역사적 시간성을 아우르는 실질적이고 단단한 것이다. 그것이 설령 서구적 기독교 신화로 채색된 것이어도 이러한 설정식 시의 내포가 달라지는 것은 아니다. 기독교 신화는 우리 민족의 존재론적 본성을 구현하기 위한 배경에 불과하기 때문이다.

> 하늘에서
> 또 하나 다른 소래 있어 일렀으되 —
> 일찍이
> 네 너희를
> 꿀과 젖이 흐르는
> 복지에 살게 하고저
> 애급(埃及) 땅에서 너희를 거느리고 떠나

광야를 헤매기 삼십육 년
이슬에 자고 뿌리를 삼키니
이는 다
아모라잇 기름진 땅을 기약한 것이거늘

이제 너희가
권세 있는 이방 사람 앞에 무릎을 꿇고
은(銀)을 받고 정의를 팔며
한 켤레 신발을 얻어 신기 위하여
형제를 옥에 넣어 에돔에 내어주니

내 너에게
흔하게 쌀을 베풀고
깨끗한 이빨을 주었거늘
어찌하여 너희는 동족의 살을 깨무느냐

동생의 목에 칼을 대는 가자의 무리들
배고파 견디다 못하여 쓰러진
가난한 사람들의 허리를 밟고 지나가는 다마스커스의 무리들아
네가 어질고 착한 인민의
밀과 보리를 빼앗아
대리석 기둥을 세울지라도
너는 거기 삼대(三代)를 누리지 못하리니

내 밤에
오리온 성좌를 거두고
낮에는 둥근 암흑을 솟게 하리며
보고도 모르는 쓸데없는
너희들 눈을 멀게 하기 위하여
가자 성(城)에 불을 지르리라

옳고 또 쉬운 진리를
두려운 사자라 피하여

베델의 제단 뒤에 숨어 도리어
거기서 애비와 자식이 한 처녀의 감초인 살에 손을 대고
또 그 처녀를 이방인에게 제물로 공양한다면 내

하늘에서 다시
모래비를 내리게 할 것이요
내리게 하지 않아도 나보다 더 큰 진리가
모래비가 되리니
그때에
네 손바닥과 발바닥에 창미가 끼고
네 포도원은 백사지(白砂地)가 되리니

그러므로
헛된 수고로 혀를 간사케 하고 또 돈을 모으려 하지 말며
이방인이 주는 꿀을 핥지 말고
원래의 머리와 가슴으로 돌아가
그리로 하여 가난하고 또 의로운 인민의 뒤를 따라
사마리아 산에 올라 울고 또 뉘우치라

그리하면
비록 허울 벗기운 너희 조국엘지라도
이스라엘의 처녀는 다시 일어나리니
이는 다 생산의 어머니인 소치라

—「제신의 분노」 부분

구약 성서의 내용을 인용하면서 쓰여지고 있지만 위 시가 그려내고 있는 것은 당시의 우리의 현실적 상황이다. 1948년 7월 『문학』에 발표된 위 시는 미소공동위원회 결렬 후 미군정과 우익 세력에 의해 단독정부가 수립되는 과정을 겪고 있던 상황을 배경으로 하고 있다. 위 시가 수록된 『제신의 분노』가 1949년 판금처분이 내려지고 설정식이 체포령이 내려질 정도의 시대 비판적인 성격을 띠고 있던 위 시는 "권세 있는 이방 사람" 미군정과 결탁하여 "형제", 즉

자신들에게 동조하지 않는 좌익과 인민들을 "옥에 넣"는 등의 탄압을 일삼는 우익의 행태를 문제삼고 있다. 설정식의 눈에 민주주의를 궤멸시키고 분단을 획책하는 이승만 주도의 우익 정권은 "한 켤레 신발을 얻"기 위해 "정의를 파"는 행위에 해당되었다. 이 속에서 설정식의 눈에 띄는 부정할 수도 외면할 수도 없는 사태는 "배고파 견디다 못하여 쓰러진/가난한 사람들", 즉 인민의 피폐함과 죽음이다.

이러한 설정식의 관점은 물론 당시 미군정이 보여준 태도가 우리 인민의 "경제적 향상"이나 "인권"을 위한 것이었다기보다 "군사기지 자체에 더 많은 관심을 가지고 있음"[22]에 따른 것이라는 인식을 나타낸다. 당연히 그들이 자신들의 패권 확장에 주력하게 됨에 따라 결국은 "생산의 어머니"와도 같이 "이스라엘의 처녀"가 "다시 일어나"게 될 것이라는 점이다. 이는 설정식이 지녔던 정의에 대한 확고한 신념을 나타내는 것으로서, 설정식은 "이방인이 주는 꿀을 핥지 말고" "원래의 머리와 가슴으로 돌아가"는 민족의 근원을 되찾으며 "가난하고 또 의로운 인민"을 따르라는 메시지를 제시하고 있다. 민족에 대한 설정식의 믿음은 우리 민족의 고귀함과 강인함을 가리키고 있음을 알 수 있다.

6. 세계 정세와 민족의 존립

지금까지 이루어진 설정식에 대한 연구는 해방기 그가 보인 독특한 이력과 그와 맞물린 비극성에 기반하여 촉발되는 경우가 많다. 일제강점기 드물게 미국 유학을 함으로써 자유민주주의에 대한 정서적 경도를 지녔을 그가 어찌하여 좌익적 활동을 하였고 급기야 월북을 했는가 하는 점은 연구자들에게 호기심을 끄는 동시에 이해하기 힘든 요소로 남는다. 더욱이 좌익 활동을 하는 중 그가 쓴 시편들이 좌익 인사들이 주로 보여주었던 시의 형태를 벗어나 있는 것

22 티보 메러이, 앞의 글, 793쪽. 각주 8 참조.

은 그의 시를 이해하는 새로운 방법적 틀을 요구한다. 이는 설정식 시의 격정에 가까운 감정 분출의 시적 특징, 그리고 주로 미국을 중심으로 하는 강대국과의 관계 속에서의 시적 의미화, 신화적 배경을 통한 민족 정체성 확인 등의 특질들을 해명하는 것과 관련된다.

설정식 시가 보여주고 있는 이러한 특질들은 그의 시가 단순한 리얼리즘 시 혹은 선전선동시의 형태와 거리가 있음을 보여주는 것이고 이것들은 당시에서나 현재에도 계보화 및 구조화가 어려운 요소들로 작용한다. 하지만 이들은 모두 설정식이 추구했던 우리 민족의 존재론 입증, 특히 미국 주도로 구축되는 일방적인 국제 체제 속에서 몫을 배제당하고 있던 우리 민족의 입지를 아주 구체적이고 근본적이며 주체적으로 세우기 위해 제시되었던 시적 장치들에 해당한다.

미국에 대한 기대와 신뢰에서 실망과 분노로의 감정 변화를 겪었던 설정식은 세계적 정세에 입각하여 민족의 처지를 직시하면서 우리 민족이 부당함을 좇는 대신 민족의 독립성과 자주성, 주체성을 회복할 것을 강력하게 추구하고 있음을 알 수 있다. 설정식에게 그것은 아직 현재화되지 않은 독립 국가에 대한 염원을 제시하는 것에서 그치는 것이 아니라 민족의 현재성 속에서 민족의 실체를 확인하고 제출하는 방식으로 이루어졌다. 설정식 시에 나타난 감정 분출이 이와 관련되는 것으로, 이때의 감정은 세계를 주도하는 지배적 세력들에 의해 억압되고 소외되며 배제되었던 자들의 자기 제출, 자기 존재 정립의 과정 속에서 제시된 자기 확인의 일환에 해당된다 하겠다. 나아가 설정식은 허구적 신화성을 바탕으로 민족의 과거와 현재, 그리고 미래를 제시하고 있거니와 이는 민족의 역사성에 기반한 민족의 근원과 본질을 확인하기 위한 방법에 속한다.

이들 설정식 시에 나타난 독특한 기법들은 결국 민족의 정체성을 확인하는 요인이라 할 수 있는바, 이는 설정식이 그의 시를 통해 나타내고자 했던 것이 단순한 이념도 혹은 민족에 관한 관념적 언표도 아닌, 민족의 존재론적 면모, 그 실질에 다름 아니었음을 말해준다. 또한 이러한 관점에서 보았을 때 그의 이력과 행보에 대한 이해의 단서도 구할 수 있을 것인바, 그것은 그가 추구했던 것이 우리 민족의 주체성과 인민들의 존재론적 자유와 해방, 즉 우리 인민들이 누리는 실질적인 민주주의였으며, 그의 외견상 갈팡질팡하는 행보들은 모두 이를 향해 있으면서 사실상 남한과 북한 어디에도 존재하지 않았던 그의 이상을 향한 외롭고 고독한 선택들에 속했던 것이라 할 수 있다.

제3부

공동체의 윤리와 치유의 미학

7장

박인환 모더니즘의 '필름 느와르'와의 상관성

1. 박인환 모더니즘의 위상

1946년 12월 등단한 이후 1956년 3월에 사망하기까지 단 10여 년간의 활동 기간을 보유하였던 까닭에 박인환에 대한 인식은 피상성을 벗어나기 어렵다. 정열적이고 왕성한 활동을 한 것에 비해 10여 년간 짧은 생애를 살다 갔다는 점은 그의 의식의 총체를 이해하는 데 장애로 작용하곤 하기 때문이다. 박인환에 대한 관점이 호불호로 극단적으로 나뉘고 박인환에 대한 평가가 어느 시인보다도 가혹하게 이루어진 점도 이러한 사정에 기인한다. 그에 대한 단편적인 이해는 그를 유행을 좇는 경박한 인물로 본다든가[1] 대중추수적 센티멘탈리스트[2]로 보게 하는 계기가 되었다. 이밖에 박인환을 비롯한 1950년대 모더니즘이 모더니즘 본래의 기법과 정신을 제대로 살려내지 못했다[3]는 식의 평가라든

1 박인환과 더불어 1948년 신시론 동인 결성에 참여한 김수영은 박인환을 가리켜 "나는 인환을 가장 경멸한 사람의 한 사람이었다. 그처럼 재주가 없고 그처럼 시인으로서의 소양이 없고 그처럼 경박하고 그처럼 값싼 유행의 숭배자가 없었기 때문이다"라고 말함으로써 박인환에 대한 부정적 인식을 양산하는 단초를 제공하였다. 김수영, 「박인환」, 이동하 편저, 『박인환』, 문학세계사, 1993, 94쪽.

2 김춘수는 박인환을 포함한 후반기 모더니즘의 의의를 논하는 자리에서 그들이 "소재나 언어의 처리에 있어서 30년대보다도 훨씬 더 사적, 감상적으로 흐르고 있다"고 비판적으로 언급한 바 있다. 김춘수, 「「후반기」 동인회의 의의」, 위의 책, 182쪽.

3 이동하, 「박인환 평전」, 위의 책, 42쪽.

가 이에 대한 반론으로 박인환이 초기에 리얼리즘 경향의 주목할 만한 시들을 보여주었다는 연구,[4] 혹은 모더니즘과 리얼리즘적 요소가 공존한다[5]는 등의 관점들도 박인환에 대한 총체적 접근의 어려움을 말해주고 있다.

박인환의 다양한 시적 양상에도 불구하고 박인환의 시는 여러 논자들에 의해 일정하게 시기 구분되고 있다. 6 · 25 전쟁을 기점으로 전 · 후기로 구분[6]한다거나 타계 1년 전 미국 여행을 계기로 쓰게 된 12편의 「아메리카 詩抄」를 따로 분류하여 초 · 중 · 후기로 구분[7]하는 것들이 그것이다. 이에 따르면 또다른 제국주의의 등장으로 민족 정체성의 혼돈을 겪어야 했던 해방기의 리얼리즘 시들[8]과 전쟁 체험을 직접 기록하고 있는 시들[9] 및 전후의 허무주의적 경향의 시들,[10] 그리고 미국여행 체험을 담은 「아메리카 詩抄」의 시들[11]이 각 시기를 대표한다 하겠다. 박인환의 시에 대해 행해지는 이와 같은 시기 구분은 박인환이 당대의 현실적 상황 속에서 시대에 대해 민감히 반응하였음을 말해준다. 그런

4 송기한, 「역사의 연속성과 그 문학사적 의미 : 박인환의 경우」, 문학사와 비평연구회 편, 『1950년대 문학연구』, 예하, 1991 ; 윤정룡, 「1950년대 한국 모더니즘 시 연구」, 서울대학교 박사학위논문, 1992.

5 조영복, 「1950년대 모더니즘 시에 있어서 '내적체험'의 기호화 과정 연구」, 서울대학교 석사학위논문, 1992.

6 오문석, 「박인환에 대한 오해와 이해」, 오문석 편, 『박인환』, 글누림, 2011 ; 박민수, 『한국 현대시의 리얼리즘과 모더니즘』, 국학자료원, 1996.

7 김은영, 「1950년대 모더니즘시 연구」, 창원대학교 박사학위논문, 2000 ; 김은철, 「박인환 시의 현실인식과 시적 대응」, 『한민족어문학』 47집, 한민족어문학회, 2005.12, 279~310쪽.

8 「인천항」(1947)과 「남풍」(1947), 「인도네시아 인민에게 주는 시」(1948), 「정신의 행방을 찾아」(1949) 등. 이중 1949년 신시론 동인의 합동시집인 『새로운 도시와 시민들의 합창』에 「인천항」과 「남풍」이 재수록 된다. 작품 연도는 발표 시기를 나타내며 『박인환 全시집-검은준열의 시대』, 민윤기 편, 스타북스, 2016를 참조하였음.

9 「어린딸에게」(1955), 「서부전선에서」(1952), 「신호탄」(1952), 「고향에 가서」(1955) 등.

10 「세 사람의 가족」(1952), 「불행한 신」(1955), 「잠을 이루지 못하는 밤」(1955), 「침울한 바다」(1956), 「일곱 개의 층계」(1955) 등.

11 「태평양에서」(1955), 「이국항구」(1955), 「아메리카 시편 수부들」(1955), 「다리 위의 사람」(1955), 「투명한 버라이어티」(1955) 등.

점에서 박인환에 대해 제기되었던 그간의 비판들, 유행을 좇는 경박한 인물이라거나 대중지향적 센티멘탈리스트라는 판단들은 지나친 것이 아닐 수 없다.

그런데 아이러니하게도 박인환에 대해 가해졌던 가혹하고도 부정적인 시각들은 박인환이 스스로 모더니즘을 표방하였던 데에서 비롯한다. 박인환은 『새로운 도시와 시민들의 합창』 서문에서 자신을 비롯한 신시론 동인들의 시적 방향을 제시하게 되는데,[12] 이때 그는 그들의 시가 '시민정신'을 구현하는 동시에 '애가'와 '토속의 노래'에 해당하는 과거의 전통적인 시의 언어와 차별되어야 함을 천명하고 있다. 이러한 관점은 김규동의 시론[13]에서 다시 한번 강조되면서 1950년대 모더니즘의 외연을 갖추어나갔다. 요컨대 박인환은 그의 동인들과 함께 모더니즘의 기치를 높였던 것인데, 이에 따라 박인환에 대한 이해가 모더니즘 구현의 공과의 측면에서 이루어지게 되어 결국 박인환이 긍정적인 평가를 얻지 못하는 계기가 되었다는 것이다.

그러나 이러한 과정에는 박인환에 대한 평가 기준이 되었던 모더니즘이 과연 무엇인가에 대해 엄밀히 규정하지 못하였다는 문제가 도사리고 있다. 흔히 문명비판과 지적이고 감각적인 언어로 특성화되는 모더니즘이 1930년대 시도된 바 있지만 1950년대 모더니즘이 1930년대의 모더니즘과 그 규준을 공유하고 있었던가? 박인환이 1930년대 모더니즘을 계승하고자 하였고 김기림, 김

12 "나는 불모의 문학자본과 사상의 불균정한 싸움 속에서 시민 정신에 이반된 언어작용만의 어리석음을 깨달았다. 자본의 군대가 진주한 시가지는 지금 증오와 안개낀 현실이 있을 뿐…… 더욱 멀리 지난날 노래하였던 식민지의 애가(哀歌)며 토속의 노래는 이러한 지구(地區)에 가라앉아간다"(『새로운 도시와 시민들의 합창』, 도시문화사, 1949.4.)라고 함으로써 박인환은 새로운 시대가 추구해야 할 언어의식에 대해 제시하고 있다.

13 김규동은 그의 시론에서 "오늘날 한국 시단의 선진적 주류를 형성하여 나가고 있는 계층을 새로운 시인 즉 모더니스트의 활약이라고 본다면 이와 정반대로 현실의 암흑을 피하여 지나간 과거의 낡은 전통 속에서 쇠잔한 회상의 울타리 안으로만 움츠려 들려는 유파들이 또하나 다른 흐름을 형성하고 있다는 사실은 한국시단만이 가지는 슬픈 숙명인 동시에 참을 수 없는 비극이 아닐 수 없다. 「청록파」를 중심으로 한 시인들의 소위 순수시 운동이 그것이었다."고 하면서 자신들의 시를 소위 전통적서정시와 구별되는 모더니즘 시로 규정지었다.

광균 등과 긴밀히 접촉하고 있었다고 하여 박인환에 대한 평가를 1930년대 모더니즘을 기준으로 행하는 것이 과연 올바른 것인가?[14] 박인환에 대한 경박한 유행의 숭배자라거나 센티멘탈리스트라는 규정들은 감정절제를 통해 이미지즘을 추구했던 1930년대 모더니즘이 기준이 되었을 때 내려질 수 있는 것임을 단적으로 말해주거니와, 박인환에 대한 정당한 평가는 1930년대의 그것이 아닌 박인환이 실제로 보여준 모더니즘을 규준으로 할 때 비로소 이루어질 수 있는 것이다. 박인환이 스스로 지향한 모더니즘의 정신은 무엇이고 그가 시도하고 실험한 기법은 무엇이며 그것이 과연 전체적인 모더니즘의 역사적 흐름[15] 속에서 어디에 위치하고 있는가를 논하는 것이 박인환에 대한 올바른 이해이자 평가가 될 것이라는 점이다.

이에 따라 본고에서는 박인환이 그의 모더니즘 정신의 근원으로 설정하고 있는 것이 무엇인가를 따라가면서 실제 그의 시에 나타나 있는 주요 시적 요소들을 종합하여 그것이 가리키는 미학이 무엇인가를 확인하고자 한다. 박인환이 추구한 시정신에 따라 구현되었을 시적 요소들은 기존 모더니즘의 기준에 따라 고찰되는 대신 그 자체로 판별되어야 하며, 이러할 때 박인환의 미학이 보여주는 기존 모더니즘과의 차별성이라든가 전체 모더니즘의 흐름 속에서의

14 이와 관련하여 오세영은 상당히 유연하고 의미 있는 말을 한 바 있다. 그는 아놀드와의 유사성을 통해 박인환의 시정신을 언급하면서 박인환의 문학적 태도가 문예사조로 등장한 20세기 모더니스트와는 다르다고 보았다. 엄밀한 의미에서 박인환은 서구 모더니스트와 다르며 다만 서구 모더니즘의 몇 가지 성격을 실천한 포괄적인 관점에서의 현대 정신을 소유한 사람이라는 것이다. 오세영은 박인환의 모더니즘을 오히려 한국적 특수성으로 보면서 넓은 의미의 모더니즘으로 포함시키고자 하였다. 오세영, 「후반기 동인의 시사적 위치」, 이동하 편, 앞의 책, 199쪽.

15 모더니즘은 과연 1930년대 이미지즘적 모더니즘만을 기준으로 설정할 수 있는 것인가? 본래 모더니즘의 개념과 정신은 보들레르로부터 연원한 '일시적인 것과 영원한 것의 결합'에서 시작된 것으로, 넓은 의미에서 모더니즘은 당대의 모더니티에 대한 반응이자 모더니티에 의한 자아의 혼란에 대한 극복의 함의를 띠고 있다. 이런 측면에서 모더니즘은 대단히 포괄적이며, 지역적이고 시기적인 특수성을 띠면서 나타난다 하겠다. 이러한 관점은 데이비드 하비, 『포스트 모더니티의 조건』, 한울, 2009, 19~63쪽 참조.

박인환 미학의 위상, 그리고 향후 현대시의 전개에 그가 끼친 영향 등이 제대로 이해될 수 있을 것이다.

2. 영화인 박인환의 필름 느와르의 수용

박인환 모더니즘의 객관적인 양태를 확인하기 위해 우선적으로 주목해야 할 점은 모더니즘과 관련하여 박인환이 엘리엇의 모더니즘과 T.E. 흄과 E. 파운드류의 이미지즘을 분리하고 있다는 사실이다. 후반기 동인의 문학적 지향을 제시하는 글에서 「황무지」에서 비롯된 엘리엇 시세계의 정당성을 밝히던 박인환은 문명비평가로서의 엘리엇과 별도로 '새로운 이마지즘 운동'에 대해 언급하고 있는 것이다.

> T.S. 엘리어트에서 발단되었다고 볼 수 있는 현대시는 그 후 수많은 공감자와 유능한 문명비평가를 성장케 하였다.
>
> 물론 엘리어트 이전에 영국에 있어서는 T.E. 휴움, E. 파운드(휴움은 1908년에 The poet's club을 창설하였다), H. D.(Hilda Doolittle, 1886~1961), 올딩턴 등이 있었으나, 이들은 새로이 이마지즘 운동을 하였다.
>
> —「현대시의 불행한 단면」 부분[16]

흔히 영미 모더니즘의 범주 속에서 엘리엇과 에즈라 파운드를 동일하게 취급하는 것과 달리 박인환이 엘리엇을 T.E. 흄과 E. 파운드로부터 분리시키는 점은 매우 의미심장하다. 「황무지」로 대변되는 엘리엇 문학 세계를 1차 대전 이후 황폐해가는 유럽 문명과 연관시키는 박인환에게 엘리엇은 스펜더와 오든에 의해 계승되고 있다[17]고 보인 반면 흄과 파운드는 문명비평보다는 주지적

16 박인환, 「현대시의 불행한 단면」, 『박인환 전집』, 문학세계사, 1986, 164쪽.

17 「현대시의 불행한 단면」에서 박인환은 엘리어트와 오든에 대해 자세하게 소개하면서 이들 사이에 불안 의식과 전통 문명에 대한 비판, 순수한 표현과 새타이어 정신의 일관성

태도의 이미지즘 기법 계열에 놓인다고 보였던 것이다. 이는 박인환이 흔히 알려져 있는 것처럼 1930년대 김기림류의 이미지즘적 모더니즘 경향을 계승하고자 하였던 것이 아니라는 사실을 말해준다.[18] 그리고 그것은 박인환의 시에 나타나 있는 정서라든가 낭만성이 센티멘탈리즘이라는 관점에서 비난받아야 할 점이 아니라 그 자체로 규명되어야 함을 의미한다. 말하자면 박인환의 모더니즘을 해명함에 있어서 그의 시에 나타나 있는 감정적 요소는 1930년대 모더니즘의 기준에서가 아닌 다른 관점에서 고찰되어야 한다는 것이다.

실제로 박인환은 엘리엇을 집중적이고도 상세하게 언급하고 있는데, 이때 엘리엇 모더니즘은 단지 문명비판이라는 개념적인 차원에서 제시되는 것이 아니라 상당히 구체적이고도 총체적으로 묘사되고 있음을 알 수 있다. 「황무지」를 썼을 당시의 엘리엇이 처한 당대의 상황들 및 그 속에서 지니게 되었을 시민들의 정서와 의식 상태 모든 것이 주목의 대상이 되고 있기 때문이다. 즉 박인환에게 중요하게 여겨졌던 것은 단지 문명비판이라는 항목이 아니라 1차 대전이라는 부조리하고 절망적인 상황과 이후 자아들이 겪었을 불안과 공포, 좌절과 혼돈의 정서들, 그리고 그에 따른 위기의식이었다. 박인환은 엘리엇의 「황무지」에서 1차 대전 후 유럽인들이 겪었던 삶의 구체적인 실상들을 보았던 것이다.

2차 세계대전과 6 · 25 전쟁을 연달아 치러야 했던 한국의 상황에서 엘리엇의 「황무지」는 너무도 직접적이고 생생하게 추체험되는 성질의 것이었을 터이다. 더욱이 6 · 25 전쟁 이전부터 시대의 실상에 지속적으로 관심을 지녔던 박

이 있음을 강조하고 있다. 박인환에게 엘리어트로 대표되는 모더니즘은 기법보다는 문명 비평적 태도에 의해 W.H. 오든, S.스펜더, W.루이스, 세실 D.루이스, 윌리엄 엠프슨, 조지 파커 등의 뉴 컨트리 운동가들에 의해 계승되었다고 여겨졌음을 알 수 있다. 위의 글, 164~165쪽.

18 물론 박인환의 이러한 점에 기대에 박인환을 스펜더, 오든 등의 뉴컨트리학파와 관련시켜 이해한 경우도 있다. 그러나 이들이 2차 대전 이후 사회주의자로 귀결되었던 것과 달리 박인환은 전쟁 후 반공주의자의 면모도 보여주고 있다는 점에서 박인환의 시세계를 이들과 관련시키는 것은 매우 제한적으로 이루어질 수밖에 없다.

인환에게 「황무지」는 전쟁의 참상이 우리만의 것이 아닌 세계와의 공통된 경험 속에 놓이는 것임을 확인케 해주었을 것이다. 이는 박인환이 세계주의자로서의 면모를 띠었던 이유를 말해주는 것이자 그가 2차 대전 이후 전세계적으로 확산되고 있던 실존주의를 자연스럽게 받아들이게 되었던 정황을 설명해준다.[19] 이처럼 박인환은 엘리엇을 통해 모더니즘의 개념에 앞선 전쟁 후 인간들의 실상에 주목하게 되었거니와, 이에 따라 그의 시는 기존의 모더니즘 기법보다 실존철학에 근접한 인간주의적 양상으로 전면화될 수 있었다. 즉 박인환에게 모더니즘은 사조이기 이전에 생활상에 근거한 매우 구체적이고 절박한 것으로 다가왔으며 이는 박인환의 시를 감정 절제에 의한 지적 성향의 것으로 방향짓는 대신 정서적으로 민감하면서 전체적으로 암울한 색채로 이끌어간 계기로 작용하였다.

한편 박인환이 모더니즘을 삶의 구체적 실상으로 받아들였다고 하였을 때 간과해서는 안 되는 점이 박인환의 영화와의 관련성이다. 박인환에게 영화는 이미 그의 생활 속에 긴밀히 자리잡고 있었으며, 영화야말로 삶의 실상을 나타내는 데 가장 훌륭한 매체였기 때문이다. 박인환의 영화와의 밀접함은 알려져 있는 것보다 더욱 강했던 것으로 보이거니와[20] 이 점에서 박인환의 모더니즘을 규명하는 데 있어서 영화와의 상관성을 고찰하는 것이 요긴해 보인다. 박인환

---

19 박인환 시의 실존주의적 성격에 대한 자세한 논의는 김은영의 「박인환의 실존주의 시 연구」, 『사림어문연구』 13권, 사림어문학회, 2000, 55~95쪽.

20 박인환의 전기에 따르면 인제에서 태어난 그가 서울로 이사한 것은 1936년 11세 때의 일이고 그후 14세인 1939년 경기 공립중학교에 입학하게 되는데 그로부터 2년 뒤 학업을 중단하는 것으로 나타난다. 그런데 이것의 계기가 된 것이 영화 때문이라는 것이다. 이동하는 박인환의 중학교 중퇴의 원인을 영화에의 심취 때문으로 보면서 박인환의 영화에의 관심이 예사롭지 않다고 하였다(이동하, 앞의 글, 19쪽). 실제로 박인환은 서구영화를 140편 가량을 소개하였고 30여 편의 영화평론을 썼던 전문영화평론가였다고 전해진다. 박인환의 영화전문인으로서의 면모에 대해서는 맹문재의 「영화평론가 박인환」, 『서정시학』 26(4), 2016.11, 224~233쪽, 박연희의 「박인환과 영화－영화평론(1948~1956)에 나타난 아메리카니즘」, 『한국문학연구』 45, 동국대학교 한국문학연구소, 2013.12, 305~335쪽 참조.

의 영화 체험은 그의 시의 요소 및 미학을 규명하는 데 커다란 시사점을 제공해 줄 것이라는 점이다.

이때 박인환 시에 지배적으로 나타나 있는 불안과 우울,[21] 허무와 환멸의 정서는 감상적이고 비관적이라는 이유로 배척되어야 할 것이 아니라 박인환의 미학적 특성을 규명하기 위해 적극적으로 고려되어야 하는 요소들이 된다. 또한 박인환이 그리는 소재들이 대부분 도시를 배경으로 하면서 주로 어두운 거리라든가 술집, 항구, 밤의 바다 등이라는 사실 또한 눈여겨 볼 부분이다. 박인환은 이 같은 도시의 퇴폐적인 공간을 배경으로 소외된 인물들의 우울한 생활상을 묘사하곤 하는데 여기에서 이들 요소들은 하나의 유기적인 서사성과 스타일을 구축하고 있다는 점에서 주목된다. 이야기 속 등장인물들은 황폐한 도시의 삶에서 절망과 허무에 시달리고 있으며 생과 사의 갈림길에서 결국 비극적인 종말로 치달아간다. 도시의 외곽이라는 구체적 배경과 어두운 색채에 의해 그려지는 인물들은 부조리한 도시적 일상을 구체적이고 생생하게 전달하는 계기가 된다. 박인환 시에서 이러한 도시의 실상들은 박인환 특유의 우울한 어조로 어둡게 채색됨으로써 시를 일관된 분위기로 이끌어가는 요인이 된다는 것을 알 수 있다.

박인환 시를 이와 같은 세부적 요소들의 측면에서 보았을 때 그의 시는 기존 모더니즘과는 전혀 다른 모습으로 현상하게 된다. 그것은 1930년대 모더니즘이라는 사조적 관점에서 이해될 것이 아니라 전혀 다른 틀로서 규명되어야 하는바, 이때 박인환 시의 미학적 특성과 관련되는 것으로 영화의 일 장르인 필름 느와르(film noir)를 떠올릴 수 있다. 특히나 전문 영화인으로서 영화에 심취되어 있던 박인환에게 영화적 요소가 시에 강도높게 습합되었으리라는 점은 어렵지 않게 짐작할 수 있거니와 이 시기 한국에 수용되었으며 박인환이 인상

21 박인환의 시에서 '우울'의 정서는 매우 주된 요소 중 하나이다. 곽명숙은 「1950년대 모더니즘의 묵시록적 우울」, 『정신문화연구』 제32권 3호(통권116), 2009년 가을, 59~79쪽에서 '우울'의 정서를 통해 박인환의 세계관을 고찰하고 있다.

깊게 받아들였던 스타일이 필름 느와르였다면 박인환 시와 이것과의 상관성을 논하는 것은 상당한 근거를 지니게 된다.

'검은 영화'라는 뜻을 지니고 있는 필름 느와르는 1946년 프랑스 비평가들에 의해 만들어진 용어로서 2차 대전 이후 미국에서 제작된 영화들 가운데 미국 사회의 음습하고 어두운 이면을 드러내고 있는 특정 영화들을 지칭한다. 당시 서양의 어느 국가들보다 자본과 물질주의 문명이 극에 달했던 미국은 2차 대전과 한국 전쟁, 그리고 냉전을 겪으면서 부조리에 찬 어두운 단면을 드러내게 되는데, 필름 느와르는 도시 하층민들의 일상을 통해 이러한 미국 사회의 암울한 면을 형상화함으로써 전후 시민들의 황폐한 삶의 실상을 잘 드러낼 수 있었다. 필름 느와르의 등장인물들인 도시의 부랑자들, 범죄자, 창녀, 일용직 노동자들은 사회의 혼돈과 모순 속에서 탐욕과 질투, 절망과 좌절에 사로잡힌 채 살아가다가 대부분 비극적인 최후를 맞게 되거니와, 이들 삶을 통해 미국 사회를 조명하였던 필름 느와르는 당시 영화의 사회적인 역할 및 할리우드에서의 미국 영화의 가능성을 보여주었다는 점에서 영화인들의 주목을 받았다.[22]

영화사(史)에서 필름 느와르는 단순히 할리우드 장르에 그치는 것이 아니라 여러 장르들간의 상호 교섭을 기반으로 하여 당대의 부르조아 이데올로기와 자본주의, 모더니티에 대한 비평적 역할을 하였는데 이때 필름 느와르에 영향을 준 장르들에는 영화로서는 독일의 표현주의, 프랑스의 시적 리얼리즘, 그리고 이탈리아의 네오 리얼리즘이 있으며 소설에서는 탐정 소설이라 할 수 있는 하드보일드 소설, 철학적으로는 실존주의, 그리고 정신분석학 등이 있다.[23] 여러 분야에 걸친 현대적인 장르들을 흡수하면서 필름 느와르는 전후 도시인들의 파편화된 삶과 불안 심리를 심층적으로 다루었을 뿐만 아니라 영화사적으

22 권주연, 「에드워드 호퍼 회화에 나타난 소외의 표상－모더니즘과 필름느와르와의 연관성을 중심으로」, 홍익대학교 석사학위논문, 2009, 34~35쪽.

23 장윤정, 「모더니즘의 알레고리와 비전으로서의 필름 느와르」, 중앙대학교 박사학위논문, 2004, 92쪽.

로 20세기 초반 영화에서의 모더니즘과 1960년대에 등장하게 되는 포스트모더니즘 사이의 교량역할을 해주기도 하였다.[24] 말하자면 2차대전 후인 1940년대에 처음 등장[25]하여 1950년대 중반까지 지속되었던 필름느와르는 당시 모더니티에 대한 비평적 산물로서 리얼리즘적 주제의식을 모더니즘적 표현기법으로 담아낸 새로운 형태의 영화장르임을 알 수 있다.

1940년대에 시작되어 십수 년간 활발하게 제작되던 필름 느와르를 영화평론가였던 박인환이 접했음은 물론이다. 한국은 1950년을 전후해서 미국, 이태리, 프랑스 영화들을 대거 수입했는데 여기엔 이 시대의 외국 영화 조류가 거의 포함되어 있었고 이들 가운데 미 국 영화가 7~80%를 차지하였다.[26] 박인환의 영화평론이 집중적으로 이루어졌던 시점도 바로 이즈음으로, 영화에 관한 그의 평론을 보면 그가 당시 수입되던 여러 장르의 영화들을 골고루 소개하는 가운데 특히 네오리얼리즘이나 필름 느와르와 같은 사회비평적 영화를 높게 평가하고 있음을 알 수 있다.

> 현대 세계 영화계에서 우수한 영화감독 5명을 선정한다 하면 그속에 반드시 존 휴스턴을 뽑지 않을 수가 없다. 우리나라에는 존 휴스턴의 작품은 특히 최근에 겨우 소개되었다. 즉 그의 감독 제1작은 「마르타의 비보(秘寶)」(인용자 주-말타의 매)인바 이것은 그 주제를 대실 해밋의 동명 원작에서 얻은 것이다.

---

24 모더니즘은 19세기 말에 시작되어 1차 대전을 전후하여 전성기를 맞은 다음 2차 대전 후 차츰 쇠퇴하게 되고 포스트모더니즘이 등장한 1960년대 막을 내리게 되는데, 2차 대전 후의 쇠퇴는 모더니즘이 지닌 엘리트중심의 형식미학적 성격에 기인한다. 이는 세계대공황과 대량학살이 도구적 이성에 의해 자행된 것이라는 반성과 함께 이루어진 현상으로, 이때 영화는 실존주의 철학과 리얼리즘을 도입하게 되었는데 단순한 리얼리즘으로 2차 대전의 결과들을 수용할 수 없었던 당시 예술가들이 추상적 표현주의로 선회하게 됨에 따라 모더니즘은 복잡하고 모순된 것들이 공존하는 형태로 변모되어갔다. 위의 논문, 74~75쪽.

25 필름 느와르의 최초의 작품은 1941년 제작된 존 휴스톤의 〈말타의 매(The Maltese Falcon)〉로 알려져 있다. 수잔 헤이워드, 『영화사전』, 이영기 역, 한나래, 1997, 424쪽.

26 이선주, 「열정과 불안 : 1960년대 한국 영화의 모더니즘과 모더니티」, 중앙대학교 박사학위논문, 2012, 65쪽.

해밋은 내가 여기서 설명하지 않아도 널리 알려진 하드보일드에 속하는 탐정 작가이며 휴스턴이 그의 처녀작으로 「마르타의 비보」를 영화화하였다는 것 역시 그가 하드보일드 정신을 지니고 있다는 증좌이며 결국 작품에 나타난 것도 그러한 세계임은 다시 말할 필요가 없다. (중략)

나는 「마르타의 비보」를 접한 후 무조건에 가까울 정도로 휴스턴을 지지하여 왔으며 그의 작가적인 이질성이 마음에 들었다.

—「물랭루즈1」 부분[27]

「마르타의 비보」, 즉 〈말타의 매〉는 대실 해밋의 원작을 1941년 존 휴스턴이 영화화한 작품으로 험프리 보가트 주연의 느와르 영화이다. 살인사건을 주제로 한 탐정 소설인 원작 「말타의 매」는 하드보일드 소설 붐을 일으킬 정도로 성공적이었고 영화 역시 느와르 영화의 시초로 평가될 정도로 우수한 작품이다. 박인환의 위의 글은 필름 느와르가 하드보일드 소설에 기반하여 등장하였음을 말해주는 한편 자신이 그러한 세계에 얼마나 몰입해 있는가를 단적으로 보여주고 있다. 박인환은 또 다른 영화 관련 글에서 '자신이 가장 좋아하는 배우'로 '험프리 보가트'를, 감독으로 '앙리 조르주 클루조', '캐럴 리드', '존 휴스턴' 등을 꼽고 있으며 '인상에 남는 영화'로 〈제3의 사나이〉, 〈젊은이의 양지〉, 〈정부 마농〉, 〈자전거 도적〉 등을 들고 있는데[28] 이들은 대부분 느와르와 직간접적으로 관련을 지니고 있다. 가령 험프리 보가트는 당시 가장 유명한 배우 중 하나로 주로 필름 느와르에 등장한 인물에 해당하며 감독 앙리 조르주 클루조나 캐럴 리드, 존 휴스턴 역시 필름 느와르의 대가들이라 할 수 있다. 또한 〈제3의 사나이〉와 〈젊은이의 양지〉는 대표적인 느와르 영화에 속하며 〈자전거 도적〉은 이탈리아의 네오리얼리즘 작품이다. 〈정부(情婦) 마농〉은 멜로 장르에 속하는 것이지만 다른 선호작들과 함께 욕망으로 인해 비극적 운명을 겪게 되는 사

27 박인환, 「물랭루즈 1」, 『신영화』, 1954.11, 맹문재 편, 『박인환 전집』, 실천문학사, 2007, 337쪽.

28 박인환, 「앙케트」, 『신태양』, 1954.8, 위의 책, 337쪽.

회 외곽의 인물을 주인공으로 내세우고 있다는 점에서 공통점을 지닌다.

이처럼 박인환은 당시 한국에 수입되었던 영화들에 대해 폭넓게 섭렵하고 있었으며 이들 가운데에서도 극도로 번창한 자본주의 체제 속에서의 인간 소외를 다루는 리얼리즘 계통의 영화를 특히 옹호하였음을 알 수 있다. 실제로 박인환은 영화 관련 평론에서 그가 좋은 영화로 여기는 기준들과 그에 해당하는 작품들을 적극적으로 개진하였는데 이들을 보면 박인환이 느와르 영화에 얼마나 강하게 매력을 느끼고 있었던가가 고스란히 드러난다. 가령 '영화에 있어서의 현대적 감각이 무엇인가'의 질문에 대해 "현대의 인간이 지니고 있는 착잡한 사고나 심리의 표현"과 "불안과 공포의 허덕이는 사회와 그 심상 풍경을 영화가 어떻게 묘사하는가에 있다"라고 하면서 "전후적인 사회와 인간의 심리를 압축시켜 표현한 「제3의 사나이」야말로 지금까지의 어떠한 영화보다도 가장 훌륭한 예술성을 가진 것"[29]이라고 극찬한 대목은 그의 느와르 영화에 대한 애정을 잘 나타내고 있다.

박인환에게 느와르 영화는 "다른 세상에서 버림받고 인간의 마지막 토지를 찾아온 사람들이" "그곳에서 또다시 떠나기 위하여 갖은 최선을 노력했으나 끝끝내 절박된 것을 뛰어넘지 못하고 죽고 마는" 인물을 다루는 것으로, "내가 지금까지 기다리고 바라던 영화의 세계"[30]에 해당되었다. 실제로 필름 느와르는 자본주의 대도시의 뒷골목에서 패배해가는 인간의 내면을 충실하게 묘사하면서 이를 통해 현대 사회에 대한 비판과 풍자를 가하는 리얼리즘의 소산인바, 이러한 주제적 측면과 더불어 영화 속에서 구현되는 강렬한 연출기법과 분위기는 박인환을 매혹시키기에 충분하였다. 박인환은 필름 느와르를 주제적 측면과 기법적 측면, 즉 내용과 형식에 걸쳐 전체적으로 수용하면서 그의 현대적 정신과 감각을 형성해나갔던 것으로 보인다. 더욱이 필름 느와르가 드러내고

29 박인환, 「현대 영화의 감각」, 『국제신보』, 1956.1.27, 위의 책, 378쪽.

30 박인환, 「절박한 인간의 매력」, 『세월이 가면』, 근역서재, 1982, 위의 책, 405쪽.

있는 소외된 자들의 비극적인 삶의 실상이 그가 엘리엇의 「황무지」에서 본 불안과 환멸의 세계와 일치하였던 정황은 그에게 필름 느와르가 어떤 의미로 다가왔는지 짐작하게 한다.

3. 박인환 시의 필름 느와르적 요소

박인환이 엘리엇의 모더니즘에 준거하면서 기법보다는 시대적 상황과 인간의 의식에 관심을 두었을 때 시는 이미지즘의 감정 절제의 형태로서가 아니라 삶의 구체적인 양태와 정신의 심층적 상태를 구현하는 데 주력하게 될 것이다. 또한 그것이 필름 느와르의 양식과 만나게 될 때 시는 전쟁 이후 삶의 절박성을 짊어지고 살아가야 했던 인간들의 불안 심리와 방황을 효과적으로 형상화하는 데로 나아가게 될 것이다. 박인환의 시에 등장하는 화자들의 허무주의적 의식과 우울과 환멸의 정서는 전쟁 이후 '황무지'를 살아가는 인간들의 정신을 반영하는 것이자 필름 느와르가 보여주는 패배하는 인간의 내면에 해당한다. 이것들은 감상주의라는 관점에서 배격되어야 할 요소가 아니라 특유의 미학성을 위해 필연적으로 형상화되어야 할 내용들이라 할 수 있다.

엘리엇의 「황무지」에서 경험하게 되는 불안과 허무의 의식들은 2차대전 후의 황폐함과 자본의 모순을 다뤘던 필름 느와르에서 다시 한번 증폭되어 나타나게 된다. 현대의 물질화된 도시는 인간의 욕망을 부추기는 한편 그것의 좌절 또한 예비하고 있거니와 이러한 특성들, 즉 도시의 어두운 장소를 배경으로 인간의 내면 심리를 묘사하는 박인환의 시들은 필름 느와르의 주제적 요소들에 대응한다. 박인환은 이러한 요소들을 우울의 정조와 분위기로 형상화됨에 따라 그의 시에서 필름 느와르적 미학의 총체적 형태를 구현하고 있음을 알 수 있다.

3.1. 소외된 시민의 일상

미국 할리우드에서 1940년대에 등장한 필름 느와르가 인기를 끌 수 있었던 것은 그것이 그들의 사회의 모습을 보여주고 있었기 때문이다. 당시 미국은 전쟁 승전국이었음에 불구하고 전쟁의 와중에서 핵무기와 극단적 반공주의인 매카시즘의 공포를 겪어야 했으며 남성들은 삶의 터전이 뿌리뽑혀 정체성의 혼란에 노출되었다.[31] 전쟁 이후 자본 중심의 물질주의 체제는 더욱 공고해졌고 이에 적응해야 했던 인간들은 내면의 파괴와 소외를 겪게 되었다. 필름 느와르는 미국 대도시의 뒷골목 인생들을 그려내면서 전쟁 이후 미국 사회의 양면성을 드러냈고 이는 미국 현대성에 대한 비판의 계기가 되었다. 필름 느와르에서 배경은 어두운 도시의 거리, 항구, 술집, 카페, 사무실, 공장, 창녀촌, 밀폐된 방, 호수나 다리, 계단 등으로 설정되었는데, 하층민의 일상을 보여주면서 그들의 암담하고 비극적인 운명을 암시하는 이러한 배경은 박인환의 시에도 빈번히 등장하는 소재가 되고 있다.

> 가만히 눈을 감고 생각하니
> 지난 하루 하루가 무서웠다.
> 무엇이나 거리낌없이 말했고
> 아무에게도 협의해 본 일이 없던
> 불행한 연대였다.
>
> 비가 줄줄 내리는 새벽
> 바로 그때이다
> 죽어간 청춘이

31 반면 여성들은 전쟁 중 남성의 부재로 생긴 사회적 공백 탓에 사회에 진출하는 기회를 얻게 되고 이때부터 가정으로부터 벗어난 출세지향적 여성들이 생겨나게 된다. 필름느와르에서 여성 주인공은 남성 주인공 못지않게 중요한 인물로서 등장하는데 이때의 여성들은 대개 성적 매력을 무기로 자신의 사회적 욕망을 실현하고자 하는 팜므파탈(femme fatale)형 인물로 형상화된다. 필름느와르에서 등장하는 여성들이 창부나 정부(情婦) 등의 역할을 띠게 되는 것도 이 때문이다. 그러나 필름느와르에서 이들 여성들은 역시 패배하는 운명에서 벗어나지 못한다. 그것은 미국 사회에서의 하층민의 운명이자 남성들에 의해 지켜져야 했던 가부장제의 견고성을 반영해야 했기 때문이다. 필름느와르에서의 여성의 성격에 대해서는 권주연, 앞의 논문, 43~48쪽 참조.

땅속에서 솟아나오는 것이……
그러나 나는 뛰어들어
서슴없이 어깨를 거느리고
악수한 채 피 묻은 손목으로
우리는 암담한 일곱 개의 층계를 내려갔다.

(중략)

또 다른 그날
가로수 그늘에서 울던 아이는
옛날 강가에 내가 버린 嬰兒
쓰러지는 건물 아래
슬픔에 죽어가던 少女도
오늘 환상처럼 살았다
이름이 무엇인지
나라를 애태우는지
분별할 의식조차 내게는 없다
시달림과 증오의 육지
패배의 폭풍을 뚫고
나의 영원한 작별의 노래가
안개 속에 울리고
지난날의 무거운 回想을 더듬으며
벽에 귀를 기대면
머나먼
운명의 도시 한복판
희미한 달을 바라
울며 울며 일곱 개의 층계를 오르는
그 아이의 방향은
어데인가.

—「일곱 개의 층계」 부분[32]

32 박인환, 「일곱 개의 층계」, 『박인환 전집』, 문학세계사, 1986, 24쪽. 이후 시 인용은 면수 매김 없이 이 책을 따름.

흔히 느와르 영화에서 '계단'은 가파르고 비탈진 인생을 상징하면서 카메라에 의해 사선(斜線)의 구도로 포착된다. 그것은 상승의 매개이지만 가파름으로 인한 상승의 어려움과 추락에의 공포의 의미 또한 담게 된다. 마찬가지로 위 시에서 "층계"는 결코 낙관적이거나 희망적으로 묘사되고 있지 않다. 그것은 "일곱 개"가 상징하듯 희망의 의미를 띠어야 하지만 실상은 '암담함'으로 인지되고 있는 것이다. 시에서 등장인물은 화자 '나'와 '아이', '소녀'인데 이들은 모두 어둠 속에서 참담한 일상을 살아가고 있다. 이들을 에워싸는 것은 슬픔과 죽음, 절망과 공포뿐이다. '나'는 공포의 환상으로 가득 찬 불행의 시간을 살아가고 있으며 "아이"는 "버려졌"고 "소녀"는 "쓰러지는 건물 아래에서 슬픔에 죽어간"다. 이들 모두는 화려한 도시의 이면에서 하루하루를 고통스럽게 견디는 삶을 살고 있을 뿐이다. 이들 앞에 놓인 것은 미래에 대한 확신 대신 시달림과 증오, 패배와 이별이다. 이들에게 세계는 온통 희미한 안개처럼 뿌옇다. 따라서 이들에게 희망과 상승의 사다리가 되어주어야 할 "일곱 개의 층계"는 그저 방향을 알 수 없이 힘겹고도 슬프게 올라야 하는 "희미한 달"로 여겨질 뿐이다.

위 시는 도시의 어둡고 그늘진 거리에서 살아가는 소외되고 약한 사람들의 일상과 내면을 우울한 어조로 그리고 있는 전형적인 느와르 미학에 해당하는 시이다. 위 시의 인물들은 밝고 화려한 도시에 적응하지 못하고 전락해가는 필름 느와르적 인물들에 속한다. 도시를 배경으로 그려지고 있는 이들 인물들의 삶과 운명은 더욱더 참담하고 비극적이다. 이러한 이들의 일상을 묘사하는 시의 어조는 우울하고 그로테스크하다.

박인환의 시에서 이와 같은 요소들은 빈번하게 등장한다. 화려한 도시적 이미지와 대립하는 쇠락과 퇴폐의 공간, 그곳에서 암울한 일상을 살아가는 소외된 인물들, 그들의 내면과 운명을 담아내는 혼돈스럽고 복잡한 시선, 이들을 에워싸는 우울한 어조 등은 박인환 시를 구성하는 가장 전형적인 요소들이다. 박인환은 이들 요소들을 중심으로 시의 전체성을 치밀하게 조직하고 있다. 박인환의 시가 하나의 총체적인 스타일로서 유려하게 다가오는 것도 이 때문이다. 즉 박인환 시에서 이들 요소들은 제각각 존재하는 것이 아니라 유기적으로 잘 짜여져 있음을 알 수 있는데, 여기에는 박인환의 필름 느와르와의 친밀성이 크게 영향을 미친 것으로 보인다.

위의 시에서처럼 도시와 계단 이외에도 박인환의 시에서 소재와 배경으로 등장하는 것들에는 부두와 항구(「인천항」, 「이국항구」, 「식민항의 밤」, 「바닷가의 무덤」), 기차역(「검은 강」), 도시의 시가지(「거리」), 뒷골목(「거리」), 클럽(「무도회」), 술집(「최후의 회화」), 열차(「열차」), 담배(「센티멘탈 자니」, 「하늘 아래서」, 「십오일간」), 술(「주말」), 돈(「부드러운 목소리로 이야기할 때」), 부랑자(「미스터 모의 생과 사」), 창부(娼婦)(「미래의 창부」, 「투명한 버라이어티」), 무희(「무희가 온다 하지만」), 소년과 소녀(「거리」) 등이다. 박인환의 시에서 이들 요소들은 모두 퇴폐적이고 위태로운 삶을 나타내는 이미지로 등장하면서 박인환의 어둡고 침울한 시세계를 구축하는 계기가 되고 있다.

이러한 박인환의 시적 특성은 1955년 3월 19일간의 미국 여행을 토대로 하여 쓴 12편의 「아메리카 詩抄」의 시들에서도 그리 다르지 않게 구현된다.

> 다리 위의 사람은
> 愛憎과 負債를 자기 나라에 남기고
> 암벽에 부딪히는 파도 소리에 놀래
> 바늘과 같은 손가락은
> 난간을 쥐었다.
> 차디찬 鐵의 고체
> 쓰디쓴 눈물을 마시며
> 혼란된 의식에 가랁아 버리는
> 다리 위의 사람은
> 긴 항로 끝에 이르는 정막한 토지에서
> 神의 이름을 부른다.
>
> 그가 살아오는 동안
> 풍파와 孤絕은 그칠 줄 몰랐고

오랜 세월을 두고
DECEPTION PASS에도
비와 눈이 내렸다.
또다시 헤어질 숙명이기에
만나야만 되는 것과 같이
지금 다리 위의 사람은
로사리오 해협에서 불어오는
처량한 바람을 잊으려고 한다.
잊으려고 할 때 두 눈을 가로막는
새로운 불안
화끈거리는 머리
절벽 밑으로 그의 의식은 떨어진다.
태양이 레몬과 같이 물결에 흔들거리고
州立公園 하늘에는
에머랄드처럼 반짝거리는 기계가 간다.
변함없이 다리 아래 물이 흐른다.
絶望된 사람의 피와도 같이
파란 물이 흐른다
다리 위의 사람은
흔들리는 발걸음을 걷잡을 수가 없었다.
(아나코테스에서)

—「다리위의 사람」 전문

'아나코테스'라는 지명에서도 짐작할 수 있듯이 위 시는 박인환이 항만회사를 다닐 때 가게 된 미국 여행 도중 쓰여진 것이다. 해운공사에서 일하던 1955년 박인환은 화물선 남해호를 타고 미국 출장을 가게 되었던 것이다. 이때 박인환은 미국 워싱턴주에 있는 여러 도시를 방문할 기회를 얻었고 '아나코테스'는 그 중 하나인 항구도시였다. 처음 이러한 내용의 출장 제안을 받았을 때 박인환은 주저없이 그것을 받아들였다. 그때의 그의 마음은 식민지 시대 모더니스트 이상이 동경에 가게 되었을 때의 심정과 다르지 않았을 것이다. 당시 최고의 현대성을 구축하고 있었을 뿐 아니라 영화의 본고장이었다는 점에서 미국은 박인환에게 호기심과 설레임의 장소로 다가왔을 터이다. 그러나 그것이 미국의 근대성에 대한 적극적인 옹호에서 비롯된 것은 물론 아니었다. 그러기엔 박인환은 미국 사회의 모순과 그늘에 가리워진 채 살아가는 시민들의 삶을 너무도 분명하게 알고 있었던 것이다.

필름 느와르의 또 다른 주요 소재인 "다리"는 역시 위태롭고 불안한 삶을 상징한다. '다리'는 삶과 죽음, 만남과 이별, 상승과 전락 등의 인생의 갈림을 위한 경계가 되어주는 것이나 느와르 영화에서 그것은 물론 비극적 상황을 강조해 줄 뿐이다. 미국 영화 가운데서도 필름 느와르에 강한 매혹을 느꼈던 박인환에게 미국의 도시는 외면적 화려함보다는 이면의 어두움이 더욱 부각되어 다가왔을 것이다. 단지 배를 타고 이루어진 잠깐의 여행이었을 뿐인데도 관찰자로서의 박인환에게 포착되었던 것은 곧 "다리위"의 불안한 "사람"이었다. "그"에게 미국의 도시는 성공을 보장해주는 희망적인 장소가 아닌, 풍파와 고독, 혼돈과 절망의 장소에 해당한다. 거대하고 번화한 도시에 반해 "다리 위의 그"는 위태롭게 난간을 붙들고 있는 쓸쓸하고 처량한 인물로 보인다. "바늘과 같은 손가락", "쓰디쓴 눈물", "차디찬 철의 고체"는 삭막한 도시에서 외롭게 살아가야 하는 '그'의 상황을 짐작하게 해준다. '그'는 자본으로부터 밀려난 자이고 도시의 소외된 자이다. 사정이 이러하므로 "에머랄드빛 하늘"과 "파란 바다" 역시 결코 긍정적인 이미지로 그려지고 있지 않다. 그것들은 냉혹한 "기계"로 혹은 "절망된 사람의 피"로 비유될 뿐이다.

도시의 소외된 "다리 위의 사람"의 의식은 언제나 "혼돈"과 "불안"으로 가득 차 있을 뿐 건강한 미래와 무관하다. 시에서 그러한 '그'의 의식은 "가랁아 버리는", "절벽 밑으로 떨어지는", "흔들리는" 등의 형상으로 표현되고 있다. '그'에게 정체성은 불투명하고 삶 또한 불확실하다. 이러한 '그'를 두고 박인환은 "흔들리는 발걸음을 걷잡을 수가 없었다"고 말하고 있다.

도시를 배경으로 하여 그려지고 있는 '다리'와 그 위의 '사람'에 관한 위의 시는 도시의 소외된 하층민의 삶을 초점으로 하고 있다는 점에서 어둡고 우울한 느와르적 풍경을 담아내고 있다. 위의 시는 타지에서 건너와 외롭게 살아가는 도시 노동자의 모습을 통해 미국 사회의 이면을 조명하고 있거니와, 이는 미국이라는 극단적 자본주의 문명에 대한 박인환 나름의 비판적 인식을 표출하는 일에 해당한다. 이러한 그의 시는 물질주의로 치닫고 있던 당시 미국 사회에 경종을 울리고자 했던 필름 느와르와 동일한 세계관적 지향을 드러내고 있는 것이라 할 만하다.

3.2. 미학으로서의 우울

박인환의 시에서 강렬하게 표현되고 있는 정서는 사실상 연구자들을 당황케 하는 요인이다. 박인환이 1930년대 모더니즘을 계승하겠노라고 표방했기에 더더욱 그러하다. 1930년대 모더니즘에서 감정 표현은 거의 금기시되었기 때문이다. 김기림이 모더니즘 이론을 소개할 때 그것의 가장 주된 특징으로 감정 절제를 내세웠던 것은 잘 알려진 사실이다. 그러한 1930년대 이미지즘의 정의를 바탕으로 할 때 박인환의 모더니즘 시가 쉽게 해명되지 않은 것은 물론이다. 박인환의 시는 기존의 시들과 혹은 1930년대 모더니즘 시와도 달리 매우 난해했고 어두웠으며 정서 역시도 강렬했기 때문이다. 박인환 시의 이러한 특징들은 당시로서는 너무도 낯설고 앞선 것이었다. 박인환 시가 극도로 앞서 있었기에 당시 김수영과 같은 작가도 그를 온전히 받아들이기 어려웠던 것으로 보인다.

그러나 이미지즘의 관점에서 배척되었던 감정의 강렬함은 소외된 도시인들의 내면과 삶을 드러낼 때 불가피한 요소가 된다. 물질주의 사회에 편입되지 못하고 자본주의의 도시의 외곽에서 부랑해야 하는 인물들의 삶이 어떠한 정서도 불러일으키지 못한다면 그것이야말로 부자연스러운 일이기 때문이다. 그들의 삶이 전쟁으로 파괴된 시민들의 그것일진대 그때의 정서가 우울과 환멸이 될 것이라는 점은 지극히 당연하다 하겠다.

아름답고 사랑처럼 무한히 슬픈
回想의 긴 계곡
그랜드 쇼우처럼 인간의 운명이 허물어지고
검은 연기여 올라라
검은 幻影이여 살아라.

안개 내린 시야에
新婦의 베일인가 가늘은 생명의 연속이
최후의 頌歌와
불안한 발걸음에 맞추어
어데로인가
황폐한 토지의 외부로 떠나가는데
울음으로서 죽음을 대치하는
수없는 악기들은
고요한 이 계곡에서 더욱 서럽다.

강 기슭에서 기약할 것 없이 쓰러지는
하루만의 인생
화려한 욕망
旅券은 산산이 찢어지고
낙엽처럼 길 위에 떨어지는
캘린더의 鄕愁를 안고
자전거의 소녀여 나와 오늘을 살자.

군인이 피워 물던
물뿌리와 검은 연기의 印象과
위기에 가득찬 세계의 邊境
이 회상의 긴 계곡 속에서도
列을 지어 죽음의 비탈을 지나는
서럽고 또한 환상에 속은
어리석은 영원한 순교자.
우리들.

—「회상의 긴 계곡」 전문

필름 느와르에서 느와르(noir)는 '검은, 어두운, 우울한'의 의미를 담고 있다. 그런 점에서 필름 느와르는 시대에 대한 부정성의 함의와 함께 정서상의 우울과 무드 상의 어두움, 그리고 색채 상의 블랙이라는 여러 차원의 기법적 특징을 함축하고 있다. 이와 마찬가지로 박인환 시에도 이러한 요소들이 모두 동시적으로 발현되고 있음은 특기할 만하다. 박인환 시에서 '검은' 색채를 발견하기란 어렵지 않은데[33] 이를 통해 박인환은 시대적인 불행과 인물의 비극적 운명을 형상화하고 있다.

위의 시에서 역시 "검은 연기"와 "검은 환영"은 시의 전체적인 분위기를 이끌어가고 있는 주된 요소로 작동하고 있다. 그것은 "허물어진 인간의 운명"에 대한 환유적 표현들을 이루면서 어둡고 우울한 정서를 불러일으키고 있다. 시에서 환기되는 우울의 정서는 매우 강렬하거니와, 그것은 "울음으로서 죽음을 대치"하는 만큼의 비극성을 내포한다. 반복되는 "서러움"의 언표 역시 시의 우울함을 가중시킨다.

그런데 위 시에서 우울은 직설적으로 표출되는 대신 전체적인 상황적 구도에 의해 환기되고 있다는 점에서 주목된다. 그것은 시에서의 우울이 직접적인 감정이기 이전에 미학성을 위한 필연적인 요소임을 의미한다. 즉 박인환의 시에서 우울은 시의 총체적 구성을 위한 일 요소로 자리하는 지적 감정이다. 박인환의 시가 자체적으로 완전한 스타일로서 다가오는 것도 이와 관련된다. 요컨대 박인환의 시에서 우울은 표출되는 것이 아니라 환기되는 것이라는 점이다. 박인환 시에서 우울이 지니는 이러한 성격은 그의 시를 센티멘탈리즘으로 볼 수 없게 하는 근거가 된다. 박인환은 우울을 통해 모더니즘을 위반하는 것이 아니라 우울을 통해 새로운 형태의 모더니즘을 창출하고 있다고 말할 수 있다.

위 시에서 우울을 환기시키는 상황적 구도란 느와르 미학에서 구할 수 있다. 여기에는 분명 쇠락의 운명에 허우적대는 인물이 등장할 것인바, 위 시에서 그

33 인용한 시 「회상의 긴 계곡」 외에 「검은 신이여」, 「검은 강」, 「열」, 「최후의 회화」 등.

는 “나”이기도 하고 “소녀”이기도 하며 “군인”이기도 한 “우리들”이다. “우리들”은 모두 “아름답고 사랑처럼 무한히 슬픈 회상의 긴 계곡”에서 “허물어지고”, “쓰러지고”, “떨어지고”, “열을 지어 비탈을 지나는” 동족들이다. “우리들” 모두 “안개 내린 시야”에서 “가늘은 생명”을 붙들고 “불안한 발걸음에 맞추어” “어데로인가” 혹은 “황폐한 토지의 외부로” 떠나가는 위태로운 존재들을 나타낸다. 이들은 보이지 않는 희망을 찾아 방향도 없이 길을 걷는 허망한 운명들이기도 하다. 그 가운데 “하루만의 인생”, “화려한 욕망”, “찢어진 여권”, “캘린더의 향수”는 부랑하는 이들이 부여잡을 수 있는 최소한의 삶의 근거에 해당한다.

그러나 이것들은 “우리들”의 삶의 불안함을 나타낼지언정 결코 희망의 지표는 될 수 없다. 박인환은 이러한 ‘우리들’을 가리켜 “환상에 속은 어리석은 영원한 순교자”라 명명하는바, 그렇다면 이는 무엇에 대한 환상이고 무엇을 향한 순교일 것인가? “위기에 가득찬 세계의 邊境”에서 외곽을 이루고 내부로의 진입을 위해 외곽을 지키는 ‘우리들’이야말로 시대의 지지대가 아닐 수 없다는 점에서 그 ‘무엇’이란 결국 시대이자 문명이라 할 수 있다. 이 점에서 비판하고자 하는 것이 인간소외를 야기하는 자본주의 물질문명임에도 불구하고 그로부터 소외된 자들이 목숨을 다해 지키고 있는 것 역시 그것이라는 사실은 참으로 아이러니하지 않을 수 없다. 그런데 이 점이야말로 필름 느와르가 구현하고 있는 시대의 양면성에 해당한다. 박인환이 필름 느와르에 매혹된 것도 이런 이유에서이다. 즉 박인환이 필름 느와르에서 본 것은 시대의 아이러니 속에서 위태롭게 살아가는 ‘절박한’ 인간들이었던 셈이다. 박인환의 시에서 환기되는 우울함은 이 같은 절박한 인간들에 대한 연민에서 비롯되는 것이다.

3.3. 방법적 영상화 기법

박인환의 모더니즘을 평가할 때 그것을 1930년대 이미지즘을 통해 바라보고자 할 때의 문제점을 지적한 바 있지만, 실제로 박인환의 시는 당시로서 매우 파격적인 형태에 속하는 것이었다. 맥락을 따진다면 그것은 김기림류의 이미지즘보다 이상의 초현실주의에 가까웠을 것이나 그렇다고 박인환 시가 제시하는 현실 인식적 성격으로 인해 초현실주의라 단정짓기 어려운 측면도 있는 것이 사실이다. 말하자면 박인환의 시는 현실 인식적 요소와 초현실주의로서의 모더니즘 기법이 종합된 복합적 성격을 지니는바, 이러한 형태의 시는 2000년대인 오늘날에 이르러 시의 규범이 되다시피 하고 있다. 이는 박인환 시의 진보성이 어느 정도였나를 말해주는 대목이다. 영화사의 측면에서 보더라도 필름 느와르가 2차 대전 이전의 모더니즘과 1960년대 이후의 포스트모더니즘 사이에 등장했던 사실은 필름 느와르의 진보성과 사적 의의를 말해준다 하겠다.

당시 박인환 시가 형태적인 면에서 그토록 혁신적일 수 있었던 것은 박인환의 영화에 대한 감수성에서 일 근거를 찾을 수 있을 것이다. 박인환 시에 나타나 있는 환상적 요소는 모두 영상화 기법을 통해 성립되는 것이기 때문이다. 영화의 영상을 접하면서 습득된 장면화의 감각이야말로 박인환 시를 난해하고도 현대적으로 만들었던 요인이 된다. 1950년을 전후해서 영화가 급격히 대중화됨에 따라 시에서의 영상화 기법의 출현은 필연적인 것이었을 테지만 그러나 그 초입에 해당되었던 만큼 박인환 시가 이해되기엔 어려움이 따랐을 것이다. "경박한 유행의 숭배자"라는 김수영의 비난이야말로 그 같은 어려움을 단적으로 나타낸다.

그런데 박인환 시에서 영상은 무작위로 던져지는 것이 아니라 서사성을 전제로 하고 있다. 그의 영상화 기법은 환상적 요소를 띠지만 오늘날의 포스트모던한 시처럼 무차별적이지 않다는 특징을 지닌다. 박인환 시의 서사성은 시적 내용이 인물과 상황과 배경을 통해 구성된다는 점에서 비롯되는 것이며 바로 그 점에서 그의 시가 지닌 현실 인식 및 문명 비판적 요소를 말할 수 있게 된다. 그의 대부분의 시들은, 특히 1950년대 쓰여진 시들은 거의가 이러한 요소들을 지니고 있다.

아무 잡음도 없이 멸망하는

도시의 그림자
무수한 印象과
전환하는 연대의 그늘에서
아 영원히 흘러가는 것
신문지의 傾斜에 얽혀진
그러한 불안의 格鬪

함부로 개최되는 酒場의 謝肉祭
黑人의 트럼펫
구라파 新婦의 비명
정신의 황제!
내 비밀을 누가 압니까?
체험만이 늘고
실내는 잔잔한 이러한
환영의 침대에서.

回想의 起源
오욕의 도시
황혼은 망명객
검은 외투에 목을 굽히면
들려오는 것
아 영원히 듣기 싫은 것
쉬어빠진 鎭魂曲
오늘의 폐허에서
우리는 또다시 만날 수 있을까
1950년의 사절단

병든 배경의 바다에
국화가 피었다
폐쇄된 대학의 정원은
지금은 묘지
繪畵와 理性의 뒤에 오는 것
술 취한 水夫의 팔목에 끼여

파도처럼 밀려드는
불안한 최후의 會話.

—「최후의 회화」 전문

자유로운 연상으로 이루어진 듯한 위의 시에서 각각의 구절들은 저마다 하나의 장면으로 이미지화되고 있다. "도시의 그림자" "주장의 사육제", "흑인의 트럼펫", "구라파 신부", "잔잔한 실내", "검은 외투", "병든 배경의 바닷가", "폐쇄된 대학의 정원", "술취한 수부" 등 장면으로 그려지는 소재들은 위 시에 가득하다. 이들 이미지들 가운데 특히 2연에서의 "소란스런 酒場", "트럼펫부는 흑인", "비명을 지르는 구라파 신부", "잔잔한 실내", "환영의 침대"들이 모자이크처럼 전환되는 장면들은 혼잡함 속에서도 단절된 파편화된 존재들을 형상화하고 있다. 이들 파편화된 존재들은 복잡하고도 차가운 도시 속에서 불안과 소외라는 동일한 운명을 겪고 있다.

소외된 도시의 하층민들이 살아가는 곳을 시는 퇴폐적이고 쇠락한 이미지로 묘사하고 있다. "폐허"와 "묘지", "병든 바다" 등이 그것이거니와 이것들을 품고 있는 도시야말로 밝고 번화한 이미지가 아닌 어둡게 '그늘진' 것으로 형상화된다. "검은 외투에 목을 굽히"는 군상들의 도시는 숨막힐 듯 폐쇄된 공간으로 다가온다.

이처럼 박인환의 시는 시를 메우는 여러 장면들의 구성을 통해 한 편의 영화처럼 영상화되고 있음을 알 수 있다. 술집의 흥청거리는 사람들과 황혼을 등지고 어슬렁거리는 망명객들, 그리고 부두의 술취한 어부가 영상 속 등장 인물들이라면 이들이 배회하는 쓸쓸한 바다, 지저분한 부두, 술집, 묘지 등 번화가로부터 밀려난 도시의 뒷골목이 영상의 배경이 된다. 시는 사회의 소외된 인물들의 불안한 일상과 결국은 "잡음도 없이 멸망해"가는 운명을 그리고 있는 것이다. 인물과 배경, 그리고 상황으로 이루어진 위의 시는 일정한 서사성을 구축하고 있거니와 이들이 실체화된 이미지들로 구성되고 있다는 점에서 위 시는 영상화 기법을 구사하고 있다고 할 수 있다.

그런데 박인환의 경우 시도되는 영상화의 기법은 상당부분 필름 느와르와의 친연성을 드러낸다. 그것은 필름 느와르가 내용으로 삼고 있는 도시적 일상 및 하층민들의 몰락이라는 주제적 측면에서뿐만 아니라 필름 느와르가 구사하는 카메라 기법[34]의 측면에서도 그러하다. 가령 필름 느와르에서 구사하는 불안과 긴장을 유발하는 사선(斜線) 혹은 수직적인 화면구도,[35] 딥포커스(deep-focus)를 통해 배경과 인물을 대등하게 포착함으로써 인물의 무기력과 왜소함을 강조하고 배경의 우위성을 부각시키는 방법,[36] 광각렌즈의 사용으로 인해 화면을 왜곡함으로써 인물을 기괴하고도 인공적으로 느껴지게 하는 기법,[37] 인물을 밀폐된 공간에 배치함으로써 인물의 고립감을 강화 하는 기법[38] 등은 박인환 시의 영상 속에서 최대한 각색되어 활용되고 있음을 알 수 있다. 박인환은 필름 느와르에서 구현하는 의미와 카메라 기법들에서 유발되는 효과들을 최대한 살려내기 위한 시의 어법들을 스스로 창출하고 실현하고 있는 것이다. 이는 그의 시가 단순히 영상의 줄거리를 필사하는 것이 아니라 그가 필름 느와르를 통해 공감한 현실 인식과 정서적 느낌을 시를 통해 구현하기 위한 것으로, 이러한 과정으로 인해 박인환의 시는 감도높은 영상 미학으로, 나아가 잘 짜여진 총체적 스타일로서 다가오는 것일 테다.

---

34 이 글에서 제시되는 여러 카메라 기법에 대해서는 장서희, 「2000년대 한국 영화에 나타난 필름 느와르 스타일에 관한 연구」, 중앙대학교 석사학위논문, 2008, 8~10쪽 참조.

35 위 시의 "신문지의 傾斜에 얽혀진 불안의 格鬪"에서의 '傾斜'짐을 통해 환기되는 '불안'이 이러한 기법에 해당한다고 할 수 있다. 이 부분은 박인환이 느와르 영화에서 제시되는 사선(斜線)의 화면구도를 겨냥한 것으로 보인다.

36 배경과 인물을 교차적으로 배열함으로써 인물의 존재감을 약화시키는 방법에 대응시킬 수 있다. 이러한 방식은 인물을 부각시키기보다 인물이 환경에 의해 지배당하고 있음을 암시하는 영상화 기법이다.

37 "비명을 지르는 구라파 신부"에서 느껴지는 인물의 기괴성과 관련된다.

38 "술 취한 水夫의 팔목에 끼어 밀려드는 회화"에서의 숨막힘의 느낌으로 활용되고 있다. 박인환은 여러 수식어들을 통해 회화성과 분위기를 드러내곤 하였는데 여기에서 "팔목에 끼어"라는 술어는 인물의 압박감을 형상화하는 데 기여하고 있다.

박인환의 시에서 구현되는 이와 같은 영상화의 기법은 박인환으로 대표되는 1950년대 모더니즘의 중요한 특징 가운데 하나로 논해져야 한다. 그것은 1930년대 모더니즘 가운데서 이미 찾아볼 수 있던 영화적 요소에 비해 보다 기법적이고 본격적이라 할 수 있다. 박인환의 영상화는 단지 서술하는 데서 그치는 것이 아닌 내러티브를 어떻게 전달할 것인가 하는 스타일까지도 담아내고 있기 때문이다. 방법적 영상화를 위한 박인환의 이러한 시도는 그의 시적 미학을 구축하는 데에서 국한되지 않고 시의 새로운 어법들을 창출하는 데에도 기여하게 되었다고 볼 수 있다. 포스트모더니즘의 환상 어법은 곧 박인환의 시와 같은 복합적 영상 기법의 발전에 따른 것이라는 점에서 그러하다. 박인환 시의 시사적 위상이 새삼 주목되는 지점도 바로 여기이다.

4. 새로운 시대의 모더니즘

본고는 박인환의 시적 특성을 필름 느와르와의 상관성하에 고찰함으로써 그의 모더니즘이 1930년대의 이미지즘과 다른 맥락에 놓이면서 새로운 시의 모더니즘을 구현하고 있음을 확인하는 데 목표를 두고 있다. 박인환의 모더니즘은 이미지즘이 아닌 박인환 시 자체의 특성으로부터 규명되어야 하는바, 이에 대해 필름 느와르가 유효한 기준을 제공하고 있다는 주장이다. 필름 느와르와의 상관성을 고찰할 때 박인환의 모더니즘의 독창성이 드러나면서 그것이 1930년대 모더니즘과 포스트모더니즘의 교량역할을 하고 있음을 확인하게 될 것이다.

박인환의 모더니즘을 밝히기 위해서는 먼저 그가 에즈라파운드 류의 이미지즘이 아닌, 전쟁 후 '황무지'의 실상에서부터 모더니즘을 구하려 했던 엘리엇을 모델로 하고 있다는 점에 주목해야 한다. 박인환은 모더니즘을 전쟁의 참상으로 인해 인간들이 겪은 불안과 공포, 허무와 환멸 등의 정신적 실상에 기반하여 구축하였던 것이다.

박인환의 모더니즘이 당대 현실에 처한 인간의 실상이었던 점을 고려할 때 박인환과 영화와의 관련성에 주목해볼 필요가 있다. 영화는 그와 같은 삶의 구체적 실상을 가장 생생하게 묘사할 수 있는 매체이기 때문이다. 실제로 영화광이면서 전문 영화평론가로 활동했던 박인환이었으므로 그의 시적 특성을 고찰할 때 영화와의 관련성을 고구하는 것은 유의미한 일이다. 그런데 이 시기 박인환이 인상적으로 수용한 영화 장르가 있었음을 알 수 있는데, 그것은 필름느와르이다.

필름 느와르는 1940년대 초부터 1950년대 중반까지 할리우드에서 집중적으로 제작되었으며, 2차 대전 이후 미국 사회의 모순과 부조리, 소외된 인간의 불안 심리와 몰락의 양상을 다루면서 자본주의 물질문명을 비판하는 역할을 행하였던 영화 장르이다. 프랑스에서 더욱 주목받았던 이것은 2차대전 이전의 모더니즘 영화의 한계를 극복하기 위해 리얼리즘적 요소를 도입하면서 당대 근대성에 대해 비평을 시도하였기에 영화인들로부터 각광을 받았다. 박인환의 영화 평론에는 그가 당시의 그 어느 장르보다 필름 느와르에 관심을 지니고 있었음이 잘 드러나 있다.

실제로 도시의 이면에서 살아가는 소외된 인간들을 중심으로 그들의 일상과 운명을 우울한 어조로 묘사하고 있는 박인환의 시는 필름 느와르의 주제와 기법적 측면에서의 유사성을 나타낸다. 잘 알려져 있듯 리얼리즘적 측면이라든가 실존주의, 우울의 정서와 허무주의 등의 요소를 복합적으로 지니고 있는 박인환 시의 경우 이 모든 것들이 유기적으로 어우러져 전체적으로 안정된 스타일을 보여주고 있다는 사실은 박인환 시가 특정하게 구성된 미학을 지향하고 있음을 짐작하게 하거니와, 그 기반을 필름 느와르에서 구할 수 있다는 것이다. 이러한 관점에서 본고는 박인환 시에 나타난 소재 및 주제의식, 불안과 우울의 정조, 영상화 기법 등의 특징들을 고찰함으로써 그 구체적 근거를 확인하고자 하였다.

8장

박인환의 미국 체험과 정동(情動)의 양상

1. 박인환의 미국 기행

1946년 12월 『국제신보』에 「거리」를 발표함으로써 등단한 박인환은 24세가 된 1949년 김경린, 김수영, 임호권, 양병식과 5인 합동 시집 『새로운 도시와 시민들의 합창』을 발간하며 문단의 이목을 집중시켰고, 그 후 겪은 6 · 25전쟁을 계기로 시대의 아픔을 노래하는 어둡고 우울에 찬 시를 쓰게 된다. 1948년 동인지 『신시론』을 발간하면서 이미 모더니즘 운동을 표방하였던 박인환은 전쟁 중 피난지 부산에서 후반기 동인을 결성하면서 1930년대 모더니즘에 견주어지는 그의 시적 지향성을 뚜렷이 한다. 도시적 감수성과 세련된 언어를 바탕으로 현대 사회의 소외와 불안을 다루고자 하였던 박인환은 6 · 25 전쟁 이후 허무주의적이고 고통이 서린 인간의 비극성을 더욱 심도 있게 제시하였다. 그에게 전쟁은 인간의 한없는 허약함과 삶의 덧없음을 철저히 깨닫게 하는 사건이었기에 전후 그의 모더니즘은 죽음 의식과 불행 의식, 상실감, 불안과 혼란, 절망으로 점철되는 양상을 띠고 전개되었다. 그의 대표작 「목마와 숙녀」를 비롯하여 「검은 神이여」, 「미래의 娼婦」, 「밤의 未埋葬」, 「不信의 사람」 등이 그것이다.

한편 등단 후 1956년 사망하기까지 10여년에 걸쳐 시작 활동을 하였던 박인환은 죽기 1년 전인 1955년 그가 재직하던 대한해운공사에서 화물선 남해호의 사무장의 자격으로 약 2개월 간의 미국 출장을 제안받는다. 3월 초에 출항, 14일여의 항해를 거쳐 타코마, 에버렛, 안나코테스, 포트 엔젤레스, 포틀랜드 등 태평양 연안 도시를 19일에 걸쳐 방문하기로 하는 일정이었다. 박인환은 새로움을 경험하는 데 따른 심정으로 이를 수락하게 된다. 그리고 이때의 체험을 바탕으로 13여 편의 아메리카 시편들과 산문 「19일간의 아메리카」를 쓰게 된다. 이로써 박인환은 전쟁 이전 해방기의 시대상을 비판적으로 담았던 리얼리즘 경향의 시들과 전쟁과 그 이후의 체험을 비극적으로 서술하는 실존적 모더니즘 시, 그리고 미국 체험을 바탕으로 하는 기행시로서의 세 시기의 시적 구분을 나타낸다고 할 수 있다.[1]

이 속에서 박인환의 여행시는 과거의 시들과의 기묘한 공존을 이루고 있다고 말할 수 있다. 그것은 기존 시들의 연장선상에 놓이는 것이면서 동시에 그것들과의 단절 또한 함의하는 것이라는 점에서 그러하다. 박인환은 그 이전의 시들에서 보여주었던 시대적 비극의 정서와 문명에 대한 비판 의식을 지니고 있으되 이러한 의식은 미국에서의 매 상황 속에 놓이는 동안 시시각각으로 변화하는 유동성을 보인다. 1949년 『새로운 도시와 시민들의 합창』에서 문명과 자본에 대한 저항의 의식을 드러냈던 박인환은 자본주의 문명의 결정판인 미국에 이르러 기존의 의식과 다르지 않은 문명적 현실에 대한 비판적 시각을 내보이지만,[2] 이러한 태도는 이어서 일관성을 잃고 오히려 미국을 긍정하는 모습을 보이기까지 하게 되기 때문이다. 이에 따라 미국 체험을 형상화하고 있는 「아메리카 詩抄」의 시들에서 도시 문명에 대한 부정과 동경이 혼란스럽게 공

1 이는 박인환 시의 시기 구분을 초 · 중 · 후기라는 세 단계로 설정하게 됨을 시사한다.

2 김윤정은 1950년대 박인환의 시에 미국의 현대성에 대한 비판적 담론을 형성하고 있는 필름 느와르적인 요소가 있다고 하면서 「아메리카 시초」의 시편들 가운데에도 미국의 자본주의의 이면을 조명하는 필름 느와르와 상관성이 있는 측면이 있음을 제시하고 있다. 김윤정, 「박인환 모더니즘의 필름느와르와의 상관성 연구」, 『한민족어문학』 81집, 한민족어문학회, 2018.9, 293쪽.

존하는 형국[3]이 펼쳐지게 된다는 것을 알 수 있다.

이 같은 양상은 연구자들 사이에서 「아메리카 시초」의 13여 편의 시들을 통해 "단순히 여행지의 풍물이나 여행자의 감상을 늘어놓는 것이 아닌" "냉철한 문명비판"[4]이 나타나 있음을 읽어내는가 하면, 박인환에게 미국은 "건물과 철도, 신문, 잡지가 넘치는 '문명국'으로 인식되"[5]고 있음을 지적하는 상반된 경향을 야기한다는 점을 알 수 있다. 이는 박인환이 해방기로부터 미국의 신식민지주의적 경향을 비판하면서도 전쟁 이후 미국 중심주의의 담론을 수용하였던 경향에도 대응한다고 할 만하다.[6] 이러한 박인환에게 미국 기행은 상업주의와 물질성으로 대표되는 아메리카니즘을 긍정적으로 수용하게 되는 계기로 작용하였던 점을 짐작할 수 있다. 실제로 「19일간의 아메리카」를 통해 본 박인환은 이전의 반제국주의적이고 반자본주의적 시각으로부터 벗어나 새로운 아메리카상을 수립[7]하고 있는 모습을 보여주고 있는 것이다.

이는 박인환의 미국에 대한 시각의 변화에 미국 기행이 크게 작용하고 있다는 사실을 가리킨다. 미국 여행은 비록 19일간에 걸친 짧은 것이었고 그 또한 미국의 항구도시에서의 일시적 정박에 불과한 제한적인 체험에 해당되었지만 그것은 박인환의 의식을 전환시킬 만한 강한 체험으로 작용하였다고 할 수 있다. 그렇다면 애초의 반문명적이고 자본주의 국가 미국에 대해 비판적인 태도

3 김은철, 「박인환 시의 현실 인식과 시적 대응」, 『한민족어문학』 47집, 한민족어문학회, 2005.12, 279쪽.

4 김정남, 「박인환 시의 모더니티와 시사적 의미」, 『어문논집』 48집, 중앙어문학회, 2011.11, 344쪽.

5 방민호, 「박인환 산문에 나타난 미국」, 문승묵 편, 『박인환 전집-사랑은 가고 과거는 남는 것』, 예옥, 2006, 594쪽.

6 박연희, 「박인환과 영화-영화평론(1948~1956)에 나타난 아메리카니즘」, 『한국문학연구』 45집, 동국대학교 한국문학연구소, 2013.12, 308쪽, 박연희는 이 두 경향 사이의 편차를 강조하면서 이러한 양상이 한국 사회에서의 아메리카니즘의 이념과 욕망 이해에 도움이 된다고 지적하고 있다.

7 방민호, 앞의 글, 586쪽.

를 지녔던 박인환의 의식을 일거에 전환시켰던 요인은 무엇일까? 그것은 단지 미국이라는 낯설고 새로운 풍경과 풍물에 기인하는 것일까? 미국 물질 문명의 눈부시게 발달한 외양이 그의 관념을 뒤흔든 결정적 계기였던 것일까? 그것은 한 개인이 지속하고 있던 이념을 일시에 무너뜨릴 만큼 강력한 요소였다고 말할 수 있을까?

이러한 질문들과 관련하여 본고는 미국 여행이 박인환에게 어떤 의미를 지니는 것이었으며, 그것이 박인환의 의식에 충격을 가하고 그의 의식을 변화시키기까지 어떠한 작용을 거치게 되었는지를 이해하는 데 목표를 두고 있다. 그의 의식의 변화는 외적 계기에 의한 것이었을까 혹은 내적 요인에 따른 것이었을까? 한 개인이 외적 환경에 처함으로써 경험하게 되는 변화의 과정은 피상적인 차원의 것일까 아니면 내면의 근원에까지 이르는 근본적인 것인가? 이를 밝히기 위해 본 연구에서는 박인환이 미국 여행 기간에 지녔던 정동(情動)의 양상을 살피고 그것이 어떻게 인식론적인 차원에까지 영향을 미치게 되는지를 확인하고자 한다.

2. 여행과 정동(情動)의 수사학

정동은 감정이나 정서와 유사하지만 그보다 더 즉각적으로 신체가 경험하는 감각적인 반응에 기반한다. 그것은 본능적이고 무의식적인 반응으로서 특정 상황에 놓여질 때의 순간적이며 언어화되기 이전의 반응태에 해당한다. 의식화되기 이전의 혹은 인지되거나 규정되기 이전의 감각적 반응은 일차적으로 신체의 반응이며 따라서 이전의 기억과 학습에 의존하는 전(前)경험적 반응이기도 하다. 이는 신체의 반응이 즉각적이되 순수하게 이루어지는 것이 아닌 집단적, 사회적으로 발생하는 것을 의미한다. 이때 신체는 주체가 마주해야 했던 집단적이고 사회적이며 문화적이고 정치적인 제 현상을 기억하고 저장하는 장소로서의 몸의 지대에 해당한다. 이 점에서 정동(affect)은 감정(emotion)으로 환

기되기 이전의 신체적 상태와 관련되는 개념이라 할 수 있다.[8]

박인환의 「아메리카 시초」를 정동의 측면에서 고찰하고자 하는 것은 이들 시가 박인환의 최초의 미국 방문을 통해 이루어진 것이라는 점에 기인한다. 미국이라는 낯선 장소에 던져졌을 때 박인환이 그 속에서 느꼈을 즉각적이고 직접적인 감각은 박인환의 최초의 신체적 반응에 따른 것으로, 그때의 강렬하고 선명했을 감각이야말로 박인환이 미국 체험을 통해 얻게 된 정동의 내용이라 할 만하다. 또한 이것이 박인환이 과거부터 지니고 있던 기억에 기반한 것이라는 사실은 박인환의 의식의 지형을 이해하는 데 크게 기여할 것이라는 판단이다. 미국이라는 장소에 놓이는 순간 박인환은 미국에 관한 첫인상을 경험할 뿐 아니라 체험의 진전에 따른 정서와 의식의 변형과 변화를 고스란히 수용해야 했을 것이기 때문이다. 그러한 의식의 변화는 박인환이 지녔던 미국에 대한 인식을 고정시키기도 하고 변모시키기도 하는 성질의 것이었거니와 이러한 전개를 이끌었던 요인은 무엇보다 신체적 감각, 정동이었다고 말할 수 있다.

이처럼 신체적 감각으로서의 정동은 체험을 통해 야기되는 어떠한 상태로의 변화, 움직임을 포괄한다. 스피노자, 들뢰즈에 맥을 두고 있는 이러한 신체적 운동 에너지로서의 정동의 개념은 사태를 생성과 운동의 측면에서 바라보는 것이며, 이에 따라 감정 역시 고정되고 단일한 형태로 존재하지 않는 운동

8 마수미는 정동이 정신과 육체 간에 설정되어 있는 데카르트식 고전적 이원론을 극복하는 개념이라 하면서, 몸의 기능들과 관련이 있는 정동의 성격을 강조한다. 정동은 몸의 운동을 그 잠재태의 관점에서 바라본다는 것이다. 그런 점에서 정동은 계속해서 운동중이고 이행중이며 이 속에서 자아는 기억, 습관, 반성 등을 통해 자신의 과거를 현재 속에 갱신한다고 말하고 있다. 또한 몸의 느낌으로 표현된다는 점에서 감각은 정동의 기록이며, 정동은 몸으로 생각하기, 몸에 의해 생각하는 운동이라 말할 수 있다. 이로써 활력이나 생기의 감각은 자아를 더욱 살아 있는 것 같은 느낌이 들게 하며 그를 바꾸고 확장할 수 있게 된다. 그것이 몸을 매개로 이루어지는 것은 규율 권력이 육체를 상명 하달 식의 기관 안으로 포섭한다는 사실을 고려할 때 정동이 정치적 생태학 속에 놓여 있음을 말해준다. 브라이언 마수미, 『정동정치』, 조성훈 역, 갈무리, 2018, 30~47쪽.

력의 일종이라는 사실을 지시한다.[9] 정동은 그 자체로 멈춰져 있는 것이 아니라 많은 변화들을 일으키는 잠재적 역능을 지니는 힘의 실체가 된다. 몸과 결부된 신체의 역동적 운동성을 일으키기도 하는 그것은 B. Massumi에 의하면 삶에서 새로운 관계 맺기의 과정으로 나아간다. 정동의 주체는 대상과의 마주침으로 관계를 맺고 마주한 관계는 사건을 생성하고 나아가 그것은 세상을 변화시킨다는 것이다.[10] '마주침'은 주체와 대상 사이의 사건을 야기하고, 이러한 마주침의 '강렬도'에 의지하면서 주체와 대상은 서로 정동하고 정동되는, 즉 상호 역능을 발휘하는 동적 관계를 형성하게 된다.[11]

주체와 대상 사이, 혹은 환경과 주체 사이의 상호 영향을 주고받는다는 이러한 정동 현상은, 특히 감정을 이성에 의해 통제되어야 하는 비합리적 요소라거나 개인의 내면적 특성에서 비롯되는 것이라는 입장을 지니는 대신 감정이 특정 공간이나 상황에서 발생하는 물리적이고 사회적 맥락과 얽혀 있음으로써 주체의 행위에 영향을 미치는 정치적 · 사회 문화적 요소[12]라고 보는 시각을 나타내게 된다. 이로써 정동은 신체적 경험으로서의 신체의 능력이나 역량의 변

---

9 김민지, 「정동의 잉여적 사유들」, 『동서철학연구』 96호, 한국동서철학회, 2020.6, 272쪽.

10 사물들의 관계 자체에 주목하는 정동은 우리의 삶이 독립적으로 이루어지는 것이 아니라 어울림 속에서, 서로 속해 있는 장 속에서 영향을 주고받는다는 점을 강조한다. 즉 정동은 상관적 효과, 복잡성 효과와 관련되는 것으로서 인간의 중력장 같은 것이라는 점이다. 우리가 자유라고 부르는 것 역시 그러한 상관적 반전들이다. 그런 점에서 정동은 근본적으로 타자들과, 다른 상황들과 연결되는 방식을 나타내며 정동이 강해질수록 더 크고 넓은 생명의 장 속에 접속해 있다는 감각이 강해진다고 마수미는 말한다. 브라이언 마수미, 앞의 책, 29쪽.

11 김민지, 앞의 글, 273쪽.

12 김민수 · 오경환, 「감정과 정동 사이 : 감정의 역사화를 위한 방법론적 시론」, 『역사와 경계』 111집, 부산경남사학회, 2019.6, 5~6쪽. 이러한 관점은 마수미의 '정동정치' 개념을 환기한다. 마수미는 정동이 단순히 개인적인 감각 경험에 머무는 것이 아니라 사회적이고 정치적인 영역에서 작용하는 감각적 경험임을 강조한다. 그는 정동이 사회적 관계와 정치적 상황에서 어떻게 나타나고, 그것이 사회적 행동이나 정책에 어떻게 영향을 미치는지 관심을 둔다. 즉 마수미의 정동이론은 정동을 신체적 반응을 넘어서서, 사회 구조와의 관계 속에서 작용하는 힘의 흐름과 영향력으로 확장해서 보고 있다.

화를 일으키는 요인과 결부되는 동시에 정치적 역할까지 포함하는 개념이라 할 수 있다. 즉 신체적 반응으로서의 정동은 주체에게 환경과의 상호작용을 통한 감각적 변화를 일으키는가 하면 정치적이고 문화적 영향력 역시 발휘하게 된다.[13]

정동의 이와 같은 운동력은 낯선 땅에 놓인 박인환에게 신체적이고도 정치적인 작용을 가함으로써 그의 의식의 격동을 야기한다는 것을 알 수 있다. 이전의 축적된 기억의 담지체로서의 박인환은 처음으로 겪게 된 미국과의 강렬한 조우를 통해 신체적인 감각의 파동과 정치적인 의식의 전이를 경험한다. 그것들은 감각적 경험에 따른 순간적인 것이면서 지속적으로 변화해나가는 것이었다. 신체의 운동성에 기인하는 그것은 박인환에게 감정의 출렁임을 일으키면서 의식의 변동과 변형을 야기하기에 이른다. 정동은 고정되지 않은 채 박인환의 신체를 가로지르고 정서의 파도를 불러오며 정치적이고 문화적인 의식의 형성에 기여한다.

낯선 땅으로서의 미국의 환경은 박인환에게 강력하고도 압도적이며 유동적인 정동의 근원으로 작동하게 된다. 미국이라는 환경에의 전신의 노출을 통해 박인환은 그의 신체를 둘러싼 의식의 변환을 이룩해간다. 그것은 박인환에게 때로 자유와 해방의 감각을 부여하기도 하였고 고독감이나 이질감, 혹은 호기심이나 공감을 불러일으키기도 하였으며 미국에 대한 새롭거나 비판적인 인식을 가져오기도 하였다. 이러한 과정은 박인환에게 전혀 새로우면서 그를 뒤흔드는 것이었다. 「아메리카 시초」에 이르러 그의 의식들이 기존의 그것들과 일관성 없이 요동치고 충돌하였던 것도 이와 관련한다. 또한 이러한 경험은 박인환의 시를 기

13 이는 정동이 경험의 내용들을 형성 전달하는 열린 방식의 운동력임을 의미한다. 이러한 정동이 사회 문화적 연결망들과 만날 때, 그 속에서의 현상들은 설득에 의해서가 아니라 감염에 의해, 합리적 선택이 아니라 정동으로 작동함을 시사한다. B. Massumi, 앞의 책, 53쪽.

존의 시들과 전혀 다른 느낌으로 다가오게 하는 요인이 되었다.[14] 미국에서 박인환이 경험했을 정동의 양상을 조명하고자 하는 이유도 여기에 있다.

3. '아메리카 시초(詩抄)'의 정서적 유연성

박인환의 시적 경향을 판별해 볼 때 전쟁을 겪고 그 이후에 썼던 박인환의 시들을 지배하고 있는 정서는 단연 허무와 좌절감이다. 모더니즘이라는 이름 아래 시대의 아픔의 무게를 고스란히 짊어지고자 했던 박인환은 '불안'과 '공포'(「밤의 未埋葬」), '권태'와 '불신'(「不信의 사람」), '무정'과 '멸망'(「壁」), '무덤'과 '종말'(「미래의 娼婦」), '파괴'와 '죽음'(「검은 神이여」)을 노래하며 전후의 허무주의적 의식을 농도 짙게 드러낸다. 그에게 생은 '공포'스럽고 '불길'하며 '혐오'(「눈을 뜨고도」)스러운 것이었고, '비극'(「미스터 某의 生과 死」)에 찬 것이었다. 이처럼 전후 시기 박인환의 시들은 시종 그늘지고 무거운 색채로 이루어졌음을 알 수 있다. 이들 감정의 색채들은 매우 일관된 것으로서 이들 시에서 감정은 단일한 성격을 띠는 거의 고정된 것으로 현상한다.

그러나 「아메리카 詩抄」에 이르면 이러한 정서적 경향성은 급변하게 된다. 그것이 기행시라는 짧은 기간의 여행에 따른 것임을 감안하더라도 「아메리카 詩抄」에 그려지고 있는 시편들의 정서는 상당히 가벼워지고 감정의 색채 또한 다채로워진다는 것을 확인할 수 있다. 박인환에게 약 한달 보름간의 이국 체험은 어떤 의미를 지니는 것이었을까? 고국에서 상당히 집요하게 전후의 폐허 의식과 씨름했던 박인환에게 일정 기간의 여행은 기분을 전환시키고 감정을 가벼이 하게 한 삶의 돌파구와 같은 체험에 해당되었을 것이다.

14 윤석산은 박인환의 아메리카 시편들이 그의 시문학 세계에 새로운 돌파구를 만들어 줄 만한 새로운 모습들이라 평가하고 있다. 윤석산, 『박인환 평전』, 도서출판 모시는 사람들, 2003, 287쪽.

3.1. 불안과 허무, 자유의 역동성

항구에 도달하기 전 '태평양에서' 박인환이 보여준 태도는 꽤 흥미롭다. 그는 여기에서 "나는 아무 욕망도 갖지 않겠다. 더욱이 낭만과 정서는 저기 부서지는 거품 속에 있어라"라고 말하고 있거니와, 이는 박인환에게 단순히 감정적으로 "차가"워지겠다. 감정을 품지 않겠다의 차원에 놓이는 것이 아니라 기존의 감정으로부터 벗어나 순전히 현재의 순간에 주어지는 감정에 오롯이 노출되겠다고 하는 의지를 나타낸다. 다시 말해 이것은 박인환이 시도한 과거로부터의 상황적 단절, 즉 인식론적 정화의 의미를 띤다고 할 수 있다.[15]

> 갈매기와 하나의 물체
> 「고독」
> 年月도 없고 태양은 차갑다.
> 나는 아무 욕망도 갖지 않겠다.
> 더우기 낭만과 정서는
> 저기 부서지는 거품 속에 있어라.
> 죽어간 자의 표정처럼
> 무겁고 침울한 파도 그것이 怒할 때
> 나는 살아 있는 者라고 외칠 수 없었다.
> 거저 의지의 믿음만을 위하여
> 深幽한 바다 위를 흘러가는 것이다.
>
> (중략)
>
> 옛날 불안을 이야기했었을 때
> 이 바다에선 砲艦이 가라앉고
> 수십만의 인간이 죽었다.

15 박인환에게 이는 특정한 경험 특이성을 위한 상황—특화된 국면에 해당한다고 할 수 있다. 그것은 이미 시작 중에 있는 어떤 경험 속으로 침잠하는 것이며 이 속에서의 흐름을 따르면서 운동 안에서의 기회들에 몸을 맞추는 것이다. 이는 스스로 상황을 지배하거나 기획하는 대신 상황을 파도타기 하는 열린 순간에 해당한다. B. Massumi, 앞의 책, 39쪽.

어둠침침한 조용한 바다에서 모든 것은 잠이 들었다.
그렇다. 나는 지금 무엇을 의식하고 있는가?
단지 살아 있다는 것만으로서.

바람이 분다.
마음대로 불어라.
나는 데키에 매달려
기념이라고 담배를 피운다.
무한한 고독.
저 연기는 어디로 가나.

밤이여. 무한한 하늘과 물과 그 사이에
나를 잠들게 해라.

—「태평양에서」 부분[16]

위 시에서 제일 먼저 화자가 말하고 있는 "고독"은 자신이 처한 '홀로임'에 대한 처지만을 지시하고 있는 것이 아니다. 그것은 외로움이나 쓸쓸함과 같은 부정적 정서를 표현하고 있는 대신 화자의 인식론적 상태에 대한 언급을 나타낸다. 화자는 전후좌우 주변의 모든 것을 지우고 오로지 "갈매기와 하나의 물체"로서만 있고자 하거니와, 이는 그리 함으로써 화자가 최소한의 평온하고 안정된 상태에 있을 수 있음을 암시한다. 이러한 상태는 화자가 비로소 온전히 현재를 느끼고 정서적 평화를 얻는 가운데 균형 잡힌 사유를 할 수 있게 된다는 것을 의미하기도 한다. 이를 위해서라면 화자는 "살아 있는 者"가 아닌 "죽어간 자의 표정처럼" "아무 욕망도" "낭만과 정서"도 "갖지 않"아도 좋은 것이다. 자신의 내면에서 부대끼던 이들 감정들은 자신을 오래전부터 지배해오던 것들로서 그를 언제나 "무겁고 침울"하게 흔들어대던 것들이다. 화자에게 그것들은 "怒한" "파도"처럼 버겁고 감당하기 힘든 감정들이었다.

16 이후 시의 인용은 페이지 표기 없이 『박인환 전집』(문학세계사, 1986)에 따른다.

화자가 이들 감정에 지배되었었고 따라서 이들로부터 벗어나고 싶은 이유는 그것이 그가 겪은 과거의 전쟁 체험에서 비롯되었기 때문이다. 특히 '태평양'은 치열한 전투의 현장이었던 곳으로 "砲艦이 가라앉고 수십만의 인간이 죽었"던 곳이다. 그에게 기억이 살아 있는 한 '태평양'이 지니는 전쟁의 역사는 그의 의식의 전제로서 작용하게 될 것이라는 점을 짐작할 수 있다. 이 점은 그에게 사실상 "불안"의 근원으로서 작용한다. "불안"은 "옛날"부터 지속되어 오며 "나"를 지배하는 견고한 정서적 상태라 할 수 있다. "「고독」"을 통해 구할 수 있는 "차가"운 상태는 이 "불안"으로부터 거리를 두고자 하는 화자의 바람과 관련된다. 그는 "深幽한 바다"에 "거저 의지"하여 마음을 놓고 "흘러가"고 싶어 한다. '태평양'의 "무한"하고 "深幽한 바다"는 화자에게 이러한 모든 정동(情動)의 원인으로서 작용한다. '태평양'이라는 망망함의 한가운데에 놓인 채 화자는 "불안"을 잊고 "고독"에 처하며 몸도 마음도 마치 '죽은 자처럼' 고요하고 잔잔해지기를 바라고 있다.

그렇게 "어둠침침한 조용한 바다에서" "모든 것"이 "잠이 든" 것과 같은 상태가 되자 화자는 비로소 "의식"이 살아나는 상태가 되고 주변의 환경에 전적으로 자신을 맡길 수 있는 상황이 된다. "바람이 분다. 마음대로 불어라" 하는 화자의 진술이 제시되는 것도 이 때문이다. 이때 그는 그를 지배하였던 과거적이거나 이념적인, 혹은 부정적인 경험의 축적들로부터 벗어나 "단지 살아 있다는 것만으로서" 남게 되는 상황에 놓이게 된다. 이러한 일련의 정동은 지금껏 경험해보지 못한 새로운 것이었다. "데키에 매달려 기념이라고 담배를 피우"는 호젓한 행동은 이 순간이 화자에게 퍽 편안하고 만족스럽게 다가왔을 것임을 나타낸다.

위 시의 "무한한 고독"의 상태와 관련하여 살펴볼 수 있었던 것은 화자가 '태평양'이라는 환경에 처해 그를 짓누르듯 떠오르는 과거의 기억을 지우고 일순간 자유의 감각을 체험한다는 사실이다. 화자에게 씻어낼 수 없이 각인되어 있던 전쟁의 기억은 평소에 그의 감정과 의식을 잠식하는 것이었지만 무한한 바다에서 화자는 이로부터 자유로워질 수 있었다. 이는 화자가 '바다'라는 환경과 상호작용하면서 가능한 것이었다. 이 순간 화자의 신체의 감각은 '무한한 바다'처럼 고요하고 평온해질 수 있었거니와 이에 따라 화자는 '욕망과 낭만과 정서' 등의 감정적 편린들을 정화시키고 스스로 안정된 상태로 나아가고 있음을 알 수 있다.

그런데 주체가 겪는 정동은 결코 고정된 것이 아니고 매순간 시시각각으로 유동하고 변동하는 것이기도 하다. 반면 자아 안에 내재되어 있는 경험과 그로 인한 기억은 매우 집요하고 단단하게 고착된 것이어서 자아의 의식을 지배하는 요소로 작용한다. 동일하게 '태평양'을 배경으로 하여 쓰여진 「十五日間」에는 여전히 불안과 "공포", "권태"와 허무로 괴로워하면서 또 이로부터 벗어나고자 하는 자아의 욕망이 출렁이고 있는 양태가 그려지고 있다. 이는 자아의 내재적 의식의 견고함과 그와 충돌하는 정동의 관계를 사실적으로 나타내는 대목이다. 이들 사이에는 과거적인 것의 지속의 경향성과 변화를 향한 지향성의 강렬한 부딪힘이 있다. 이것은 자아가 처하는 낯설고 새로운 환경이 자아의 내면의 정서를 뒤흔들 만큼 강력한 것임을 짐작하게 한다.

깨끗한 시이트 위에서
나는 몸부림을 쳐도 소용이 없다.
공간에서 들려오는 공포의 소리
좁은 방에서 나비들이 나른다.
그것을 들어야 하고
그것을 보아야 하는
儀式.
오늘은 어제와 분별이 없건만
내가 애태우는 사람은 날로 멀건만
죽음을 기다리는 囚人과 같이
권태로운 하품을 하여야 한다.

(중략)

위스키 한 병 담배 열 갑
아니 내 정신이 소모되어 간다. 시간은
15일간을 태평양에서는 의미가 없다.
허지만
고립과 콤플렉스의 향기는
내 얼굴과 금간 육체에 젖어 버렸다.

바나는 怒하고 나는 잠들려고 한다.
累萬年의 자연 속에서 나는 自我를 꿈꾼다.
그것은 기묘한 욕망과
회상의 파편을 다듬는
陰慘한 妄執이기도 하다.

밤이 지나고 고뇌의 날이 온다.
尺度를 위하여 코오피를 마신다.
四邊은 鐵과 거대한 悲哀에 잠긴
하늘과 바다.
그래서 나는 어제 외롭지 않았다.
(태평양에서)

—「十五日間」 부분

앞서 「태평양에서」의 시편을 통해 시적 자아의 과거와 현재 사이, 내재적 불안 의식과 그로부터의 자유 사이의 정동의 흐름을 살펴볼 수 있었지만 그러한 양상 속에서 상황의 완전한 변화는 일시에 이루어질 수 있는 것이 아니다. 그것은 위 시의 화자가 "15일간을 태평양에서는 의미가 없다"라고 한다거나 "몸부림을 쳐도 소용이 없다"라고 하는 대목에서 추측할 수 있다. '태평양'에서의 수일 동안의 정동의 변화에도 불구하고 화자가 마주해야 했던 것은 "오늘은 어제와 분별이 없"다는 사실이다. 이러한 진술들은 역설적으로 박인환이 과거의 고착된 감정으로부터 벗어나고 싶다는 갈망이 얼마나 컸으며 동시에 실제 해방을 경험하는 것이 얼마나 어려운 일이었던가를 말해준다. 그에게 고정된 상태로 내재되어 있던 과거적 감정들은 그를 끈질기게 볶이게 하면서 "정신이 소모되어 가"도록 하였음을 짐작할 수 있다.

과거적 상태로부터 이토록 벗어날 수 없던 것은 그러한 감정들이 "내 얼굴과 금간 육체에 젖어 버렸"기 때문이다. 불안과 공포 등 과거적 감정들은 단순히 추상적인 의식에 불과한 것이 아니라 자아의 신체에 새겨져 있는 것들이다. 감정은 자아의 경험이 일으킨 신체적 감각에서 비롯된 것이라는 점이다. 이러한 사실은 감정이 운동성을 지니는 변화 가능한 것이면서도 신체에 끈질기에 갇혀 있는 성질의 것이기도 하다는 점을 말해준다. 이 같은 감정의 고착성은 감정이 자아에게 "죽음을 기다리는 囚人과 같이" 옭죄고 얽어매는 강력한 억압적 에너지로서 작동한다는 사실을 나타낸다. 이러한 가운데 위 시의 화자가 느끼는 환경적 체험은 "바다는 怒하고 나는 잠들려고 하"는 정동들의 충돌이다.

그러나 "累萬年의 자연"은 자아의 과거적 정서의 고착성을 뒤흔드는 강력한 요소로서 작용하는 것도 사실이다. 태평양이라는 망망한 대해의 고요함은 과거의 끝없는 번민으로 부대끼는 자아에게 이로부터의 해방의 욕구를 불러일으킨다. 위 시의 자아가 체험하는 무한한 바다의 현재성은 자아의 내면을 흔들고 자유를 욕망하게 한다. "自我를 꿈꾼다"는 것은 곧 과거적 정동의 구속으로부터의 자유와 해방을 꿈꾸는 화자의 의지를 나타낸다. 이러한 의지는 과거에서 벗어나고자 하는 현재의 정동적 에너지의 흐름을 제시하는 것으로, 이 같은 정동의 유동성을 가리켜 화자는 "기묘한 욕망"이라고, "회상의 파편을 다듬는 陰慘한 妄執"이라고 말하고 있다. 위 시의 화자에게 발생한 이들 정동은 그간의 사정에서 볼 때 색다른 것이거니와, 이는 전쟁 이후 그가 전쟁으로 인한 고착된 감정으로부터 한 번도 벗어나보지 못했음을 환기한다. 대신 '태평양'에 이르러 그에게 또 다른 정동의 전개가 꿈틀대고 있었던 것인데, 이러한 정동의 변화를 이루는 요인은 "하늘과 바다"가 "거대한 悲哀"에 잠긴 것이라 해도, 아니 오히려 그러하기 때문에 "나"를 "외롭지 않"게 하는 것이라는 점에 기인한다. "하늘과 바다"가 환기하는 "비애"의 정동은 "나"의 그것과 닮아 있는 것이었으나 "나"를 초월함으로써

"나"의 "비애"를 넘어설 수 있게 하는 정동의 요인이기도 하였다.

3.2. 미국에 대한 정서적 유동성

박인환이 14,5일간의 항해를 마치고 1955년 3월 22일 처음으로 정박한 곳은 미국 워싱턴 주의 올림피아 거리였다. 이후 박인환은 타코마(Tacoma), 에버렛(Everett), 안나코테스(Anacortes), 포트 엔젤레스(Port Angeles), 포틀랜드(Portland)를 차례로 방문하게 된다. 그의 기행시는 이들 도시에서 접하게 되는 풍물과 사람들, 풍습 등에 대한 인식으로 이루어지는 셈인데, 박인환은 그가 접한 이들 미국의 모습들에 대한 그의 인상들을 직접적으로 묘사하면서 그가 경험했던 일련의 정동들의 양상을 있는 그대로 풀어내고 있다고 할 수 있다. 「아메리카 詩抄」의 시편들에 제시되어 있는 대부분의 그의 인상들은 그가 직접 보고 경험한 것들에 매개되어 있는 만큼 즉자적인 것으로서, 박인환은 그것들에 대해 그의 관념이나 이념들을 최대한 배제하고 서술하고 있음을 확인할 수 있다. 그러나 그것들은 박인환에게 분명 새로운 것들로 다가왔고 그것들을 선택적으로 묘사함으로써 박인환은 그의 내면에서 일어나는 정동의 흔적들을 미시적으로 보여주고 있다. 요컨대 박인환은 그가 미국에서 보았던 모습들과 그의 내재적 세계를 충돌시키고 그로 인해 빚어진 인식의 양태들을 있는 그대로 제시하고 있거니와 이를 면밀히 살펴볼 때 박인환의 내면에 발생하고 있던 의식 현상들을 이해할 수 있게 될 것이다.

> STRAIT OF JUAN DE FUCA를 어제 나는
> 지났다.
> 눈동자에 바람이 휘도는
> 異國의 항구 올림피아
> 피를 토하며 잠자지 못하던 사람들이
> 행복이나 기다리는 듯이 거리에 나간다.

착각이 만든 네온의 거리
原色과 혈관은 내 눈엔 보이지 않는다.
거품에 넘치는 술을 마시고
정욕에 불타는 여자를 보아야 한다.

그의 떨리는 손가락이 가리키는
무거운 침묵 속으로 나는
발버둥치며 달아나야 한다.

세상은 좋았다
피의 비가 내리고
주검의 재가 날리는 태평양을 건너서
다시 올 수 없는 사람은 떠나야 한다
아니 세상은 불행하다고 나는 하늘에
고함친다
몸에서
베고니아처럼 화끈거리는 욕망을 위해
거짓과 진실을 마음대로 써야 한다.

젊음과 그가 가지는 기적은
내 허리에 비애의 그림자를 던졌고
도시의 계곡 사이를 달음박질치는
육중한 바람을
충혈된 눈동자는 바라다보고 있었다.
(올림피아에서)

—「충혈된 눈동자」 전문

'올림피아' 항구에서의 체험을 바탕으로 쓴 것이므로 위 시는 박인환이 미국에 대해 경험했던 첫인상을 묘사하는 시라 해도 틀리지 않을 것이다. '올림피아'에서의 다른 시가 없으므로 이 시야말로 박인환이 얻었던 미국에 대한 첫인상이 어떠했는지를 알게 해주는 중요한 자료라고도 할 수 있다. 이때 위 시의 제목이 '충혈된 눈동자'인 점은 의미심장하다. "충혈된 눈동자"는 "내"가 미국의 도시 '올림피아'에서 보고 경험한 것이 무척 낯설고 당황스러우며 결코 편안하게 다가오지 않았다는 사실을 암시한다. 실제로 위 시의 자아는 자신이 놓인 그곳에 쉽게 동화될 수 없었고, 이러한 심정은 "발버둥치며 달아나"고 싶다거나 "떠나야 한다"는 진술로 표출되기도 하였다.

그렇다면 그가 '올림피아'에서 본 것은 무엇이었나? 그것은 일차적으로 "욕망"에 들려 있던 환락의 도시다운 면모였다. 그는 그곳에서 "거품에 넘치는 술을 마시"는 "사람들"과 "정욕에 불타는 여자"들을 보아야 했던 것이다. 도시는 "사람들"의 원초적인 욕구들로 들끓었는데 그곳에 사는 사람들 중 어느 누구도 그것에 대해 문제가 있다거나 잘못되었다고 말하지 않는 듯했다. "네온의 거리"는 화려했으며 도시는 "기적"처럼 "젊음"으로 넘쳐났다. "세상이 좋았"던 것이다.

그러나 화자에게 그러한 모습들은 자연스럽게도 자신에게 어울린다고도 보이지 않았다. 화자에게 그것들은 매우 억지스럽고 왜곡된 것으로 비춰졌다. 화려한 "네온의 거리"는 "착각" 이상이 아닌 것으로 여겨졌던 것이다. 그곳의 사람들은 "피를 토하며 잠자지 못하"는 자들이었고 화자에게 그들은 불행했던 만큼 의도적으로 "행복이나 기다리는 듯이 거리에 나가"는 것처럼 보였다. 흥청거리는 그들의 모습에서 "原色과 혈관"이 "보이지 않"았던 것은 그들의 모습이 허위에 찬 것이었음을 나타낸다. 때문에 화자는 "무거운 침묵 속으로" "달아나야" 했고 "세상은 불행하다고" "하늘에 고함쳐"야 했다. 불과 얼마 전 "피의 비가 내리고 주검의 재가 날리는" 전쟁 체험을 했던 그에게 이들이 보이는 모습은 비현실적이고 기괴하게 다가왔을 것이다. 그런데도 한 편으로 "몸에서 베고니아처럼 화끈거리는 욕망"을 느끼는 상황은 그에게 "거짓과 진실" 사이의 착종을 일으키는 혼란스러운 것이었을 터이다.

이와 같은 내면과 의식의 혼돈이야말로 박인환이 미국에서 처음 느낀 인상에 해당한다. 박인환에게 미국은 환락의 도시로서 다가왔다. 미국이 펼쳐 보여주었던 그러한 인상은 그의 신체를 자극하여 미국인들과 마찬가지의 "화끈거리는 욕망"을 부추기는 것이었으나 그같은 정동은 전쟁의 강력한 기억 속에 사로잡혀 있던 한국의 시인에겐 아무래도 유쾌한 것이 아니었다. 도시의 후끈한 열기는 "육중한 바람"처럼 압도하는 것이었기에 그는 그러한 것들이 부담스럽게 느껴지기만 했을 것이다. "세상은" 그들의 모습처럼 행복한 것이 아니라 "불행하다"고 외친 것도 그 때문이다. 그의 "충혈된 눈동자"는 이러한 상황 속에서 그가 경험한 신체적 반응이라 할 수 있다.

'올림피아'를 떠나 '에베레트'에 이르러 쓰게 된 시는 아메리카 시편들 가운데 4편이 있다. 「어느날」, 「어느 날의 詩가 되지 않는 詩」, 「에베레트의 일요일」, 「異國港口」가 그것이다. 미국에 온 지 며칠이 지난 후 '에베레트'에서 머물면서 박인환은 미국에 조금씩 정이 들어갔던 것으로 보인다. 이들 시에 의하면 박인환은 이곳에서 사람들을 만나 이야기를 나누며 함께 시간을 보냈음을 알 수 있다. 이때 박인환은 한국인으로서의 정체성을 환기하게 되는데 그것은 한편으로는 미국인과의 동질감에 기반한 것이기도 하다. 이들 사이엔 6 · 25전쟁에서의 혈맹이었던 역사적 체험이 놓여 있었기 때문이다.

미스터 몬은 트럭을 끌고
그의 아내는 쿡과 입을 맞추고
나는 「지렛」 회사의 텔레비젼을 본다.
한국에서 전사한 중위의 어머니는
이제 처음 보는 한국 사람이라고 내 손을 잡고
시애틀 시가를 구경시킨다.

많은 사람이 살고
많은 사람이 울어야 하는
아메리카의 하늘에 흰 구름.
그것은 무엇을 의미하는가.

나는 들었다 나는 보았다

모든 비애와 환희를.
아메리카는 휘트먼의 나라로 알았건만
아메리카는 링컨의 나라로 알았건만
쓴 눈물을 흘리며
브라보…… 코리언 하고
黑人은 술을 마신다.
(에베레트에서)

—「어느날」 부분

芬蘭人 미스터 몬은
자동차를 타고 나를 데리러 왔다.
에베레트의 일요일
와이샤쓰도 없이 나는 한국 노래를 했다.
그저 쓸쓸하게 가냘프게
노래를 부르면 된다(중략)

텔레비젼도 처음 보고
칼로리가 없는 맥주도 처음 마시는
마음만의 신사
즐거운 일인지 또는 슬픈 일인지
여기서 말해 주는 사람은 없다.

夕陽.
낭만을 연상ㅎ게 하는 시간.
미칠 듯이 고향 생각이 난다.
(에베레트에서)

—「에베레트의 일요일」 부분

위 시들은 박인환이 '에베레트'에서 주로 핀란드인 미스터 몬과 어울리면서 미국인들과 일상을 함께 하였음을 말해준다. 미국에서의 일상을 겪으며 경험했던 것은 미국과의 차이와 동질성 같은 것들이다. 차이라 한다면 박인환이 처음 보고 처음 경험했던 것들, 즉 미국이 "텔레비젼"도 "칼로리가 없는 맥주"도 있던 고도로 발달한 문명국가였던 점과 관련된다. 이들 낯선 문물을 체험하면서 그러나 박인환은 미국인들로부터의 이질감과 소외감을 그다지 느끼지 않는다. 이들 사이에서는 배려와 환대가 있었기 때문이다. 이는 무엇보다 두 국가가 전쟁을 함께 했던 데 기인한다. 함께 전쟁을 치렀기에 박인환이 지니고 있던 아픔이 공유되고 있다는 사실은 박인환에게 따뜻함과 위안을 주었음을 짐작할 수 있다.

따라서 '에베레트'에서 박인환은 '올림피아'에서와 같은 불편하고 날선 반응을 보이지 않고 있다. 대신 그는 미국의 지인들에게 마음을 열고 나누며 미국에 대한 인식을 바꾸게도 된다. 박인환은 미국에서 비로소 "많은 사람이 울어야 하는" 제대로 된 모습을 보게 되었던 것이며 "아메리카의 하늘에 흰 구름"을 보며 그것에서 "모든 비애와 환희를" 환기할 수 있었다. 자연은 한국과 미국 사이의 문명의 격차를 부각시키는 대신 서로를 공감하게 하고 소통하게 하였던 것이다. 「어느날」의 화자가 "쓴 눈물을 흘리"게 되었던 것도 이 지점에서다. 이제 미국은 "휘트먼의 나라"도 "링컨의 나라"도 아닌 한국과 마찬가지로 전쟁의 상처를 가슴에 새기고 있는 나라였다.

이러한 공감대가 있다 보니 문명의 격차에 의해 "마음만의 신사"였을지라도 박인환은 자신의 한국인으로서의 정체성을 숨기지 않고 "한국 노래를 했다". 어떠한 가식이 없이 "그저 쓸쓸하게 가냘프게 보래를 부르면 되"었던 상황은 박인환이 이곳에서 얼마나 마음을 놓고 있었는지를 짐작하게 한다. 한국적인 정서를 가감없이 표현해도 자연스럽게 수용되고 있었고, "즐거운 일인지 또는 슬픈 일인지" 아무런 "말"을 "해 주는 사람이 없"던 것은 그를 더욱 안심하고 편안하게 했다. 박인환 특유의 "낭만을 연상"할 수 있었던 것도 이 때문이다.

위 시들에서처럼 '에베레트'에서 박인환이 느꼈던 정동의 특성은 사람들과의 따뜻하고 끈끈한 유대감에서 비롯된 것이었다는 점을 알 수 있다.[17] 이곳 도시

---

17 이와 관련한 정황은 박인환의 산문 「19일간의 아메리카」에도 잘 나타나 있다. 그는 "만

에서 박인환은 특히나 미국인 특유의 친절함과 우호적 태도에 의해 긴장을 풀고 위로를 받았으며 그로 인한 마음의 여유에 의해 "고향 생각"에까지 이르는 경험을 하게 된다. 이때 박인환이 경험할 수 있었던 사람들에 의한 정서적 유대 체험은 그것이 단순히 사적 체험이었다기보다 미국이라는 국가적이고 정치적인 차원과 연루된 그것이었다는 점에서 주목된다. 이는 정동의 정치적, 사회적 측면을 말해주는 것으로 정동은 추상적인 것이 아니라 사회 · 문화 · 정치적 장 속에서 상호간의 관계에 의해 발생하는 어울림의 형성물이라는 점을 가리킨다.[18] 위 시들에서 확인할 수 있었던 정동의 소통은 박인환으로 하여금 미국의 다른 측면을 보게 하는 계기가 되었고 전쟁으로 인한 상처를 일정 정도 치유하는 기회가 되었음을 확인할 수 있다.

4. 미국 체험에 따른 인식의 변화

박인환의 미국 여행에서 포틀랜드는 가장 최종적으로 머물었던 도시에 해당한다. 그러니까 이때의 여행에서 남해호는 올림피아에 도착해서 워싱턴주의

나는 사람마다 한국과 미국 사람은 '죽음의 친우'라고까지 해서 나는 참으로 감격하고 말았다. 더욱이 내가 간 워싱턴과 오리건 주는 태평양 연안인 관계인지 몰라도 거의 대부분의 청년이 지난번의 싸움에 출정했었다", "내가 간 지방에는 일본 이민이 많이 살고 있으나 한국인은 별로 많지가 않다. 그러나, 미국 사람들이 제일 좋아하는 것은 한국 사람이다. 함께 전쟁을 했다는 것도 그 원인이 되어 있고~", "결론적으로 말하면 아메리카에는 많은 선량한 사람이 좋은 나라와 화회(和會)를 만들기 위해 살고 있으니, 그러기 위한 첫걸음으로 서로 즐거운 개인과 가정생활을 하고 있다는 것이다". 박인환, 「19일간의 아메리카」, 『박인환 전집』, 문학세계사, 1986, 201~202쪽.

18 마수미는 정동의 이러한 성격을 하나의 정치의 생태학으로 규정한다. 정치는 이념의 기획에 따른 것이 아니라 정동의 수준에서의 실행주의적 사이-내의 운동태라는 것이다. 정치는 예측 가능한 방식으로 서로를 끌어당거거나 충돌하는 이해관계의 상관적 발생의 결과물이다. 정치가 함께, 어울림 속에서, 서로 속해 있는 장 속에서 영향을 주고받는다는 점에서 정치는 윤리적인 집단적 잠재의 평가를 포함해야 한다고 마수미는 주장한다. B. Massumi, 앞의 책, 44~45쪽.

위쪽으로 이동을 했고 미국을 벗어날 때엔 남쪽으로 내려와 오리건주의 포틀랜드를 종착지로 하였음을 알 수 있다. 즉 박인환은 포틀란드에서 「여행」, 「水夫들」, 「새벽 한時의 詩」를 쓰면서 이 여행을 마무리지었던 것으로 보인다. 그래서인지 이들 시에서는 박인환이 그간의 여행을 결산하는 듯한 태도를 보이게 되는데 이때 제시되는 것이 곧 미국에 대한 문명적 차원의 인식들이다.

> 대낮보다도 눈부신
> 포틀란드의 밤거리에
> 단조로운 그렌 미이라의 랩소디가 들린다.
> 쇼우윈도우에서 울고 있는 마네킹.
>
> 앞으로 남지 않은 나의 잠시를 위하여
> 기념이라고 진 피이즈를 마시면
> 녹슬은 가슴과 뇌수에 차디찬 비가 내린다.
>
> 나는 돌아가도 친구들에게 얘기할 것이 없고나
> 유리로 만든 인간의 묘지와
> 벽돌과 콘크리트 속에 있던
> 도시의 계곡에서
> 흐느껴 울었다는 것 외에는…….
>
> 天使처럼
> 나를 매혹시키는 허영의 네온.
> 너에게는 眼球가 없고 情抒가 없다.
> 여기선 인간이 생명을 노래하지 않고
> 침울한 상념만이 나를 구한다.
> 바람에 날려온 먼지와 같이
> 이 異國의 땅에선 나는 하나의 미생물이다.
> 아니 나는 바람에 날려 와
> 새벽 한시 기묘한 의식으로
> 그래도 좋았던

腐蝕된 과거로
돌아가는 것이다.

—「새벽 한時의 詩」 전문

미국을 뒤로 하고 떠나야 했던 시점에 환기된 미국에 대한 생각은 미국에 오자마자 갖게 되었던 첫인상과 크게 거리가 있지 않다. "眼球"와 "情抒"를 지니지 않은 "허영의 네온"이란 박인환이 '올림피아'에서 규정했던 "착각이 만든 네온의 거리", "原色과 혈관"이 "보이지 않는" 도시라는 인식과 궤를 같이한다. 환락과 유흥에 들떠있던 미국 도시에 처음 맞닥뜨렸을 때와 같은 충격과 혼란은 가라앉아 있었지만 여전히 그러한 장면들은 박인환의 의식을 지배하면서 미국에 대한 가장 본질적인 부분으로 인식되고 있다는 것을 알 수 있다. 그러한 인식들은 미국의 현대적이고 자본주의적이며 퇴폐적인 문명을 대변하는 것들이다. 한편 위 시는 이들 미국의 모습들에 대해 비판적 판단은 유지하고 있지만 조금은 친숙해진 시인의 모습을 보여주고 있다. '충혈된 눈동자'로 표현되었듯 처음에 겪었던 피로감 대신 위 시의 화자는 도시의 풍물에 젖어들어 있는 것이다. "허영의 네온"은 '달아나'고 싶다기보다 "매혹시키는" 것으로 다가왔으며 "나"는 술을 한잔하며 미국 노래에 취하는 시간을 가져보기도 했던 것이다.

한국으로 돌아가 "친구들에게 얘기할 것"을 구하던 화자는 미국의 문명적인 인상들을 떠올리고는 그것들에 대한 특유의 정동을 느낀다. "울고 있는 마네킹"이라든가 "가슴과 뇌수에 차디찬 비가 내린다", "도시의 계곡에서 흐느껴 울었다"는 대목들은 화자가 미국의 풍물을 객관화시켜 보기보다 정서적으로 전유하고 있음을 나타낸다. 차가움과 뜨거움의 대비로 의미화되고 있는 그것은 문명의 차가움이 지닌 인간성의 결핍을 강조한다. 이러한 현상은 미국과 한국 간의 거리를 환기하는 것이자 "벽돌과 콘크리트"로 상징되는 문명의 비인간성을 부각하는 것이기도 하다. 이는 근대 문명 전반에 대한 모더니스트 박인환다운 비판적 의식을 나타내는 것이며 "異國의 땅"에서 경험해야 했던 화자의 소외감, 나아가 "생명을 노래하지 않"는 문명 속에서 살아가는 "인간"들에 대한 연민 등의 복합적 정서를 포함하고 있다. "침울한 상념"이 떠오르는 것도 이 때문이다.

이러한 정서적 흐름은 미국 도시와 처음 마주쳤을 때 느껴졌던 불쾌감과 다른 이제는 제법 친숙해졌을 때의 상태라 할 수 있거니와, 이처럼 한 사회가 지녔을 결코 단순하지 않은 내면에 대한 접촉은 자아의 마음을 무겁게 하는가 하면 이후 그것에 더 깊이 침윤되기보다 그로부터 홀가분하게 벗어나고 싶게 하는 정동을 불러일으키게 된다. 특히 이러한 태도는 "바람에 날려" 왔던 여행자의 자유이자 특권이 아닐 수 없다. 화자에게 "새벽 한시 기묘한 의식으로" "과거로 돌아가"려는 마음이 들었던 것도 이 때문이다. 고도로 발달한 문명국이지만 그것의 내면의 어두움까지 느낄 수 있었던 화자에게 미국은 또다시 "바람"처럼 떠나야 할 타지인 반면 한국은 "腐蝕된" 곳이어도 "좋"은 돌아가고 싶은 곳이 된다.

타이프라이터의 신경질
기계 속에서 나무는 자라고
엔진으로부터 탄생된 사람들

(중략)

식민지의 오후처럼
회사의 깃발이 퍼덕거리고
페리이 코모의 「파파 러브스 맘보」
찢어진 트럼펫
구겨진 愛慾.

데모크라시와 옷 벗은 女神과
칼로리가 없는 맥주와 유행과
유행에서 정신을 喜悅하는
디자이너와

表情이 경련하는 나와

트렁크 위의 장미는 시들고
문명은 은근한 곡선을 긋는다.

(중략)

교회의 일본어 宣傳物에서는
크레졸 냄새가 나고
옛날
「루돌프 앨폰스 발렌티노」의 주검을
비탄으로 맞이한 나라
그때의 淑女는 늙고
아메리카는 청춘의 음영을 잊지 못했다.

스트립 쇼우
담배 연기의 암흑
시력이 없는 네온사인.

그렇다 「性의 10년」이 떠난 후
戰場에서 청년은 다시 도망쳐 왔다
自信과 영예와
구라파의 달(月)을 바라다보던 사람은……
혼란과 질서의 반복이
물결치는 거리에
告白의 시간은 간다.

(중략)

빈약한 사념
아메리카 모나리자
필립 모오리스 모오리스 브리지

비정한 행복이라도 좋다

4월 10일의 부활제가 오기 전에
굿바이
굿 엔드 굿바이

—「투명한 버라이어티」 부분

12편의 아메리카 시편들 가운데 유일하게 시의 배경이 되는 도시 명이 적혀 있지 않은 시이지만, 위 시는 짐작건대 '아메리카 시초' 가운데 가장 마지막에 쓴 시 중 하나가 아닐까 생각된다. 그것은 위 시가 박인환이 '포틀란드'에서 미국에 대한 인식을 정리하면서 썼던 시들과 소재와 관점과 어조의 측면에서 유사하기 때문이다. 위 시 역시 미국 사회가 지니고 있는 문명적 국면을 전체적으로 드러내면서 그에 대한 화자의 비판적 시각과 복합적 정동을 고스란히 담아내고 있는 것이다. 예컨대 "기계 속에서 나무는 자라고 엔진으로부터 탄생된 사람들"은 앞서 "眼球가 없고 情抒가 없"는, "인간이 생명을 노래하지 않"는 문명 인식과 겹치며, "「루돌프 앨폰스 발렌티노」의 주검을 비탄으로 맞이한 나라", "청춘의 음영을 잊지 못하"는 "아메리카"는 "쇼우윈도우에서 울고 있는 마네킹"에 의해 환기되는 "침울한 상념"과 정동을 공유한다.

전체적으로 볼 때 박인환에게 인식되었던 미국은 문명적으로 발달해 있지만 인간성과 생명성을 지니지 않은 "기계"적인 것일 뿐이며, 환락의 문화가 지배하는 퇴폐적 사회, "빈약한 사념"이 있는 정신적 결핍의 나라, "혼란과 질서의 반복이 물결치는" '기묘한' 나라에 해당한다. "찢어진 트럼펫 구겨진 愛慾", "유행에서 정신을 喜悅하는 디자이너"가 허위와 허상으로 왜곡되어 있는 미국의 정신과 문화를 상징한다면 "시드"는 "트렁크 위의 장미"는 그로 인해 생명력을 상실해가고 있는 미국의 모습을 지시한다. 박인환이 위 시에서 열거하고 있는 미국에 대한 표상은 기계문명과 물질문화는 극도로 발전해 있지만 정신성이 결여된 결핍과 한계를 지닌 나라를 가리킨다.[19]

19 박인환의 미국에 대한 이러한 관점은 매우 확고하다. 이는 「아메리카 영화 試論」에서 밝

미국에 대한 이러한 평가는 박인환이 기존에 제시했던 미국 영화를 바라보는 시각과 다르지 않은 것이어서 새로운 것이라고 할 수 없다. 그리고 이것은 박인환이 미국에 대한 첫인상의 연장선상에 있는 것으로서 문명국 미국에 대한 비판적 관점을 내포하고 있는 것이다. 박인환이 바라볼 때 미국은 사회 안에 "혼란"을 품고 있는 나라로 인식되고 있음을 확인할 수 있다. 그런데 위 시는 미국에 대해 "혼란과 질서의 반복이 물결치는 거리"라는 의미심장한 말을 하고 있거니와, 여기에서 언급하고 있는 "질서"에 대한 평가는 박인환이 실제 미국을 방문하면서 새로이 얻게 된 인식을 반영하는 대목이다.

박인환이 새로이 알게 된 "질서"는 미국인의 품성에 기인하는 바가 크다. 미국 여행을 바탕으로 쓴 산문 「몇 가지의 노트」에서 박인환은 "사람들은 양심이 가리키는 질서의 즐거움을 맛보는 것이 생활에 있어서의 하나의 엔조이로 되고 말았다"고 하면서 그가 여러 도시에서 만났던 사람들이 "모두 선량하며 양심적이며 친절하기 짝이 없다"[20]고 칭찬하고 있다. 박인환이 미국의 사람들로부터 좋은 인상을 받았던 사실은 앞의 시들에서도 살펴본 바 있다. 이러한 관점은 산문 「19일간의 아메리카」에 다시 한 번 등장한다. 박인환은 "민주주의는 자유와 질서의 발달을 의미한다"고 전제하고 "그들은 일상의 어느 한 잠시라도 마음의 질서를 버리고 사는 것 같지 않다"고 하면서 이를 "양심"과 관련시키고

힌 미국 영화의 특징에 대한 박인환의 언급에도 잘 나타나 있다. 그는 "전통이 없는 아메리카에서 영화가 기성예술에게 방해당하지 않고 자유스럽게 진행된 것은 극히 자연스러웠으나, 오락 이상의 것을 추구한 사람들에게는 불만을 주었다"고 하면서 "물질문화가 극도로 발전하고 전통의 배경은 없는 아메리카는 예술의 온상은 되지 못한다"고 평가하고 있다. 또한 미국에는 유럽에 있는 전통과 정신이 부재하다고 지적하면서 바로 이 점이 미국인들이 영국에 대한 향수를 지니게 되는 요인이라고 말하고 있다. 즉 미국인들이 "영국을 그리워하는 마음, 이것은 기계 문명 속에서 시달린 아메리카인의 향수"라는 것이다. 박인환, 「아메리카 영화 試論」, 앞의 책, 183~193쪽.

20 박인환, 「몇 가지의 노트」, 『사랑은 가고 과거는 남는 것』, 문승묵 편, 예옥, 2006, 474~475쪽.

있다.[21] 요컨대 박인환은 '양심'을 미국인의 습성의 가장 대표적인 요소로 보고 있으며 이것이 미국에 확립된 '질서'의 결정적인 요인이라 믿고 있는 듯하다. 그리고 이 같은 미국이 지니는 긍정적 측면은 "영화나 책에서 보고 들은 범죄의 나라 아메리카와는 판이한 지경"[22]이었기에 박인환으로서는 미국에 대한 선입견을 교정하고 미국 사회의 "더 한층 복잡"[23]성을 인식하는 계기가 되었다는 점에서 의미를 지닌다.

이처럼 박인환에게 미국 여행은 그의 신체적이고 감각적이며 정서적이고 인식적인 총체적 차원에서 그를 자극하고 흔들고 변화시켰던 기회에 해당하였음을 알 수 있다. 짧은 시간이었지만 박인환은 그가 마주한 여행에 깊이 몰입하면서 자신의 의식들의 변화를 있는 그대로 수용하였다. 이들 과정을 통해 박인환에게 미국은 이전과는 다른 성격의 국가로 인식되기에 이르렀는데, 이러한 인식의 변화는 박인환에게 큰 성과에 속하는 것이었다. 이외에도 미국 체험은 박인환에게 정동 상의 커다란 변화를 가져왔다는 점에서 주목된다. 그것은 미국으로부터의 출항 즈음 박인환이 "행복"을 말하고 있다는 점에서 확인된다. "굿 엔드 굿바이"는 모두의 안녕을 염원하는 자아의 정동을 보여주고 있거니와, 이러한 긍정적인 정동이 발생하였다는 것은 박인환에게 미국 여행이 매우 좋은 체험이 되었음을 말해준다. 그것이 "비정한 행복"인 까닭은 복합성을 지닌 미국과의 이별의 상황을 나타내는 것일 터이다. 박인환은 이로써 19일간의 미국과의 인연을 뒤로 하고 고국으로 돌아오는 항로에 오르게 된다.

5. 정동(情動)의 효과

새로운 환경은 자아에게 강한 인상과 강력한 충격으로 다가오기 마련이다.

---

21 박인환, 「19일간의 아메리카」, 『박인환전집』, 문학세계사, 1986, 198~199쪽.

22 위의 글, 199쪽.

23 박인환, 「아메리카 영화 試論」, 위의 책, 184쪽.

낯선 환경에 처하면서 자아는 그것이 주는 강렬한 느낌과 상호작용하고 자신의 감각과 정서, 그리고 인식에 이르는 일련의 변화들을 겪게 된다. 그러한 변화는 연쇄적이고 유기적이며 유동적이다. 자아가 경험하게 되는 이러한 복합적인 변화는 인간의 다양한 의식 현상이 고립되거나 독립적으로 존재하고 발생하는 것이 아니라 상황 속에서 가변적으로 조직되고 잠재적으로 구조화됨을 말해준다. 그리고 이 같은 조직화와 구조화의 요인에는 인간의 물적 근거로서의 신체가 놓여 있다. 즉 신체는 자아의 의식이 가로지르는 중심 지대로서 자아의 물적, 사회 · 문화 · 정치적 경험이 축적되고 기억되는 장소에 해당한다. 따라서 새로운 경험에 노출되는 신체는 자신이 지닌 과거적 적층성에 기반하여 변화의 격동을 받아들이게 된다. 이처럼 신체가 수용하는 변화의 흐름 속에서 정동(情動)의 운동 양상을 마주할 수 있게 된다.

박인환에게 미국 여행은 이러한 정동의 운동을 매우 극적이고 선명하게 체험할 수 있는 기회로 작용하였다. 박인환은 낯선 미국에 처하면서 자신의 감각과 감정, 의식이 모두 격변하는 경험을 하기에 이르다. 이러한 극적 변화는 그가 미국에 대해 가졌던 태도에 기인하였거니와, 박인환은 평소 미국에 대한 관심과 이해를 강하게 가지고 있었고 그런 만큼 미국에 놓였을 때 자신의 마음을 온전히 열고 미국과의 만남을 전적으로 수용할 수 있었다. 따라서 미국에서 보낸 시간들은 그에게 강한 인상으로 다가와 그의 의식을 충격하는 양태를 띨 수 있었다고 할 수 있다.

미국과의 조우에 임하는 박인환의 충실한 태도는 여행에 대한 그의 기대치를 나타내는 것이기도 하였을 것이다. 박인환에게 미국 여행은 해방 이후 처음으로 하게 된 해외여행으로, 해방기의 혼란과 6 · 25 전쟁을 고스란히 겪어내야 했던 박인환에게 미국을 여행하는 일은 큰 설레임이자 일종의 탈출의 기회였을 것이라는 점이다. 따라서 미국에 도달하기 전 태평양에서 그가 체험했던 것은 이전에 낙인처럼 지니고 있던 불안과 허무의식으로부터의 자유와 해방을 향한 의지의 정동이었음을 확인할 수 있다.

미국에 당도했을 때 그는 미국의 문화적 현상들을 어떠한 제한이나 경계 없이 받아들이게 된다. 그것은 길지 않은 시간 동안 미국을 온전히 이해하고자 하는 태도에 따른 것이다. 미국도시의 문화는 처음 박인환에게 혼란과 불쾌감을 안겨주지만 그곳의 사람들과 만나고 일상을 나누면서 박인환은 자신이 알고 있던 미국의 다른 모습을 알게 되는 계기를 얻는다. 결국 박인환은 미국이 '혼란과 질서'라는 양면성을 지니고 있다는 사실을 깨닫게 되고 미국과 한국의 차이를 인식하며 고국으로 향하게 된다. 이때의 박인환이 '행복'을 말하고 있음은 미국 체험이 그에게 어떠한 정동적 효과를 일으켰는지를 말해주는 대목이다.

9장

격동의 시기 박두진의 공동체 의식

1. 박두진 중기시의 정치성

박두진은 1939년 정지용의 추천으로 『문장』지를 통해 등단한 이래 1998년 83세의 나이로 작고하기까지 17권의 개인시집을 통해 천여 편의 시를 남기고 있으며 그 외에도 여러 권의 수필집과 시론집을 상재하는 등 방대한 문학적 업적을 기록하고 있다. 청록파 시인으로 자연에 대한 새로운 시각을 펼쳐 보임으로써 문단에 등장한 박두진은 60여 년간의 시작 기간 동안 자연과 인간, 그리고 신을 둘러싼 올곧고도 깊이 있는 성찰을 보여준 점에서 주목된다. 등단 시점에 이미 기독교의 세례를 받은 바 있고 오랜 기간 장로이기도 하였던 박두진은 초기부터 일관되게 기독교적 윤리의식을 시의 기저로 삼고 있거니와[1] 그 중에서도 그의 시는 시적 소재 및 시력과정에 따라 크게 세 개의 시기로 구분할 수 있다. 자연을 소재로 취하고 있는 『청록집』과 『해』 중심의 초기, 6 · 25전쟁과 4 · 19혁명, 5 · 16 군사 쿠데타의 시절에 쓰여졌던 『오도』, 『인간밀림』, 『거미와 성좌』 등의 중기, 『사도행전』, 『수석열전』, 『포옹무한』 등으로 대표되는 후기의 시기가 그것이다.[2] 이것들은 애초에 박두진이 계획하였던 시 생활의 세

1 금동철, 「박두진 시에 나타난 '예수 그리스도' 像 연구」, 『ACTS 神學과 宣教』 13권, 아세아연합신학대학교 신학연구소, 2013, 647~673쪽.

2 정숙인, 「박두진 시에 나타난 상상력의 세 층위」, 『한민족어문학』 71집, 한민족어문학회,

단계인 자연, 인간과 사회, 신의 세계에 각각 대응하는 것으로,[3] 그의 시세계가 전 우주에 걸쳐 균형 있고 포괄적으로 이루어지는 것이자 그것이 박두진의 고유한 형이상학에 의해 제시되고 있음을 짐작하게 해준다.

이중 초기의 자연 중심의 시들이 주로 일제 말기에 쓰였으며 이상화된 자연에 대한 묘사를 통해 부정적 현실에 대한 안티테제 역할을 하였다는 점에서 소극적이나마 식민지 치하에서의 현실 극복의 방편을 보여주었다고 한다면, 중기시는 박두진 스스로 언급하였던 대로 인간과 사회를 둘러싼 시편들이었던 만큼 더욱 뚜렷이 박두진의 현실지향성을 나타내고 있다 하겠다.[4] 그의 중기시는 우리의 현대사 가운데에서도 가장 격동적이었던 시기에 쓰여진 현실주의적 시인 것이다. 이 점에서 박두진의 중기시를 고찰하는 일은 분단 이후의 시사에서 우리의 현실주의 시가 김수영, 신동엽을 기점으로 하여 1970년대, 80년대의 민중주의적 관점에서 쓰였던 점에 비추어 볼 때 또 다른 현실주의 시의 양상을 확인하는 일과 관련된다.

2015. 12, 657~682쪽; 조동구, 「박두진의 후기시 연구」, 『현대문학의 연구』 37권, 한국문학연구학회, 2009.2, 47~73쪽.

3 박두진의 시세계를 이해할 때 초, 중, 후기로 구분하는 경우는 매우 보편적이다. 이때의 구분은 1940년대와 195,60년대, 그리고 1970년대 이후로서의 시기적 구분인 동시에 각 시기별 시적 경향에서 비롯한다. 초기가 자연을 소재로 취함으로써 청록파로서의 정체성을 드러냈던 시기에 해당한다면 중기는 6·25와 4·19 등 역사적 격동기를 거치면서 박두진이 보여주었던 현실주의적 태도와 관련된다. 또한 후기는 종교적인 시와 수석을 소재로 한 시를 썼던 시기로 세계에 대한 관조적인 태도가 강하게 드러나는 시기를 가리킨다. 그런데 이러한 구분은 연구자들에 의해 이루어진 것이기도 하지만 박두진 본인이 스스로 기획한 것이기도 하였다는 점에서 흥미롭다. 박두진은 자신의 시세계가 '자연', '인간과 사회', '신'의 단계로 하여 이루어질 것이라며 등단초기부터 여러 차례 그의 창작상의 계획을 말하였다는 것이다. 박두진, 『박두진 문학정신 7 — 시적 번뇌와 시적 목마름』, 신원문화사, 1996, 89쪽, 박홍배, 「박두진 시인의 유년기와 시력(詩歷)의 상관성 연구」, 『한국시학연구』 54호, 한국시학회, 2018.5, 37쪽 재인용.

4 김효중은 박두진의 시집 『인간밀림』을 분석하면서 1960년대 초에 출판된 이 시집에 6·25를 거쳐 형성된 강력한 민족의식과 사회의 부조리 및 불합리에 대한 저항, 분노, 비판의 몸짓이 드러나 있다고 보고 있다. 김효중, 「박두진의 생태시와 기독교사상」, 『비교문학』 37권, 한국비교문학회, 2005.10, 209~230쪽.

실제로 박두진은 그의 중기시에서의 현실지향적 태도를 통해 그의 사상을 뚜렷이 보여주고 있거니와 그는 우리 민족의 격변의 역사 속에서 뒤켠으로 밀려나 현실을 회피하였던 대신 그에 대해 적극적으로 자신의 소신을 밝혔던 인물임을 알 수 있다. 그리고 그의 이러한 태도는 박정희 정권과 제5공화국 시절의 독재 정권을 비판하고 시의 자유정신을 확고히 하는 것으로 이어질 수 있었다. 비록 후기의 수석시를 중심으로 정통적 신앙시로 귀결되었지만 박두진의 정신에는 부정한 현실에 대한 항거와 시적 자유에의 의지가 결연히 가로놓여 있었던 것이다.

박두진의 이러한 품성은 그의 전체시 가운데 중기시에 더욱 주목하게 한다. 현실지향적 중기시를 통해 박두진의 사상은 보다 선명히 그 성격을 드러내기 때문이다. 특히 이들 시에서 나타나는 사회에 관한 박두진의 관점은 공동체가 지녀야 할 요건들과 관련하여 시사하는 바가 크다. 그것은 박두진의 사회사상으로 이해될 수 있는 성질의 것인바, 그의 중기시를 통해 박두진의 사회에 관한 관점이 무엇이었는가를 살펴보고 그것이 어떠한 정신적 맥락에 놓여 있는 것인지를 확인하는 일이 본고의 목표라 하겠다. 이를 위해 본고는 우선 박두진의 시적 특징을 고찰하고 그것이 사회 현실에 관한 박두진의 사상과 어떻게 연관되는지 살펴볼 것이다. 박두진의 시에 나타나 있는 미래적이고 역동적인 상상력은 이후 그의 유토피아 의식에로 이어지는 원동력이 되고 있다는 관점이 여기에 놓여 있다.

2. 박두진 시의 역동적 구조

형식상의 측면에서 볼 때 박두진 시는 상당히 독특하고도 뚜렷한 특징을 나타내고 있다. 그것은 초기시부터 지속되었던 특징이자 그의 시를 다른 청록파 시인들 및 우리 시사의 대부분의 시들과 구별시켜 주는 계기로 작용하였던 것으로서, 그의 시의 동적(動的) 성격을 가리킨다. 박두진의 시에서 구현되고 있는 어조는 다른 청록파 시인들의 정적인 그것과 달리 동적인 것이었으며 그것은 박두진의 시를 매우 밝은 분위기로 이끌어갔던 요인에 해당하였다. 박두진의 시는 언제나 활기가 넘치는 어조와 분위기를 나타내고 있었는데, 이 점은 일제시대 우울과 비탄에 빠질 수밖에 없던 조건을 넘어서 있는 것이어서 더욱 긍정적인 것이었으며 우리 시사의 대부분의 시가 슬프고 여성적인 어조였던 점에 비추어 볼 때 예외적인 것이어서 높이 평가될 수 있는 대목이다. 이러한 초기시의 시적 특징은 중기시에도 그대로 이어져 중기시를 지배하는 시적 이미지의 구성 방식과 밀접한 연관을 이루고 있음을 확인할 수 있다.

2.1. 상징어의 대립적 구사

현실주의적 시의 면모를 보이고 있을지라도 박두진의 시를 이끌어가는 시적 언어는 대부분 상징적 언어이다. 상징적 언어는 박두진 시의 어휘의 많은 부분을 차지하면서 그의 시를 민중적 현실주의와 구별짓게 하는 요소가 되고 있다. 박두진은 적절한 상징의 구사를 통해 그의 시가 시적 성격으로부터 벗어나지 않도록 주의를 기울이고 있다. 물론 그러한 그의 상징들이 난해하게 다가오지는 않는다. 그의 상징은 대체로 평이하고 산문적인 문장과 더불어 그의 시를 어렵지 않게 읽히게 한다. 그런데 박두진은 그의 상징들을 고정적으로 사용하고 있지 않다는 특성을 드러낸다. 그의 시에서 특정한 어휘는 때로는 부정적인 의미로 때로는 긍정적인 의미로 현상하고 있는 것이다. 가령 '이리'는 어떤 시에서는 공격적이고 폭력성을 지니는 부정적인 것으로 의미화되고 있는가 하면 어떤 시에서는 나태하고 무기력한 상황을 극복하는 활력에 찬 긍정적인 상징으로 의미화되고 있는 것이다. 이를 판별할 수 있는 것은 그러한 상징적 어휘들이 사용되고 있는 맥락이다. 박두진은 이러한 상징어들을 그때그때의 상황들에 위치시키면서 대신 어휘들 간에 역동적인 의미가 구현되도록 의도하고 있음을 알 수 있다.

일어나라.

나무여. 잠자는 산이여. 돌이여. 풀이여. 땅버러지여.
물이여. 웅뎅이여. 시내여. 바다여.
이러한 것들의,
죽음이여. 넋이여. 얼이여. 영이여.
이러한 것들 끼리의 사무침
이러한 것들 끼리의,
눈물이여. 한숨이여. 피보래여. 반항이여
불덩어리여.

일어나라

산에서는 오래 두고 산이래서 사는 것,
입이 붉은 너희,
칡범이여. 개호주여. 살가지여. 곰이여. 여우여,
승냥이여. 오소리여. 멧돼지여.
바보같은 사슴이여. 노루여. 너구리여. 토끼여.
방정맞은 다람쥐여.
너희들은 또 너희들끼리의,
눈물이여. 피흘림이여. 잡아먹음, 잡아먹힘이여. 쫓겨감이여.
달아남이여. 한숨이여. 불덩어리여.
그중에도 친친한, 어둠 속에 들엎드린,
능구렝이여. 까치독사여. 독잇빨이여.

일어나라

—「봄에의 橶」 부분[5]

위 시는 "일어나라"의 어구를 반복적으로 구사하면서 그 사이사이에 여러 사

5 박두진, 『박두진 전집 2』, 범조사, 1982, 71~72쪽. 이후 시 인용은 별도의 출처 제시 없이 전체 10권으로 되어 있는 『박두진 전집』 가운데 1권과 2권을 활용하기로 함.

물과 현상들을 나열하는 구조로 이루어져 있다. 인용된 부분의 "나무여. 잠자는 산이여. 돌이여. 풀이여. 땅버러지여.…", "칡범이여. 개호주여. 살가지여. 곰이여. 여우여,/승냥이여. 오소리여. 멧돼지여…"에서처럼 매 연마다 온갖 주체에 해당되는 것들이 열거되면서, "일어나라"에 의해 문장이 완성되는 구조가 그것이다. 특정한 존재들을 호명하고 "일어나라"라는 명령어를 통해 마무리를 짓는 위 시의 구조는 대상을 향한 시적 화자의 강한 의지의 실현을 목적으로 하고 있음을 알 수 있다. "일어나라"의 주체이자 명령의 대상이 되는 사물들은 모두 '일어남'을 실현해야 하는 당위 앞에 놓이게 된다.

그런데 여기에서 주목할 부분은 화자의 명령에 의해 "일어나"야 하는 존재에 비단 나약하고 무기력한 대상만 있는 것이 아니라는 사실이다. "잠자는 산이여. 돌이여. 풀이여. 땅버러지여"라든가 "죽음이여. 넋이여. 얼이여. 영이여" 등이 힘없이 무너져 있는 것들을 향해 발화되는 것이라면 "칡범이여. 개호주여. 살가지여. 곰이여. 여우여,/승냥이여. 오소리여. 멧돼지여"는 그와 같이 약하고 기운 없는 존재들과는 하등 상관없는 존재들에 해당되기 때문이다. 이것들은 모두 먹이사슬 가운데 윗부분에 속해있는 포악한 포식자들에 해당한다. 이들은 박두진의 시에서 대개 약육강식의 사회상을 비판할 때 언급되던 존재들로서, 대부분 힘으로 물리치고 극복해야 하는 축으로 묘사되는 대상들임을 알 수 있다. 그러나 이들은 위 시에서 약한 존재들과 더불어 '일어나라'는 명령을 받고 있다.

위 시에서 드러나고 있는 이와 같은 논리상의 무리는 거칠고 야생적인 대상들을 향한 비난의 시들을 고려할 때 더욱 두드러진다. 가령 "이리"와 같은 포악한 짐승이 "양의 피를 빨아먹는" 불의와 악의 상징으로 묘사되는 경우[6]를 떠올린다면 위 시에서처럼 의외성은 매우 크다 하겠다. 박두진의 시에서 이처럼 논

6 「우리는 보았다」의 구절 "이리 떼여./洋의 피를 빨기 위해 洋의 탈을 뒤집어 쓴,/오늘 너흰 무엇이냐?/이리 떼여//그 純烈들의 피를 훔쳐 새론 惡을 糊塗하고,/殉民들의 墓標ㄹ 팔아 私利에 貪婪하는,/이리 떼여"의 경우가 그것이다.

리를 웃도는 의외적 의미 구사는 빈번히 발생하는데, 이는 박두진의 시의 초점이 단지 서로 대립하는 존재들 간의 갈등과 투쟁을 묘사하는 데 놓여 있는 것이 아니라 이러한 모순을 초월하는 차원에 있음을 짐작하게 한다. 위 시를 통해 확인한다면 그것은 "일어나라"를 통해 알 수 있듯 생명성에의 가열한 의지로 나타나는 초월성에 해당될 것이다. 즉 위 시에서 "칡범, 여우, 승냥이" 등의 포악한 짐승들은 상식상으로는 "풀, 땅버러지, 눈물, 한숨, 사슴, 노루" 등의 연약한 존재들과 대립할 것이지만 위 시에서는 연약한 존재들과 더불어 모두 함께 "일어나"야 할 존재들, 다시 말해 연약할 존재들과 마찬가지로 힘과 생명력을 상실한 존재들에 해당한다. 따라서 위 시에서 대립되는 것은 포식자와 피식자가 아니라 기운없이 주저앉아 있는 세상의 모든 존재들과 힘있게 차오르는 생명성 그 사이가 된다.

이는 박두진의 시세계가 쉽게 이해되면서도 그다지 단순하지 않다는 것을 말해준다. 부정적인 현실을 겨냥하고 있음에 따라 그의 현실참여적 정신이 뚜렷이 드러나고 있으면서도 그가 보여주는 대립구도의 의외성은 박두진이 구현하고자 하는 세계가 보다 초월적이고 근원적임을 암시한다. 위의 시 외에도 일반적인 수준에서 구사되는 상징을 넘어서서 의외의 대립구도를 보여주고 있는 경우는 자주 눈에 띈다.

> 바다. ——
> 흐느끼는
> 바다는
> 찢겨진 旗幅.
> 뒤착이는 바다는 짓밟힌 旗幅이다.
> 山이여!
> 누워있는 山이여!
> 언제까지 그냥만 앉아 있는
> 山이여!
> 늙어빠진 山은 이미 無氣力한 廢壘다.

旗手. 어서 너는
山등들을 넘어라.
旗手. 어서 너는
바다를 넘으라.
屢屢 萬年
山에는 흘러내린
山에는 淋漓한
골짝마다 울부짖는 피의 소리들.
바다에는 바다대로
구비마다 보래치는 피의 潮流들.
薔薇여! 薔薇여! 薔薇여!
그것들의 넋이여!

궁륭!
새파란,
새파란 저 하늘은 하나 남은 깃빨
새파란 저 하늘은 우리들의 이데아다.

—「八月」 부분

박두진의 시에서 산은 말할 것도 없지만 바다 역시 갈등을 해소시키고 자아를 포근히 감싸주는 은신처로 묘사되곤 한다.[7] 많은 시인들에게와 마찬가지로 박두진에게도 대부분 산과 바다는 지친 자아를 따뜻이 안아주고 편안히 쉬게 해주는 유토피아적 공간으로 전유된다. 특히 박두진에게 산은 "늘 그리운, 늘 너그러운, 늘 따스한, 여인의 품, 어머니의 품, 아버지의 품"[8]으로서 묘사되는 성질의 것임은 매우 잘 알려진 사실이다. 그런데 위 시에서 산과 바다는 동일하게 "늙어빠지"고 "언제까지 그냥만 앉아 있는" 무기력한 존재로 그려지고

7 「바다와 무덤」에서의 "아내여!/내가 죽으면 무덤은/진종일 귓 가에 와 파도가 철석이고/멀리론 저렇게 바닷 벌이 펼쳐 진/그런 곳에 조용히 있어야 할 것이다." 구절에서 '바다'는 영혼이 쉴 수 있는 아늑한 공간으로 형상화되고 있다.

8 박두진, 「山이 좋다」, 앞의 책, 44쪽.

있다. 이는 산과 바다가 일반적으로 구사되는 박두진 시의 상징으로부터 비껴나서 매우 의외적 성질로서 묘사되고 있음을 말해준다. 가장 생명력 넘치는 곳으로 제시되곤 하였던 산의 모습은 온데간데 없으며 흔히 생명성의 근원으로 상징되는 "바다"는 "흐느끼"고 "찢겨지"고 "뒤착이는" 비루한 모습으로 나타나 있는 것이다.

위의 시에서 그와 같은 부정적인 모습의 산과 바다와 달리 그 대신 긍정적인 의미를 띠고 등장하는 대상이 있으니, 그것은 "깃빨"과 "하늘"이다. "하늘"은 "깃빨"과 동일시되어 있고 "기수"는 "바다"와 "산"을 "넘어" "하늘"로 나아가야 하는 존재로 제시되고 있다. "바다"와 "산"이 "피의 소리들"로 가득 찬 파괴적이고 혼돈스런 곳이라고 한다면 "하늘"은 "새파란" "궁륭"처럼 환하고 아늑한 공간으로 묘사된다. 위 시의 화자는 그것을 "우리들의 이데아"라고까지 말하고 있다. "기수"는 "산등들"과 "바다의 구비들"을 "타고 넘어" "장미"가 되고 "새파란 하늘"에 도달해야 하는 매개적이고 초월적인 존재이다.

이처럼 박두진의 시에는 상징어들이 정형화되어 있는 대신 각각의 시에서 재문맥화되고 있는데, 이러할 때 역시 상호 대립하는 사물들이 등장하면서 이들 간의 갈등과 극복이 시적 주제가 되고 있다는 사실을 알 수 있다. 결국 부정적인 대상들은 모종의 힘과 존재에 의해 겨뤄지고 초월되는 상황 속에 놓이게 된다. 시적 화자는 부정적인 현실과 희망적인 초월을 대비시키면서 부정적인 세계를 넘어설 것을 지속적으로 촉구하고 있거니와, 박두진의 시에서 일반화된 상징어들이 재맥락화되면서 새로운 대립 구도 속에 놓이는 현상은 그만큼 박두진의 부정적 현실에 대한 극복에의 의지가 강하다는 사실을 말해준다.

요컨대 박두진의 시에서 중요한 것은 "산"이라든가 "바다" 혹은 "노루"와 "이리" 등의 고정되고 정형화된 상징들이 아니라 "이데아"와 그와 대립하는 부정적 현실이다. 부정적 현실과 그것의 극복태로서의 이데아 두 축은 상징들을 바꾸어가면서 초월에의 지향성을 지속시켜 나가고 있음을 알 수 있다. 이 점이야말로 박두진 시세계의 핵심에 해당하는바, 이는 일제강점기로부터 시작되어 역사의 격변기를 거치는 동안 변하지 않았던 박두진의 정신의 강인함을 보여주는 대목이라 할 것이다.

2.2. 이미지의 역동적 전회

대립적 사태의 긴장과 그 극복이 시의 구성상의 특질을 나타냄에 따라 박두진의 시에는 두 상반된 이미지들이 상호 교섭하면서 결국 성질의 구분이 무화되고 서로 융화되는 상황으로 나아가는 현상이 나타나게 된다. 대립물 사이는 서로 건널 수 없는 장벽으로 묘사되는 것이 아니라 서로 넘나들고 습합하면서 경계가 해소되어나가는 과정이 그려지고 있는 것이다. 이러한 국면의 전환은 시인의 추구하였던 바 현실 극복에의 의지에 따른 것일 텐데, 이 같은 의지는 박두진의 시의 핵심적인 요소이자 고유성이라 할 만하다. 박두진에게 있어 이와 같은 강인한 의지는 그의 시를 이끌어나가는 힘과 에너지로서 작용하며, 이에 따라 박두진 시의 이미지들 사이엔 활기찬 역동성이 넘쳐나게 된다는 것을 알 수 있다.

> 濕濕하고 어두운
> 地獄으로 부터의 너희들의 脫出은
> 또 한번 징그러운 黑褐色 陰謀
> 地獄에서 地上에의 流配였고나.
>
> 추녀 및 낡은 후미진 틈새에서
> 털 솟은 숭숭한 얼룽이진 몸둥아리
> 종일을 움츠리고 默呪 뇌이를 한다.
>
> 거미, 거무, 거미, 거뮈!…
> 蜘蛛, 蜘蛛!…蜘蛛, 거믜!
> 거미, 지주!… 蜘蛛,
> 거뮈!……

(중략)

새까만 內臟, 새까만 內臟을 겹겹이 열어 피묻은 日沒을 빨아 먹고,
새까만 內臟을 겹겹이 열어 피묻은 後光을 빨아 먹고,
새까만 內臟을 겹겹이 열어 피묻은 노을을 빨아 먹고는,
그리고는 黃昏
唐香墨처럼
鮮明한
까만 黃昏을 뿜어낸다.

徐徐히
거미는
이제야 實現 해 볼 會心의 陰謀
오늘의 짙은 黃昏을 위한
피묻은 計略을 펴는 것이다.

발톱을 들어 몸내를 풍겨 숫거미들을 蠱惑한다.
여덟 개의 발끝으로 하는 여덟 차례의 姦淫
맞달겨드는 숫거미들은
戰慄해 오는 快死의 情夫
여덟 번의 姦淫과 더불어 오는 여덟 마리의 情夫들
황홀해 하며 아찔해 하며
咬殺 해 먹어버리는 快適

이윽고 거미는 이번에는
소리를 내어 朗朗하게 呪文을 다시 외이다가
늴—늴 늬나이 나이나,
신이 올라서 궁둥일 저어
獨舞를 추며 휘돌아 가면
슬, 슬, 슬, 저녁 산바람이
목줄을 와서 간질른다.

(중략)

끈끈하고 纖細하고 純美로운 線
이것은 곧 脫出
이것은 곧 流配
이것은 孤獨
이것은 絕望
이것은 虛無
이것은 諦念
이것은 또 日沒
이것은 노을
이것은 바닷 소리
이것은 갈댓 소리
이것은 黃昏
이것은 嗚咽
이것은 黙呪
이것은 陰謀
이것은 姦淫
이것은 恍惚
이것은 숫거미
이것은 肉汁
이것은 咬殺
이것은 快適의
그러한 것이 짓이겨져서 거미줄 줄이 된 것이다.
그러한 것의 純粹가 엉겨 끈끈한 줄이 된 것이다.
눈이 부신, 차라리,
얽어 나가는 蜘蛛의 浦網은
昇華된 純白의 희뽀오얀 血脈!
하늘로의 浦網에는
하나 씩의 칸살마다
하나 씩의 하늘
하나 씩의 하늘 마다 하나 씩의 황혼
하나 씩의 黃昏마다 하나 씩의 星座가
꽃밭처럼 허트러진, 꽃밭같은 星座가
먼, 먼, 無限軌道를 傳說을 밟고 돌아 가고
젤그렁거리는 별소리 속에

銀소리 속에 매어달린다.

—「거미와 星座」 부분

위의 시에서 "거미"와 "성좌"의 각각의 이미지들은 선명히 대조되고 있다. '거미'가 음습하고 검고 불쾌한 느낌을 자아낸다면 '성좌'는 그와 정반대의 밝고 환하며 고귀한 이미지를 띠기 때문이다. 이미지와 마찬가지로 각각의 상징적 의미 역시 상반된다. '거미'가 탐욕스럽고 공격적이며 세속적인 존재를 가리킨다면 성좌는 세상으로부터 초탈한 숭고의 의미를 지니기 때문이다. 이러한 대립적인 구도는 박두진의 시에서 매우 일반적이어서 '거미'의 상태로부터 '성좌'에로 나아가는 의미의 전개 구조를 지닐 것임은 쉽게 짐작되는 일이다. 그렇다면 '거미'는 현실의 부조리한 상황을, '성좌'는 그것의 극복의 관점으로 이해하는 일도 가능해진다.

이때 보다 주의를 끄는 것은 '거미'로부터 '성좌'로 나아가는 과정에 있어서의 구체적인 전이의 양상이다. 위의 시에서 "거미"는 "지옥에서 지상으로 유배"온 "징그러운 흑갈색"의 존재로서, "추녀 밑 낡은 후미진 틈새에서" "종일 움츠리고" 사는 매우 비천하고 남루한 인물을 가리킨다. 또한 그가 놓인 세상은 "산"이고 "들"이고 "이리는 너구리를, 너구리는 다람쥐를……" "먹으며 먹히우며" 살아가는 "처절한 정적(靜寂)"의 세계다. 고귀함과는 전혀 상관없는 아수라장 같은 세상 속에서 '거미'가 할 수 있는 것은 "거미, 거무, 거미, 거뮈, 지주, 지주……"를 조용히 외며 "새까만 내장을 겹겹이 열어 피묻은 일몰"과 그것의 "후광"과 "노을"을 "빨아들이고" 또 그것을 "까만 황혼으로 뿜어내"고 하는 일들이다. 그후 "거미"는 "서서히" "피묻은 계략을 펼"쳐내기로 결심하는데, 그것은 "발톱을 들어 몸내를 풍겨 숫거미들을 고혹하"고 "여덟 개의 발끝으로" "여덟 차례의 간음"을 하고, 그들 "여덟 마리의 정부(情夫)를" "교살 해 먹어버리는" 일이 그것이다. 또한 '거미'는 이번에는 "소리를 내어 낭낭하게 주문을 다시 외다가" "독무(獨舞)를 추다가"는 "추녀끝 캄캄한 데서 뻣나무 높은 가지 끝까지 점착성 가장 질긴 밑줄을 뽑아 새로운 포망의 얼개를 치"는 일을 하는 것이다.

'거미'의 이 같은 행동들은 비천한 자의 생존의 몸부림이자 추악한 살생의 모습이고 먹이사슬에 따른 강자의 비정한 포식 행위에 해당한다. 그러한 행동들은 아름답지 못하며 공격적이고 파괴적이다. 언제나 약자에 대한 강자의 파괴 행위는 미화되거나 용납될 수 없다고 인식된다. 그러나 위 시에서 본 '거미'의 행동은 그와 동시에 어둡고 습한 세상으로부터 자신의 너절한 삶을 끌어올리고자 하는 처절하고 강인한 의지의 구현이기도 하다. 구석진 그늘에서 그로부터의 탈출을 꿈꾸는 '거미'에게 그러한 행동은 "아슬아슬하"게 "공중"을 향해 "혼신의 정력"을 다하는 간절한 실천의 몸짓이기도 한 것이다.

이와 관련하여 위 시는 전자의 관점으로부터 후자의 관점으로 시선을 이동시키면서 '거미'의 내적 갈등 및 욕망과 의지를 조명하고 있거니와, 이에 따라 '거미'가 공중으로 쏘아올린 거미줄은 온갖 부정적인 것과 긍정적인 것들, '거미'를 둘러쌌던 과거로부터 현재에 이르기까지의 모든 시간의 파편들, '거미'를 괴롭혔을 "고독"과 "절망"과 "허무"와 "체념"을 비롯하여 그가 빨아들였을 "일몰", "후광", "노을", "바닷소리" 등과 "묵주(默呪)", "음모", "간음", "교살" 등의 모든 생의 흔적들을 끌어모으고 "짓이기고" "얽어" 맨 "포망"이 된다. 이로써 그의 거미줄은 피식자를 잡아들이는 덫의 의미로서가 아니라 "끈끈하고 섬세하고 순미로운 선"이자 "눈이 부시"고 "승화된 순색(純色)의 희뽀오얀 혈맥"으로 의미화되는 것이다. 나아가 그것은 "하나 씩의 칸살마다 하나 씩의 하늘"을 품는 "꽃밭같은 성좌"와 같은 것으로 제시되고 있음을 알 수 있다.

거미의 살육의 비정한 행위가 생의 의지를 실현하는 관점으로 전환되고, 허공으로 거미줄을 쏘아올리는 행위를 비루한 자신의 처지를 초월하고자 하는 욕망의 전방위적인 펼침으로 나타내는 과정에서 시인은 특유의 역동성을 발휘한다. 절대적으로 구분된 선과 악의 경계를 무화시키는 의미의 그것은 이 속에서 견고하고 경직되고 무거운 것들을 유연하고 가벼운 것들로 용융시켜 나가는 과정을 전개하고 있다. 생의 강한 에너지는 '고독'과 '절망', '허무'와 '체념' 등의 어둡고 침울한 감정들을 산란시켜 이들 무게에 짓눌린 채 웅크려 있던 '거미'로 하여금 "하늘"의 빛을 쬐게 하고는 그가 빛의 가운데로 나아갈 수 있도록 한다. 여기에는 "지옥"에서 "지상"으로, "지상"에서 천상으로 상승하고자 하는 '거미'의 치열한 의지와 욕망이 가로놓여 있거니와, 이것은 곧 '거미'와 '성좌'가 그 대립적 성격을 버리고 하나로 통합되는 일에 해당한다.

이처럼 박두진의 시에는 시상 전개에 있어서의 시인 고유의 특질이 드러나고 있다. 그것은 서로 상반된 대립물들 사이의 긴장과 투쟁, 그리고 그 극복으로서의 초월과 상승의 과정을 담고 있다. 대조되는 사태들이 놓인 부정적 현실은 그것의 극복 의지에 의해 새로운 국면으로의 전이를 전망하게 된다. 이 과정에서 박두진은 생의 에너지가 넘쳐나는 역동적인 상상의 힘을 발휘하고 있는 것이다. 박두진의 시가 생기와 활력으로 넘쳐나는 요인에는 바로 이와 같은 시의 구성상의 특질이 놓여 있는바, 박두진은 초기[9]부터 일관되게, 특히 시대적 상황이 고통과 수난으로 압도당할 때 이와 같은 그의 생의 의지를 시에 구현하고자 하였음을 알 수 있다.

3. '부활' 의식과 현실 극복 의지

박두진의 시에 나타난 사태의 대립적 구도와 그 사이에서 펼쳐지는 역동적

9 박두진의 대표적인 초기시에 해당하는 「해」의 "달밤이 싫여, 달밤이 싫여, 눈물같은 골짜기에 달밤이 싫여, 아무도 없는 뜰에 달밤이 나는 싫여……, //해야, 고운 해야. 늬가 오면 늬가사 오면, 나는 나는 청산이 좋아라. 훨훨훨 깃을 치는 청산이 좋아라. 청산이 있으면 홀로래도 좋아라.//사슴을 딿아, 사슴을 딿아, 양지로 양지로 사슴을 딿아 사슴을 만나면 사슴과 놀고, 칡범을 딿아 칡범을 딿아 칡범을 만나면 칡범과 놀고" 구절에는 달밤과 해의 대립적 상황 속에서의 현실 극복과 초월의 양상 및 '사슴'과 '칡범'과의 자연스럽고도 역동적인 어울림의 상태가 그려지고 있다. 이러한 특징은 중기시의 시적 구성법과 동일한 것이다.

전회 및 극복의 과정은 그것이 초기부터 중기에 이르기까지 일관되게 이어지고 있다는 점에서 박두진 특유의 정신적 풍경을 말해주는 것이다. 이 같은 시적 구조는 박두진에게 내재하고 있던 생에의 의지는 물론이고 그것의 실현에 따르는 새로운 세계에의 비전을 담고 있다. 그리고 이러한 박두진의 면모는 다른 시인들에게서 쉽게 찾아볼 수 없는 독특한 것에 해당한다. 박두진의 시적 어조는 어떤 시인의 것보다도 밝고 희망적이며 그가 펼치는 비전은 그 어떤 시에서보다도 선명하고 확고하다. 그렇다면 박두진이 시대의 격동과 암울함 속에서도 이러한 태도를 지켜나갈 수 있었던 요인은 무엇일까? 그것이 시대와 유리된 것이 아니었다면 더욱 요구되었을 강인한 신념은 어디에서 비롯한 것일까?

> 아우성도 못 지르며 흐르는 강이어.
> 흐느끼도 못하며 흐르는 강이어.
> 홍건하게 떠내려 가는
> 하얀 깃, 하얀 깃, 쭉지, 쭉지, 쭉지 떼들
> 비둘기 떼들의 죽음이어.
> 나비 떼들의 죽음이어.
> 꽃이팔들의 죽음이어.
> 밤으로 흐르는 강이어.
> 강으로 흐르는 밤이어.
> 어디쯤 흘러 가면 찬란한 날은 비치는가.
> 기빨 떼며, 기빨 떼며, 기빨 떼며, 기빨 떼들,
> 어느 굽일 돌아갈 때면
> 기빨 떼들은 휘날리는가.
> 어느 기빨이 휘날리면
> 쇠북 소리는 울리는가.
> (중략)
> 한 번은 노도처럼 일어 나야 할 강이어.
> 한 번은 아우성처럼 일어 나야 할 강이어.
> 기빨떼들이 휘날리면
> 쇠북소리가 울려나면

다시 살아나야 할 비둘기 떼들이어.
다시 피어나야 할 꽃무데기 들이어.

—「어둠 속에서」 부분

위의 시는 죽음과 삶의 대립적 구도로 이루어져 있는 박두진의 전형적 유형의 시에 해당한다. "아우성도 못 지르며 흐르는 강"은 "비둘기 떼들"과 "나비 떼들", "꽃이팔들"의 "죽음"을 모조리 안고 흐르는 강이다. 그것은 밤의 어둠과 암울함이 지배하는 절망적 상황을 나타낸다. 이러한 부정적 사태 앞에서 시는 역시 그에 대한 회복과 전환을 추구하고 있다. 화자는 "노도처럼 일어나"라, "아우성처럼 일어나"라 하며 죽음의 극복을 촉구하고 있기 때문이다. 죽음과 삶의 대비 속에서 박두진은 죽음으로부터 삶으로의 전이(轉移)를 구하고 있으며 이에 대한 욕망을 강한 어조로 환기시키고 있다.

그런데 관념이나 정서상의 좌절의 상황과 달리 위 시에서처럼 "비둘기 떼들의, 나비 떼들의, 꽃이팔들의" 실제적인 죽음으로부터 삶으로의 이동은 사실상 자연스러운 것이 아니다. 이미 떼죽음을 당하여 강을 채우면서 흐르고 있는 사체들 앞에서 위 시에서처럼 "다시 살아나라"고 "다시 피어나라"고 소리치는 것은 부자연스럽고 비현실적이다. 생의 의지가 부정적 사태 속에서 요구되는 것이 사실일지라도 그것이 죽은 자를 두고 살아나기를 바라는 설정은 논리성을 상실한 과도한 상상력이다. 우리는 흔히 삶과 죽음이라 하여 삶에서 죽음으로 향하는 방향을 떠올리거니와 사실상 죽음에서 삶에 이르는 방향은 익숙하지 않다. 그럼에도 위의 시와 같이 "죽은 사체"들을 가리켜 "일어나라" 외치는 시가 쓰였다면 그것은 일종의 환상적 장치에 해당하거나 생의 의지를 강조하기 위한 과장된 이미지화라 할 수 있을 것이다. 그렇게 본다면 위의 시는 긴장력이 떨어지는 박두진의 상투화되고 유형화된 시에 해당할 뿐이다.

그러나 위의 시는 두 사태의 대립 구도로 이루어진 박두진의 고유한 시에 해당할 뿐만 아니라 기독교인으로서의 박두진의 의식에 비추어볼 때 매우 자연스럽고 합당한 것이 된다. 위의 시에서 죽음과 삶의 경계에 "쇠북 소리"가 놓여 있다는 점에서 그러하다. "쇠북 소리"는 기독교 사상에서 매우 보편화된 상징으로서 잠든 자를 일깨우는 의미를 지니는 동시에 죽은 자를 부활시키는 하나님의 계시를 나타내는 까닭이다. '쇠북 소리'는 존재의 운명을 결정짓는 힘의 상징으로서 이때 그것은 죽음을 삶으로 전이시키는 메시아적 의미를 지닌다. 이 점에서 위 시의 대립 구도는 '죽음과 삶'이라기보다 '죽음과 살음'이라는 편이 적절할 만큼 위 시엔 죽음으로부터 '살아남'의 의미가 강하게 내포되어 있다 하겠다. '삶'이 주어진 생을 살아가는 일에 해당한다면 '살음'은 새로이 살아난다는 의미를 띠고 있기 때문이다. 여기에서 '살음'은 죽음으로부터 새로운 생명으로의 전이에 해당한다. 그리고 죽음에서 살음이라는 비현실적 전이의 사이엔 기독교적 상상력으로서의 '부활'이라는 계기가 가로놓여 있다. 즉 여기엔 기독교인으로서의 박두진의 부활 사상이 작용하고 있는 것이다.

부활은 현실적 논리에 입각할 때 실현 불가능한 비현실적 사태임은 물론이다. 그러나 예수의 역사적 실존은 기독교인으로 하여금 비현실적인 부활을 굳건한 사상으로서 받아들이도록 이끈 것 또한 사실이다. 박두진 역시 여기에서 벗어나 있지 않으며 이는 박두진 시의 기저에서 초월을 향한 강인한 의지와 역동적 상상력을 발휘하도록 한 특유의 요인이 되었던 것으로 짐작된다. 부활 의식은 박두진의 시에서 항상 부정적 사태를 극복하게 해주었던 강력한 동력이자 그의 시가 일관되게 희망적인 비전과 밝은 에너지를 견지할 수 있게 해주는 근거였을 것이라는 점이다. 말하자면 박두진에게 부활은 불가능한 까닭에 비현실적이고 과장된 것이 아니라 모든 국면에서 지켜야 했던 필연적이고 자연스런 신념에 속하는 것이었다. 이러한 박두진의 부활에 관한 의식은 예수를 노래하는 시에 매우 뚜렷하게 나타나 있다.

당신이 누우셨던
그 짱짱한 돌무덤은

漆 같은 深淵에의 오히려 첫 門

다시는 못돌아올 어둠의 層階
주검의 層層階의 밑바닥에서

오, 이기신 이!
조용히 손을 들어,
눈부시듯 燦爛한
빛살을 불러
무덤 속을 하나 가득 채우셨도다.

새로 푸른 하늘 밑
아침 이슬 촉촉한 풀밭을 향해
무덤 門을 처음 열고 나오셨도다.

이, 이제는 아무도
당신이 주신걸래 앗아 가진 못하는
내게도 다시 삶을 주시었도다.

—「내게도 다시 삶을」 전문

죽은 예수의 살아남에 의해 생겨난 부활에의 믿음은 기독교인들 내부에서도 여전히 논란을 일으키는 부분이다. 죽은 자가 다시 살아난다는 것은 불가능한 일이므로 이것의 사실 여부를 두고 기독교 내부에서 신학적인 갈등이 있음은 주지의 사실이다. 마찬가지로 기독교인들 역시 이에 관한 한 내적 갈등을 지니기 마련이다. 그런데 사실상 부활에의 믿음은 기독교 사상의 핵심적인 내용으로서, 이에 대한 수용에 따라 기독교 사상의 여부 역시 가름된다 해도 과언이 아니다. 부활에의 믿음이 공고하지 못할 경우 그는 진정으로 하나님의 약속과 예수님의 권능에 대한 확신을 지닐 수가 없게 된다.[10] 반면 예수님의 부활을 사실로서 받아

10 "그리스도께서 다시 사신 것이 없으면 너희의 믿음도 헛되고 너희가 여전히 죄 가운데

들이는 자는 하나님이 '다윗의 자손을 죽은 자 가운데서 살아나게 하리라' 하였던 성경에서의 약속을 그대로 행하였다는 것과 예수님이 인간의 죄를 모두 대속하셨고 또한 죄사함을 받으셨다는 것을 인정하게 되는 것이므로 스스로 죄로부터 새로운 생명을 얻었다고 믿게 된다. 나아가 그러한 자들은 자신이 성령의 역사 안에 있다고 여기게 된다. 이러한 죄사함과 생명에의 믿음은 기독교인들의 삶을 신심(信心)과 희망으로 채우는 요인이 되는바, 이는 예수의 부활이 기독교 자체의 존속과 전파의 절대적인 근거가 됨을 말해주는 대목이다.

사정이 이러하므로 기독교에서는 예수의 부활이 성경상의 날조가 아닌 역사상 실재했던 사실임을 입증하는 데 많은 노력을 기울인다. 그리고 그 중 중요한 증거로서 예수의 제자들을 비롯한 초기 기독교인들이, 특히 예수를 부정하였던 사도 바울이 목숨을 다해 복음을 전파하였던 점과 실제로 기독교가 빠른 시간 안에 엄청난 교세를 확장할 수 있었던 점을 제시한다. 기독교에서는 이러한 현상 자체가 부활이라는 사실이 전제되지 않고는 있을 수 없는 불가사의한 일이라고 보는 것이다. 즉 초기기독교에서 보여주었던 복음 전파의 힘은 모두 부활에 근거하여 발휘될 수 있었던 것이라는 점이다. 예수가 실제로 죽었다가 살아나지 않았더라면 누군들 하나님에 대한 믿음을 유지할 수 있었겠는가 하는 것이다. 대신 예수의 살아남에 대한 경험과 그에 의한 충격은 만인으로 하여금 하나님의 말씀을 진리로 여기게 하고 기독교를 전파하게끔 하였을 것이다.

물론 이러한 논증은 오직 기독교인들 내에서만 유의미한 사안일 뿐 비기독교인들한테는 여전히 무용할 것이다. 그러나 예수의 죽음과 되살아남이 역사적으로 실재했던 사실이라면 기독교의 위상은 급격히 달라질 것이며 그것의 파급력 또한 막강해질 것임은 당연한 일이다. 마찬가지로 예수의 부활에 대한 사실을 의심하지 않는 자의 의식과 삶은 생명과 구원에의 확고한 신념으로 강

있을 것이요"(「고린도전서」 15 : 17), "너희는 저를 죽은 자 가운데서 살리시고 영광을 주신 하나님을 그리스도로 말미암아 믿는 자니 너희 믿음과 소망이 하나님께 있게 하셨느니라"(「베드로전서」 1 : 21).

력하게 고양될 것이다. 분명 박두진은 이러한 범주에 속하는 인물임을 알 수 있다. 이는 박두진이 기독교인이라는 외연화된 사실에 기댄 판단이 아니라 그가 보여주는 시적 특성에서 확인된다. 박두진이 보여주는 뚜렷하고도 확고한 희망과 생명에의 의지야말로 부활 의식을 전제할 때라야 비로소 명확히 해명되는 것들이라는 점에서 그러하다.

실제로 위 시는 어둠과 빛, 지하와 지상, 죽음과 삶이라는 박두진 시에 일관되게 표현되어 있는 상호 대립물들이 그대로 이어져 등장하고 있으며 여전히 확고한 상승에의 의지가 펼쳐지고 있거니와, 이러한 박두진의 전형적인 시적 구조가 위 시에서처럼 예수님의 부활을 노래하고 있는 경우와 일치한다는 점은 그의 시에 부활의식이 어떻게 작용하고 있는지를 말해준다 하겠다. 특히 위의 시에 나타나 있듯 부활의 상황에 관한 생생하고 섬세한 이미지화는 그가 예수의 부활로부터 얼마나 큰 영감을 부여받고 있는지 짐작하게 해준다. 박두진에게 예수는 '주검의 층층계의 밑바닥에서 이기신 이!'로서 '조용히 손을 들어, 눈부시듯 찬란한 빛살을 불러 무덤 속을 하나 가득 채우신' 빛과 생명의 실천자에 해당한다. 박두진은 예수의 부활을 하나님의 빛과 생명에의 역사(役事)에 의한 것이자 '당신'에 의해 '나'에게도 그대로 부여된 삶에 대한 약속으로 여겼다. 뿐만 아니라 위 시의 제목인 '내게도 다시 삶을'이, '이제는 아무도 앗아 가지 못하는 내게도 다시 삶을 주시었도다' 구절에서 알 수 있듯, 미래에 대한 원망(願望)형이 아니라 이미 부여된 현재완료형임을 볼 때 부활에 관한 박두진의 의식이 얼마나 확고했는지를 알 수 있다.

4. 원시공동체적 사회사상

어두운 곳으로부터 밝고 환한 곳으로, 무기력하고 침체된 것으로부터 생기와 활력으로, 죽음으로부터 생명으로 전회하고자 하는 부활에의 의지를 지니고 있던 박두진에게 중기의 시기, 즉 『오도』, 『인간밀림』, 『거미와 성좌』 등을 상재하였던 격변의 시기에 극복되어야 했던 현실과 나아가고자 했던 세계는 무엇이었을까? 이 시기 죽음과 동일한 가장 처절하고 광포한 현실과 그것의 극복태라 할 수 있는 생명에 찬 세계란 무엇을 가리키는 것이었을까? 전자가 당시 현실에서의 가장 극심한 질곡에 해당되는 것이었다고 한다면 후자는 박두진의 의식을 점유하고 있던 이상향의 이미지에 닿아 있는 것이었을 터이다. 이를 확인하기 위해 박두진이 직시하고 있던 현실과 사회에 관한 그의 의식을 살펴보는 것이 요구된다. 특히 그것은 이 시기 박두진이 제시하였던 공동체에 관한 의식에서 드러날 것인바, 공동체 의식은 사회의 현재와 미래를 동시에 드러내주는 계기에 해당하는 까닭이다. 공동체 의식은 현재에 그가 처한 현실의 사회상을 전제하는 것이자 그로부터 비롯하는 미래적 꿈을 내포하고 있다. 그런 점에서 그것은 현실 사회의 부조리 및 그것의 극복태의 양면의 모습을 모두 보여준다 하겠다.

우리는 아직도
우리들의 기빨을 내린 것이 아니다.
그 붉은 鮮血로 나부끼는
우리들의 기빨을 내릴 수가 없다.

우리는 아직도
우리들의 絕叫를 멈춘 것이 아니다.
그렇다. 그 피불로 외쳐 뿜는
우리들의 피외침을 멈출 수가 없다.

불길이여! 우리들의 隊列이여!
그 피에 젖은 주검을 밟고 넘는
불의 怒濤, 불의 颱風,
革命에의 前進이여!
(중략)
民族. 내가 사는 祖國이여.
우리들의 젊음들.

불이여! 피여!
그 오오래 우리에게 썩어 내린
惡으로 不純으로 罪惡으로 숨어 내린
그 綿綿한
우리들의 핏줄 속에 맑은 것을 솟쳐 내는,
아, 피를 피로 씻고,
불을 불로 살워,
젊음이여! 淨한 피여! 새 世代여!

(중략)

아름다운 강산에 아름다운 나라를,
아름다운 나라에 아름다운 겨레를,
아름다운 겨레에 아름다운 삶을
위해,
우리들이 이루려는 民主共和國
絶對共和國.

철저한 民主政體.
철저한 思想의 自由,
철저한 經濟均等,
철저한 人權平等의,

우리들의 목표는 조국의 승리,
우리들의 목표는 地上에서의 승리,
우리들의 목표는
正義, 人道, 自由, 평등, 人間愛의 勝利인,
人民들의 勝利인,
우리들의 革命을 전취할 때 까지,
우리는 아직
우리들의 피기빨을 내릴 수가 없다.

—「우리들의 기빨을 내린 것이 아니다」 부분

위의 시는 「젊은 죽음들에게」, 「우리는 보았다」 등과 함께 4 · 19혁명에 의거하여 쓴 소위 4 · 19 시에 속한다. 4 · 19혁명 후 그것의 체험에 기반하여 4 · 19의 정신을 기리는 시는 많은 시인들에 의해 쓰여졌다. 청록파 시인이었던 조지훈, 박목월, 박두진도 예외는 아니다. 그런데 박두진의 4 · 19 시는 그가 추구했던 사회 체제의 성격에 관한 내용을 명확히 담고 있다는 점에서 여타의 시들과 뚜렷이 구별된다. 박두진의 4 · 19 시는 대개의 4 · 19 시가 민주주의 정신의 숭고함과 희생자들의 거룩함을 주된 내용으로 하는[11] 데 비해 국가의 정체(政體)를 언급하고 있는 상당히 구체적이고 정치적인 시이다. '민주공화국'에 대한 언급이 그것이다.

주지하듯 '민주공화국'이란 대한민국 헌법의 제1조[12]에 명시되어 있는 우리나라 국가 체제의 성격을 나타낸다. 제헌헌법에서부터 명기된 이러한 내용이 1919년 4월 11일에 선포한 대한민국 임시정부 헌장의 제 1조의 내용과 일치한다는 사실도 잘 알려져 있다. 근대적 정부가 수립된 이래 우리나라가 추구하였던 정치체제는 명백히 민주공화국으로서, 그 권력이 군주나 특권 계층이 아닌 국민들 모두에게 있음을 강조하고 있다. 또한 이와 같은 인민 주권의 관점에 의해 대한민국은 국민의 법과 제도에 의한 자유와 평등을 보장하게 된다. 자유와 평등을 보장받는 인민에게 민주주의적 형식과 절차는 필연적으로 지켜져야

---

11 예컨대 박목월이 4 · 19와 관련해서 쓴 시 가운데 「죽어서 영원히 사는 분들을 위하여」를 보면, "학우들이 메고 가는/들 것 위에서/저처럼 윤이나고 부드러운 머리칼이/어찌 주검이 되었을까?/우람한 정신이여,/자유를 불러온 정의의 폭풍이여,/눈부신 젊은 힘의/해일이여" 등의 구절에서 알 수 있듯 4 · 19는 '자유' 및 '정의'와 같은 추상적인 관념과 관련하여 조명되고 있다. 이러한 사정은 조지훈의 4 · 19 시인 「혁명」에도 동일하게 나타난다. "그것은 해일이었다./바위를 물어뜯고 왈칼 넘치는/불퇴전의 의지였다. 고귀한 피값이었다.//정의가 이기는 것을 눈 앞에 본 것은/우리 평생 처음이 아니냐/아 눈물겨운 것/그것은 천리였다./그저 터졌을 뿐 터지지 않을 수/없었을 뿐/애국이란 이름조차 차라리/붙이기 송구스러운/이 빛나는 파도여/해일이여!"에서 역시 4 · 19혁명은 '정의'와 '애국'과 같은 관념적인 정신으로서 규정되는 것임을 알 수 있다.

12 "대한민국 헌법 제1조 : 제1항 대한민국은 민주공화국이다. 제2항 대한민국의 주권은 국민에게 있고, 모든 권력은 국민으로부터 나온다."

하는바, 이를 외면할 경우 한국의 지도자는 독재자라 규정되어 국민의 힘에 의해 단죄되곤 하였다. 4 · 19혁명에 의한 이승만 정권의 몰락도 형식적 민주주의를 지키지 않은 것에 대한 대가에 해당되었다.

4 · 19혁명을 일으킨 이와 같은 배경을 고려할 때 박두진이 시에서 "민주공화국"을 언급한 것은 하등 특별할 것도 없이 자연스런 일이다. 이승만 독재 정권을 무너뜨리면서 헌법의 기본정신을 강조한 것은 지극히 당연한 것이다. 이승만 정권이 단죄 받았던 것은 국가의 정의를 훼손하고 국민의 자유를 침해한 점에 따른 것이므로 이후 국민 주권을 올바르게 정립하는 일이야말로 혁명의 내용이자 과제가 되어야 할 것이기 때문이다. 4 · 19 정신이 다름 아닌 그것이었고 그에 따라 당시 모든 국민들의 주장과 4 · 19 시를 썼던 시인들의 외침은 모두 민주주의를 수호하는 데 집중되어 있었다. 4 · 19의 대표 시인이었던 김수영의 「푸른 하늘을」에서 "자유를 위해서/비상하여 본 일이 있는/사람이면 알지……어째서 자유에는/피의 냄새가 섞여 있는가를"이라고 하며 '자유'를 언급하는 것 역시 4 · 19혁명의 정신이 짓밟힌 민주주의를 실현시키기 위한 것이었음을 말해주고 있다. 요컨대 당시 국민들과 시인들의 주장에서 확인할 수 있던 바 4 · 19혁명의 계기와 목적은 민주주의의 원리에 따른 것이었고, 더 정확하게는 자유민주주의 구현을 위한 것이었음을 알 수 있다.

민주공화국이 국민 주권을 명시하는 내용의 것이자 4 · 19의 배경이 민주주의 훼손에 의한 것이라는 점을 고려할 때 박두진이 시에서 '민주공화국'을 언급하고 있음은 여타의 시인들의 4 · 19 시들과 별반 다를 점이 없는 것으로 보인다. 국민 권력의 관점에 놓여 있는 민주공화국과 민주주의는 의미상 동일한 것이기 때문이다. 두 개념 모두 국민 주권을 침해하지 않는다는 의미에서의 자유와 정의를 내포하고 있는 것이다. 실제로 박두진은 위의 시에서 "우리들의 목표"로서 "정의"와 "자유"를 제시함으로써 다른 4 · 19 시인들과의 동일한 목소리를 내고 있다.

그러나 '민주공화국'이 헌법의 제 1조에 명시된 대로의 "대한민국의 모든 주권은 국민으로부터 나온다"에서처럼 권력의 소재에만 관련되어 있는 것이 아니라 '민주(民主)'와 '공화(共和)'라고 하는 두 어휘의 합성어라는 사실에 주목[13]한다면 박두진의 시는 매우 다른 자리에 놓이게 된다. 여기에서 '민주'는 국민주권이라는 권력의 주체와 관련된 어휘이지만 '공화'는 권력이 국민 모두를 향해 있다는 뜻의 권력의 내용 및 목적과 관련되는 것으로, 민주공화국이란 엄밀한 의미에서 '국민에 의한, 국민 모두를 위한' 국가적 성질을 나타낸다. 때문에 박두진이 '민주공화국'을 제시하였음은 그가 단지 독재자에 항거함으로써 국민의 억압되었던 자유를 회복하겠다는 의지만을 내세운 것이 아니라 국민의 권력을 되찾음과 동시에 그처럼 자유를 획득한 국민들이 어떤 국가를 만들어가야 할 것인가 또한 염두에 둔 것으로 이해할 수 있다. 사실상 '민주공화국'이라는 구체적인 체제를 명시적으로 언급한 것 자체가 매우 생소한 일에 해당하거니와, 박두진이 시에서 이를 나타내고 있는 것은 그가 독재정권을 심판하였던 4 · 19의 정신을 되짚는 데 그치고 있는 것이 아니라 이후 인민들이 만들어가야 할 국가의 방향과 성격에 관해서도 뚜렷한 이상을 제시한 것이라 할 수 있다. 그리고 이 점은 그가 위의 시에서 다른 4 · 19 시인들과 달리 '정의'와 '자유'보다도 '평등'에 더욱 주목하면서 "철저한 경제균등"과 "철저한 인권평등"을 거론하고 '인도(人道)'와 '인간애(人間愛)'와 같은 윤리적 비전을 강조하는 것으

13 민주공화국이 단일한 개념이 아니라 합성된 개념임에 주목하는 것은 국가를 어떤 관점에서 바라보는가와 관련된 매우 중요한 점을 시사한다. 박명림과 김상봉의 대담 형식의 글에서 김상봉은 민주 국가와 공화국이 서로 다른 정치적 범주임을 제시하면서 민주공화국의 의미를 해명하고 있다. 즉 민주 국가란 국가의 권력이 국민으로부터 나온다는 것을 표현하는 것으로 권력의 주체를 규정하는 개념이다. 이는 오늘날 국가적 의사 결정의 형식적 공공성을 표시하는 뜻으로 쓰인다. 반면 공화국이란 개념은 단순히 권력의 주체가 아니라 권력의 내용과 목적을 가리키는 말이다. 공화국은 의사 결정의 형식이 아니라 그 내용이 모두를 위한 것일 때 붙여질 수 있는 이름으로서, 공공적 기구로서의 국가의 성격을 나타낸다. 말하자면 민주 국가가 **모두에 의한** 나라라면 공화국은 **모두를 위한** 나라라고 할 수 있다.(강조-인용자), 박명림, 김상봉, 『다음 국가를 말하다』, 웅진 지식하우스, 2011, 60쪽.

로 나타나고 있다.

'경제균등'과 '인권평등'은 형식적 민주주의에 의해 보장될 때의 '자유와 평등'과 범주를 달리 한다. 형식적 민주주의에서 추구하는 자유와 평등은 다분히 '자유 민주주의'의 관점에 놓여 있는 것으로 여기에서의 평등은 개인의 자유를 침해하지 않는 조건으로서의 함의를 띠고 있다. 가령 '법 앞의 평등'은 개인이 타인과 비교하여 차별받지 않을 권리를 가리키거니와, 이때의 평등은 모든 개 개인들이 자신의 이익을 추구하는 데 있어 타인에 의해 부당하게 제한되지 않아야 한다는 제도상의 장치로서 타인을 침범하지 않는 한 개인의 자유가 방해되어선 안된다고 하는 사실상의 개인 중심의 자유주의적 관점에 놓이는 개념이다. 이 점에서 자유 민주주의하의 자유와 평등은 현실에서의 실질적인 힘의 논리와 비중을 무시한 채 이루어지는 형식적 개념임을 알 수 있다. 반면 '경제균등'과 '인권평등'은 단지 개인의 자유를 보장한다는 사사성(私事性)의 측면이 아닌, 자유로운 개인들이 모여 어떤 사회를 건설할 것인가 하는 사회 전체의 공공성과 공준(公準)[14]을 다루고 있는 보다 진전되고 구체적인 사안에 해당한다. 즉 형식적 자유와 평등이 개인주의적 세계관에 입각하여 제시된 것에 비해 '경제균등'과 '인권평등'은 사회 구조 내에서의 실질적인 평등을 지시함으로써 사회의 공동체로서의 비전을 내포하고 있는 것으로, 이는 박두진이 내걸었던 바 '민주공화국'에서 국민의 주인됨과 더불어 '공화국'이 추구해야 할 정치의

14 여기에서 사사성(私事性)은 개인의 이익을 우선시 하는 것으로 시장과 기업의 자유화와 국가의 탈공공화 정책과 관련되는 것이며, 공공성(公共性)은 개인과 개인이 합의한 균등과 균형, 형평 등 공공선의 정책과 관련된다. 전자가 시장경제를 앞세운 자유주의적 사상을 나타내는 것이며 오늘날 신자유주의 정책으로 이어져 오고 있는 것이라면 후자는 공공주의, 복지 국가 등의 형태로써 전자에 대한 비판과 대안담론을 구성하고 있다. 박명림은 위의 책에서 '민주공화국'을 헌법 제1조로 제시한 우리나라는 민주주의와 공화주의의 결합이라는 가장 모범적인 정체를 내걸고 있음에도 불구하고, 계속되었던 독재 정권을 극복해야 하는 절박성에 의해 민주주의를 지향하였을 뿐 그 이상의 공화국으로서의 국가 공동체가 추구해야 할 공공적 가치 모색에는 힘을 기울이지 못하였다고 지적하고 있다. 위의 책, 109~110쪽.

목표가 무엇이 되어야 할 것인가를 다룬 부분이라 할 수 있다. 말하자면 위의 시에서 박두진이 '正義'와 '自由'와 함께 "우리들의 목표"로 제시하였던 '人道', '평등', '人間愛'는 자유주의에서 구축하게 되는 형식적 민주주의를 넘어서서 실질적 민주주의 실현을 향한 국가 공동체의 비전 아래 놓여 있는 것이다.

이승만 독재를 극복하면서 전개되었던 까닭에 주요하게 자유와 정의를 외쳤던 일반적인 4·19 시들과 달리 박두진이 '평등'과 '공화국'과 같은 공공선(公共善)을 제시하면서 '민주공화국'의 의미를 환기시키고 있던 점은 당시로서도 매우 이례적인 것이었지만 한국 현대시사(詩史) 전체에서도 드문 일에 속한다. 물론 4·19를 계기로 1970년대, 80년대의 민중주의가 시단의 중심을 차지하면서 민중적 민주주의의 흐름이 전면화된 것이 사실이지만 이들 주장들은 대개가 사회주의 세계관을 전제하고 이루어진 담론에 해당하였기 때문이다. 197,80년대 성행했던 공공적 담론이 사회주의 몰락으로 급격히 소멸하고 1990년대 이후 극단적 개인주의와 신자유주가 우리 사회를 휩쓸었던 것도 이러한 배경에서 비롯한다. 결국 우리에겐 공공적 공동체에 관한 건전하고 진지한 논의가 이어지지 못하였던 것이다.

이에 비해 박두진이 '민주공화국'을 내세우며 공동체의 비전을 제시할 수 있었던 것은 그의 의식에 원형으로 자리잡고 있던 기독교적 원시공동체의 이상에 기인하는 것으로 보인다. 예수의 사후 예루살렘에서 초대 교회가 발흥하면서 가족공동체와 다르지 않은 신앙공동체[15]가 형성되었음은 잘 알려진 일이거니와, 오늘날 교회 공동체의 원시적 모델을 이루고 있는 그곳에서는 하나님과 인간 간의 일치된 삶을 표방하면서 윤리적이면서도 평등한 공동체를 실현하고

15 이경수는 박두진 시의 초기시를 통해 '자연공동체'적 성격을 끌어내고 이것이 이후 신앙공동체가 등장하는 박두진의 시로 이어진다고 밝힌 바 있다. 이경수, 「박두진 시의 자연공동체를 구축하는 형식적 특성과 현재적 의미」, 『현대문학의 연구』 60권, 한국문학연구학회, 2016.10, 62~63쪽.

자 하였음을 알 수 있다.[16] 이들 초기 그리스도 교회 공동체는 고대 근동지방의 다른 제국들과 달리 평등주의의 이념으로 세워진 공동체로서, 높은 자리를 원하는 자들을 비난하고 겸손을 더 바람직하게 여겼던 예수의 가르침을 실천한 집단이다.[17] 기독교 역사의 기반으로 작용하는 초기 기독교의 공동체적 이상은 인종, 신분, 성의 차이를 무효화하고 우주적 성령 체험을 중시하는 새로운 평등 공동체를 지향하였다[18]고 말할 수 있다. 이러한 교회 공동체의 비전은 초기 시작(詩作) 시기에서부터 일관되게 기독교인으로서의 면모를 드러내었던 박두진에게 국가 공동체에 관한 관점을 정립하는 데 영향을 미쳤을 것으로 짐작된다. 또한 이는 박두진이 사회의 공동체적 비전을 그의 유토피아 의식의 내용으로 삼고 있는 사정을 설명해주는 대목으로서, 박두진은 이러한 이상적인 공동체의 모습을 다툼과 부정이 없는 '詩人共和國'을 통해 구체화시켜 형상화하고 있다.

가을 하늘 트이듯
그곳에도 저렇게
얼마든지 짙푸르게 하늘이 높아 있고
따사롭고 싱그러히
소리내어 사락사락 햇볕이 쏟아지고
능금들이 자꾸 익고
꽃목들 흔들리고
벌이 와서 작업하고
바람결 슬슬 슬슬 금빛 바람 와서 불면
우리들이 이룩하는 詩의 共和國
우리들의 領土는 어디라도 좋다.
우리들의 하늘을 우리들의 하늘로

16 이재철, 「초대 교회의 원시 공동체 연구」, 관동대학교 석사학위논문, 2007, 7~8쪽.

17 위의 글, 15쪽.

18 김경희, 「우주적 소통의 경험 및 새로운 평등 공동체의 비전으로서의 초창기 기독교인들의 성령체험과 평등 공동체 실현을 위한 그들의 구체적인 실천들」, 『신학사상』 138집, 한국신학연구소, 2007, 가을, 57쪽.

스스로의 하늘을 스스로가 이게 하면
진실로 그것
눈부시게 찬란한 詩人의 나라
우리들의 領土는 어디에라도 좋다.

(중략)

아, 詩人들의 나라에는 억눌음이 없다.
詩人들의 나라에는 搾取가 없다.
詩人들의 나라에는 도둑질이 없다.
詩人들의 나라에는 橫領이 없다.
詩人들의 나라에는 贈收賄가 없다.
詩人들의 나라에는 미워함이 없다.
詩人들의 나라에는 猜忌가 없다.
詩人들의 나라에는 僞善이 없다.
詩人들의 나라에는 背信이 없다.
詩人들의 나라에는 阿諂이 없다.
아, 詩人들의 나라에는 黨派싸움이 없다.

詩人들의 나라에는 피흘림과 殺人,
詩人들의 나라에는 虐殺이 없다.
詩人들의 나라에는 强制收容所가 없다.
詩人들의 나라에는 공포가 없다.
詩人들의 나라에는 집없는 아이가 없다.
詩人들의 나라에는 굶주림이 없다.
詩人들의 나라에는 헐벗음이 없다.
詩人들의 나라에는 거짓말이 없다.
詩人들의 나라에는 淫亂이 없다.
그리하여 아, 절대의 平和, 절대의 平等,
절대의 自由와 절대의 사랑.
사랑으로 스스로가 스스로를 다스리고,
사랑으로 이웃을 이웃들을 받드는,
詩人들의 나라는 詩人들의 悲願

오랜 오랜 기다림이 이루어져야 할 것이다.

—「詩人共和國」 부분

“가을 하늘”이 “짙푸르게 높고” “따사롭고 싱그러”운 “햇볕 쏟아지”며 “능금들이 익고” “꽃”과 “벌”이 “금빛 바람결”에 “흔들리는” 지극히 평화롭고 아름다운 전원의 풍경으로 묘사되고 있는 ‘詩의 共和國’은 그것이 박두진이 꿈꾸는 이상적인 세계임을 짐작하게 한다. 하늘과 땅이 서로를 향해 있으면서 그곳의 모든 생명체가 풍성한 결실을 맺으면서 살아가는 모습은 더할 수 없는 지복(至福)의 상태를 나타낸다. 이러한 상태가 이룩되는 곳이라면 “어떤 嶺土라도 좋을” 그곳은 박두진은 시인들이 이룩하는 ‘시인공화국’이라 칭하고 있다. 위 시에서 박두진은 이상적인 세계를 제시하고 있는데, ‘공화국’이라 지칭되고 있는 점에서 그것은 특정한 공동체를 의미하고 있음을 알 수 있다.

실제로 박두진은 그러한 공동체의 내용으로 “억눌음”, “搾取”, “도둑질”, “橫領”, “贈收賄”, “미워함”, “猜忌”, “僞善”, “背信”, “阿諂”이 “없다”고 함으로써 인간과 인간 사이의 지배 종속 관계 및 정서상의 갈등으로 인한 불신이 부재함을 역설하고 있다. 공동체의 구성원 사이엔 서로를 도구적으로 여기는 태도 대신 상호 소통과 화해가 자리하고 있다. 인간을 인간이게 하는 것은 그가 가진 경제적 가치가 아니라 존재 자체이므로 이러한 사회에서는 ‘도둑질’이나 ‘횡령’, ‘뇌물 수수’와 같은 경제적 부정 행위들이 발생할 이유가 없다.

또한 “黨派싸움”도 “피흘림과 殺人”도 “虐殺”도 “强制收容所”도 “공포”도 ‘없다’는 데서 알 수 있듯 이상적인 사회에서는 구성원들을 강압적으로 지배하기 위한 수단으로 사용되는 파괴적 정치 행위가 없다. 구성원들을 통제하고 자신의 지배력을 강화하기 위한 권력의 횡포는 ‘시인공화국’에서는 있을 수 없는 일이다. 권력은 지배와 통제를 위해 존재하는 것이 아니고 구성원들이 온전한 삶을 누릴 수 있는 터전을 만들기 위해 소용되는 것이다. 권력은 군림하는 것이 아니라 구성원들을 섬기는 역할을 하는 것이다. 뿐만 아니라 “詩人들의 나라에는" "집없는 아이가 없"고 "굶주림이 없고", "헐벗음이 없다"는 데서 알 수 있듯 이상적인 세계는 소외된 자들에 대한 복지가 이루어지는 곳이다. 빈부의 격차로 인한 부조리가 넘쳐나고 공정함과 형평성이 붕괴된 곳은 더 이상 공동체라 말할 수 없는 사회이며 결코 희망과 미래를 꿈꿀 수 없는 나라이다. 대신 사회, 정치, 경제상의 모순과 부조리가 해소되고 윤리적으로 건강성을 유지하고 있을 때 비로소 사회는 '평화'와 '평등'과 '자유'와 '사랑'이 넘치는 아름다운 공동체를 구현할 수 있게 된다. 박두진이 꿈꾸는 바 그것은 "절대의 平和, 절대의 平等, 절대의 自由와 절대의 사랑"이 자리하고 있는 사회이며 개인의 마음과 이웃 간의 마음 사이에 절로 사랑이 흐르는 세계이다.

이처럼 박두진은 그가 추구하였던 이상적인 사회의 모습을 구체적으로 그리고 있거니와, 그것은 구성원 사이를 가로막는 차별과 간극이 와해되어 정서와 제도상의 전 측면에서 평등과 화해와 사랑이 실현되는 세계를 가리키고 있다. 이는 그가 꿈꾸던 이상적인 국가의 비전이기도 한 동시에 그의 신앙의 원류였던 기독교적 원시공동체의 모습을 담고 있는 것이기도 한 것이다. 이와 같은 이상사회에 대한 비전은 매우 근본적이고 완전한 것이어서 초월적인 성격으로 다가오는 것도 사실이다. 그러나 이와 같은 근본적 유토피아는 박두진의 뚜렷한 현실 극복 의지와 미래에 대한 신념의 강인함에서 비롯된 것이며 오늘날 한국 사회가 직면한 가장 시급하고 중요한 문제와도 닿아 있는 문제이다. 개인주의적 자유민주주의의 실현만을 좇아왔던 한국의 상황에서 실질적 평등을 위한 사회적 공공성을 추구하는 일은 언제나 등한시되어 왔기 때문이다. 그런 점에서 중기에 해당하는 시작(詩作)의 시기 박두진이 신앙에서 비롯한 자신의 이상적 공동체의 비전을 사회와 국가에 투영함으로써 당시의 혼란했던 시대 상황을 극복할 수 있는 한 가능성을 제공하고 있다는 점은 매우 의미심장하다. 그의 중기시에 주목해야 하는 이유도 여기에 있다.

5. 생명과 화해의 이상

본고는 인간과 사회에 다루었던 박두진의 중기시를 살펴봄으로써 이 시기 그의 공동체 의식의 양상을 확인하기 위해 쓰여졌다. 이를 위해 먼저 박두진의 시의 구성상을 특성을 확인하였던바, 박두진의 시에는 언제나 현실의 부정적 사태 및 그와의 대결 의지가 놓여 있으며, 대립적인 것들 간의 모순과 갈등이 결국 생명과 화해의 이상적인 상태로 초월된다는 특징이 나타나고 있다. 특히 그러한 상태에 이르는 과정에서 드러나는 역동적 상상력은 박두진 시를 생명력으로 넘쳐나게 하면서 그를 여타의 정적인 시인들과 구별시켰다.

박두진의 그와 같은 생명력과 현실극복에의 의지는 아무리 강력한 역경의 상황에서도 발휘되었는데 여기에는 기독교인으로서 지니게 되는 부활에 대한 신념이 가로 놓여 있다. 예수의 역사적 실존에 따른 부활사상은 박두진에게 확고한 신념으로 작용함으로써 어떠한 암담한 상황에서도 박두진이 밝고 희망에 찬 어조를 유지할 수 있게 하였다. 또한 현실극복의지로 드러나는 이러한 부활사상은 4 · 19혁명을 맞이한 박두진에게 수평적 공동체의식으로서의 '민주공화국'에의 비전을 지니도록 하였다.

'민주공화국'은 민주주의와 공화주의를 결합한 것으로, 이것은 형식상의 민주주의와 달리 경제적 평등과 모든 국민들의 균등한 인권을 논하는 실질적이고도 공공적 민주주의의 의미를 내포한다. 그동안 독재에 의해 기본적이고 법적인 민주주의마저 지켜지지 못했던 한국의 상황에서는 민주주의를 실현하기에 급급할 수밖에 없었기에 한국 사회는 공화국으로서의 견지해야 할 공동체 의식에 관심을 두지 못하였다. 이러한 사정에서 4 · 19혁명의 시기에 박두진이 '민주공화국'을 외치면서 경제균등과 인권평등을 요구하였던 것은 매우 급진적이었고 의미심장한 것이었다. 그것은 4 · 19혁명에 의해 쟁취한 국민 주권의 확인 차원에 머문 것이 아니라 그에 기반하여 평등한 국가를 건설하고자 한 공동체적 이상을 나타낸 것이기에 그러하다.

이 시기 박두진이 타자를 포함하는 수평적 공동체 의식을 국가의 이상으로 견지할 수 있었던 것은 기독교인으로서의 박두진에게 초기 교회의 신앙공동체가 원형적 의식으로 자리잡고 있었기에 가능했다. 그리스도교 초기 교회는 하나님의 믿음 안에 있는 모든 사람들을 조건에 의해 차별하지 않고 가족처럼 평등하게 여겼던바, 기독교에서 실천했던 이러한 원시 공동체적 이상이 4 · 19를 계기로 박두진의 국가적 비전으로 구현된 것이라 볼 수 있다.

10장

혼(魂)의 현상학과 황동규 시의 치유적 성격

1. 변화와 동력의 근원

황동규는 1958년 「시월」, 「즐거운 편지」 등으로 『현대문학』의 추천을 받아 등단하고 1998년 전집을 발간한 이후로도 7권의 시집과 2권의 산문집을 상재하며 현재까지 왕성하게 시창작을 지속하고 있다. 등단한 지 40년을 기해 간행한 『황동규시전집 Ⅰ · Ⅱ』(문학과지성사)에 첫시집 『어떤 개인날』(1961)을 비롯, 『비가』(1965), 『태평가』(1968), 『열하일기』(1972), 『나는 바퀴를 보면 굴리고 싶어진다』(1978), 『악어를 조심하라고?』(1986), 『몰운대 행』(1991), 『미시령 큰바람』(1993), 『풍장』(1995), 『외계인』(1996)이 수록되어 있으니 그의 간행 시집은 선시집을 제외하고 총17권이 되는 셈이며, 전체 창작 기간은 64년여가 된다. 2세대를 훌쩍 넘기며 이어온 창작의 시간은 그에게 쉼 없는 과정이었고 끊임없는 도전의 연속이었다. 그의 창작은 범주별 시기 구분이 용이치 않을 정도로 매 시기 새로운 시도로 이루어졌으며 방대한 창작 범위를 볼 때 유형화가 곤란할 만큼 언제나 변화의 도정에 놓이는 것이라 할 수 있다. 때문에 그의 시를 뚜렷하게 시기 구분하는 것이 어려운 것이 사실이다.[1]

1 이에 따라 황동규 본인은 70년대 이후의 시기를 후기로 구획하며 이를 다시 3기와 『외계인』 이후의 4기로 구분하고 있다(하응백 편, 『황동규 깊이 읽기』, 문학과지성사, 1998, 21쪽). 그러나 전집 이후의 시집들을 고려한다면 4기 이후의 시기 구분도 가능할 것이다.

이러한 사정은 그의 시를 전체적인 특질로서보다는 일 측면을 조명하는 연구 경향을 낳는 계기로 작용하였다. 특정 시기를 제한적으로 다루는 연구,[2] 특정한 주제를 중심으로 시를 다루는 연구,[3] 『풍장』이나 '극서정시'에 주목한 연구,[4] 시기를 가로질러 특정한 이미지나 모티프를 중심으로 그들 사이의 의미 관계를 추적하는 연구[5] 등이 그것이다.

황동규의 전체 시를 다루는 데 있어서의 어려움에도 불구하고 본고에서는 그의 대표작을 중심으로 3시기로 나누어 각 시기들의 특수성과 함께 황동규 시 전편에 흐르는 공통된 특질을 확인하고자 한다. 즉 등단부터 청년기의 우울한 정서를 보여주고 있는 『비가』까지를 초기시로, 사회에 대해 민감한 반응을 보여주던 『태평가』로부터 『나는 바퀴를 보면 굴리고 싶어진다』에 이르는 6, 70년대 시편을 중기시로, 『풍장』을 비롯하여 『몰운대 행』 이후 쓰여진 여행시, 스스로 시론으로 정립하고 있는 '극서정시'의 시기를 후기시로 구분하고, 이 속에서 각 시기를 대표하는 시들을 중심으로 한 특수성과 보편성을 살펴봄으로써 황동규 시의 본질적 성격을 규명하는 것이 본고의 목표라 할 것이다.

이들 시기상의 면모들을 볼 때 황동규는 오랜 시간의 창작 시기를 거쳐온

2 유창민, 「황동규 초기시에 나타난 방황하는 청년 표상」, 『새국어교육』 89호, 2011, 719~239쪽; 이성천, 「황동규 초기시에 나타난 '불안'의 정체」, 『어문연구』 제33권 제4호, 2005, 309~330쪽; 최호영, 「황동규 시의 중기시 연구-'공포'의 도입과 시적 발화 방식을 중심으로」, 『한민족어문학』 72집, 2016, 457~487쪽; 이성천, 「황동규의 후기시세계에 나타난 의식의 변모 양상」, 『국제한인문학연구』 15집, 2015, 173~197쪽.

3 김진희, 「자아를 찾아 떠나는 여행 : 황동규론」, 『숙명문학』 4호, 숙명문학인회, 2016, 196~205쪽; 송기한, 「황동규 시의 실존적 양상과 사회의 관계망 연구」, 『지역학연구』 제4권 제1호, 대전대학교 지역학연구소, 7~27쪽; 유성호, 「황동규 시에 나타난 실존적 고독과 신성한 것의 지향」, 『현대문학이론연구』 73집, 2018, 147~166쪽.

4 김인옥, 「황동규 시의 제의성-「풍장」 연작을 중심으로」, 『한국문예비평연구』 47집, 2015, 5~26쪽; 이승규, 「시작법을 활용한 자기성찰 글쓰기 교육-황동규의 극서정시를 중심으로」, 『사고와 표현』 10집 2호, 2017, 163~189쪽.

5 김병익, 「사랑의 변증과 지성」, 하응백 편, 앞의 책, 74~90쪽; 장석주, 「사랑과 고뇌의 확대와 심화」, 같은 책, 91~111쪽; 남진우, 「한 삶의 끝, 한 우주의 시작」, 같은 책, 236~263쪽.

만큼 매 시기 매우 개성적인 변화를 나타내고 있음을 알 수 있다. 그의 전체적인 가장 큰 특징은 변화에 따른 특이성이라 해도 틀리지 않을 것이다. 그는 시가 곧 삶이라는 신념을 바탕으로 자신의 체험에 입각한 시 창작을 해오면서 그 속에서 끊임없는 거듭나기[6]를 추구해왔던 것이다. 그러한 와중에서도 서양 고전 음악에 심취한 습성을 바탕으로 그의 전체시가 리드미컬한 어조를 유지하고 있다는 점은 주목할 만한 점이다. 그것은 특히 초기의 『비가』의 경우 '노래'[7]라고 명명되면서, 흔히 비애의 정서를 바탕으로 비극적 세계를 그려내고 있다는 평가를 무색하게 할 정도로 역동적인 리듬으로 구현되는 것으로 이어진다.

중기시와 관련해서는 주로 개인주의적이고 자유주의적 성향을 지녔던 황동규가 유신체제로 대표되는 독재 정권을 향해 민감하게 반응하고 있다는 점을 주의깊게 살펴보아야 한다. 이 시기 그가 보여준 저항의 방식은 동시대 체제 비판적이고 저항적인 소위 이념시를 썼던 여타의 시인들에 비해 볼 때 시에 대한 매우 다른 접근에 해당하는 것이라 할 수 있다. 이를 고찰함으로써 그의 시 창작의 지점 및 동력을 확인할 수 있게 될 것이다. 더욱이 강렬한 상상력의 발랄성을 통해 정신의 해방적 경지를 보여주고 있는 『풍장』은 황동규가 궁극적으로 추구하는 것이 무엇인지 짐작하게 해준다.

이러한 각 시기의 특징과 전체적 전개 과정을 통해 확인할 수 있는 것은 일차적으로 황동규의 시 창작의 동력 및 정신이 지닌 역동성이다. 황동규 시에는 그의 시 정신을 이끌고 가는 강한 내적 에너지가 자리하고 있다는 것이다. 본

6 황동규는 하응백과의 대담에서 그의 시의 핵심이 변화, 특히 시인 자체의 변화를 의미하는 "거듭남"이라고 말하고 있으며, 그러한 변화 속에 자유이자 탈출구가 있다고 언급하고 있다. 황동규 · 하응백 대담, 「거듭남을 찾아서」, 위의 책, 25쪽.

7 김의수는 「小曲」, 「겨울노래」, 「비가」, 「태평가」 등에서 알 수 있듯이 황동규에게 시란 곧 언어(의미)보다 먼저 소리, 즉 리듬으로 다가오는 것이라고 하면서 황동규의 시가 음악적 친연성을 지니고 있음을 제시하고 있다. 김의수, 「황동규 시의 유형과 시론의 양상」, 『정신문화연구』 109호, 2007, 31~61쪽.

고는 이 속에서 현상하는 것이 곧 정신의 핵심이라 할 수 있을 '혼'이라는 점을 제시하고 '혼'의 현상적 특질을 통해 자아의 해방과 자유로 나아가는 치유의 체험을 하게 될 것이라는 점을 보이고자 한다.

2. 황동규 시와 자유에의 지향

2.1. 시의 음악적 형식

황동규의 삶에서 음악은 외면할 수 없을 만큼의 큰 비중을 차지한다. 시인은 그의 산문에서 대학에 입학할 당시 작곡과를 지망하였던 일화를 여러 차례 소개하고 있으며 스스로 음악이 그의 시에 커다란 영향을 미쳤음을 고백하고 있다.[8] 황동규에게 음악은 내면의 호흡을 형성하여 특유의 리듬으로 나타났던 그의 언어감각과 관련된다. 그는 거의 대부분의 시에서, 산문이 강화되어 있는 후기시의 경우에도 예외 없이 안정적이고 유려한 리듬의 양태를 보여주고 있으며 특히 『비가』에서는 리듬의 구현 양상이 단순한 형식 미학의 차원에서 이루어지는 것이 아니라 리비도[9]의 역동적인 작용태에 해당되는 것임을 말해주고 있다. 그것은 『비가』의 리듬이 결코 느리지 않게 강한 액센트를 동반한 채 힘있게 진행되는 양태를 나타내는 동시에 강약의 안정적인 파동을 매우 규칙적으로 지속해내가고 있다는 점과 관련된다.[10] 이는 『비가』의 시적 내용이 청년

---

8 6 · 25 전쟁으로 인한 황폐함을 위로해주었던 음악에 대해 황동규는 "하루라도 음악을 듣지 않으면 불안할 정도였으니 내 시의 형식이나 리듬에 음악 영향이 컸을 것이"라고 말하고 있다. 황동규, 「지음의 세계」, 『젖은 손으로 돌아보라』, 2001, 224쪽.

9 리비도는 생명력이나 생명 에너지를 가리킨다. 그것은 무의식에 관여하는 역동적인 정신적 특질로서 프로이트가 말하는 성애적 내용과 구별되는 보다 포괄적 의미를 지닌다. 무의식을 억압된 성애적 욕구로 보는 프로이트와 달리 융은 상징화되어 해석을 요구하고 감정을 유발하는 자발적 정신의 활동으로 여기는바, 이는 리비도가 존재의 근원이자 의식화를 통해 자기완성을 이룩하는 계기가 됨을 의미한다. 즉 리비도는 감춰진 정신 영역이자 드러나게 마련인 생명의 에너지에 해당한다. 융의 리비도에 대한 관점은 이유경, 『원형과 신화』, 분석심리학연구소, 2008, 58쪽 참조.

기의 우울하고 비애에 가득한 정서를 비장한 어조로 서술하고 있는 점과 대조되는 면모로서, 『비가』는 황동규 특유의 리듬 감각에 의해 어둡고 무거운 분위기와 별도로 일종의 쾌감과 해방감을 불러일으킨다는 사실을 알 수 있다.

들판에는 한 줄기 연기가 오르고
연기가 오르고
붉은 황톳길
흰 돌산에 어둡게
해가 오르고
바람 한 점 없는 들판
벌거벗은 땅 위에
그림자처럼 오래 참으며
무릎 꿇고 앉아 있었노라.
지열(地熱)이여 지열이여
어두운 더듬음이여
등가죽에는 찬 이슬 돋아나고
열린 이빨을 허공에 맡길 때
빈 머리 문득 수그러진다

수그러진다 수그러진다
악몽이 나다니는 머리
머릿속 빈 들판에 불을 피우고
여러 번 막막히 엎드렸던 오후
검은 연기 땅 위에 눕듯이……

—「비가 제2가」[11] 부분

---

10 오실로스코프로 분석한 『비가』의 소리 파동의 일반적인 형태는 다음과 같다.

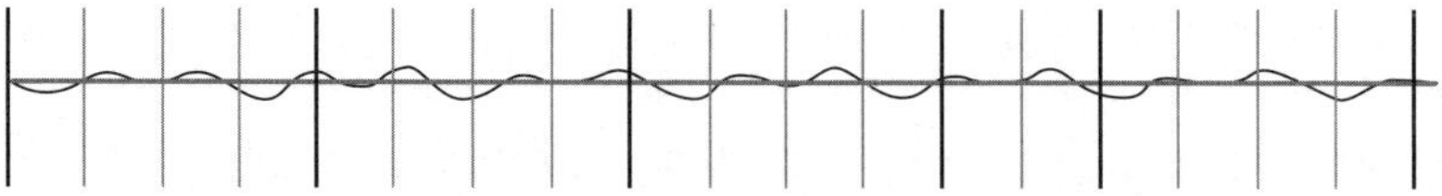

11 황동규, 『황동규 시전집』, 문학과지성사, 1998, 70쪽. 이후 시 인용은 별도의 주석 없이 이 책을 활용할 것이다.

위 시의 파동은 다음과 같은 형태로 대변될 수 있거니와, 시의 구절에 있어서 이처럼 상당히 안정적이고 규칙적인 파동의 형태는 매우 안정적으로 호흡이 형성되어 있거나 의도적으로 리듬감을 구현하고자 하는 경우가 아니라면 쉽게 접할 수 있는 형태가 아닌 특수한 양태라고 할 수 있다.[12]

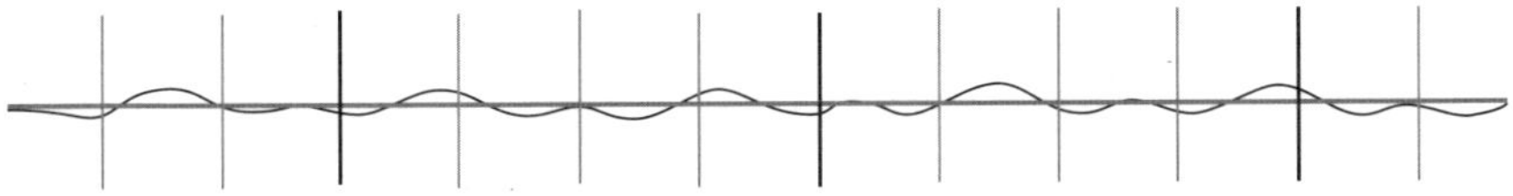

황동규의 시에서 현상하는 이러한 형태의 리듬은 리듬의 기능이 약화되거나 파괴되고 있는 현대시와 이질적인 것이자 김소월 류의 전통적인 서정시에 비견되는 파형에 해당하는 것이다. 그런데 이러한 파형이 황동규와 같은 서구지향적 현대시인에게서 현상하고 있다는 점은 주목을 요한다. 그것은 황동규가 단순한 모더니즘 시인이 아니라 자기 세계에서 비롯하는 고유한 호흡을 만들어가고 있음을 말해주는 것이자 그의 시에 강하게 작용하는 음악의 영향력을 짐작하게 해준다.[13]

이때 위 시의 시적 내용이 되는 '외롭'고 '어두'운 자아가 마주하고 있는 "악몽"과 같은 상황은 정체되어 있거나 무겁게 가라앉는 분위기로 현상하는 대신 오히려 가볍게 상승하거나 역동적인 운동력으로 전환되고 있다는 것을 알 수 있다. 그것은 가령 "들판에는 한 줄기 연기가 오르고/연기가 오르고", "흰 돌산

---

12 이와 관련하여 시에서 황동규의 시에서와 같은 안정된 사인파(sine wave)를 실험적으로 구현하고자 했던 김춘수를 떠올릴 수 있다. 김춘수는 무의미시를 통해 의미 배제를 지향하는 동시에 그것의 극단적 형태로서의 리듬과 파동만이 남게 되는 시를 제시하였거니와, 그때의 시를 노래로서의 시, 주문으로서의 시라 명명한 바 있다. 이와 같은 부드럽고 안정적인 사인파의 파형은 산문화된 현대시라든가 특히 해체시의 경우 현상하기 어렵다. 파형과 관련하여 시의 유형에 따른 이러한 차이는 특정한 리듬이 정신과 인체에 작용하는 차이로 나타나기 마련이다. 김윤정, 『위상시학』, 박문사, 2019, 210~286쪽.

13 황동규 시와 음악성을 연관시키는 연구에서 김의수는 심지어 중기시의 현실 비판적 내용을 수반하는 「계엄령 속의 눈」 역시 스타카토의 리듬으로 화자의 마음 상태를 보여주고 있음을 논증하고 있다. 김의수, 앞의 글, 40쪽.

에 오르고", "해가 오르고" 등의 이미지와 더불어 침체되어 있는 에너지를 끌어올려 상승시키고 해방시키는 느낌으로 이어지는 것이다. 그러한 리듬의 특질은 "수그러진다 수그러진다", "검은 연기 땅 위에 눕듯이……"의 하강의 이미지와 결합될 때조차 역동적 에너지를 상실하지 않은 채 발산의 쾌감을 불러일으키는 데 기여한다.

이는 황동규가 구사하는 리듬의 고유한 특질에 기인하는 것으로서, 황동규에게 이러한 음악적 특성은 그것이 해방감과 쾌감이라는 정서적 성질을 유발한다는 점에서 그의 내면의 근원에 자리하고 있는 리비도와 연관되고 있다고 할 수 있다. 이때 리비도는 자아의 무의식 속에 잠재되어 있는 생명 에너지로서, 그것은 생동적이고 안정적인 파동을 통해 자극되고 있는 동시에 그것을 반영하는 일련의 상징적 이미지들로써 구현되고 있음을 알 수 있다. 말하자면 그의 시에 작동하고 있는 리듬과 이미지들은 단순한 시의 형식적 요소가 아닌 무의식 속의 잠재태로서의 리비도적 에너지의 현상물인 셈이다. 비극적인 상황을 그려내고 있음에도 불구하고 시를 통해 체험되는 발산의 쾌감과 해방감이 느껴지는 이와 같은 모순된 상황은 황동규 시의 시적 요소들이 무의식에 갇혀 있던 리비도를 끌어올린다는 점에서 비롯된 것이며, 이 점에서 황동규의 시가 혼(魂)을 다루는 시라는 명제가 성립되게 된다.[14]

한편 황동규는 『비가』의 1977년판 자서(自序)를 통해 "비브라토에도 비극이 있을 수 있다. 피콜로에도 비극이 깃들 수 있다. 혼신일 때 그렇다"라고 하면서 "무의식의 해방을 통한 인간의 해방을 열망"하는 것이야말로 시의 진실임을 역

14 황동규의 시와 산문에는 '혼'에 관한 언급이 자주 등장한다. 그는 '혼'이 "실제로는 존재하는 것이 아니라 인간이 만든 허구, 하나의 픽션일 뿐이라고 해도, 결국 인간의 목마름이 만든 것이 아니겠는가"라고 하면서, 『비가』가 "허무주의와 싸운 기록이기도 하지만", "한 인간의 영혼의 상태를 표현하려 시도", "나도 모르게 열심히 인간의 혼의 상태를 표현하려 시도한 상징주의 시를 만들려고 쓴 것"(황동규, 『시가 태어나는 자리』, 문학동네, 2001, 297쪽)이라고 술회한다. 혼은 인간의 정신의 중심이자 생명의 증거가 된다는 점에서 생명 에너지로서의 리비도와 연관지을 수 있는 개념이다.

설하고 있는바, 이는 『비가』에서의 음악적 형식과 비극적 내용 사이의 불일치를 언급하는 것에 다름 아니며, 이러한 결과가 '혼'의 영역과 관련되는 것임을, 나아가 그것이 "무의식의 해방"이라는 치유적 계기에 해당하는 것이라는 점을 명시적으로 보여주고 있다.

2.2. 억압과의 대결과 자유 의지

황동규가 『비가』의 시편들을 썼던 것은 1961년 직후, 즉 4 · 19혁명이 실패로 끝나고 죽음으로 친구를 잃게 되는 시점에 해당하며, 『비가』는 실질적으로 보아 그 전에 있었던 군대 체험에서 비롯하였다. 그것은 『비가』가 젊은 황동규의 내적 갈등과 방황의 기록에 해당될 뿐만 아니라 그러한 내면의 번민이 결국 사회와의 긴장 관계 속에서 발현된 것임[15]을 암시한다. 즉 『비가』는 의식과 무의식의 굴절 양상[16]을 드러내는 것이되, 집단 및 사회로부터의 자아의 억압이라는 요인이 작용하는 가운데 '혼'을 다루고 있는 시라는 점이다.[17] 사회와 집단적 억압으로부터 유인되는 황동규의 해방에의 의지는 『비가』 이후 6–70년대 정치적 압박 속에서 이와 대결함으로써 자유를 구하고자 했던 시인의 모습으로 더욱 본격적으로 나타나게 된다.

> 봉준이가 운다 무식하게 무식하게
> 일자 무식하게. 아 한문만 알았던들

15 송기한, 앞의 글, 9쪽.

16 유성호, 앞의 글, 150쪽.

17 융은 개인의 무의식이 콤플렉스의 발현이며 복합 정서로서의 콤플렉스가 집단의식과의 역학 관계 속에서 형성되는 것이라고 보고 있다. 이때의 집단의식은 집단무의식을 포함하는 것으로, 사회와 집단이 개인에게 요구하는 특정 성격으로서의 페르조나는 집단무의식의 일종인 모성, 부성, 영웅 등 인류 보편적 원형 이미지에 의해 지배되며 이들 집단무의식과 페르조나의 집단적 의식이 개체의 자아 의식을 억압함으로써 감정의 복합체로서의 콤플렉스가 발생한다는 것이다(이유경, 앞의 책, 60쪽). 요컨대 인간에게 무의식은 개인과 집단 사이의 경험적이고도 선험적인 길항 관계에 의해 형성되는 것이라 할 수 있다.

부드럽게 우는 법만 알았던들
왕 뒤에 큰 왕이 있고
큰 왕의 채찍!
마패 없이 거듭 국경을 넘는
저 보마(步馬)의 겨울 안개 아래
부챗살로 갈라지는 땅들
포들이 얼굴 망가진 아이들처럼 울어
찬 눈에 홀로 볼 비빌 것을 알았던들
계룡산에 들어 조용히 밭에 목매었으련만
목매었으련만, 대국 낫도 왜낫도 잘 들었으련만.
눈이 내린다, 우리가 무심히 건너는 돌다리에
형제의 아버지가 남몰래 앓는 초가 그늘에
귀기울여 보아라, 눈이 내린다, 무심히,
갑갑하게 내려앉은 하늘 아래
무식하게 무식하게.

—「삼남에 내리는 눈」 전문

동학운동의 주동자 전봉준을 매개로 외세와 결탁된 정권의 핍박의 상황을 알레고리화하고 있는 위 시에서 주목할 수 있는 부분은 당시 시대적 상황의 엄혹성과 그로부터 압박당하는 자들이 보여주는 자유를 향한 몸부림이라는 양가적 측면이다. 즉 이 시기 황동규가 제시하고 있는 사회 비판적 시들은 단순한 비판적 함의를 넘어서서 집단으로 인한 개인의식의 억압과 그로부터 해방되고자 하는 자유의지를 리비도적 정신 에너지를 통해 표현하고 있다는 점에서 개성적이다. 이를 단적으로 보여주는 대목이 "봉준이가 우"는 모습이다.

"무식하게 무식하게" 우는 것은 의식의 통제를 벗어난 리비도의 강렬한 자기표현 의지를 반영한다. 반면 "봉준이"의 억압을 극대화하는 것은 "왕 뒤에 큰 왕", "큰 왕의 채찍"이라는 데서 짐작할 수 있는 더욱더 증폭되는 집단성이다. "왕"은 군사 정권의 대변자이자 "큰 왕"이라는 외세를 등에 업고 가혹성을 강화한 집단의식의 상징물이다. 이러한 강력한 억압의 주체들에 비해 피억압자의 의식은 무기력하고 미약하다. "무식하"다는 것과 "한문"을 알지 못하였다는 것은 억압에 대해 대응력이 약한 자아의식을 단적으로 나타낸다. 이때 "얼굴은 망가지고" "울음"은 더욱 격해진다. "부드럽게 우는 법", "찬 눈에 홀로 볼 비빌 것을 알았"다는 것은 자아가 취할 수 있는 억압에 대한 해소책을 상정한다. 그것이 주어지지 않았던 점은 "봉준이"가 "무식하게 무식하게" "울" 수밖에 없는 상황을 지시한다. 증폭된 집단에 의해 억압된 개인의 의식은 더욱 강렬한 무의식을 형성하여 내면으로부터의 보다 강력한 리비도의 발산을 일으킨다.

말하자면 위 시는 당시의 시대적 상황을 암시하는 개인과 집단 사이의 대립과 갈등을 관념적으로 형상화하는 대신 의식과 무의식의 갈등 구조로 풀어가고 있으며 그 속에서 억압과 자유 의지로 길항하는 리비도의 작용, 곧 자아의 생명 에너지의 모습을 보여주고 있다. 이것은 황동규의 중기시가 사회적 상상력에 의해 쓰이고 있으면서도 당시의 일반적인 투쟁시라든가 사회참여시에 비해 다른 어법으로 이루어지고 있음을 의미한다. 즉 이 시기 황동규 시의 창작은 초기시와 다르지 않게 리비도의 작동에 근거하는 '혼'의 현상학에서 비롯된다는 것이다. 요컨대 사회비판을 주된 내용으로 하고 있는 황동규의 중기시 역시 억압된 리비도의 발산을 통한 자유와 해방의 정서라는 관점에서 이해할 수 있다.

> 나는 바퀴를 보면 굴리고 싶어진다.
> 자전거 유모차 리어카의 바퀴
> 마차의 바퀴
> 굴러가는 바퀴도 굴리고 싶어진다.
> 가쁜 언덕길을 오를 때
> 자동차 바퀴도 굴리고 싶어진다.
>
> 길 속에 모든 것이 안 보이고
> 보인다. 망가뜨리고 싶은 어린 날도 안 보이고
> 보이고, 서로 다른 새떼 지저귀던 앞뒤 숲이

보이고 안 보인다. 숨찬 공화국이 안 보이고
보인다. 굴리고 싶어진다, 노점에 쌓여 있는 귤,
옹기점에 엎어져 있는 항아리, 둥그렇게 누워 있는 사람들,
모든 것 떨어지기 전 한번 나는 길 위로.

—「나는 바퀴를 보면 굴리고 싶어진다」 전문

1978년 간행된 『나는 바퀴를 보면 굴리고 싶어진다』의 표제시인 만큼 위 시는 70년대적 현실에 기반해서 쓰여진 사회적 의식을 담아내고 있는 시이다. 그런 점에서 위 시의 "바퀴"는 흔히 '역사의 수레바퀴'라고 언급되듯 집단적 시간의 지속성과 필연성을 암시한다. 즉 위 시에는 '구르는 바퀴'를 통해 질곡에 갇힌 역사를 극복하고자 하는 의미가 담겨 있는 것이다. 그러나 "바퀴"는 자기완성 및 영원한 순환성을 내포하는 포괄적 의미의 원형 상징의 이미지에 해당되기도 한다. '구르는 바퀴'는 존재의 모순과 장애를 품은 채 이를 초극한 자기의 완성태를 나타내는 것이다. 완성된 자기(self)는 자아의 이질적인 요소들을 용해한 대극 통합의 형상[18]을 띤다. "바퀴"가 '굴러감'은 통합된 자기의 초월적 상태를 암시한다. 그것은 정체되어 있던 에너지가 순환되고 활성화됨을 의미한다. 또한 그것은 존재의 영원성을 가능케 하는 자기중심의 확고한 정립을 보여준다.

위 시에서 화자가 "바퀴"를 가리켜 "굴리고 싶어진다"라고 말하는 대목은 지속과 순환을 향한 화자의 욕망을 부각한다. 이는 화자의 영원성을 향한 의지에 다름 아니거니와, 이를 통해 침체와 속박을 넘어서서 자유와 활력의 상태로 나아가고자 하는 화자의 욕구를 확인할 수 있게 된다. 이때 "안 보이고"와 "보이고"의 엇갈린 진술은 자아가 경험하는 의식과 무의식 사이의 정신의 길항 및 없음과 있음 사이의 순환 구조 속에서 강력한 운동력을 형성하는 리비도적 에너지를 나타내는 기표에 해당한다. 자기완성을 향한 리비도적 에너지의 주체에게 대상의 실재는 없음과 있음 사이에서 지각된다. 의식의 주체에게 '대상의 없음'

18 이는 융이 제시하는 자기 원형으로서의 만다라의 모습과 맥을 같이한다.

은 무의식의 주체와의 교섭에 의해 '대상의 있음'으로 대체된다. 무의식의 주체는 의식의 자아가 볼 수 없는 것과 알지 못하는 것을 '보고 알게' 된다. 무의식을 통해 앎을 얻게 되는 '자기'(self)[19]는 완전성을 지시한다는 점에서 "궁"이나 "항아리"의 원(圓) 이미지로 변용된다. 또한 이처럼 완전성을 획득한 원형(圓形)의 자기는 이제 영원한 순환성을 내포하는 원형(原型)적 성격을 드러내게 된다.

그것이 원형(原型)성을 지니게 되었다는 사실은 "나는 바퀴를 보면 굴리고 싶어진다"고 말하는 화자의 욕망이 리비도적 에너지로서 작용하고 있음을 나타낸다. "바퀴"를 "굴리고 싶"은 화자의 욕망은 자아에게 내재되어 있는 자기원형(self-archetype) 에너지의 발현에 다름 아니다. 인류의 보편적 무의식의 작용이라 할 수 있을 자기완성에의 의지가 발현되고 있는 점은 곧 생명 에너지로서의 리비도의 충동이 운동하고 있음을 의미한다. 자아에 의한 무의식의 의식화를 통해 가능해지는 자기완성은 결국 리비도의 생명 에너지가 활성화되는 상황에 해당한다. 화자가 "바퀴" 형상을 "자전거 유모차 리어카의 바퀴", "마차의 바퀴" 등 생활 속 모든 사물들에서 바라보고 있는 것은 화자의 욕망이 매 순간 활성화되어 있음을 말해준다. 자기의 중심으로부터 발현되고 있는 에너지로서의 리비도는 자아를 내부에 갇혀 있게 하는 대신 타자와 세계를 향해 시선을 돌리게 한다. "숨찬 공화국이 안 보이고 보이"거나 "노점"과 "옹기점"이 보이고 "둥그렇게 누워 있는 사람들"이 눈에 띄는 것도 이 때문이다. 말하자면 위 시의 "바퀴를 보면 굴리고 싶어진다"는 화자의 활성화된 리비도적 에너지를 현상시키고 있는 대목이라 할 수 있다.

2.3. 육탈(肉脫)과 가벼움에의 욕망

리비도를 단순히 억압된 일회적 욕망이 아닌 자아를 존재케 하는 생명 에너

19 융은 의식의 제한적인 자아(ego)가 무의식의 층위를 포함하여 궁극의 참나(self)를 이해하고 깨닫는 것이야말로 개성화 과정으로서의 자기완성의 길이자 삶의 목적이라 말하고 있다. 정인석, 『의식과 무의식의 대화』, 대왕사, 2008, 246~251쪽.

지로 보는 관점은 인간을 단지 의식이나 이성의 주체로서가 아닌 혼(魂)의 존재로서 규정한다는 사실을 내포한다. 사람의 몸 안에서 육체와 정신을 주재하는 비물질로서의 혼(魂)은 눈에 보이는 것을 근거로 분석하고 인식하는 이성으로서의 정신과 성질을 달리한다. 그것은 의식과 무의식을 포괄하며 감정과 마음의 작용을 포함시키고 육신과 정신을 다스리는 보이지 않는 힘을 가리킨다. 그것은 인간의 모든 정신 영역들을 망라하는 동시에 그들의 상위에 위치하고자 하는 강한 정신의 에너지에 속한다. 혼[20]은 인간의 정신 전체는 물론이고 영과 육을 통합시키고 고양시키는 살아 있는 에너지라 할 수 있다.

황동규는 스스로 혼의 실체에 관해 확신할 수 없다고 하면서도 시와 산문에서 줄곧 혼에 관해 언급하면서 그의 시가 혼에 의해 혼을 위해 쓰이고 있음을 보여주고 있다. 예컨대 "거듭남의 변화가 작품 속에서 일어나는 서정시"라는 의미의 '극서정시'를 설명하는 자리에서 황동규는 '극서정시'가 삶의 체험 가운데 깨달음과 그로 인한 변화가 있는 순간을 내포하며, "그런 순간이야말로 삶의 일의 비유가 되는 세계, 즉 알레고리의 세계와 혼의 세계, 상징의 세계가 만나는 순간"[21]과 관련되는 것이라고 하는 것이다. 이로써 황동규는 자신이 경험하는 삶의 가치 확인 및 황홀의 순간을 제시하고 있는바, 이는 황동규가 혼이라는 정신 현상을 자신의 시적 전개에서 매우 중요시하고 있음을 말해주는 대목이다. 더욱이 그는 "극서정시에는 무의식이라는 요소가 들어 있다"라고 하면서 "의식보다 더 깊은 무의식의, 혹은 잠재의식의 도움 없이는 알레고리와 상징이 만나 새로운 정신적인 구조물을 만들 수 있는 상황이 주어지지 않는다"[22]

20 융에게 혼은 집단무의식(collective psyche)과 그 안에 자리 잡고 있는 자기원형과 관련되는 개념이다. 집단무의식이 흔히 집단적 심혼(心魂)으로 이해되는 사실은 혼의 정신적 위상을 암시한다. 그것은 정신의 가장 심층적 기저에 놓이는 것으로, 우주와 통하는 존재의 영성에 해당한다. 자기(self) 원형이 이 지대에 위치한다는 점은 자기(self)라는 정신 에너지가 곧 혼을 가리킴을 의미한다.

21 황동규, 「알레고리와 상징의 밀회」, 앞의 책, 2001, 297쪽.

22 위의 글, 298쪽.

라고 말하고 있는데, 이는 그가 다루고자 하는 정신으로서의 혼이 무의식의 기저에 닿아 있는 심층적인 지대, 즉 심혼(心魂, psyche)의 그것임을 지시하고 있다.

황동규가 가리키는 혼이 무의식의 심층적인 것이자 의식의 각성과 삶의 변화를 유도하는 힘을 지니는 것이라는 점에 주목할 때 그것이 인간의 모든 정신 영역 및 영육을 통합시키고 그것들을 고양시키는 정신 에너지에 다름 아니라는 사실을 확인할 수 있다. 혼은 존재를 유지하며 그를 변화시키고 상승시키는 에너지로서 생명체의 생명의 핵이자 정신의 중심에 해당한다. 황동규는 "혼의 상태를 표현하려 시도했던" "『비가』의 상징세계 이후 『태평가』의 알레고리 세계"에 이르러서도 "'혼의 상태'를 그리려는 흔적은 계속 남아 있게 된다"[23]고 하고 있거니와, 그에게 혼은 그가 처한 상황이나 조건과 상관없이 일관되게 존재를 증명하고 생명을 지지하며, 나아가 상승과 고양을 통해 존재의 변화와 거듭남을 일으키는 핵심적 정신 에너지라는 사실을 알 수 있다.

혼에 관한 이러한 관점에서 볼 때 황동규의 시 가운데 혼의 정신 에너지를 통한 존재의 거듭남을 가장 뚜렷하게 보여주고 있는 시 중 하나가 「풍장」 연작시라 할 것이다. 황동규에 의하면 「풍장」은 "우리 삶 자체의 알레고리가 될 수 있는 것"[24]이자 "종교가 없이도 어떻게 종교적으로 사는가"[25]를 질문하는 시로서, 황동규 식으로 말하면 삶의 비유가 되는 알레고리의 상황 속에서 거듭남의 변화를 일으킨 "알레고리와 상징의 밀회"가 이루어지는 소위 제의적 공간을 다루고 있는 것이라 할 수 있을 것이다.

> 내 세상 뜨면 풍장시켜 다오.
> 섭섭하지 않게
> 옷은 입은 채로 전자시계는 가는 채로
> 손목에 달아놓고

23 황동규, 「비가」, 위의 책, 125쪽.

24 황동규, 「풍장」, 위의 책, 225쪽.

25 황동규, 「동서양 틈새에서의 글쓰기」, 위의 책, 308쪽.

아주 춥지는 않게
(중략)

가방 벗기우고 옷 벗기우고
무인도의 늦가을 차가운 햇빛 속에
구두와 양말도 벗기우고
손목시계 부서질 때
남몰래 시간을 떨어뜨리고
바람 속에 익은 붉은 열매에서 툭툭 튀기는 씨들을
무연히 안 보이듯 바라보며
살을 말리게 해다오.
(중략)

바람을 이불처럼 덮고
화장(化粧)도 해탈(解脫)도 없이
이불 여미듯 바람을 여미고

—「풍장 1」 부분

1982년부터 시작해서 14여 년 동안 70편의 연작시로 발표된 「풍장」은 '풍장'이라는 우리나라의 일반적 장례 풍습과 다른 방식의 그것을 모티프로 하고 있다는 점에서 기이하게 다가온다. 하지만 시들 대부분은 사실상 일상적 삶의 모습을 담고 있는 데 치중하면서 '풍장'의 과정 속에서 인식할 수 있는 삶과 죽음의 관계라든가 그 속에서 경험할 수 있는 욕망의 면모들, 가령 '풍장'을 매개로 한 육신의 소멸과 혼의 해방, 자유에 대한 사유를 다루고 있다. 이때 가장 중점적으로 작용하고 있는 이미지가 "바람"이며, 이와 대립적인 사태는 일상적 생활로서의 구속된 삶이라 할 것이다.

위 시에서 조명하는 부분 역시 죽음이 욕망과 어떤 관계를 지니고 있는가에 관한 것이다. 일상적 삶 속에서 경험하게 되는 죽음은 "풍장"을 대비해 볼 때 일종의 욕망의 한 자락일 수 있다는 점이다. "시계"와 "구두와 양말"은 시적 화자가 놓여 있는 일상적 삶의 사태를 대변하는 것이거니와, 그가 죽음을 목숨의 중단이라는 측면에서가 아니라 이들 도구들로부터의 분리를 통해 말하고 있는 것은, 곧 일상적 생활에의 속박으로부터의 탈피라는 측면이다. 이는 황동규가 말한 바 "내세가 있다는 형이상학을 내세워 죽은 자를 산 자들의 삶에서" 쫓아버리고 "삶과 죽음이 한 동전의 앞뒷면이라는 사실"[26]을 망각하는 태도를 "부숴버리"는 것과 관련되는 동시에, 황동규가 추구하는 것이 혼의 자유와 해방에 해당한다는 점을 말해준다. 물론 이때 혼은 죽은 자의 것이 아니라 산 자의 정신이라는 사실을 의미한다. 즉 황동규가 시에서 다루고 있는 것은 죽음에 관한 것이 아니라 삶에 관한 것이자 형이상학적 삶이 아닌 실제적인 그것이거니와, 「풍장」을 통해 황동규는 일상성 속에 갇혀 있는 삶과 그로부터 벗어나 자유를 얻은 삶을 대비하여 혼의 현상들을 묘사하고 있다고 하겠다.

일상적 세계 속에서 혼은 구속되어 결박된 것으로 여겨진다. 고정되고 규격화되어 있는 일상의 삶이 "시계"로 표상되고 있다면 "구두와 양말"은 자아가 살아가야 하는 타자화된 삶, 집단적 사회 속에서 자아가 취해야 하는 꾸밈과 장식의 삶을 표상한다. 집단화되고 규격화된 세계에서 존재는 억압되고 속박된다. 활기에 차고 생동적이어야 할 정신이 무기력해지고 미약해지는 것도 이때이다. 이로부터 정신의 중심으로서의 혼이 꿈틀대며 해방을 추구하게 된다. 혼은 곧 생명력이자 생명에너지로서의 리비도인 것이다. 혼은 자신의 에너지를 유지하고 고양시키기 위해 자신을 가두는 온갖 외부적이고 가식적인 것들을 탈각시키고자 욕망한다. 말하자면 황동규의 「풍장」은 타자화된 외적 인격 속에 갇힌 채 자신을 잃고 살아가야 하는 자아가 추구하는 혼의 자유와 해방의 경지를 형상화하는 시이다.

옷을 벗어버린 눈송이들이

26 황동규, 「풍장」, 위의 책, 225쪽.

지구의 하늘에서보다 더 살아 춤추는
우주의 변두리,
혹은 서울의 변두리 밖으로,
가고 싶다.
확대경 속에서처럼
큰 눈송이들이
공해에 찌든 몸의 옷 벗어버리고
속옷도 모두 벗어버리고
속살 그대로 날으며 춤추는
춤추다 춤추다 몸춤이 되는 그곳으로,

여섯 개의 수정(水晶)깃만 단 눈송이들이.

—「풍장34」 전문

위 시에서 "눈송이들"이 "수정(水晶)깃만 단 눈송이들"이 되는 과정은 페르조나로서의 자아가 자신의 외피들을 탈각하고 자유로운 혼이 되는 과정에 비견할 만하다. "여섯 개의 수정(水晶)깃만 단 눈송이들"은 "공해에 찌든 몸의 옷"은 물론 "속옷도 모두 벗어버리고" 가장 정제되고 안정되어 있다는 육각수의 물 구조 그대로 결정화되어 아름답게 현상한 모습을 나타낸다. 여기에 찌든 때나 먼지, 불순물은 끼어들어 있지 않다. 가장 맑고 순수한 상태가 그것인 것이다. 그것은 "서울"로 표상되는 현대화되고 복잡하며 집단화된 삶으로부터 벗어나 탈속적이고 우주적인 지평으로 나아간 혼의 상태를 나타내기도 한다. 화자가 "가고"자 하는 "우주의 변두리"는 세속성이 무화된 순수하고 자유로운 지대를 의미한다. 혼이 생명성을 회복할 수 있는 지대가 곧 여기다. 그것은 무거움이 가벼움으로 전환되고 하강의 힘이 상승의 힘으로 바뀌며 어두움이 밝음으로 대체되는 순간과도 관련된다. 생명력을 되찾은 혼은 밝고 가벼우며 상승의 에너지를 발휘한다. '춤'은 이처럼 맑고 가벼워진 혼의 현상에 다름 아니다. "몸춤"은 살아 있는 자가 자신을 결박하는 모든 껍데기들을 벗어버리고 자유를 구가하는 모습을 나타낸다. "춤추다 춤추다 몸춤이 되는" 상태는 혼의 에너지가 관념에 불과하거나 정신에 국한된 것이 아니라 정신과 육체를 모두 아우르는 것임을 암시한다. 혼은 영육(靈肉) 모두를 주재하는 존재의 중심 에너지인 것이다.

혼의 이러한 성질은 인간의 살아 있음이 단순한 삶이 아니라 죽음과의 함수이자 공존 상태임을 말해준다. 혼은 삶과 죽음의 분리 상태에서 현상하는 죽은 자의 것이 아니라는 점이다. 존재는 혼의 분량만큼 살아 있으며 혼의 부재만큼 죽어 있다고 말할 수 있다. 존재 내에 깃들어 있는 죽음은 혼을 약화시키는 또 다른 에너지다. 반면 존재의 생명에의 의지는 혼을 강화시키는 힘의 방향을 나타낸다. 이때 혼을 회복하고 강화시키는 방편은 결국 자아의 삶의 문제로서, 자신을 억압하고 속박하는 것을 경계하고 그로부터 벗어나는 것이라는 점을 알 수 있다. 황동규가 지금까지 지시하고 있는 외부적이고 집단적인 삶의 형식들로부터의 탈피가 그것이다. 삶의 외적이고 집단적인 형식들이 자아의식을 억압할 때 자아는 혼의 죽음을 경험하게 되는 까닭이다. 말하자면 황동규가 열정적으로 제시한 「풍장」 연작시들은 일상적 삶에 속박된 억압된 자아로부터 자유롭고 생명에 찬 자기로 거듭나는 과정에서 만나게 되는 시인의 혼의 현상학에 해당한다.

이는 황동규가 "풍장이 우리 삶 자체의 알레고리"라 한 까닭을 이해하게 한다. 그는 "삶과 죽음이 한 동전의 앞뒷면이라는 사실"을 강조하고 있거니와, 그것은 삶과 죽음 사이에 거리가 있거나 분리되어 있는 것이 아니라 인간이라는 존재 자체가 "계속 죽고 있는, 그러면서도 계속 죽음을 이기거나 죽음에 지고 있는" 삶을 살고 있음을 의미한다. 실제로 인간은 "의식하고 있지 않는 사이에 계속 죽어가고 있"[27]는 것이다. 살아 있으되 죽어가고 있으며 인간의 존재 자체가 삶과 죽음이 동시적 공존이라는 관점은 황동규 고유의 것이면서 실제 삶의 실상에 관한 냉철한 인식이다. 인간의 현존은 곧 삶과 죽음 사이의 길항 속에

27 위의 글, 225쪽.

서 양단간의 비율에 의해 순간 지탱되는 존재태에 다름 아닌 것이다. 또한 이러한 관점은 인간에게 정신 에너지로서의 혼이 어떠한 위상을 지니고 있는 것인지 분명히 해준다. 인간은 삶의 이러한 조건 속에서 필연적으로 삶의 의지를 발휘해야 하는바, 이때 요구되는 것이 곧 정신 에너지로서의 혼인 셈이다. 말하자면 혼은 인간에게 항존하고 있는 삶과 죽음의 동시적 사태 속에서 죽음의 요소를 탈각시키고 삶의 상태로 나아가는 과정에서 현상하고 강화되는 정신의 현상학이다. 이를 '거듭나기'라고 일컬을 수 있거니와, 혼을 중심으로 다루고 있는 황동규의 시가 왜 그토록 거듭나기를 강조했는지를 짐작할 수 있게 되는 대목이다.

3. 혼(魂)의 측면에서 본 치유

지금까지 살펴본 바 황동규의 시적 특질은 시적 내용은 물론이고 형식적 특성 또한 혼의 현상과 관련된다는 것을 알 수 있게 된다. 안정적 형태의 음악성이 가장 비애스런 정서를 다루고 있을 때조차 발산과 해방의 쾌감을 불러일으키는 것이라면, 혹은 사회적 현실 속에서의 저항이 단순한 이념의 주장을 의미하는 것이 아니라 자신을 억압하는 외적 타자를 향한 내적 자유 실현의 의지로서 발현되는 것이라면 그러한 정서적 특질들은 모두 자아의 심층에 자리하고 있는 리비도에 따른 것이라 할 수 있다. 『비가』의 경우처럼 리비도는 시적 언어의 음악적 자극에 의해 활성화되며, 현실의 억압적 상황 속에서는 그에 갇히기를 거부하듯 저항한다. 매 시기 시적 변화를 보여주고 있지만 황동규는 일관되게 자신의 심층에 자리하고 있는 생명에너지로서의 리비도의 작용에 기대어 자신의 시적 특질들을 구사하고 있었던 것이다. 「풍장」 역시 이와 같은 관점에서 이해할 수 있는바, "바람"에 맡긴 채 자신을 가두고 있는 외피들과 육신(肉身)까지 벗어버리고자 하는 의지는 심층에 위치한 순수한 혼을 되살리고자 하는 욕망의 표현이다. 요컨대 황동규의 시는 심층적 리비도의 역동에 따른 자유로운 혼을 구현하기 위한 의지의 결과라 할 것이다.

황동규가 보여주고 있는 이러한 혼의 현상학은 사실상 치유의 본질에 부합하는 것이다. 그것은 치유가 관념적 차원에서의 규정이 아닌 실질적인 경험차원의 현장성을 띤다는 점에서 그러하다. 황동규가 말하는 '극서정시'는 "시적 자아가 어떤 상황을 통과함으로써 내적 변화를 경험하게 되는 짜임새"에 기인하며 이를 거쳤을 때 화자는 질적 변화를 체험하게 된다는 것인데, 이는 황동규가 '극서정시'를 가리켜 '거듭남의 시학'[28]이라 불렀던 이유를 말해준다. '극서정시'는 자아의 변화와 '거듭남'을 위한 양식으로서의 내용과 형식의 구성물을 지시하는 개념이다. 특히 황동규는 무의식의 작용에 의한 정신적 구조물의 변화[29]를 추구했거니와 이는 황동규가 추구한 '거듭남'이 리비도의 변환이자 혼의 변화 및 진보와 관련되는 것임을 의미한다.

그렇다면 황동규가 제시했던 '극서정시'가 리비도를 변환시키며 그것이 혼의 진보에까지 이르게 하는 메카니즘은 무엇이고 그러한 변화의 현장성은 어떻게 입증할 수 있을까? 이를 위해 위상시학[30]의 개념을 차용할 수 있을 듯하다. 위

28 황동규, 「알레고리와 상징의 밀회」, 앞의 책, 2001, 320쪽.

29 위의 글, 298쪽.

30 위상시학이란 인체의 미시적 차원에서의 형상적 구조가 곡률을 포함하는 복잡하고 기괴한 형태를 띤다는 점에서 이를 위상구조체(topological structure)라 규정하고, 시가 이에 작용하여 이러한 인체구조를 변화시키는 데 주목하는 시학이다. 인체의 미시 차원이란 경락(經絡)이 존재하는 에너지장을 가리키는 것이며 이러한 에너지장은 중력의 작용으로 인한 공간의 상대성, 즉 공간의 휨과 함몰 현상이 일어나는 지대에 해당한다. 아인슈타인은 이러한 공간의 함몰에서 블랙홀이 형성된다고 하였으며 물리학에서는 블랙홀이 심화됨에 따라 초끈이 형성되고 연장되며 끝에 이르러 굴곡지고 접히고 꼬이고 엉키는 현상이 나타난다고 말하고 있다. 즉 중력이 작용하는 공간엔 복잡한 기하학 구조가 발생하는바, 이러한 구조가 곧 인체의 미시차원의 형태에 해당한다. 한의학에서는 이러한 구조에 대해 물리학적으로 명명한 바는 없지만 허증과 실증이라는 개념을 통해 이미 전제하고 있음을 알 수 있다. 한의학은 허증과 실증을 보두 병증이라 규정하거니와, 이를 통해 건강한 인체와 병증의 인체의 구분이 위상구조체의 심화도, 복합도에 기인한다는 점을 유추할 수 있다. 건강한 인체는 공간의 함몰 현상이 없는 상태, 즉 중력이 작용하는 공간 내에 밀도가 약화되면서 공간의 함몰이 해소되는 상태를 가리킨다.

상시학은 인체에 관한 미시구조학에서 비롯되는 것으로, 시적 요소를 체험함으로써 인체의 미시 구조의 변화를 꾀하는 치유의 시학에 해당한다.[31] 위상시학에 따르면 인체는 미시적 차원에서 초끈으로 이루어진 위상기하학의 형태를 띤다. 시공간을 점유하고 있는 인체의 미시구조는 중력의 영향에 따라 특정 공간의 함몰을 지닌 채 그 연장으로서의 초끈의 확장과 굴곡, 주름과 엉김을 현상시키며 그로부터의 특수한 질적 인체를 형성하게 된다. 이중 공간의 함몰 및 시간의 환경적 요인으로 인한 질량의 증가는 인체에 압박감을 유발하며 이는 궁극적으로 삶의 무게와 노화를 가져오는 요인으로 작용한다. 이러한 현상이 일어나는 인체의 미시 지대는 에너지에 의해 구성되는 인체의 심층 차원으로서, 인체 에너지가 작동한다는 점에서 이는 생명의 근원의 지대이자 정신의 무의식이 작용하는 기저 지대라 할 수 있다.

위상시학에서 제시하는 인체의 근원적 지대에 대한 개념은 황동규 시에서 보여주고 있는 혼의 진보의 의미를 치유의 관점에서 해명하게 해준다. 황동규에게 혼의 자유는 압박감과 굴레로부터의 탈피와 해방을 의미하고 그것이야말로 거듭남이자 혼의 진보에 해당하거니와, 이러한 관점은 인체의 위상 구조체에서 중력의 해소에 따른 공간 함몰의 완화 및 인체 위상구조체의 변화에 대응한다는 것을 알 수 있다. 인체의 위상 구조체는 내재하는 함몰 공간으로 인해 외부의 환경적 요소에 의한 그것의 심화와 질량의 증가를 경향적으로 노정하게 되는데, 이러한 경향성이 인체의 압박을 가중시키는 것이라면 이를 거슬러 중력을 가중시키는 외적 요인을 해소하고 지속적으로 인체 내 질량을 덜어내게 될 때 자아는 비로소 해방감과 자유로움을 경험하게 된다.[32] 이때의 해방감은 리비도의 자유로움을 유도하고, 이때의 인체는 경향적으로 질병으로부터 벗어나며 혼은 맑고 가벼워진다. 이러한 상태야말로 생명에너지인 리비도가

31 위상시학의 개념은 김윤정, 앞의 책, 2019, 34~46쪽.

32 인체의 위상구조체에 관한 이해는 위의 책, 34~46쪽 참조.

활성화될 수 있으며 자아가 자유의 쾌감을 느끼거니와, 이를 가리켜 황동규가 「풍장」을 통해 추구했던 육탈(肉脫)의 지경 및 그로 인한 혼의 자유와 진보라 일컬을 수 있을 것이다. 요컨대 인체의 미시 차원에 작용하는 것은 리비도로서의 생명 에너지로이며 리비도의 변환은 곧 인체 위상 구조의 변화에 해당한다는 것을 알 수 있다.

위상시학에서 보여주는 인체의 시공간 구조에 기대면 황동규가 왜 그토록 거듭남을 구하고자 하였으며 그토록 집요하게 「풍장」 연작시에 혼신의 힘을 기울였는지 짐작할 수 있게 된다. 황동규에게 「풍장」이 삶의 알레고리가 되었던 까닭은 그가 삶의 현장 속에서 구하고자 하였던 자유가 탈피와 비워냄을 통해 가능한 것이었음을 「풍장」이 단적으로 보여주었기 때문이다. 실제로 그는 「풍장」에서의 시적 체험을 통해 삶의 무게를 덜어내고 혼의 자유를 경험할 수 있었을 것으로 기대된다. 말하자면 그에게 「풍장」은 자신을 변화시키고 거듭나게 해주었던 '극서정시'의 공간으로 작용했을 것이라는 점이다. 즉 '극서정시'로서의 「풍장」을 통해 시인은 자신의 리비도를 변화시켜 새로운 정신적 구조물을 만들 수 있게 되었을 것이다.[33]

이때 유의할 점은 실질적인 리비도의 변환과 인체 에너지 구조의 변화가 단순히 「풍장」에서 제시하고 있는 관념에 의해서 가능한 것은 아니라는 사실이다. 황동규가 '극서정시'의 양식적 요건으로 제시했던 것은 시적 구성물로서의 내용과 형식 모두를 가리키거니와 이때 치료의 측면에서 유효하게 활용되는

---

33 물론 황동규에게 이러한 변환 작용을 일으켰던 요인으로 후기시의 「풍장」만 꼽을 수 있는 것은 아니다. 앞선 시기 중 특히 『비가』에서 살펴보았던 황동규 특유의 안정감 있는 음악 구조는 위상구조체를 변화시키는 데 매우 긴요한 요소로 작용하게 된다. 시적 리듬 가운데 「비가」에서 확인할 수 있는 것과 같은 안정된 사인파(정현파, sinusoidal wave)야말로 인체 에너지장에 유효하게 작용하여 인체 위상구조체의 함몰 구조를 완화하는 데 효과적으로 기여한다. 이러한 리듬은 김소월 류의 전통적 서정시에서 유사하게 드러나며, 이러한 리듬적 요소는 시낭송을 통한 치유 프로그램에서 의도적으로 활용하게 된다. 위의 책, 276쪽.

것은 사실이나 관념이 아닌 그것을 구현하는 리듬과 이미지로서의 시적 요소임을 주목해야 한다. 결국 리비도를 변환시고 인체 에너지의 위상 구조를 변화시킬 수 있는 것은 리듬으로서의 음악성 및 의식의 심층 지대에 다다르는 힘을 지닌 미적 언어인 것이다.[34]

4. 리비도의 작용과 혼의 진보

지금까지 황동규의 초기, 중기, 후기에 걸친 대표 작품들을 리비도 작용의 측면에서 분석함으로써 그의 시를 관통하는 혼의 현상학을 살펴보았다. 황동규의 초기시를 대표하는 『비가』의 경우 비애의 정서와 별도로 안정되고 규칙적인 리듬이 강조됨으로써 리비도를 강화하고 활성화시키는 데 기여함을 알 수 있다. 「비가」 연작시의 리듬은 슬픔과 우울한 정서로 억압되어 있던 리비도를 활성화시켜 발산의 쾌감과 해방감을 불러일으킨다. 이는 「비가」가 단순한 시적 내용으로서 이해되기보다 혼의 현상학이라는 관점에서 이해될 수 있음을 말해준다.

중기시를 특징짓는 현실 비판적인 시들 역시 단순한 이념적 관점에서가 아니라 리비도의 측면과 관련시켜 이해하는 것이 합당하다. 동일한 시대의 암흑 상황에 대한 시를 썼음에도 황동규의 경우 그것을 다루는 방식은 다분히 리비도적이다. 황동규의 중기시는 억압적 상황에 대한 리비도적 울분과 저항의 관점에서 형상화되고 있는 것이다. 「삼남에 내리는 눈」으로 대표되는 황동규의 중기시는 당시의 군사 독재 체제가 가하는 공포의 상황에 대해 생명 에너지의 억압이라는 측면에서 의미화하고 있으며, 이는 정치적 억압에 대항하여 혼을

34 서경숙은 시적 요소로서의 상징, 은유, 이미지, 리듬이 그것을 체험하는 자아로 하여금 대상에 참여하게 하고 리비도의 변환을 가져옴으로써 정신의 치유에 기여하게 된다고 말한다. 서경숙, 『분석심리학에 기초한 시치료의 이론과 실제』, 한들출판사, 2012, 67~95쪽.

잃지 않으려는 시인의 의지를 나타내는 대목이다.

후기시로 분류할 수 있는 「풍장」 연작시는 황동규가 추구하는 혼의 선명한 형태를 보여준다. 자유와 해탈을 열망하는 혼은 일상의 외적 조건들과 삶의 부대낌들을 탈각시키고자 한다. 혼의 자유는 삶의 비본질적 외피들을 벗어낼 때 얻을 수 있게 되는바, 「풍장」 연작시는 그러한 외적 요소들을 한 꺼풀씩 벗겨내는 과정을 나타낸다. 삶의 무거움과 두께들을 털어내고 가볍고 자유로운 혼을 얻는 일은 곧 혼의 해방과 진보에 해당한다고 말할 수 있다.

황동규가 억압된 리비도를 끌어내어 활성화시키고 일상의 조건들을 비워냄으로써 얻게 되는 혼의 순수하고 맑은 상태는 치유의 본질이라 할 만하다. 또한 리비도의 변환을 내포하는 이것은 인체의 위상구조의 변화에 대응한다. 미시적 차원의 에너지장을 나타내는 인체의 위상 구조는 외적 환경 요인에 기인하는 질량들을 덜어낼 때 비로소 생명 에너지가 고양될 수 있다. 인체의 생명 에너지가 리비도라는 점에서 인체 에너지는 곧 혼과 일치한다는 영육일원의 관점을 확인할 수 있거니와, 계속적인 비워냄을 통해 구하게 되는 인체 위상구조의 변화는 혼의 정화와 치유, 곧 혼의 진보로 귀결된다 하겠다. 이 점이야말로 황동규가 매 시기 시들의 특수성 속에서 일관되게 추구했던 시 정신의 본질임을 알 수 있다.

제4부

시 연구의 방법론적 확장

11장

김동명 시 읽기의 뇌파와 인체 치유적 속성

1. 시적 정서와 뇌파

김동명은 1900년 강릉 사천면에 태어나 유년 시절을 보내던 중 1908년 원산으로 이주하여 신교육을 받았으며 1918년 함흥 영생고보를 졸업하고 1925년 일본 도쿄 아오야마 학원에서 신학을 전공하기도 하였다. 귀국 후 모교에서 교편을 잡았던 그의 문단 데뷔는 유학 전인 1922년『개벽』지에「당신이 만약 내게 문을 열어주시면」이라는 시를 통해서였고 그의 초기시들은 1930년 첫시집『나의 거문고』를 통해 출간되었다. 이후 그는 1936년에 시집『파초』를, 1947년에『3 · 8선』, 1948년에『하늘』, 1954년에『진주만』, 1957년에『목격자』등 총 6권의 시집을 발표한다. 그리고 산문집 외에도『적과 동지』(1955),『역사의 배후』(1956),『나는 증언한다』(1956) 등 세 권의 정치평론집을 발간하였다.

이러한 폭넓은 업적은 김동명이「파초」,「수선화」,「내마음」등의 자연시로 대중적 명성을 얻고 있음에도 불구하고 목가적이고 낭만적인 서정시인 외에 정치가로서의 또 다른 정체성을 지니고 활약했던 인물이었음을 말해준다. 실제로 그는 4 · 19혁명 이후 참의원을 했을 만큼 정치적 성격을 확고히 지녔고 시집 가운데에도『3 · 8선』,『진주만』,『목격자』는 목가 시인으로서의 그의 성격과 상반되는 정치적이고 현실주의적인 시적 경향을 보여주고 있다.[1] 결과적

1 김동명의 상반된 두 가지 경향에 대해서는 이미림,「작가(시인)로서의 삶, 지식인(정치가)

으로 6권의 전체 시집을 살펴볼 때 초기의 『나의 거문고』, 중기의 『파초』, 『하늘』,[2] 후기의 『3 · 8선』, 『진주만』, 『목격자』로 시기 구분해 볼 수 있을 것이며, 각각은 상징주의적 경향, 전원적이고 목가적인 자연시적 경향, 참여적인 현실주의 시의 경향의 특징을 지닌다고 할 수 있다.[3]

한 시인으로서의 김동명이 보여준 이러한 다양성의 갈래는 여느 시인에게 흔히 나타나지 않는 상당히 이례적인 양상을 띤다. 더욱이 자연시로서 성공적인 사례를 보여주었던 시인이 현실주의 시에 적극적이었던 점은 매우 드문 경우에 속한다. 김동명의 대표작이 자연시이고 그러한 시들이 가곡으로 창작되었던 점은 김동명을 전원시인으로 기억하게 할 뿐 그가 현실주의적 시인이기도 하였던 것에 대해서 의외라는 반응을 불러일으키는 것이 사실이다.

이러한 특징은 그의 시가 지닌 시적 특질에 대해 주목하게 한다. 이때 본고에서 다루고자 하는 것은 시가 일으키는 수용미학적 측면, 그 가운데에서도 이들 시가 독자의 의식에 어떠한 정서를 불러일으키는가와 그것이 인체에 어떤 영향을 미칠 것인가에 관한 것이다. 예컨대 이들 시를 읽음으로써 독자가 경험할 수 있는 정서는 평온과 혼란, 고요와 격동, 안정과 격앙 등속으로 차이가 불가피할 것이라는 점이다. 이러한 정서 중 평온, 고요, 안정 등과 혼란, 격동, 격앙 등의 정서들이 차별되며 전자가 자연시에 해당한다면 후자의 정서는 격동

로서의 삶」, 『김동명 문학연구』 2집, 김동명학회, 2015, 77~101쪽; 김윤정, 「김동명 시에 나타난 '주체의식' 연구」, 『김동명 문학연구』 1집, 김동명학회, 2014, 179~207쪽 등 참조.

2 『하늘』과 『3 · 8선』, 『진주만』 시집들은 시의 배경이 되는 내용과 발간 연도 사이에 시차가 발생한다. 『하늘』은 『3 · 8선』보다 1년 늦게 발간되지만 『하늘』에 수록된 시편들의 실제 창작 시기는 해방 이전 특히 1940년 이전에 해당한다. 『진주만』 역시 발간 연도는 1950년대이지만 수록된 시들은 태평양 전쟁을 배경으로 하고 있다. 따라서 발간 연도와 상관없이 수록된 시들의 창작 연도는 『하늘』, 『진주만』, 『3 · 8선』의 순서가 맞을 것이다.

3 김동명 시의 시기 구분은 엄창섭의 의해 『나의 거문고』의 세기말적이고 감상주의적 시기, 『파초』, 『하늘』의 민족적 염원을 서정화한 시기, 『삼팔선』, 『진주만』, 『목격자』의 시기로 구분된 바 있다. 엄창섭, 『김동명연구』, 학문사, 1987, 44쪽. 심은섭, 「초허 시의 '동일성 원리'의 양상 수용」, 『김동명 문학연구』 6집, 김동명학회, 2019, 112쪽 재인용.

의 시대를 배경으로 하는 현실주의시에 가까울 것이라는 짐작도 가능하다. 그리고 이러한 정서적 특질은 인체와 분리되지 않은 채 작용하는 것이므로 인체에 긍정적으로 수용되는 정서 또한 있을 것이라는 점이다.

이에 본고에서는 김동명의 각각의 시적 경향들에 의해 구현되는 뇌파를 측정하고 이들이 어떤 뇌파로 현상하며 정서상으로 어떻게 연관되는지 살펴보고자 한다. 뇌파는 인체에 수용되는 자극의 성격을 말해주는 것으로 정서상의 호불호를 판단케 하며 동시에 인체에 어떻게 작용하는지를 해석하게 하는 근거가 된다. 뇌는 감각에 대한 일차적 수용체로서 감각적 정보를 파동으로 변용하게 되는데 이때의 파동의 성질은 그대로 인체에 작용하여 긍정적인 혹은 부정적인 효과를 초래한다.

그렇다면 김동명의 시들은 수용자들에게 어떤 작용을 불러일으킬까? 김동명의 초기 상징주의 경향의 시들과 전원시, 그리고 후기의 현실주의 시들은 뇌파상 서로 다른 양상으로 수용될까? 가곡으로도 불릴 정도로 대중적으로 애송되고 있는 완미한 서정시로서의 자연시는 인체에 유의미한 파장으로 알려져 있는 알파파를 발생시킬 것인가? 이러한 질문을 바탕으로 본 연구에서는 김동명의 각 경향의 시를 읽음으로써 구현되는 뇌파를 확인하고 이들의 정서적 연관성을 이해하며 이것이 인체에 미칠 영향에 대해 고찰하고자 한다.

2. 위상시학과 알파파의 효과

뇌파는 대개 델타파, 세타파, 알파파, 베타파, 감마파 등의 종류로 나뉜다. 델타파(δ파, Delta wave)는 주파수 0.5~4Hz로 깊은 수면 상태의 파동에 해당되고, 세타파(θ파, Theta wave)는 주파수 4~8Hz로 얕은 수면 단계와 명상 혹은 몽상 상태의 파동에 해당되며, 알파파(α파, Alpha wave)는 주파수 8~13Hz로 안정적이고 편안한 각성의 상태 혹은 이완된 휴식의 상태로서 명상이나 잔잔한 음악을 청취할 때 증가함에 따라 스트레스 해소에 도움이 되는 파동이다. 베타파(β파,

Beta wave)는 13~30Hz로 문제 해결이나 의사 결정을 할 때 혹은 학습을 할 때 활발히 발생하는 파동에 해당한다. 스트레스를 받거나 긴장과 불안 시 과도하게 나타나는 파동이 이것이다. 감마파(γ파, Gamma wave)는 주파수 30~100Hz의 파동으로서 몰입과 집중을 통한 고도의 인지 활동 시 혹은 창조적 활동 시에 발생하는 파동에 해당한다. 이외 뮤파(μ파, Mu wave), 람다파(λ파, Lamda wave), 수면방추파(Sleep spindle), 초고주파(High-gamma)[4] 등의 파동이 알려져 있는데 이들 가운데 위의 5종의 기본 파형을 중심으로 시 청취와 관련시켜 보고자 한다.[5]

델타파, 세타파, 알파파, 베타파, 감마파의 기본 5종의 파형 가운데 시 읽기의 상황에서 발생 가능한 뇌파는 세타파, 알파파, 베타파 정도가 될 것이다. 이 중 세타파와 알파파가 이완과 휴식의 상태와 관련되고 베타파는 학습 시의 상태에 해당하므로 이것을 시 수용 시 의미 이해가 요구된다거나 정서적 편안함이 유발되는 상황과 연관시킬 수 있다. 수용자가 평소 스트레스 정도가 높아 이완이 필요한 상태라면 베타파보다는 세타파와 알파파가 보다 요긴할 것이다. 특히 알파파는 지구의 평균 주파수인 7.83Hz와 가까워 지구 자기장과 공

4 뮤파는 8~12Hz로서 움직일 때 혹은 움직임을 상상할 때에도 반응하는 뇌파에 해당한다. 람다파는 4~5Hz로서 어떤 대상을 주의깊게 볼 때, 즉 시각적 자극에 집중하고 있을 때 발생한다. 수면방추파는 11~16Hz로서 깊은 수면에 진입하기 직전에 일정 시간마다 발생하는 파동으로 알려져 있다. 초고주파는 강렬하게 집중하여 복잡한 문제를 해결하거나 언어처리를 할 때 발생하는 파동에 해당한다. 이들을 시 읽기와 관련시켜 응용하자면 시 속에 동작이 생생하게 묘사되거나 시각적 이미지에 몰입할 때, 혹은 난해한 시를 해독하고자 할 때 각각 뮤파, 람다파, 초고주파의 발생을 기대할 수 있다.

5 뇌파측정기(EEG, Electroencephalography machine)는 뇌세포들이 활동할 때 발생하는 미세한 전기 신호를 두피에 부착한 전극을 통해 측정하는 기기로 병원에서 사용하는 임상용 EEG 기기는 16~32채널 정도의 전극 측정 라인을 필요로 하며 64~256 채널까지 확장된 EEG 기기로는 뇌의 전 영역의 전기 활동을 3D 지도처럼 시각화할 수 있다고 한다. 이번 연구를 통해 활용하는 기기는 생활형으로 보급된 웰니스 EEG 기기로 이것은 임상용이나 연구용 기기의 정밀도에는 미치지 못하나 시 청취 시 전두엽에서 발생하는 집중/이완의 상태 변화를 측정하고 뇌파의 기본 5종 간의 패턴 변화나 상대적 강도를 보여주는 데엔 활용할 수 있다. 본 연구가 기본 5종의 파형을 중심으로 이루어지는 데엔 이러한 기기의 특성에 따른 것이다.

명하게 되는바, 이는 인간의 뇌파가 알파파를 유지할 때 우주와 교감하여 우주 에너지를 받아들일 수 있게 됨을 의미한다. 이때 인간은 자연의 품에 있는 것처럼 편안함을 느끼게 된다.[6]

한편 슈만공명이라 불리는 이러한 알파파의 작용은 인체에 고에너지로 수용될 때 인체의 질병을 해소하는 치료기제로 작용할 수 있다. 알파파의 뇌파가 뇌를 긴장 해소의 상태로 만들 뿐만 아니라 인체 전체의 근육 이완에도 이어지며 호흡과 맥박, 심박수의 변동도 일으키게 된다는 사실은 잘 알려진 일이다. 그런데 이러한 알파파가 지구 주파수와 일치되어 양적인 고에너지가 된다면 인체의 미시 구조까지 변화시킬 수 있는 요인이 될 수 있다는 것이다. 이를 개념화한 것이 위상시학(Topological Poetics)으로, 위상시학은 인체의 미시 구조를 양자 운동에 의한 위상기하학의 형태로 규정하고 그 안에 있을 양자의 군집에 의한 함몰 공간의 변형을 문제 삼는다. 즉 인체는 미시적 차원에서 양자의 밀집과 쏠림에 의한 빈 공간과 엉킴의 구조를 함축할 수 있으며[7] 빈(empty) 공간이라 할 수 있는 함몰된 공간으로서의 인체의 블랙홀(black hole)은 슈만공명을 통한 알파파의 고에너지의 작용에 의해 점진적으로 해소될 수 있다.[8] 블랙홀이라

6 알파파와 지구 자기장의 주파수와의 일치에 대한 발견은 1952년 독일 물리학자 슈만에 의해 이루어졌기 때문에 슈만공명이라는 이름이 부여되었다. 김윤정, 『위상시학』, 박문사, 2019, 274쪽.

7 위상시학에서는 인체에 내재되어 있는 이러한 미시 구조 가운데 함몰되어 있는 빈공간을 한의학에서 허증으로, 엉킴을 실증으로 일컫는다고 보며 한의학에서의 허증이 물리학적으로 블랙홀의 속성을 띤다고 지적하고 있다. 위상시학의 이러한 인체에 대한 진단은 한의학의 경락 구조에 대한 물리학적 해석이라 할 수 있다. 인체의 위상기하학에 대한 한의학적 이해는 위의 책, 57~67쪽 참조.

8 블랙홀은 양자가 밀집되어 있는 공간이 중력의 작용으로 인해 그 밀도가 증가해가고 그 밀도로 인한 인력에 의해 주변의 물질을 흡수해가는 공간을 가리킨다. 가중되는 양자 밀도에 의해 물체는 더 큰 힘으로 흡수되고 이에 따라 더 커진 밀도의 공간 내부는 더욱 심화된 초끈의 위상 구조를 형성하게 된다. 이러한 블랙홀 구조가 인체에 있다면 인체의 미시구조는 지속적으로 왜곡되는 경향 속에 처하게 된다. 이는 곧 인체의 병적 상태가 심화되는 상황을 가리킨다. 따라서 블랙홀의 해소가 중요해질 수 있는데, 이러한 블랙홀의 해소는 스티븐 호킹이 제시한 호킹 복사의 방식으로 가능하다. 즉 블랙홀에 흡수된

불리는 양자 군집에 의해 형성된 고밀도의 함몰 공간은 물리학의 발견에 의하면 양자 들뜸을 일으키는 고에너지에 의해 점차적으로 해소 가능하고 이에 따른 위상기하학의 공간 구조 변화는 인체의 질병 치료의 의미를 띠게 된다.

이러한 위상시학의 개념은 시가 일으키는 뇌파의 성질에 대해 주목하게 한다. 시 청취에 의한 뇌파는 그 주파수에 따라 뇌와 근육의 상태를 변화시킬 뿐만 아니라 점진적으로 인체가 품고 있는 질병의 해소에도 영향을 미치게 되기 때문이다. 알파파가 지속적으로 수용된다는 것은 인체는 지구를 감싸고 있는 안정된 우주에너지를 흡수하게 되는 것으로 이러한 과정 속에서의 고에너지는 인체의 미시 구조를 서서히 변화시켜가는 근거이자 원리가 된다. 인체의 이 같은 치료 원리는 알파파의 중요성을 더욱 강조하게 된다.

그렇다면 이러한 알파파를 일으키는 데 있어서 주요하게 작용하는 시적 요소는 무엇일까? 지구의 주파수를 우주 에너지라고도 말하며 이 우주 에너지에 노출될 때 인간은 자연의 품 속에 있는 것처럼 안정과 평안을 느낄 수 있다고 한다면 자연을 소재로 취하고 자연의 이미지를 시적 요소로 지니고 있을 때 알파파 발생은 더욱 용이하다고 할 수 있을까? 알파파의 파형과 유사하다는 점에서 서정시의 부드러운 운율과 리듬감이야말로 시의 중요한 요소로 취급해야 할까? 의미 해석을 위해 작동하는 스트레스 파동인 베타파를 억제하기 위해 시적 내용은 난해하지 않고 단순할수록 긍정적일까? 이러한 질문들은 알파파와 관련해 시의 요소로서 검토할 수 있는 것들로서, 이 모든 요인들은 김동명의 시적 유형들 가운데 자연시를 가리키고 있음을 짐작할 수 있다. 또한 이 점은 여러 유형의 갈래를 지니고 있는 김동명의 시의 다양한 뇌파 양상을 고찰함으로써 그 중 자연시의 속성을 이해하고자 하는 시도의 의의를 말해준다.

모든 물질이 블랙홀의 심화를 일으키는 가운데 그 중 블랙홀에 가해지는 고에너지는 블랙홀 내부의 양자 들뜸을 일으켜 미세하게 블랙홀의 해소에 기여할 수 있게 된다. 호킹 복사에 의한 위상구조의 변화에 관해서는 위의 책, 77~88쪽 참조.

3. 김동명 시의 뇌파 측정

3.1. 초기 상징시의 뇌파의 양상

김동명이 등단했던 1922년의 문단은 김억이 도입했던 상징주의가 만연했던 시기이다. 산문시적 형태 속에 당시의 식민지적 현실의 비애를 우울하고 절망적인 어조로 형상화했던 상징주의 시는 이 시기 대부분의 시인들이 추종했던 시적 경향이다. 1930년에 발간되었으며 김동명의 초기시로 분류되는 『나의 거문고』는 당대의 문단 분위기와 무관하지 않았을 것이기에 지금까지 대부분 허무주의적이고 퇴폐적인 성향의 그것으로 인식되었다.[9] 물론 이러한 관점은 2017년 『나의 거문고』 원본이 발견되고 연구가 이루어지면서 상당 부분 수정되기에 이르렀다. 그러나 연구자들이 제기한 기존 인식의 오류와 편견에도 불구하고 『나의 거문고』는 김동명의 이후 시들과 차이가 있는 것이 사실이다. 『파초』와 『하늘』에 수록된 시들이 압축적이고 서정적인 어법을 통해 일상적 현실을 배경으로 한 대상의 묘사에 치중하며 이를 민족적 상징으로 형상화하는 데 주력했다면 『나의 거문고』의 어법은 상대적으로 산문적이며 낭만적 이상의 표현이 강하고 내적 정서에 대한 암시와 상징으로 인해 일정 정도 상징주의적 특징을 보이고 있다. 즉 김동명의 『나의 거문고』는 내용상 낭만주의적 서정성을 나타내는 동시에 상징주의적인 기법상의 특질을 지니고 있다. 이를 대표하

---

9 『나의 거문고』는 원본이 발견되지 않아 1964년 시선집 『내마음』에서도 자취를 찾을 수 없던 시집으로 세기말적 감상주의와 퇴폐주의 경향이 두드러지는 것으로 평가되었다. 그러나 2017년에 『나의 거문고』 가 발견됨에 따라 기존의 평가가 지니는 한계와 오류가 제기되고 있는 실정이다. 심은섭은 『나의 거문고』가 허무주의적 상징주의풍이기보다 전원적 목가풍의 시적 경향을 보이면서 서정시의 장르적 특징인 동일성의 양상을 보여주고 있음을 고찰하였고(심은섭, 「초허 시의 '동일성 원리'의 양상 수용」, 『김동명문학연구』 6집, 김동명학회, 2019, 109~144쪽), 남기택 역시 추측으로 전해오던 『나의 거문고』에 대한 기존의 관점이 실제 시세계와 상당히 다르다고 지적하며 연구에 대한 성찰과 반성을 촉구하였다(남기택, 「김동명 시, 강릉, 로컬리티 Ⅱ」, 『김동명문학연구』 5집, 김동명학회, 2018, 169~193쪽).

는 시로 「가을의 놀애」, 「여슷해前」, 「꽃이랄까 香氣랄까」, 「詩樓峰에 올라서」, 「한幕의 戀愛劇」, 「기다리는 마음」, 「나는길가는나그네」, 「冥想의노래」 등을 꼽을 수 있다.

나는 지금 詩樓峰꼭닥이에 섯다.
마치 第三期를지난 肺病쟁이와 가치
그러케 피폐하고 쇠약한 한 적은거리를
발압헤 나려다보며 여기에 서서
東海를 스쳐오는 막은바람을 쏘이며 생각한다.
게딱지 업혀 노흔듯한 집들 사이로 뚤린길우에
펄넉이는 힌옷자락 느리게 움즉이는 적은그림자
아아 장차 엇지나 될것인고
世紀를 거듭하야 지나는 동안에.
생각하면 내몸에 이峰으로부터 오래오래 여기에서서
저 힌옷거리의 運命을 직히고 십흐다만은—
아아 내마음을 괴롭히는 속절업는 생각이어 살아지라
그래도 四千年동안이나 이짱썹질우에 부쳐두엇거늘,
하고 쏘 세상은 비록 조금식이남아 밝아 오지안는가.

—「詩樓峰에 올라서」 전문[10]

人生은 演劇,
그러타면 그대는 졂운 女俳優,
야릇한 사랑의 속삭임에
잠ㅅ간 귀 기우림이 그대의 맛흔일.
하면 나는 달아래에 거문고타는 歌客,
그리고 그대를 못잇는 熱情의 사나히

가을, 黃昏의 山家,
이는 우리를위하여 꾸며진 적은 舞臺.

10 김동명, 『나의 거문고』, 『김동명문학연구』 제6집, 김동명학회, 2019, 337~338쪽 부록.

달과 별과, 또한 落葉과 微風과 벌레는
우리의 演技를 고요히바라보는 滿堂의 觀客.
桑田 碧海 구든 約束, 내귀가 잘못 들엇던가,
아아 야속타 압시내에 살어름도 가기전에
그대는 어버이의 품속으로 도라간 可憐한 짜님.
나는 달아래에 홀로남운 외로운 그림자.

허허, 이리하여 우리도 짤막한 한幕의 戀愛劇을
無難히 해버렷네 그려.

—「한幕의 戀愛劇」 전문[11]

위 인용시들은 1920년대 당시 문단의 경향에서 크게 벗어나 있지 않다. 개인의 내밀한 서정을 다루고 있으며 당시의 분위기를 반영하듯 고독하고 우울한 정서가 영탄의 어조로 표현되고 있는 것이다. 그만큼 개인적이고 주관적인 감정과 의식을 억압하지 않고 자유롭게 표출하고 있다. 이는 중기시의 목가적 전원시에서처럼 정서를 절제된 서정으로 표현하는 것과는 다소 다른 경향이다. 다만 중기시의 압축된 표현에 비해 산문적이긴 하나 흔히 상징주의 시에서 추구했던 이해가 어려울 정도의 난삽함은 느껴지지 않는다.

그렇다면 위 시를 읽었을 때 나타나는 신체 반응은 어떠할까? 웰니스 EEG 기기에 의해 측정된 뇌파의 분포를 보면(그림 1), 직접 낭송할 때와 녹음된 것을 청취할 때 약간 차이가 있으며, 직접 낭송할 때의 뇌파의 경우 베타파 32%, 알파파 25%, 세타파 22%이며, 낭송한 것을 녹음하고 눈을 감은 상태로 청취할 경우 베타파 26%, 알파파 25%, 세타파 29%의 양상으로 나타난다. 또한 심장 박동수는 전자가 83bpm, 후자는 88bpm으로 기록되었는데, 주목되는 것은 HRV, 즉 심장 박동 간격의 변화를 나타내는 심박변이도(Heart Rate Variability)가 상당히 높게 나타나고 있다는 것이다. 여기에서처럼 박동 간격이 다양하다

11 위의 책, 250쪽.

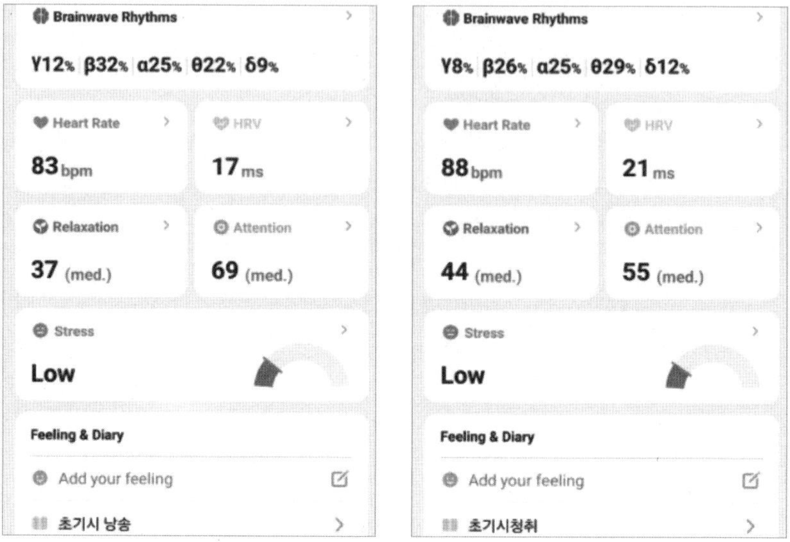

그림 1

는 사실은 자율신경계가 유연하고 회복력이 있음을 말해준다. 즉 HRV가 높다는 것은 부교감 신경이 잘 작동하여 몸이 안정적이고 스트레스가 적음을 의미한다. 직접 낭송 시와 청취 시의 HRV는 각각 17ms와 21ms인데, 10ms 이하가 긴장 및 피로도와 스트레스 정도가 높은 것임을 의미하는 데 비해 이 정도의 수치는 매우 긍정적인 상태를 나타낸다.

초기시의 경우 알파파와 세타파가 비교적 균형적으로 높게 나타났는데 이는 안정적이고 몰입도가 큰 편에 속하며, 베타파는 수동적으로 청취할 때가 직접 낭송할 때보다 적게 분포되어 있는 것으로 볼 때 뇌가 느끼는 안정도의 측면에서 본다면 눈을 감고 청취하는 것이 더욱 효과적이라는 사실을 알 수 있다. 시를 직접 낭송하는 것은 인지적 활동을 요구하기 때문에 이를 위한 베타파가 더욱 활성화된다고 이해할 수 있다. 물론 기기의 한계로 인해 각 뇌파의 미세한 증감 차이가 과소하게 반영되는 상황을 감안해야 하며 동시에 이들 수치는 뇌파 간의 상대적 비율을 말해주는 것으로 이해해야 한다. 다만 같은 시를 직접 읽을 때와 청취할 때 뇌파 간의 분포에 차이가 있다는 점은 뇌파 발생에 있어서

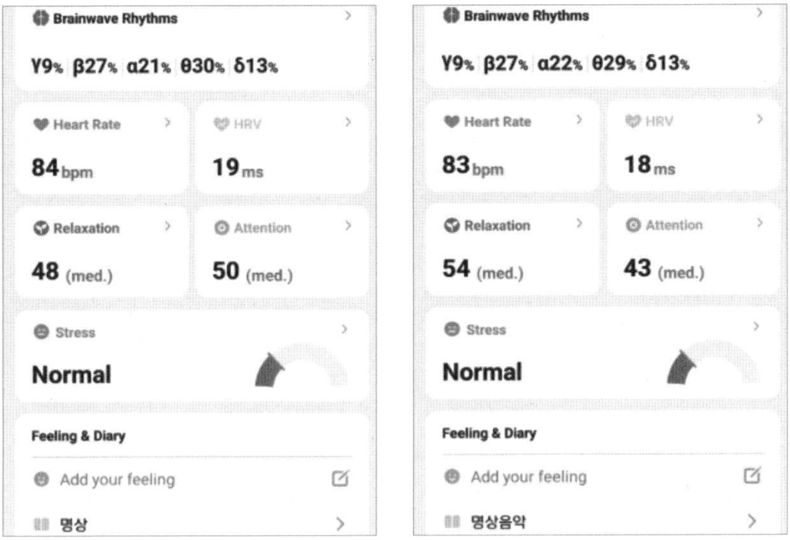

그림 2

시 자체보다 낭독과 청취 등과 같은 행위에 따른 수용 방식이 보다 강력한 변인이 된다는 사실을 말해주고 있어 주목된다.

이러한 사실은 명상이 뇌파에 미치는 영향과도 관련되는 대목이다. 실제로 명상 시의 뇌파 분포는 베타파 27%, 알파파 21%, 세타파 30%이며 심박수 84bpm, HRV 19ms의 수치를 기록한다. 눈을 감은 채 이루어지는 명상 시의 이러한 결과는 초기시의 낭송 및 청취와 비교할 때 청취 시와 훨씬 흡사하다는 것을 알 수 있다. 또한 이것은 명상음악 청취 시의 현상과도 유사하다. 명상 시 베타파는 27%, 알파파 22%, 세타파 29 %, 심박수 83bpm, HRV 18ms인 점이 이를 말해준다.(그림 2)

3.2. 중기 자연시의 뇌파의 양상

그렇다면 중기시의 뇌파 분포는 어떠할까? 중기시는 김동명의 전체 시 가운데 가장 정제되어 있고 안정성을 보이며 가장 널리 읽히는 시들이 속해 있는 시기이다. 특히 "내마음은 호수요"로 시작하는 「내마음」은 마음의 평온을 추구할 때 떠올리게 되는 대표적인 시라 할 수 있다. 자연을 소재로 하여 목가적 서정성을 보이고 있는 시기의 시이므로 뇌파와 관련해서 알파파의 분포가 가장 클 것이라는 가설을 세울 수 있었다.

祖國을 언제 떠났노
芭蕉의 꿈은 가련하다.

南國을 향한 불타는 鄕愁.
네의 넋은 修女보다도 더욱 외롭구나.

소낙비를 그리는 너는 情熱의 女人,
나는 샘물을 길어 네 발등에 붓는다.

이제 밤이 차다.
나는 또 너를 내 머리맡에 있게하마.

나는 즐겨 너를 위해 종이 되리니,
네의 그 드리운 치맛자락으로 우리의 겨울을 가리우자.

—「芭蕉」 전문[12]

내 마음은 호수요.
그대 저어 오오.
나는 그대의 흰 그림자를 안고, 玉 같이
그대 뱃전에 부서지리다.

내 마음은 촛불이오.
그대 저 門을 닫어 주오.
나는 그대의 비단 옷자락에 떨며, 고요히
最後의 한 방울도 남김 없이 타오리다.

---

12 김동명, 『내마음 : 김동명 사화집』, 신아사, 1964, 4~5쪽.

내 마음은 나그네요.
그대 피리를 불어 주오.
나는 달 아래 귀를 기우리며, 호젓이
나의 밤을 새이오리다.

내 마음은 落葉이요.
잠깐 그대의 뜰에 머므르게하오.
이제 바람이 일면 나는 또 나그네 같이, 외로히
그대를 떠나리다.

—「내마음」 전문[13]

위의 두 시는 중기의 가장 대표적인 작품들이다. 내면의 주관적 정서를 서정적 어조로 다루는 것은 김동명의 기본적인 시적 어법이지만 위 시들에서 확인할 수 있듯 중기시는 자연물을 소재로 취하면서 내적 정서와 외적 사물이 균형을 이루는 모습을 보여주고 있다. 즉 초기시와 비교할 때 중기시는 외적 사물에 치중하는 경향을 보이는 것이다. 그만큼 자연의 이미지가 강조되면서 그것을 통해 주관적 의식을 투영시키고자 하는 태도가 강한 것이 중기시의 특징이다. 「芭蕉」가 "파초"에 대한 시각적 이미지와 조국애에 대한 상징적 의미가 균형을 이루고 있다면, 「내마음」은 "호수", "촛불", "나그네", "낙엽" 등의 비유적 매개체에 의한 "내 마음"의 형상화에 주력하고 있다. 두 시 모두 의미와 이미지가 균형을 이루며 시를 구성하고 있다. 또한 이 속에서 반복적 어구를 통해 시의 음악성을 부각하고 있고, 초기시와 달리 감정을 절제하는 모습이 두드러지는 가운데 단아한 형식미가 돋보인다.

시가 전체적으로 단아하고 차분하게 절제되어 있는 만큼 이러한 시를 읽다 보면 마음이 차분해지고 평온해지기 마련이다. 중기시는 언어적 표현 하나하나도 정제되어 있고 리듬도 고요하기 때문에 호흡을 천천히 길게 가져가며 읽

13 위의 책, 26~27쪽.

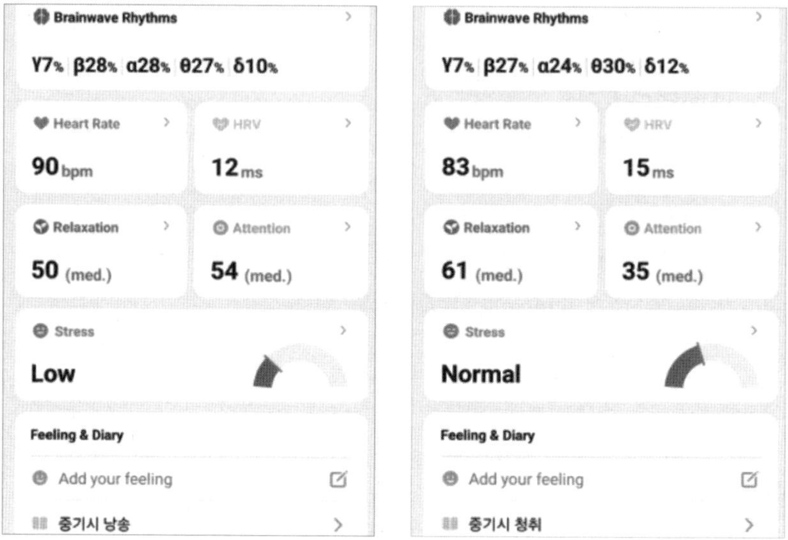

그림 3

게 된다. 조급하거나 빠르다기보다 여유 있고 느릿하게 읽게 되는 시적 특징을 위 시들은 보여주고 있는 것이다.

그렇다면 위 시들을 읽을 때의 뇌파 양상은 어떠할까? 위 시들의 수용 시 호흡의 이러한 특징들은 뇌파에도 그대로 영향을 미치게 될까? 초기시에서처럼 위 시를 직접 낭송할 때와 낭송된 시를 녹음하여 눈을 감고 청취할 때의 뇌파 분포를 비교해보면,(그림 3) 전자의 경우 베타파 28%, 알파파 28%, 세타파 27%의 분포를 보이며 심박수 90bpmm, HRV 12ms를, 후자의 경우 베타파 27%, 알파파 24%, 세타파 30%, 그리고 심박수 83bpm, HRV 15ms의 양상을 보인다. 이러한 양상은 초기시에 비해 베타파의 비중이 작고 낭송의 경우에 한해 알파파는 명상 시보다도 현저히 높다는 사실을 나타낸다. 8Hz를 전후하여 명상의 상태와 비슷한 세타파와 알파파의 합은 낭송 시 55%, 청취 시 54%로서 매우 높으며 이러한 수치는 명상 시의 51%에 비해서도 높은 상태에 해당한다. 무엇보다 베타파가 28%, 27%인 것은 초기시에 비해 낮다고 할 수 있다. 이는 중기의 자연시가 그만큼 안정적인 뇌파의 양상을 보여주는 것이라 판단할 수 있다.

그러나 중기시의 경우 심장박동간격률이라는 HRV, 즉 자율신경계의 활력 면에서는 초기시보다 오히려 낮은 수치를 보임으로써 높은 긴장도를 나타내고 있다. 이것은 부교감 신경보다는 교감 신경의 강화, 심장의 긴장도가 높다는 것을 의미하는 것으로, 뇌와 심장 지표가 항상 1 : 1로 대응하는 것은 아니라는 사실을 말해준다. 초기시의 경우 베타파가 높음에도 HRV가 높아 베타파와 부교감 신경이 서로 반비례하기보다 동시에 높은 것은, 이때의 베타파가 스트레스성 긴장이라기보다 인지 활동을 위한 적극적 몰입 · 집중의 상태로 기능했을 가능성을 보여준다.

반면에 중기시의 경우 알파파가 높음에도 HRV가 낮아 긴장도가 나타난 것은 뇌의 이완이 있는 가운데 심장의 억제가 이루어진 상황을 나타낸다. 즉 뇌는 안정된 패턴을 보였으나 자율신경계는 그만큼 풀리지 못하고 긴장을 유지하고 있다고 할 수 있는데, 이는 중기시를 읽을 때 그만큼 사유적 부담을 느꼈을 수 있음을 의미한다. 말하자면 중기 자연시를 읽을 때는 무조건적으로 수동적 이완이 이루어지는 것이 아니라 억제된 긴장이 있을 수 있는데 이러한 현상은 위 시에서처럼 의미가 개입되어 비유와 상징 속 내포된 의미를 헤아리도록 유도될 때 나타나는 결과로 해석할 수 있다. 의미 해석을 요구하는 비유적 층위가 두텁게 개입할수록 베타 활성화를 요구하고 신체적 긴장 지속을 야기한다는 것이다.

심장과 관련한 이러한 현상은 초기시가 내면의 의식을 억압하지 않고 풀어냄으로써 부교감 신경을 이완시키는 것과 대비되는 것으로, 형식적인 면에서나 정서적인 면에서 절제가 이루어지고 비유의 의미 해석이 강하게 요구하는 데 따른 중기시의 특징이라 할 수 있다. 요컨대 위 시들에서 제시하는 자연 심상은 알파파 증가로 이어지나[14] 중기시는 형식적인 압축과 절제와 함께 상징과

14 실제로 자연 풍경이나 자연 이미지를 시청하거나 상상할 때 혹은 물소리, 새소리와 같은 자연의 청각 자극은 편안함, 이완, 긴장 해소와 연결되어 알파파 활성에 기여한다고 알려져 있다.

비유가 많음으로써 인지적 긴장이 생긴 것이다. 이러한 양상은 김동명의 중기 시가 지닌 감각적 이미지와 내적 의식, 내적 정서와 외적 사물 간의 균형적 형상화에 따른 자연스러운 결과라 할 수 있을 것이다. 중기의 자연시는 자연 이미지로 이루어져 있고 편안한 리듬감을 지니고 있는 것이 사실이지만 의미 해석의 층위를 강하게 지님으로써 무조건적 편안함의 효과만을 일으키는 것이 아니라는 것이다.

3.3. 후기 참여시의 뇌파의 양상

초기와 중기의 시들이 주관적 정서와 의식을 다루며 강한 서정성을 띠고 있다면 후기의 시들은 주지하듯 성격이 매우 다르다. 초기와 중기의 시들이 개인의 이상을 바탕으로 낭만주의적 성격을 띤다면 후기의 시들은 객관 현실을 주시하며 분노의 정서와 비판적 이성을 표출하고 있다. 이때의 현실은 일제 말기의 태평양 전쟁과 해방 이후 6 · 25 전쟁으로 대표되는 것으로 광기와 혼란으로 뒤섞인 정치사회적 상황을 가리킨다. 따라서 차분함과 고요함의 시적 속성은 찾기 힘들며 절제와 정제미 또한 별로 없다. 현실주의 시답게 이들 후기시에는 상황에 대한 설명적 진술과 함께 격앙된 감정과 긴박한 정서의 직접적인 표현이 주를 이룬다고 할 수 있다.

1
단 숨에 「미뜨웨이」를 삼키고,
餘勢를 휘몰아 「하와이」를 무찌르자.

空想은 또 「스켙」처럼 미끄러져
다음 날 아츰 「쌘프란시스코」 上陸에 興奮한다.

이리하야 우리 「동 · 키호테」氏 의 꿈은
「正宗」 기운 때문에 더욱 爛漫하다.

이윽고 「재팬」版 「빨딕艦隊」는
地下에서 손수건을 흔드는 구로보토킨氏의 餞送을 받으며 壯途에 오른다

2
「흥, 자식들……」 電波探知器의 보고를 받은 司令官은 배앝드시 부르짖는다.
「奇襲은 奇襲으로……眞珠灣의 復讐다!」

「좋은 位置다, 火綱을 던저라!」
아아, 爆音, 爆音 爆音……하늘이 달고 바다가 끓는다.

이리하여 우리 「동 · 키호테」氏의 壯志는 드디어 「마스트」와 함께 꺾어지고

艨艟 五十餘의 精銳는 부러진 허리를 고요히,
千尋 海藻 위에 누이도다!

—「미뜨웨이」 전문[15]

獄門,
굳게 닫힌 獄門일다.

어허, 一千萬 獄囚諸君! 우리는 도대체,
어떤 녀석의 魔術 지팽이에 걸렸기에 모도들 요 꼴이람.

자, 저 작자들은 대관절 무슨 이야기가 저리도 끝이 없을꼬?
남은 기다리기에 사뭇 애가 푹푹 타 들어가는데 —

에잇, 그 까짓 것, 주먹으로
우리들의 이 주먹으로 막 때려 부슬 수는 없나!

아아, 저 곰의 발 바닥 같이 생겨먹은 상판을 본대로
우리들이 잘못 걸린 것마는 틀림 없구나.

15 김동명, 앞의 책, 250~252쪽.

鐵壁,
깜아득히 높이 솟은 鐵壁일다.

여기는 「크레믈린」製 「자유」와 「평화」의 女神을 떠메고,
밤을 새워 亂舞하는 붉은 餓鬼 떼의 移動舞臺.

「볼스비키즘」의 넋은 벌써
저들의 掠奪品과 함께 「우라지오스도꾸」에 上陸한지 오래다.

아아, 「아름다운 惡魔」, 그러나 알고 보니 凶惡한 疫神이여!
우리들의 患者는 가엾게도 제 하라비를 모르는 것이 特徵이더구나.

허나, 덕분에, 五十年, 그렇다 五十年은 책임 저도 좋다.
단연 防疫 無要!

死線,
오호, 不死鳥도 울고 넘는 怨恨의 아리랑 고개!

구즌비 휘뿌리는 침침 漆夜 아니래도
으흐, 으흐흐흐……鬼哭聲이 凄涼쿠나.

굶어죽은 넋, 銃맞어 죽은 넋, 짓밟혀 죽은 넋……온갓 억울한 넋들이,
『삼팔선이 여기드냐』 더위 잡고 으흐, 으흐흐흐……

아아, 民族 曠前의 受難일다.
歷史의 惡戱, 運命의 嘲弄이 어찌 이대도록 심하뇨.

배를 갈라 창자를 뿌리어도,
肝臟을 끄내어 씹어 뱉은들, 이 恨을 어이 풀이!

—「三八線」 전문[16]

16 위의 책, 344~347쪽.

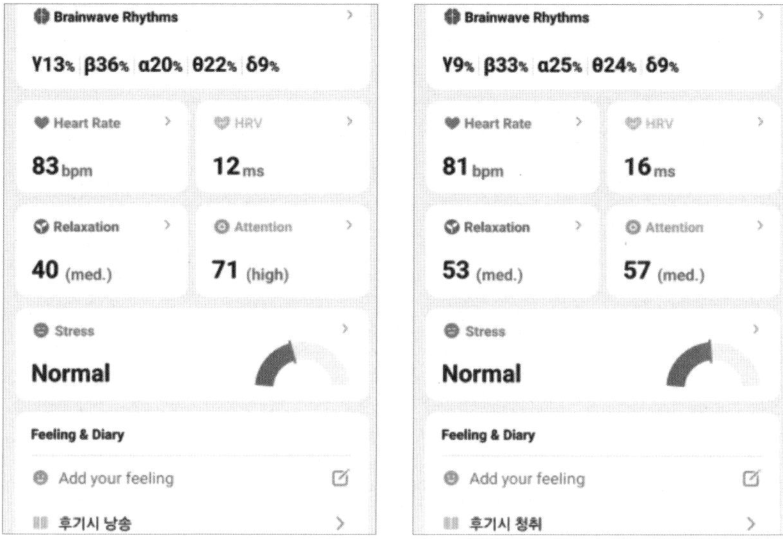

그림 4

위 시들의 직접 낭송 시와 청취 시의 뇌파 양상은 전자의 경우 베타파 36%, 알파파 20%, 세타파 22%, 심장 박동 83bpm, HRV 12ms이며, 후자의 경우 베타파 33%, 알파파 25%, 세타파 24, 심장 박동 81bpm, HRV 16ms의 수치를 기록한다.(그림 4)

먼저 이 두 경우의 수치는 눈을 감고 청취했을 때가 직접 낭송에 의할 때보다 전체적으로 뇌파가 안정적인 양상을 띤다는 것을 보여준다. 베타파의 감소, 알파파와 세타파의 증가, 그리고 심박수의 감소, 부교감신경의 활성화에 의한 자율신경계의 균형 회복을 의미하는 심박 변이도(HRV)의 상승이 이를 말해준다. 그러나 베타파가 36%와 33%인 것은 초기와 중기시에 비해 매우 높음을 의미한다. 알파파와 세타파의 합이 42%와 49%인 것 또한 초기시와 중기시에 비해 값이 상당히 낮음을 보여준다. 대신 HRV는 중기시와 비교할 때 같거나 높게 나타나는데, 이는 앞서 살펴보았던 대로 중기시에서 요구되었던 사유의 긴장, 즉 인지적 부담에 기인하는 것이며 반면 후기 참여시는 수용자에게 일정 정도의 정서의 해소를 유발했기에 나타난 수치라고 이해할 수 있다. 즉 위 시들은 정서적 격앙을 불러일으키지만 투쟁과 연대를 기반으로 집단적이고 정의적인 가치를 지님으로써 수용자에게 심리적 자기 정당화를 유도하고 뚜렷한 정서적 방향성에 따른 심적 이완을 유발한다. 이는 곧 자율신경계가 안정적으로 회복되는 효과에 해당한다.

참여시가 지니고 있는 정서적 격앙은 서정시의 기능적 측면에서 본다면 부정적으로 작용하는 것이 사실이다. 직접적이고 강렬한 언어로 쓰여지는 참여시는 현실적 상황에 대한 저항과 비판을 주요한 내용으로 하기에 섬세한 내면 표현과 정서의 세련된 정제를 보여주는 전통적 서정시에 비해 미학적으로 수준이 낮을 수 있다. 그리고 이것이 정서의 순화와 안정과 관련된 알파파와 세타파 분포의 약화로 나타날 수 있다. 위 시들에서 알파파와 세타파에 비해 베타파가 높게 분포되어 있던 것도 이러한 요인에 기인한다. 이러한 사실은 정서적 관점에서 보았을 때 전통적 서정시와 현실주의적 참여시의 기능적 차별점을 나타내는 대목이기도 하다.

그러나 앞서 살펴보았듯 HRV가 보여주는 수치는 현실주의적 참여시가 서정시에 비할 때 무용한 것은 아니라는 점을 말해준다. 위 시들의 높은 HRV 값은 현실에 대한 집단의 역사적 사회적 가치의식을 나타내주기 때문이다. 집단적으로 추구하게 되는 가치의 방향은 수용자가 그에 동조함으로써 감정적 해소를 이룰 수 있도록 돕는다. 이 점은 시의 전체 영역에서 개인적 서정시뿐만 아니라 집단적 참여시 역시 의미 있는 문학적 성과에 해당함을 의미한다. 즉 참여시의 정서적 격앙은 시의 서정을 개인적 내면에서 사회적 차원으로 확장시킨 계기로서 서정적 미학의 범위를 넘어선 집단적 정서의 일 형식으로 이해할 수 있다.

4. 김동명 시의 뇌파 반응

지금까지 김동명의 초 · 중 · 후기의 대표작들을 통해 수용 시의 뇌파 반응을 확인하고 그와 관련된 시적 특징들을 살펴보았다. 뇌파로 현상하는 시의 수용의 양태는 개인적 상황 및 환경적 조건 등의 여러 요인에 의해 영향을 받을 것이다. 개인의 정서적 상태라든가 지적 수준, 시에 대한 감수성과 관심의 정도 등에 따라서도 수치는 달라질 수 있으며 매일 변화하는 기분에 의해서도 차이가 있을 수 있다. 뇌파의 측정 기기의 정밀도에도 결과값은 의존할 수 있으며 낭송자의 음성이나 어조, 낭송 기법에 따라서도 결과는 달리 나타날 수 있다. 듣기를 떠나 묵독에 의해서도 뇌파의 수용 양상은 달라질 수 있다. 즉 시를 수용하는 뇌파 현상은 객관적인 값으로 고정되기엔 커다란 어려움이 있는 것이다. 고정되어 있는 것은 오직 언어로 쓰여진 시적 텍스트 자체일 뿐이다. 이 점은 시 수용에 있어서의 일반적인 개별성을 가리킨다. 따라서 뇌파 양상과 시의 성격과의 관련성에 대한 보다 정확한 값을 얻기 위해서는 수용자의 다양화와 수용자군의 양적 확보가 요구된다고 할 것이다.

시 수용에 따른 뇌파 반응 양상 고찰에 있어서 이와 같은 한계에도 불구하고 지금까지 검토했던 자료들은 시적 특성과 관련한 일정한 경향성을 나타내는 데 기여하고 있다. 그것은 서정시와 참여시의 차이에 대해 말해주고 있으며 시의 정서적 표출과 억제, 인지적 평이성과 난해함, 사유의 이완과 긴장, 감각적 이미지의 기능 등의 효과에 대해서도 의미 있는 지표를 제시해준다. 시가 지니는 특징들은 텍스트 내에서 단지 존재할 뿐이지만 독자에게 수용될 때엔 갖가지 현상으로 반응하게 된다. 이러한 반응은 결국 시의 미학적 효과를 나타내며 시의 기능적 결과로 이어진다. 말하자면 시의 요소들은 독자의 수용에 의해 일정한 결과로 귀결된다는 것이다. 이때 정서적 상태와 신체의 양태야말로 시를 통해 반응과 변화를 의도할 수 있는 중요한 요소라고 할 수 있다.

이러한 관점에 준거하여 초기시, 중기시, 후기시의 수용적 양태들을 표로 나타내면 다음과 같다.

신체반응 / 수용조건	베타파 (%)	알파파 (%)	세타파 (%)	심박수 (bpm)	심박변이도 (ms)	스트레스
초기시 낭송	32	25	22	83	17	낮음
초기시청취	26	25	29	88	21	낮음
중기시 낭송	28	28	27	90	12	낮음
중기시 청취	27	24	30	83	15	보통
후기시 낭송	36	20	22	83	12	보통
후기시 청취	33	25	24	81	16	보통

뇌와 심장으로 대표되는 신체 반응을 나타내는 위 표는 시의 수용 방식에 있어서 청각적 수용을 중심으로 한 현상을 담아내고 있다. 위의 표를 통해 먼저 시의 청취의 양상과 낭송의 양상 각각의 경향을 확인할 수 있고, 초기시, 중기시, 후기시의 차별점들 또한 이해할 수 있다. 즉 낭송과 청취의 성격을 보면 초,중,후기 공히 낭송에 비해 청취 시 베타파의 감소가 나타나며 중기시를 제외하고 알파파와 세타파의 합이 상당한 수준으로 증가하고 있음을 알 수 있다. 일반적으로 직접 낭송 시보다 수동적인 청취 시 더 편안함을 느끼고 이완의 효과를 누릴 수 있다는 사실에 비추어 보면 중기시의 이러한 특징은 다소 의외일 수 있다. 그러나 이는 김동명의 중기시가 지닌 특성이 비유와 상징이 많고 호흡이 길고 리듬이 완만하다는 점을 상기할 때 그다지 부자연스럽지 않다. 즉 호흡의 안정적 조절은 알파파와 세타파를 유발하는 강력한 요인인데 낭송 시 직접 리듬을 타면서 읽게 되므로 알파파와 세타파가 증가했던 것으로 해석할 수 있기 때문이다. 또한 청취 시엔 리듬을 능동적으로 타기보다는 비유와 상징의 의미 해석에 치중할 가능성이 크므로 마찬가지 맥락에서 알파파와 세타파가 상대적으로 약화되었다고 볼 수 있다.

부교감 신경의 이완으로 인한 자율신경의 조화 정도를 볼 때에도 전체적으로 낭송보다는 청취 시가 보다 안정적으로 나타난다는 것을 확인할 수 있다. 심장의 긴장도가 감소하고 이완의 효과가 높은 것은 직접 낭송 때보다 청취 시가 월등하다. 이러한 지표, 즉 낭송과 청취 사이에 발생하는 이 같은 차이가 가리키는 것은 시의 수용에 있어서 시 자체보다 수용의 방식이 크게 영향을 미친다는 사실이다. 특히 눈을 감은 상태에서의 청취라고 하는 수동적 수용의 조건이 명상을 수행할 때의 상황과 유사하다는 점은 인체에 미치는 효과를 고려할 때 적극적으로 고려할 수 있는 부분이라 하겠다. 단, 중기시에서 확인할 수 있던 것처럼 변인이 있을 수 있기 때문에 전반적으로 유연하고 세밀한 접근이 요구된다.

초기시와 중기시, 후기시 사이의 신체 반응의 경향적 차이점은 시의 미학적 특성이 더욱 민감하게 반영된 결과에 해당한다. 김동명의 시는 상징시와 자연시, 참여시 등으로 각 시기의 시들의 미학적 특질이 뚜렷이 구분되기 때문에 신체의 수용 양상을 살펴보기에 매우 적절한 텍스트로서 작용한다. 이 중 본 논문에서 가장 관심을 두었던 것은 단연 중기의 자연시였고, 따라서 처음부터 중기의 자연시에서 알파파가 가장 큰 비중으로 분포할 것이라는 가설을 세울 수 있었다. 결과는 이에 부합했다. 낭송과 청취 통틀어 알파파와 세타파의 합을 계산해보면 초기시는 101, 중기시는 109, 후기시는 91의 수치를 보인다. 낭송과 청취 가운데 우월한 것을 선택할 경우 초기시는 54%의 분포를, 중기시는 55%, 후기시는 49%이다. 베타파까지 고려한다면 초, 중, 후기시의 베타파의 총합은 각각 58, 55, 69로서 중기시가 가장 낮다는 것 또한 확인할 수 있다. 이러한 결과는 중기의 자연시가 뇌파 반응에서 가장 우수하다는 사실을 입증한다. 그리고 이때의 수치는 명상 시의 뇌파 반응 때[17]보다도 더 우수한 것으로서, 그만큼 시 읽기가 신체의 안정화에 매우 도움이 된다는 사실을 말해준다.

17 그림 2 참조. 베타파 27%, 알파파 21%, 세타파 30%, HRV 19ms의 수치.

한편 심박변이도(HRV)에 주목하면 한 가지 더 재미있는 사실을 확인할 수 있는데, 그것은 청취 시와 낭송시 모두 초기시, 후기시, 중기시의 순서로 긍정성이 발현된다는 점이다. 초기시 청취의 HRV는 명상시의 그것보다도 높고 초기시는 청취 시와 낭송 시 통틀어 HRV에서 압도적으로 좋은 상태를 보여주고 있다. 반면 중기시는 HRV에 관한 한 매우 저조하다. 이를 가르는 주요 요인이 무엇보다 정서적 절제와 형식적 긴장이라는 점은 이미 앞에서 살펴본 대로이다. 후기시 역시 중기시에 비해 HRV가 높다는 것은 시에서의 감정의 억압과 형식적 압축이 시적 미학의 측면에서는 높은 성취를 보여줄 수 있을지라도 자율신경 이완의 관점에서는 오히려 부정적인 결과를 야기한다고 짐작할 수 있다. 초기시에서처럼 내면의 정서에 초점을 두고 자유분방하게 그것을 풀어내는 시는 그것이 난해함의 정도를 초과하지 않는다면 신체에 매우 긍정적으로 작용한다는 것을 알 수 있다. 이는 초기시에서 발견되는 허무와 비애, 상실의 감정뿐만 아니라 후기시에서의 울분, 분노, 불안 등의 감정에도 모두 해당한다.

그렇다면 뇌파의 안정과 자율신경의 안정 사이엔 어떤 상관 관계가 있을까? 뇌에서의 알파파와 세타파의 발생이 부교감 신경의 이완에도 영향을 미쳐 심장의 편안함에 기여하는 것은 자연스러운 일이다. 그러나 김동명의 시에서 볼 수 있었듯 인지적 긴장 등이 개입함으로써 이 두 지표 사이에 대응 관계가 어긋날 수 있다. 한편 김동명의 초기시 청취와 중기시 청취를 단순 비교해볼 때의 베타파 26%와 27%, 알파파와 세타파의 합 54% 동일, HRV 21ms, 15ms와 같은 수치는 중기 자연시보다 오히려 초기시가 신체의 이완에 훨씬 효과적이라는 점을 말해준다. 뇌파의 분포가 크게 차이가 없다면 감정의 자유로운 분출을 통해 심장의 이완도 노려보는 편이 좋다는 것이다. 이는 위상시학의 관점, 즉 인체의 미시차원에서의 위상기하학적 구조를 변화시키는 데 있어서 알파파와 HRV가 뇌 신경망의 안정화와 자율신경계의 유연화에 동시적으로 작용함으로써 신체의 회복력을 강화시켜 나가는 데 기여할 수 있다는 사실로 이어질 수 있다. 즉 뇌파와 심장의 상호 연관성은 알파파의 HRV에의 반영을 유도하지만 이와 함께 자율신경 자체의 이완과 조화를 꾀함으로써 인체 미시구조의 긍정적 변화를 가져올 수 있다는 것이다.

5. 뇌파와 인체 치유의 방향

지금까지 김동명의 시를 상징주의적 성격의 초기시, 목가적 자연시의 성격을 지닌 중기시, 현실주의적 성격의 참여시로 구분하고 각각의 시를 음성적 조건으로 수용했을 시의 신체 반응 현상을 탐구하였다. 이를 위해 본 연구에서는 뇌파측정기(EEG 기기, Electroencephalography machine)를 통해 김동명 시를 수용할 때의 뇌파와 심장의 반응을 관찰하고 초,중,후기 각각의 김동명 시의 뇌파의 분포도 및 자율신경의 균형 상태, 즉 심박변이도(HRV)를 확인하였다. 음성적 수용 조건은 시를 직접 낭송할 때와 녹음된 시를 청취할 때의 두 경우로 구분하였다.

낭송과 청취로 나눌 수 있는 조건하에서 신체적 반응은 대체로 수동적인 청취 시에 보다 긍정적으로 나타난다는 사실을 확인할 수 있었다. 예컨대 초기시의 낭송의 경우와 청취의 경우를 비교할 때 청취의 조건 시에 베타파의 감소 및 알파파와 세타파의 증가, 부교감 신경의 활성화에 따른 HRV의 상승이 이루어졌다. 이러한 경향은 후기시의 경우에도 동일하게 나타났다. 다만 중기시는 알파파와 세타파의 증가가 청취 시보다 낭송 시에 다소 높게 나타났는데 그것은 김동명의 중기시의 여유있고 부드러운 리듬을 능동적으로 낭송함에 따라 발현되는 결과로 짐작된다.

초, 중, 후기의 시적 특징은 낭송과 청취에 의해 수용될 때 각각의 특성에 따른 서로 차별되는 신체 반응을 나타내었다. 알파파와 세타파 합은 중기 자연시, 초기 상징시, 후기 참여시의 순서를 보이고 있다. 이러한 지표는 현실주의적 참여시가 보이는 격앙된 정서보다 자연을 묘사하거나 내면의 감정을 다루는 서정시 계열의 시가 뇌파의 안정 및 자율신경계의 이완에 더 긍정적으로 작용함을 말해준다. 반대로 베타파는 후기의 참여시, 초기의 상징시, 중기의 자연시의 순서를 나타내었다. 후기의 참여시가 높은 것은 현실적 상황에 대한 인식 및 그에 대한 비판적 저항 등을 통한 인지적 작용이 서정시에 비해 더욱 강하게 요구되는 데서 비롯하는 것으로 판단된다.

뇌파와 심장의 안정도를 나타내는 HRV는 상호 연관성이 있지만 일치하지는 않는다. 알파파와 세타파가 상승한다고 해서 HRV가 반드시 증가하는 것은 아니라는 것이다. 이러한 현상은 정서와 인지 간의 복합적 역학 관계에서 비롯한다. 예컨대 중기시는 알파파는 높게 나타나지만 HRV는 초기시에 비해 현저히 낮다. 이는 HRV 수치에 감정의 자유로운 발산이 주요하게 작용함을 말해준다.

시가 보여주는 신체에의 영향은 명상이 일으키는 효과에 비견되거나 더 높을 수 있다. 이는 시가 일으키는 뇌파 반응을 고찰함으로써 시의 치유적 기능의 방법적 가능성을 열어갈 수 있음을 의미한다. 그것이 뇌파로 이루어지는 까닭에 시적 수용은 궁극적으로 인체의 미시적 차원의 구조 또한 변화시키는 요인으로 작용할 수 있다. 뇌파 반응에 따른 시의 기능을 고찰하는 것은 시의 수용적 특성을 살펴보는 것인바, 시의 미학적 특질은 그 자체로 존재하는 데서 그치지 않고 독자에 의해 수용될 때 효과로서 입증된다고 하겠다. 그것이 수용자의 정서 안정과 신체 변화에 기여할 때 시는 비로소 유의미한 가치를 지닌다는 주장이 여기에서 가능하다.

찾아보기

인명 및 용어

ㅇ

작품 및 도서